汽车类高端技能人才·理实一体化系列教材

汽车检测与故障诊断技术

主　编：王继宇

副主编：雷晓斌　焦文斌　杜晓伟

史　楠　文玉芳

電子工業出版社

Publishing House of Electronics Industry

北京·BEIJING

内容简介

本书以企业实际工作岗位为依据，以高职高专教学改革为出发点，以现代汽车售后当中“保养维护”和“故障维修”两大任务为核心，本着项目教学、任务驱动的教学理念，重点介绍了汽车检测与故障诊断所需要具备的知识储备和岗位技能。全书共 7 章，内容包括车辆定期保养、汽车检测及故障诊断基础、汽车发动机机械系统的故障诊断、汽车发动机电子控制系统的故障诊断、汽车底盘系统的故障诊断、汽车电源管理与起动系统的故障诊断和汽车远程测试与诊断技术。

本书内容全面、体系结构新颖、理论联系实际，可作为高等职业技术院校汽车类各专业的教学用书，也可以作为成人高等教育、行业高级技术培训的教材。

图书在版编目（CIP）数据

汽车检测与故障诊断技术 / 王继宇主编. —北京：电子工业出版社，2016.8
汽车类高端技能人才・理实一体化系列教材
ISBN 978-7-121-29439-6

Ⅰ. ①汽… Ⅱ. ①王… Ⅲ. ①汽车—故障检测—高等学校—教材 ②汽车—故障诊断—高等学校—教材
Ⅳ. ①U472.9

中国版本图书馆 CIP 数据核字（2016）第 167992 号

责任编辑：竺南直
印　　刷：三河市鑫金马印装有限公司
装　　订：三河市鑫金马印装有限公司
出版发行：电子工业出版社
北京市海淀区万寿路 173 信箱　邮编 100036
开　　本：787×1 092　1/16　印张：16.25　字数：416 千字
版　　次：2016 年 8 月第 1 版
印　　次：2018 年 2 月第 3 次印刷
定　　价：38.00 元

凡所购买电子工业出版社图书有缺损问题，请向购买书店调换。若书店售缺，请与本社发行部联系，联系及邮购电话：（010）88254888，88258888。

质量投诉请发邮件至 zlts@phei.com.cn，盗版侵权举报请发邮件至 dbqq@phei.com.cn。

本书咨询联系方式：davidzhu@phei.com.cn。

出 版 说 明

高等职业教育的实践教学体系，是高等职业教育内涵的核心，在一定意义上可以说，高等职业教育实践教学体系决定了高等职业教育的特征，决定了高等职业教育培养目标的实现，构建高等职业教育实践教学体系是高职院校教学基础建设的重点。

作为全国最大的汽车类高等职业学校之一，西安汽车科技职业学院近年来根据汽车行业发展的需要，紧贴职业岗位，引进吸收国外汽车职业教育的先进理念和思想，深入开展实践教学体系的建设和改革。首先，根据实践教学内容，对实践教学项目进行分类，将实践教学内容的开发分为理实一体化教学课程开发和专项实习实训项目的开发两种类型；其次，进行了理实一体化教学课程开发，对汽车发动机构造、汽车底盘构造、汽车电器设备、发动机电子控制技术、车身与底盘电子控制技术、自动变速器、汽车故障诊断与维修 7 门课程实施理实一体化改造和建设，建设了理实一体化教室，开发出了一系列理实一体化核心课程；此外，以奥迪企业全球员工技术培训计划实践教学体系为基础，根据汽车 4S 店和修理厂技术岗位基本技能要求，开发了职业技能系列实训项目。经过实践教学体系的建设和改革，提高了实训教学的针对性和有效性，强化了职业岗位的能力素质培养，提升了毕业生的就业竞争力和发展后劲。

《汽车类高端技能人才·理实一体化系列教材》是理实一体化课程改革成果总结，配合理实一体化教室，为汽车技术类高职专业的核心课程提供了一个较为理想的教学方案。《汽车类高端技能人才·理实一体化系列教材》是《汽车类高端技能人才实用教材》的核心部分，与以前出版的其他专业基础课一起构成了一套较为完整的汽车技术类专业系列教材。

这套系列教材具有以下几个特点：

一是系统性。这一系列教材，包含了从汽车发动机、底盘构造，汽车电器设备，汽车电子控制系统，自动变速器，直到汽车维修与故障诊断等一系列课程教材，内容上从简到繁，由浅及深，认识过程上从观感认知到分析应用，基本囊括了汽车技术类专业的大多核心专业课程，形成了一个较为完整的专业课程体系。

二是实用性。在编写过程中，从企业岗位需求和学生发展空间两个方面考虑编排内容，既注重专业理论的系统性，又重点考虑了专业技能训练的需求。在章节框架结构上，不拘泥于其他理实一体化教材所追求的形式上的“理实一体化”，不强调“项目教学”，“任务导向”，而把重点放在如何在实践环节的学习中，既能学会基本专业技能，又能掌握系统的专业知识上。

三是通俗性。在编写过程中，充分考虑到高职学生文化基础的现实状况，降低对学生文化基础知识的要求，让大多数学生能够学得懂。

本套教材内容丰富、图文并茂、体例饱满，选材主要来源于最新的技术手册；难易适中、应用性强，有利于知识的吸收和技能的迅速提高，可作为高等职业技术院校或应用型本科汽车类各专业的必修课教材，也可作为成人高校汽车类各专业的教材，同时可作为相关从业人员的参考用书。

教材编写过程中，由于各种原因，疏漏和不尽如人意之处在所难免，敬请广大师生提出宝贵意见，以便再版时修订完善。

《汽车类高端技能人才·理实一体化系列教材》编委会

前　言

本书根据现代汽车的整体结构特征，采用“模块化”进行编写，着重于理论和实践相结合，力争把复杂问题简单化、抽象问题形象化，希望能帮助汽车维修人员找到学习的捷径，起到抛砖引玉的作用。

许多人把汽车专业知识的学习想象得过难，其实不然，只要充满信心，并采用正确的学习方法，坚持不懈，就会触类旁通。但现代汽车毕竟是高新技术的结晶，是多门学科的综合运用，因而学习要循序渐进。

模块化学习要从三个问题入手：第一个问题是“是什么的问题（即认识问题）”，要求了解和熟悉汽车相关系统及零部件的种类、形状、结构、作用及安装位置，特别是初学者要做到看到就能认识，提到就能想到，想到就能找到；第二个问题是“为什么的问题（即分析问题）”，要求对相关系统的工作原理、工作流程、工作特征，进行全面的、连贯的、系统的掌握，能透过现象看本质，对提高者来说这是一个飞跃，是从“汽车护士”到“汽车医师”的飞跃；第三个问题是“做什么的问题（即解决问题）”，要求能正确使用相关工具、量具、设备，严格按照操作规程和技术要求对汽车各系统及零部件进行检测诊断、拆卸装配和运行调试。

以模块化为基础把汽车各相关系统的零部件有机结合起来，形成一台完整的现代汽车，也就是说把一些零件按一定的规律放到该放的位置形成一个模块，汽车是把各模块再按照一定的规律组装形成的。现代汽车工作过程中需要我们了解 4 条主线：第一条主线是力的传递路线，把从动力源到各运动主体之间的所有零部件按传递关系合理组合起来；第二条线是电的流动路线，电学部分是当前从事汽车维护和修理人员最薄弱的环节，其实只要从电源开始顺着电的流动路线把回路上所有的零部件按先后关系连起来，其他问题就迎刃而解；第三条线是气的流动路线，发动机的进、排气系统关系到动力性能、经济性能、环保性能、可靠性能等，另外，气的流动路线还涉及气力（气压、真空）的传递，容易被人忽视，造成隐患；第四条线是液体流动路线，在现代汽车上使用的液体主要有清洗液、冷却液、润滑油、制冷剂、制动液、变速器油、燃油、动力转向传动液和减振器液压油等，流动的方式有液力和液压两种，不管是哪种液体流动，只要按其流动路线把所牵涉的零部件按先后顺序排列成一整体来研究，就不难掌握。如果把这四条线有机地整合在一起，就是一台完好的车。

本书在编写时注重实效，以点带面；同时考虑到读者层次和要求的不同，也为了适应岗位职业技能培养的需要和职业教育的特点，编写力求做到贴合实际。

本书以现代汽车售后当中“保养维护”和“故障维修”两大任务为核心，本着项目教学、任务驱动的教学理念，重点介绍了汽车检测与故障诊断所需要具备的知识储备和岗位技能。全书共 7 章，内容包括车辆定期保养、汽车检测及故障诊断基础、汽车发动机机械系统的故障诊断、汽车发动机电子控制系统的故障诊断、汽车底盘系统的故障诊断、汽车电源管理与起动系统的故障诊断和汽车远程测试与诊断技术。

本书内容全面、体系结构新颖、理论联系实际，可作为高等职业技术院校汽车类各专业的教学用书，也可以作为成人高等教育、行业高级技术培训的教材。

本书由西安汽车科技职业学院王继宇任主编，雷晓斌、史楠、焦文斌、杜晓伟、文玉芳任副主编。具体编写分工如下：第 1、4 章，由焦文斌编写；第 2、3 章，由杜晓伟编写；第 5 章，由王继宇、史楠、文玉芳编写；第 6 章，由雷晓斌编写；第 7 章，由王继宇编写。全书由王继宇统稿。

本书在编写过程中，参考了大量国内外相关论著、教材和报刊杂志，在此谨致谢意！

由于编者水平所限，书中难免有缺点和不妥之处，恳请广大读者批评指正，以便在今后修订中不断完善。

编　者

目　录

第 1 章

车辆定期保养

【学习目标】

- 了解车辆定期保养的概念、目的和内容；
- 学会发动机系统的检查与保养的内容及方法；
- 学会底盘传动系统的检查与保养流程；
- 学会底盘转向系统的检查与保养流程；
- 学会底盘悬架系统与车轮的检查内容及方法；
- 学会底盘制动系统的检查与保养流程；
- 了解汽车电气系统的检查与保养内容及方法；
- 深刻了解车辆保养的后续工作的内容及重要性；
- 熟记并能应用好保养过程中的注意事项。

1.1 车辆定期保养概述

1.1.1 车辆定期保养的概念

一部汽车是由诸多零件所组成的。随着使用，零件由于磨损、老化、腐蚀等因素而逐渐降低其性能。在车辆正常行驶条件下，此种变化逐渐发生在许多零件上。因为不同汽车的使用情况不会完全相同，所以无法预料零件都有相同的磨损与老化。

因此，汽车生产厂规定了一定的保养和检查周期，针对那些可以预料到的，随着时间或使用会产生变化的零件进行更换与调整，这就是“定期保养”。

1.1.2 车辆定期保养的目的

由车辆定期保养的概念可以得知，汽车自其投入使用开始，便工作在各种恶劣的条件下。随着车辆的使用时间和行驶里程变长，汽车的大量零部件会不断磨损、老化或腐蚀而使其性能降低。因此，我们需要对车辆进行定期保养，通过对部件进行清洁、紧固、润滑、调整或者更换的方法来维持其良好性能。

我们可以将车辆定期保养的目简单总结为以下几个方面：

- 确保车辆的安全性；
- 恢复车辆的性能到最佳状况；
- 及时发现车辆存在隐患，避免小故障变成大故障；
- 保证车辆较佳的经济性；
- 有效延长车辆的使用寿命。

1.1.3 车辆定期保养内容

车辆定期保养的主要内容包括：

- 发动机系统的保养与检查；
- 传动系统的保养与检查；
- 转向系统保养与检查；
- 悬架系统的保养与检查；
- 刹车系统的保养与检查；
- 电器系统的保养与检查；
- 定期保养的后续工作等。

对于不同品牌的汽车而言，定期保养要遵循各汽车销售公司保养清单的内容要求，依据保养清单的要求对用户的车辆进行相应里程的保养。

一般汽车定期保养分为单数万级千米和双数万级千米两份清单（即小保养检查清单和大保养检查清单），小保养清单在每单数千米间隔使用（10000，30000，50000，70000 千米等），大保养清单在每双数千米间隔使用（20000，40000，60000，80000 千米等）。在不同的万级千米保养时分别使用不同的清单，其保养与检查的内容有所不同。详见附录 1A 和附录 1B。

1.2 发动机系统的检查与保养

1.2.1 发动机润滑系统的保养

发动机润滑系统的保养主要是对发动机机油和机油滤清器的更换，具体内容包括：

- 机油的排放；
- 机油滤清器的更换；
- 机油液位的检查；
- 机油的添加。

1. 机油的排放（见图 1.2-1）

操作方法如下：

① 举升车辆；

② 拆卸发动机下护板；

③ 拆卸油底壳上的放油螺栓；

④ 准备收集流出的液体。

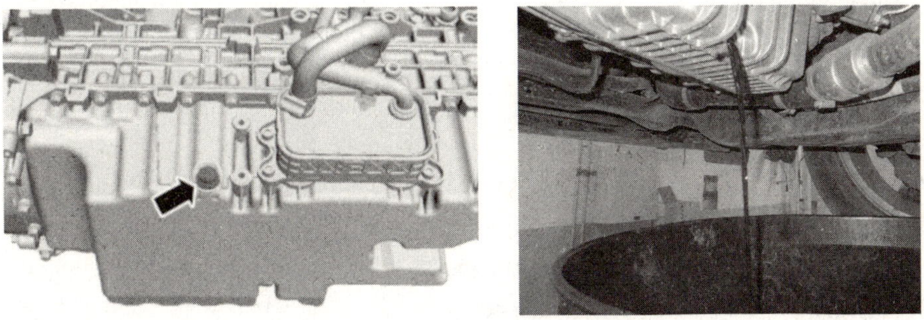

图 1.2-1　发动机放油螺栓位置

2．更换机油滤清器（见图 1.2-2）

操作方法如下：

① 利用机油滤清器拆装工具拆除机油滤清器；

② 用合适的纸张来吸收溢溅的液体；

③ 安装新滤清器，在密封圈处涂抹机油。

3．机油液位的检查（见图 1.2-3）

检查方法如下：

① 将汽车停在平坦场地，将发动机熄火，等候 10～15 分钟；

② 拔出油尺，擦干净后再插入；

③ 再次拔出油尺，油位必须在油尺的最小刻度和最大刻度之间（见图 1.2-3）；

④ 如果油位接近或低于最小刻度，添加 0.5 升机油后重复前两个步骤，再次检查机油油位，必要时重复该操作。

图 1.2-2　机油滤清器

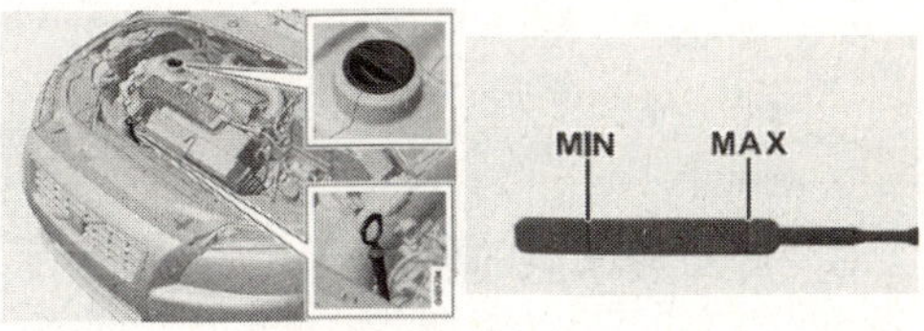

图 1.2-3　机油的检查方法

1.2.2 发动机冷却系统的保养

冷却系统的保养主要包含：冷却系统管路是否有渗漏，以及冷却液的更换等。具体内容包括：

- 冷却系统管路的检查；
- 冷却液液位的检查；
- 冷却液冰点的检查。

1. 冷却系统管路的检查

发动机冷却系统示意图如图 1.2-4 所示。冷却系统管路的检查内容如下：

① 检查冷却系统管路接口是否有冷却液渗漏；

② 检查冷却系统管路接口卡箍是否有松动；

③ 检查冷却系统管路是否有破损、老化；

④ 检查冷却系统管路是否与其他运动部件干涉。

2. 冷却液液位的检查

发动机冷却系统副水箱位置如图 1.2-5 所示。冷却液液位的检查步骤如下：

① 应定期检查冷却液的液位，冷却液的液位必须保持在副水箱上的最大刻度与最小刻度之间；

② 如发现冷却液的液位较低，应及时添加；

③ 对于更换冷却液后的液位检查，需要在发动机达到正常工作温度后进行检查。

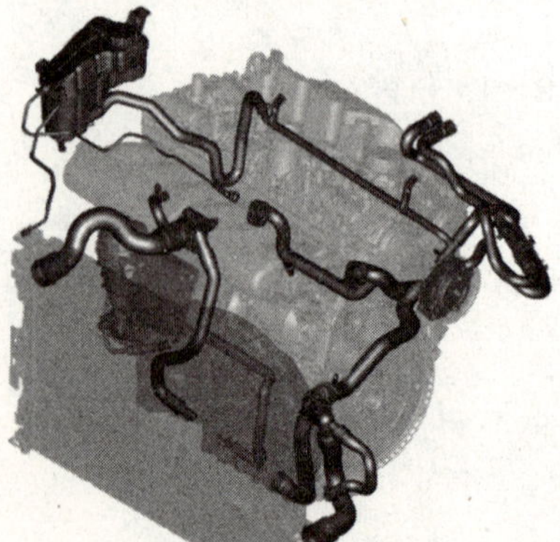

图 1.2-4 发动机冷却系统示意图

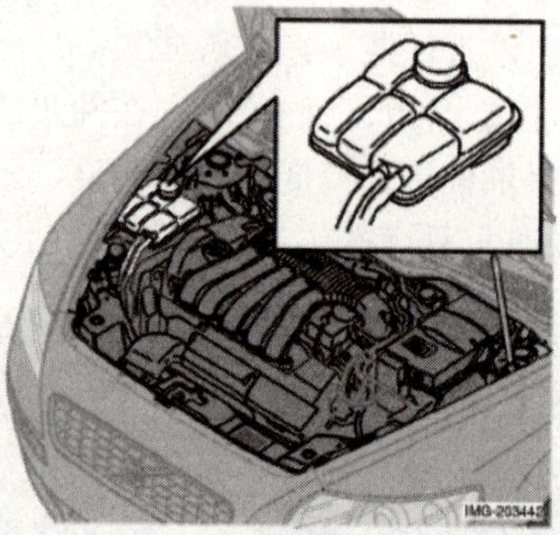

图 1.2-5 发动机冷却系统副水箱位置

3. 冷却液冰点的检查

冷却液冰点的检查方法如下：

① 使用专用的冰点测试仪（见图 1.2-6）对冷却液的冰点进行测试；

② 如果冷却液的浓度低于标准，需要更换冷却液。

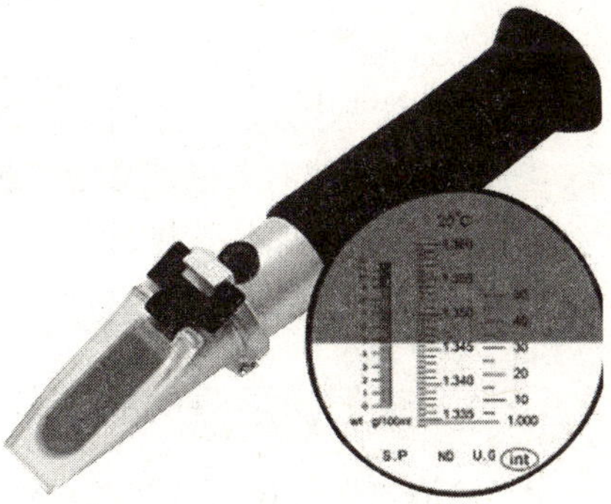

图 1.2-6　冰点测试仪的使用

1.2.3　燃油滤清器的检查与更换

燃油滤清器的更换可以依照维修资料的指引，规范进行。燃油系统的保养，具体内容包括：

- 燃油管路的检查；
- 燃油系统压力释放；
- 燃油滤清器的更换。

1．燃油管路的检查（见图 1.2-7）

燃油管路的检查内容如下：

① 检查燃油系统的电气插头是否有松动或松脱；

② 检查燃油管路是否有泄漏、松动；

③ 检查燃油管路是否有变形或与其他部件发生干涉；

④ 检查燃油管路是否有外部损伤。

2．燃油系统压力释放

释放燃油系统压力，是更换燃油滤清器前必须进行的工作。具体操作方法如下：

① 关闭点火开关，拆卸燃油泵保险丝（F22）（见图 1.2-8）（实车位置需查找资料）；

② 起动发动机，怠速运转直至发动机自然熄火；

③ 再次起动发动机大约 5 秒；

④ 关闭点火开关，安装燃油泵保险丝。

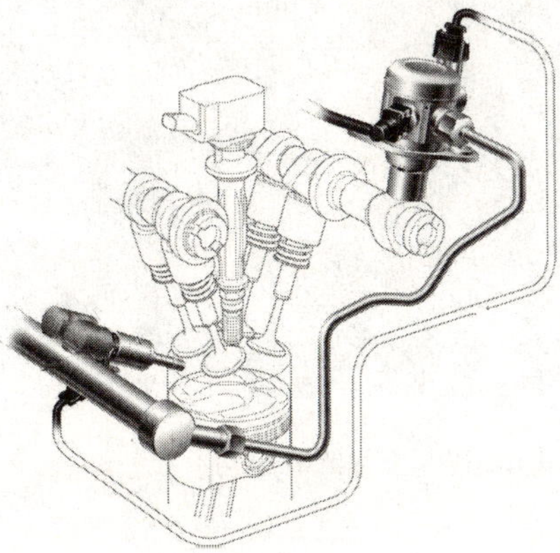

图 1.2-7　发动机高压燃油管路

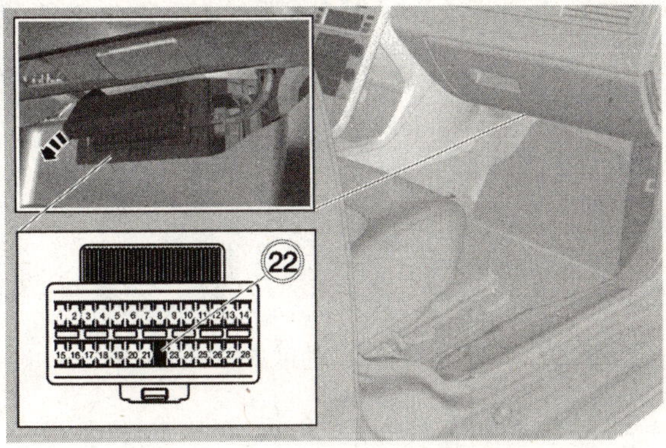

图 1.2-8　燃油泵保险丝的位置

3. 燃油滤清器的更换

更换燃油滤清器的操作步骤如下：
① 释放燃油压力；
② 松开燃油滤清器固定螺栓，拆卸燃油滤清器（见图 1.2-9）；
③ 安装以拆卸相反次序进行；
④ 燃油滤清器管路安装后，用手拔一下管路，确认管路连接到位。

1.2.4 空气滤清器的检查与更换

空气滤清器的更换可以按照维修资料的指引，规范进行。这里以沃尔沃 S80L 为例介绍空气滤清器的检查与更换。

1. 空气滤清器的检查（见图 1.2-10）

空气滤清器的检查内容如下：
① 依照维修资料指引拆除空气滤清器壳，检查空气滤清器是否脏污，如果脏污就进行更换；
② 检查空气滤清器连接管路，是否有裂纹、破损、变形。

2. 空气滤清器的更换

更换空气滤清器的步骤如下：
① 拆卸空气滤清器外壳；
② 取出旧的空气滤清器；
③ 使用吸尘器对空气滤清器壳内的灰尘进行清洁；（见图 1.2-11）

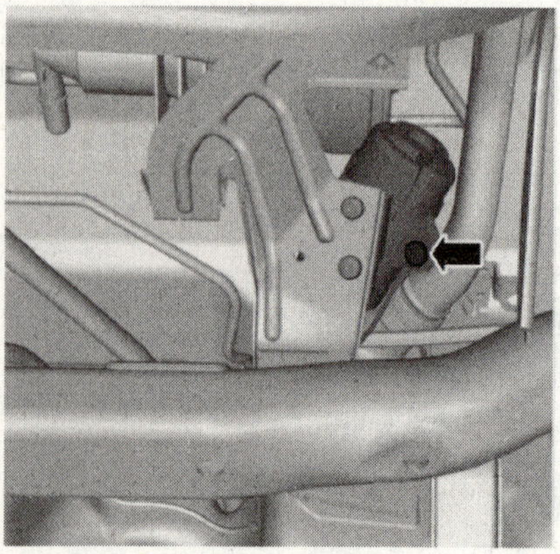

图 1.2-9 拆卸燃油滤清器的示意图

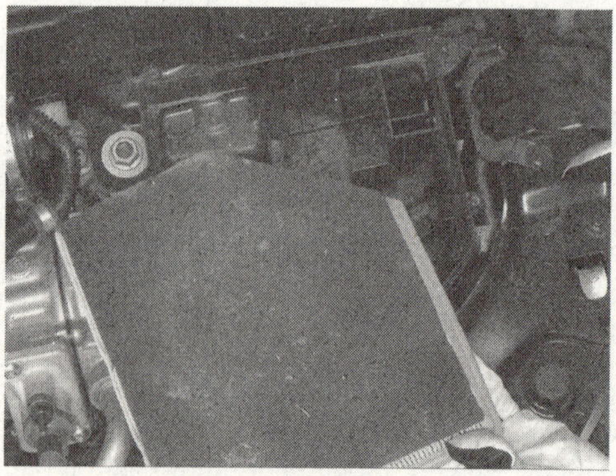

图 1.2-10 空气滤清器

④ 安装新的空气滤清器（见图 1.2-12）；
⑤ 按照拆卸相反的顺序安装空气滤清器外壳。

图 1.2-11　空气滤清器壳内清洁

图 1.2-12　空气滤清器的更换

1.2.5　点火系统检查与更换

点火系统的工作质量直接影响发动机的性能，因此对发动机点火系统的检查与保养是非常重要的。这里以沃尔沃 S80L B5254T 发动机为例，介绍点火系统的检查。

1. 火花塞的更换

更换火花塞的步骤如下：

（1）进气管路拆卸（见图 1.2-13）

依照维修资料指引，拆卸进气管路。

（2）点火线圈盖拆卸（见图 1.2-14）

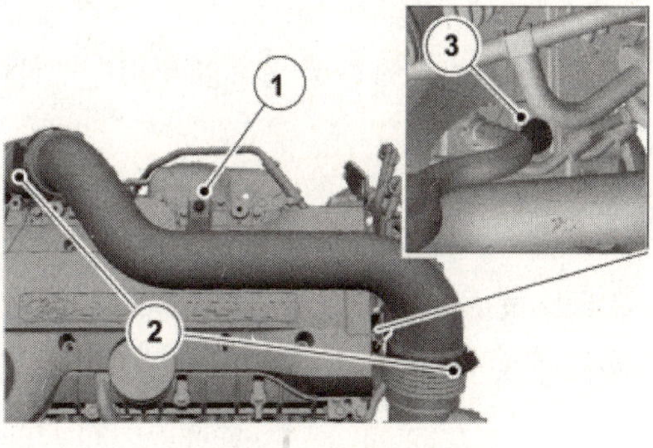

图 1.2-13　进气管路拆卸

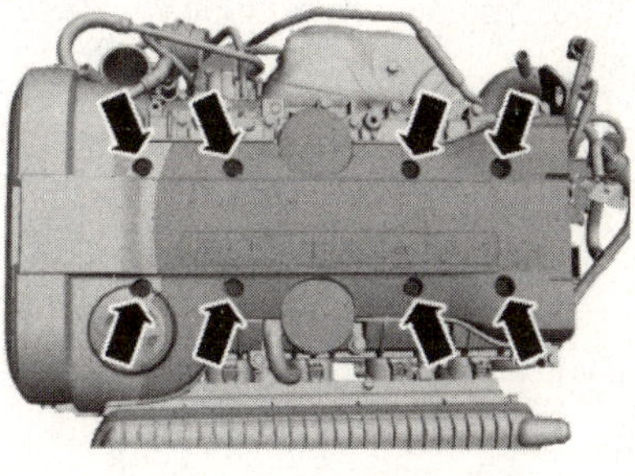

图 1.2-14　点火线圈盖拆卸

依照维修资料指引，拆卸点火线圈盖。

（3）正时上罩盖拆卸（见图 1.2-15）

依照维修资料指引，拆卸正时上罩盖。

（4）点火线圈拆卸（见图 1.2-16）

依照维修资料指引，拆卸点火线圈。

（5）更换火花塞（见图 1.2-17）

图 1.2-15　正时上罩盖拆卸

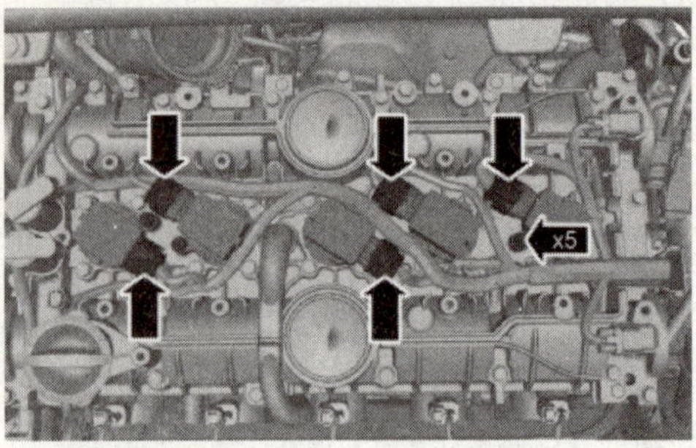

图 1.2-16　点火线圈拆卸

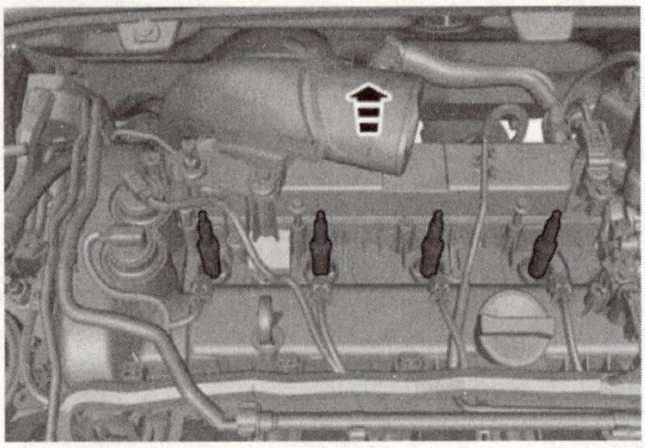

图 1.2-17　火花塞更换

拆卸点火线圈后，进行火花塞拆卸。更换火花塞以相反次序安装。

特别提示：

① 火花塞的拧紧力矩为：25N • m；

② 在安装火花塞过程中，需要检查插头是否损坏，线路是否老化，以及相应部件是否损坏。

1.2.6　发动机辅助皮带的检查与更换

在发动机前端装有一根或多根传动皮带，这些皮带承担着驱动发动机附属机构的作用，我们统称这些皮带为辅助皮带。在发动机上，辅助皮带经过长时间的使用会出现老化或损坏，因此，在保养时应对皮带仔细检查。

1．发动机辅助皮带的检查

在对发动机进行保养时，要对辅助皮带进行检查。

（1）通过目测检查（见图 1.2-18）

- 皮带是否损坏；
- 皮带是是否有裂纹、老化、断齿；
- 皮带是否有异常磨损。

（2）检查皮带预紧力（见图 1.2-19）

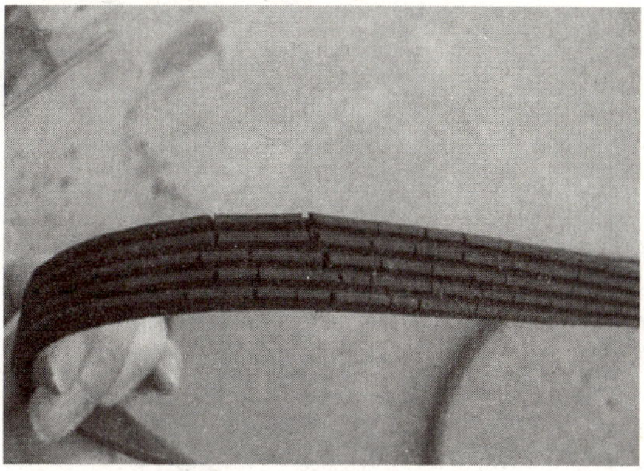

图 1.2-18　发动机皮带

图 1.2-19　发动机皮带

用手按压图中的箭头位置，皮带应该有一定的紧度。

2. 发动机辅助皮带更换

在保养过程中，如果发现发动机辅助皮带有问题，就需要更换。在更换辅助皮带的时候，检查皮带张紧轮是否异常，如有问题也一同更换。更换辅助皮带的规范流程，可依据各品牌公司提供的维修资料。在此不再讲解。

1.2.7　发动机正时皮带的检查与更换

发动机正时系统配有正时皮带和正时链条两种，对于配有正时皮带的车辆，在车辆保养时要对正时皮带进行相应的检查与更换，正时皮带更换时间间隔参见维修资料中的内容。

1. 正时皮带检查

（1）通过目测检查（见图 1.2-20）

- 正时皮带是否损坏；
- 正时皮带背面是否有裂纹、老化；
- 正时皮带是否有断齿；
- 正时皮带两边是否有异常磨损；
- 正时皮带涨紧器工作是否正常。

（2）检查正时皮带预紧力（见图 1.2-21）

- 用手按正时皮带皮带应该有一定的紧度。

2. 正时皮带更换

对于采用正时链条的发动机，通常情况下无须检查或定期更换，如出现故障则应根据情况进行检查。

对于正时皮带的更换规范流程，依据各品牌公司提供的维修资料。在此不再讲解。

图 1.2-20　正时皮带

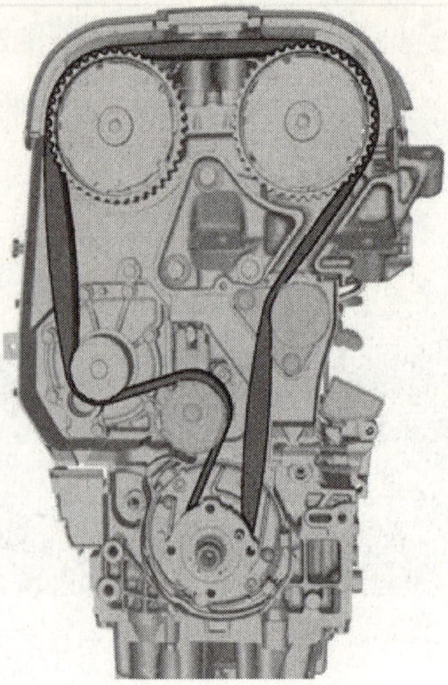

图 1.2-21　正时皮带预紧力检查

1.2.8　发动机外观检查

发动机是将某一种形式的能量转换为机械能的机器。其功用是将液体或气体的化学能通过燃烧后转化为热能，再把热能通过膨胀转化为机械能并对外输出动力，发动机的检查主要是对渗漏、管路、外观连接部件进行检查。

发动机的外观检查要点与注意事项如下：

① 各接缝处有无油液渗漏；

② 发动机的表面有无损坏，尤其是塑料部件；

③ 检查发动机表面的管路连接是否有松动；

④ 发动机连接管路检查是否有裂纹、破损；

⑤ 检查发动机部件连接插头有无松动。

图 1.2-22　发动机外观检查

1.3　底盘传动系统的检查与保养#

1.3.1　变速箱的检查与保养

变速箱的种类和类型有很多，无论是什么变速箱，为保证其正常、稳定的使用，对变速箱的保养是尤为重要的，具体内容包括：

- 变速箱外观检查；
- 变速箱油的更换；
- 变速箱油油位检查。

1．变速箱外观检查

（1）变速箱外观检查（见图 1.3-1）

- 检查变速箱是否有漏油；
- 检查变速箱操作机构是否松动；
- 检查变速箱线束插头是否松动、腐蚀；
- 检查变速箱是否破损。

（2）变速箱换挡拉索检查（见图 1.3-2）

- 检查变速箱换挡拉索是否松动；
- 检查变速箱换挡拉索是否有发涩现象；

检查变速箱换挡拉索是否有破损。

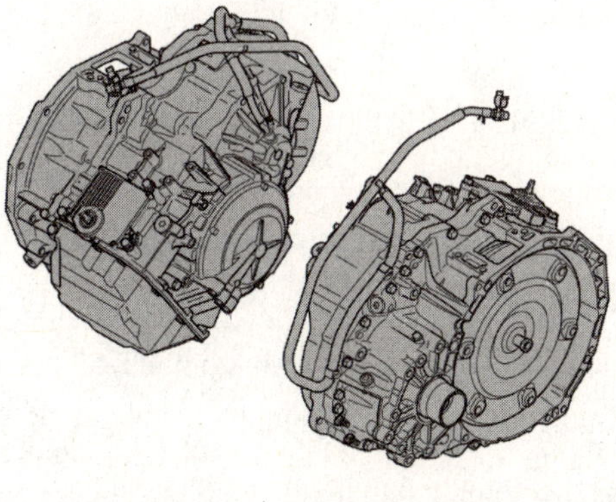

图 1.3-1　变速箱的外观

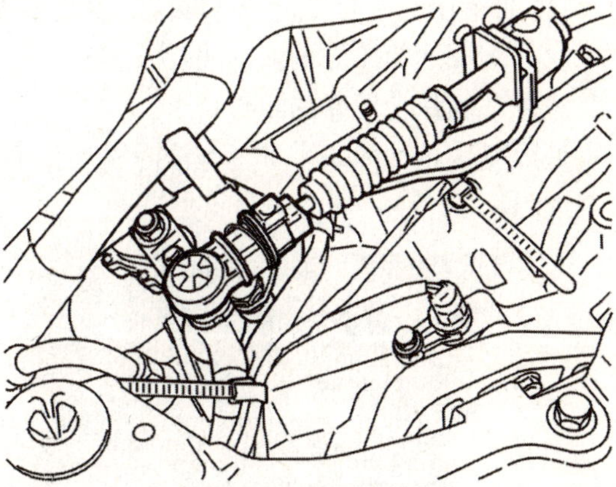

图 1.3-2　变速箱换挡拉索

2．变速箱油的更换

不同的车辆，其变速箱油定期检查与更换的周期不同，下面以 MPS6 变速箱为例进行介绍。对于配有 MPS6 的自动变速箱需要定期更换，更换周期是 80000km。变速箱油的更换操作步骤如下：

① 起动发动机并以怠速运转；

② 运转发动机，直到变速箱的油温位于指定温度范围内为止；

③ 通过 VIDA 读取变速箱的油温；

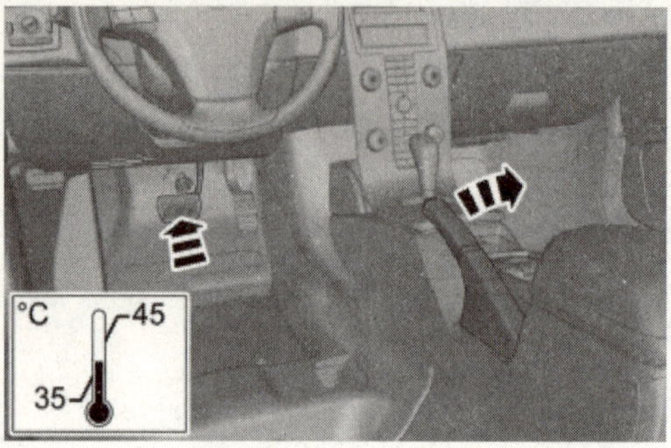

图 1.3-3　踩下刹车踏板拉起驻车制动器

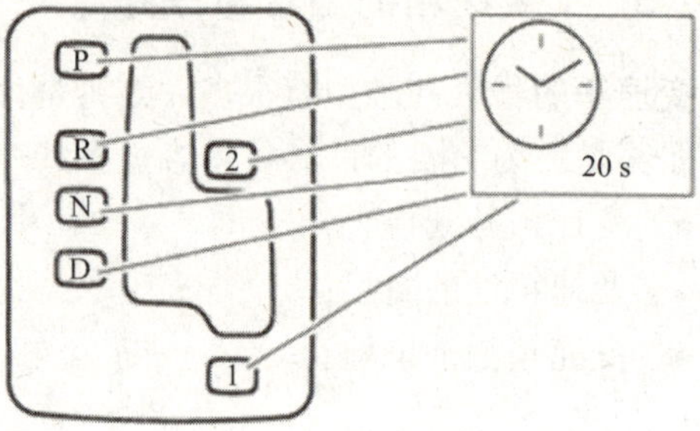

图 1.3-4　挡位操纵

④ 搬动换挡杆，使挡杆在每个挡位停留 20 秒（见图 1.3-4）；

⑤ 关闭点火开关；

⑥ 拆卸空气滤清器外壳；

⑦ 使用工具拆卸变速箱加油塞，加油塞的扭力：35N • m；

⑧ 利用工具拆卸变速箱下部的变速箱油排放塞，放油塞扭力：35N • m；

警告！热机油。

警告！准备收集流出的液体。

警告！避免皮肤与液体接触。

⑨ 在变速箱油温 35℃～45℃时，3 分钟后扭紧变速箱油排放塞；

⑩拆卸变速箱的滤清器（见图 1.3-5）。

注意！确保使用新的组件。

通过变速箱加油塞，向变速箱内添加新变速箱油 5.5L 后（见图 1.3-6），执行变速箱油位检查流程。

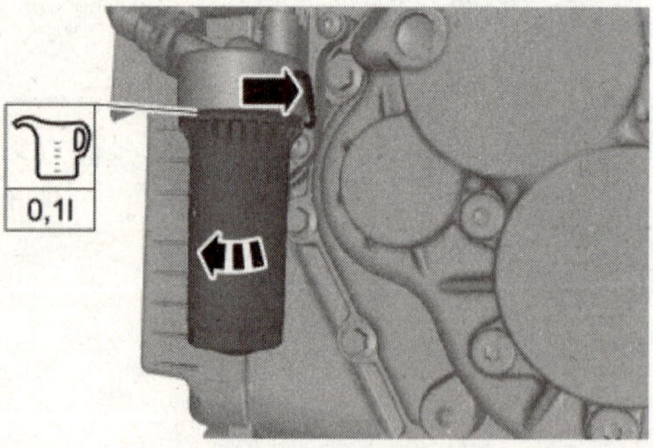

图 1.3-5　更换变速箱油滤清器

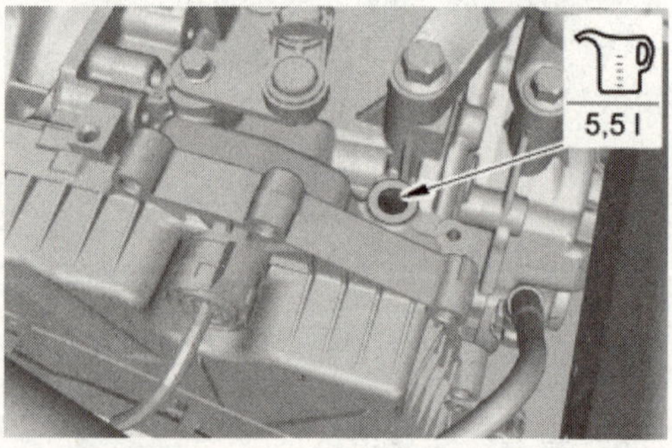

图 1.3-6　加注变速箱油

3．变速箱油位检查

以 2004 年以后生产的沃尔沃 S40 配备 MPS6 变速箱为例，介绍变速箱油的更换方法。如其他型号变速箱需要更换，请参考维修资料的说明。

① 起动发动机，并保持怠速运转 15min，直到变速箱的温度达到 35～45℃。

② 踩住刹车踏板，并拉起驻车制动器；

③ 将排挡杆挂入每个挡位，每个挡位保持 20 秒（见图 1.3-8）；

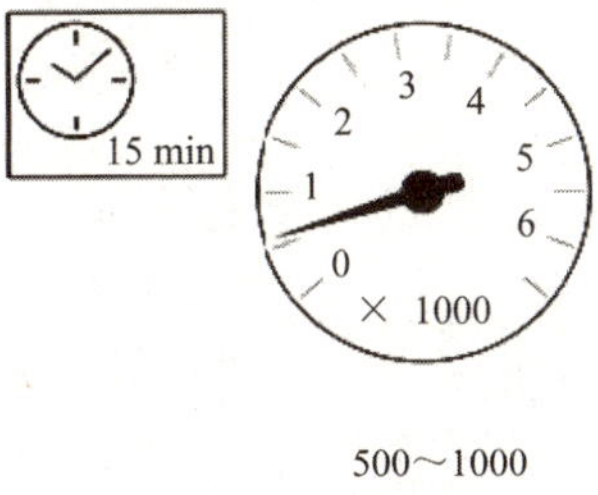

图 1.3-7　起动发动机

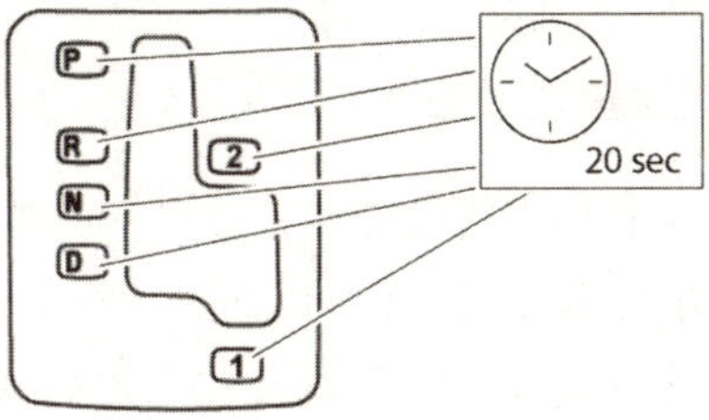

图 1.3-8　挡位操纵

④ 将换挡杆挂回 P 挡，并关闭点火开关（见图 1.3-9）；

⑤ 将变速箱加注孔和检查孔螺栓拆除；

⑥ 从加注口添加 0.5L 的变速箱油；

⑦ 观察检查口，允许有油液溢出，直到连续流变成单滴；（见图 1.3-10）

⑧ 检查孔油液单滴流出后，等待 3min，安装检查孔螺栓，扭紧力矩：35N·m；加注孔螺栓，扭紧力矩 35N·m。

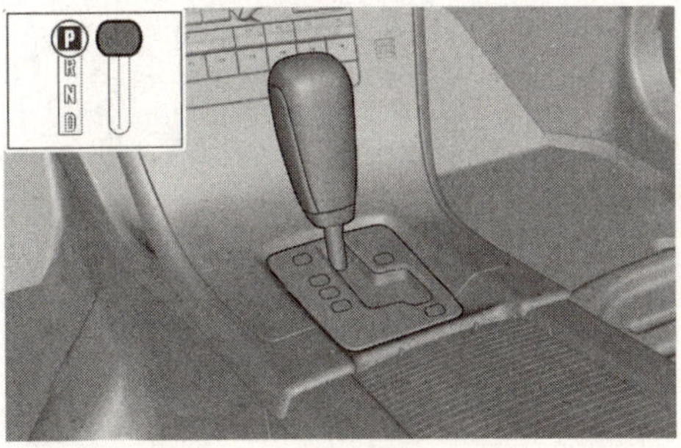

图 1.3-9　挂入 P 挡

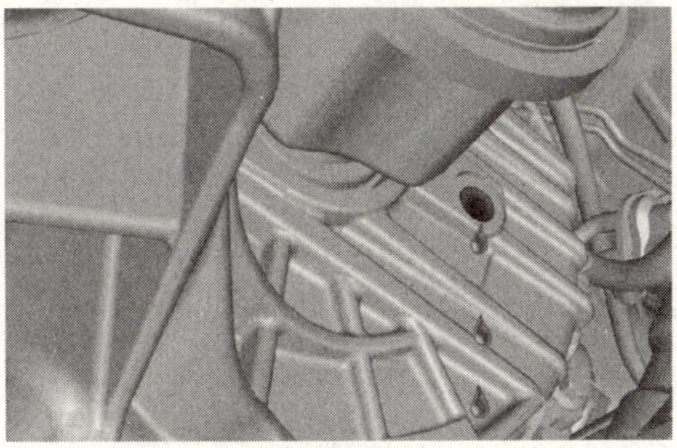

图 1.3-10　观察检查孔情况

1.3.2　差速器的检查与保养

差速器的保养主要是针对差速器油位的检查与更换，另外从汽车构造上看，差速器与传动轴或驱动轴连接，实现动力的输出，所以在保养时对差速器的检查也同时包括对传动轴或驱动轴的检查，具体内容包括：

- 差速器油位的检查；

- 差速器油的添加；
- 驱动轴的检查；
- 传动轴的检查。

1．差速器油位的检查

定期对差速器油位的检查是极为重要的。检查方法如下：

拆卸差速器加注口螺栓（见图 1.3-11），检查是否有液体逸出，直至连续流变更为单滴，说明液位正常。扭力：油塞，最终，35 N·m。

2．差速器油的添加

对差速器油进行检查时，如果出现差速器油量不足时，应及时添加，维修资料中关于差速器油的添加有专门的说明。

使用专用工具，按照图 1.3-12 所示方法对差速器油进行添加。

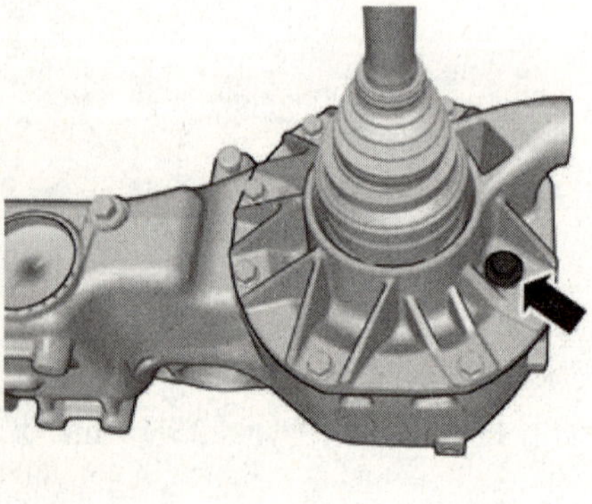

图 1.3-11　差速器加注口螺栓位置

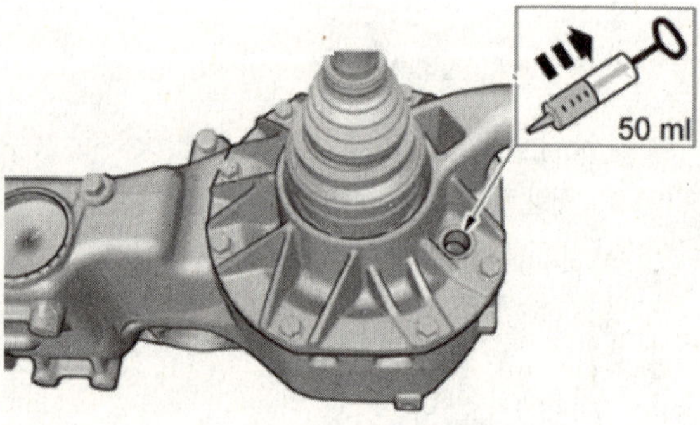

图 1.3-12　差速器油的添加

3．驱动轴的检查（见图 1.3-13）

驱动轴俗称半轴，是连接差速器和车轮的重要部件。在对驱动轴进行检查时，我们应该认真、仔细，检查的具体内容包括：

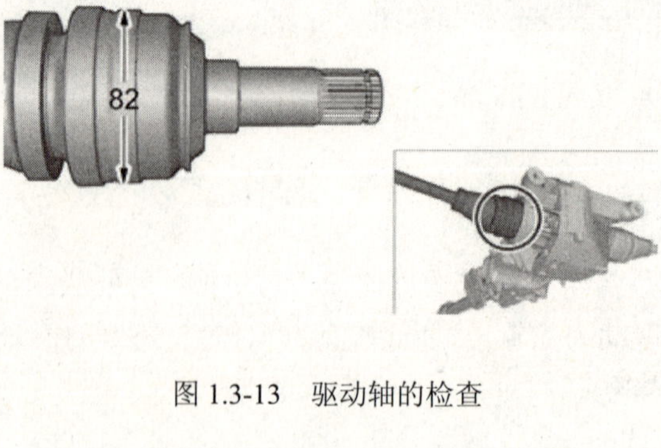

图 1.3-13　驱动轴的检查

① 驱动轴是否有变形、损坏，上面是否有异物；
② 驱动轴万向节是否有松动、有无油脂渗漏；
③ 驱动轴防尘套是否破损，卡箍是否松动。

4. 传动轴的检查

传动轴通常用于发动机前置、后轮驱动或全轮驱动的车辆上，是汽车传动系统的重要重要组成部件，对传动轴的检查内容具体包括：

① 检查固定螺栓是否松动；
② 检查传动轴管是否有凹陷变形；
③ 如果有平衡块，检查平衡块是否脱落；
④ 检查中间支撑轴承是否松旷或异响；
⑤ 检查传动轴连接花键是否有松动。

1.4　底盘转向系统的检查与保养

1.4.1　转向助力油的更换

转向助力油在转向系统中有传递动力、润滑部件的作用，其质量直接影响转向系统的性能，所以定期对转向助力油进行检查是必要的，如发现转向助力油变质等情况，应立即更换，在本节主要介绍更换转向助力油的操作步骤。

① 提起储油筒，在储油筒下方垫上纸张，以防机油溢溅；
② 把一个容器放在储油桶下，拆下储油桶上的软管和固定夹排放助力油；
③ 为将油液彻底排净，建议将助力油冷却器管路拆下；
④ 保证驻车制动器是拉起状态的（见图 1.4-1）；
⑤ 加注转向助力油（见图 1.4-2）；
⑥ 液位必须保持在 MAX（最高）和 MIN 之间；

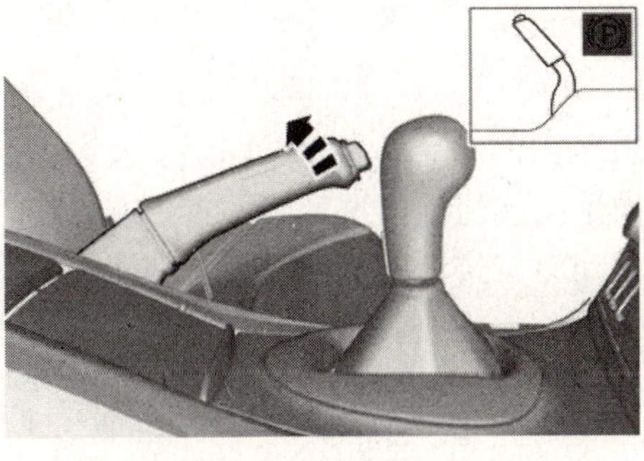

图 1.4-1　转向助力油的更换步骤④

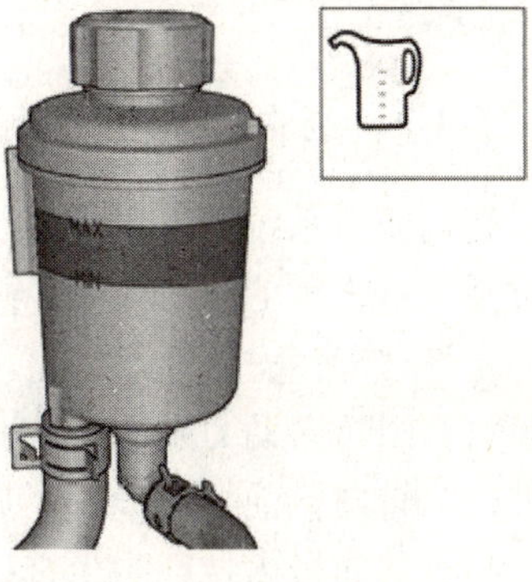

图 1.4-2　转向助力油的更换步骤⑤

⑦ 方向盘分别向左 / 右打到极限位置各 5 次（见图 1.4-3）；

⑧ 确保液位达到 MAX（最高）标记；

⑨ 起动发动机，保持发动机转速在 500～1000r/min 范围内；

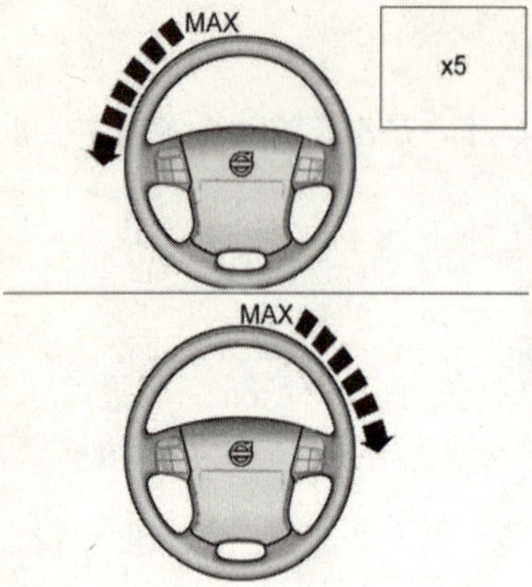

图 1.4-3 转向助力油的更换步骤⑦

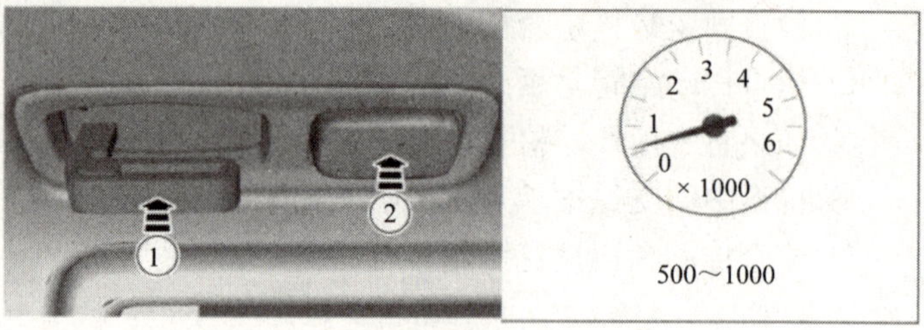

图 1.4-4 转向助力油的更换步骤⑨

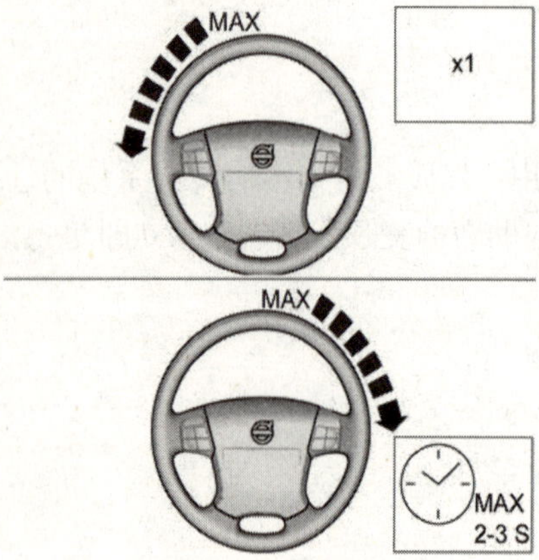

图 1.4-5 转向助力油的更换步骤⑩

⑩ 方向盘分别向左 / 右打到极限位置各一次，每次保持 2～3 秒（见图 1.4-5）；

⑪ 确保液位达到 MAX（最高）标记，5 分钟后关闭发动机；

⑫ 再次起动发动机，保持转速在 500～1000r/min 范围内；

⑬ 方向盘分别打到左/右极限位置 5 次，每次保持 2～3 秒；

⑭ 回正方向盘；

⑮ 关闭发动机；

⑯ 确保液位达到 MAX（最高）标记；

⑰ 等待 5 分钟；

⑱ 最后确定油位是否在最高标记。

1.4.2 转向系统的泄漏检查

转向助力系统的液压管路长，由于要适应发动机舱内的布置，所以管路形状复杂，连接部位多，系统在工作过程中，管路内存在高油压，如果出现泄漏情况，会严重影响系统工作的稳定性与车辆安全性，因此，在保养过程中对转向助力系统泄漏的检查是十分重要的。在本节将介绍转向助力系统的检查方法。

（1）转向机油封的检查（见图 1.4-6）

检查转向机内拉杆防尘套处有无油迹。

（2）转向机油管的检查（见图 1.4.7）

图 1.4-6　转向机油封的检查

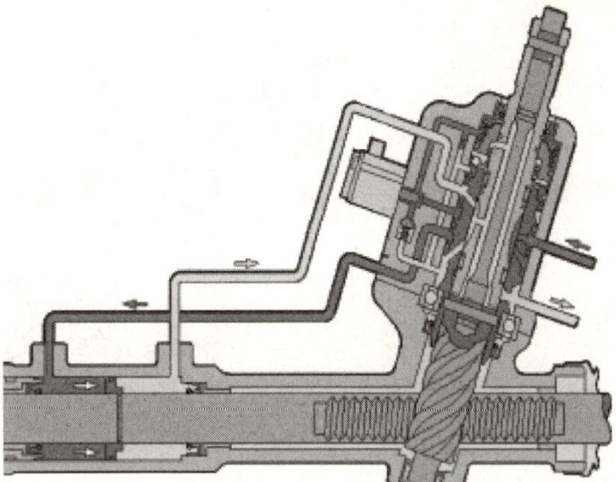

图 1.4-7　转向机油管的检查

检查转向机油管处有无泄漏。

（3）转向助力泵检查（见图 1.4-8）

检查转向助力泵的油封、接口处有无泄漏，转向助力泵工作时，是否有异响；

（4）转向系统管路的检查（见图 1.4-9）

检查转向系统管路各接头有无泄漏；

检查转向系统管路与其他部件有无干涉。

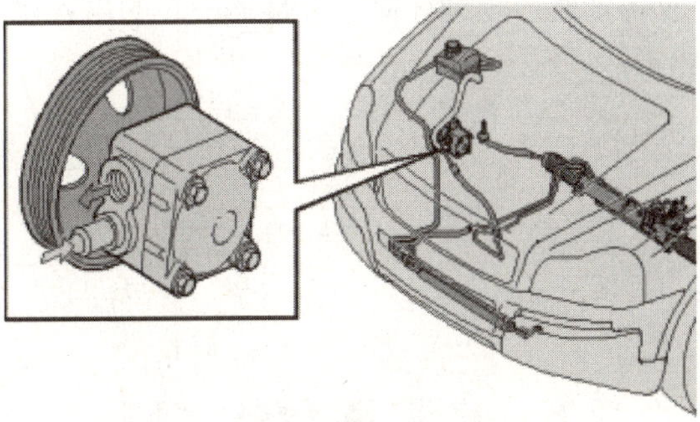

图 1.4-8　转向助力泵的检查

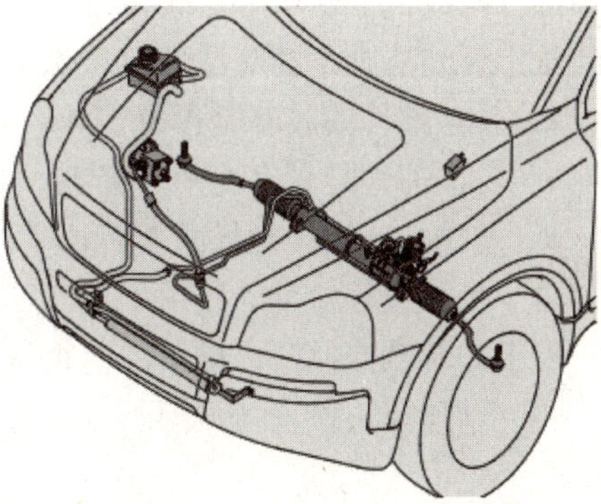

图 1.4-9　转向系统管路的检查

1.4.3　转向拉杆与球头的检查

转向拉杆与球头的检查，即转向拉杆转向系统机械检查（见图 1.4-10），步骤如下：

① 检查转向拉杆外球头是否松旷、有无异响；

② 检查转向拉杆内球头是否松旷、有无异响；

③ 检查转向轴万向节是否松旷、有无异响；

④ 转向柱在打方向时是否有异响。

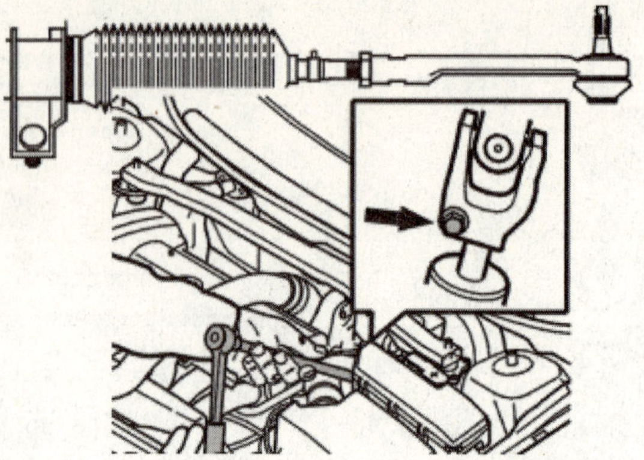

图 1.4-10　转向系统机械检查

1.5　底盘悬架系统与车轮的检查

1.5.1　悬架系统的检查

汽车悬架是汽车中弹性地连接车架与车轴的装置。它通常由弹性元件、导向机构、减震器等部件构成，主要功用是缓和由不平路面传给车架的冲击，以提高乘车的舒适性。悬架系统的状态影响了乘车的舒适性，在保养时，应对悬架系统进行检查，具体检查的内容包括：

- 悬挂部件的胶套是否有损坏、有无异响；
- 悬挂部件是否有变形、损害；
- 悬挂各球头、拉杆是否有松旷。

（1）悬挂拉杆检查（见图 1.5-1）

用手晃动悬挂拉杆、球头，检查拉杆是否松旷。

（2）悬挂球头检查（见图 1.5-2）

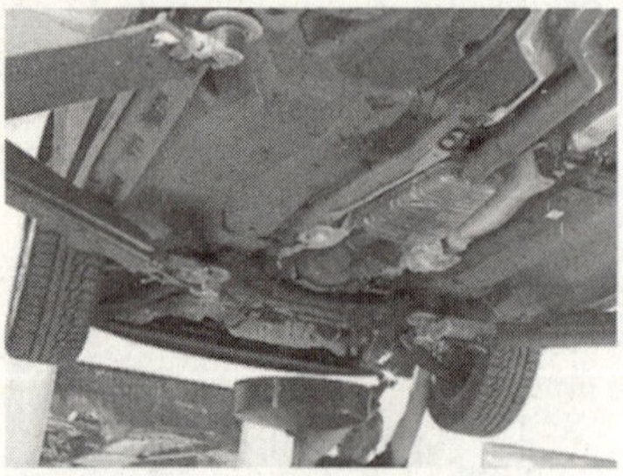

图 1.5-1　悬挂拉杆检查

图 1.5-2　悬挂球头检查

使用撬杆，检查球头是否松旷。

（3）悬挂胶套检查（如图 1.5-3）

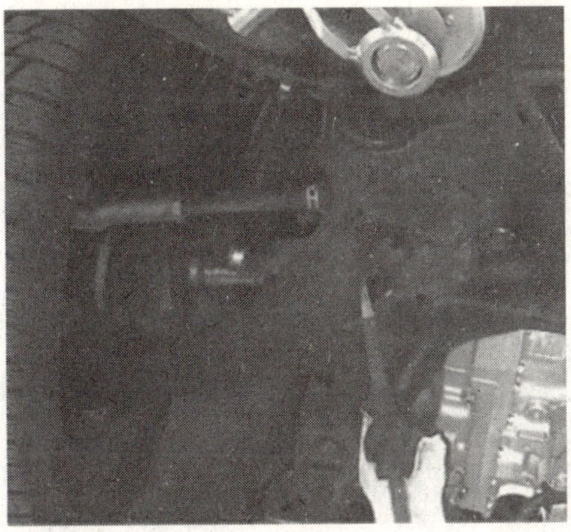

图 1.5-3　悬挂胶套检查

利用撬杆，检查悬挂胶套是否有损坏。

1.5.2　车轮的检查

对车轮的检查主要是对轮胎的拆装、轮胎压力、轮胎磨损情况、轮毂进行检查，对于有备胎修理包的车辆，还要检查修理液的有效期。

（1）轮胎检查（见图 1.5-4）

旋转车轮，检查轮胎表面是否有异常磨损、变形，轮胎是否有异物、是否达到磨损极限。

（2）轮胎花纹检查（见图 1.5-5）

图 1.5-4　轮胎检查

图 1.5-5　轮胎花纹检查

①使用测量工具对轮胎花纹深度进行检查；

②轮胎的花纹深度低于 1.6mm 或轮胎花纹深度低于轮胎磨损指示标志，需要更换轮胎。

（3）轮胎气压检查（见图 1.5-6）

① 使用气压表在轮胎冷态下对轮胎气压进行检查；

② 轮胎的冷态指的是轮胎的温度与周围环境温度相同。

（4）车轮螺栓紧固（见图 1.5-7）

图 1.5-6　轮胎气压检查

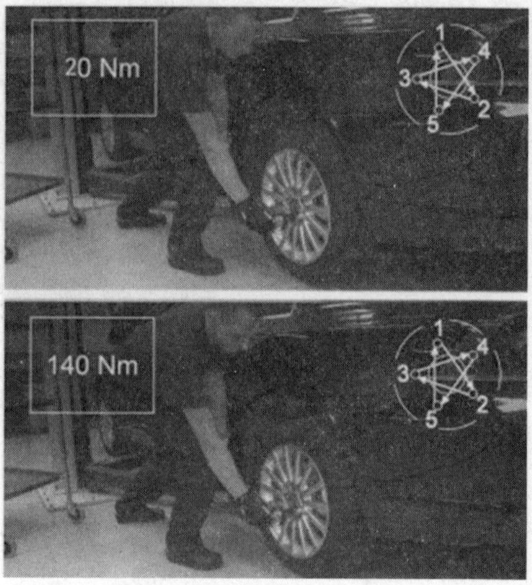

图 1.5-7　车轮螺栓安装

确保接触表面洁净，无腐蚀和外物，使用螺栓密封胶。紧固扭力标准：

- 第一步：20 N・m
- 第二步：140 N・m

（5）轮胎维修套件检查（见图 1.5-8）

① 检查行李箱内的轮胎维修套件是否齐全；

② 检查修理套件中的轮胎密封修理液有效期，是否符合标准。

（6）轮胎修理套件的使用（见图 1.5-9）

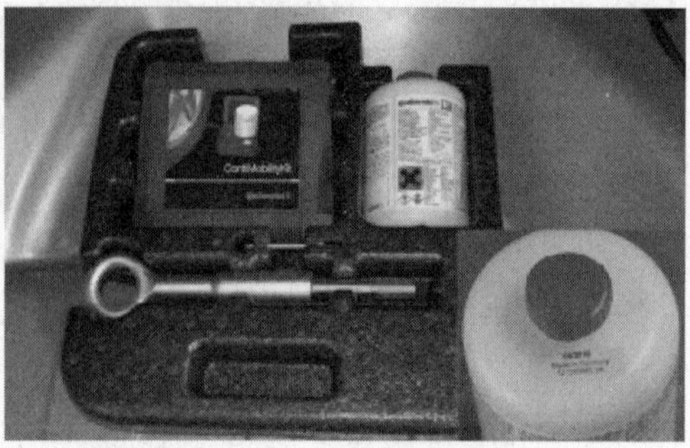

图 1.5-8　轮胎维修套件

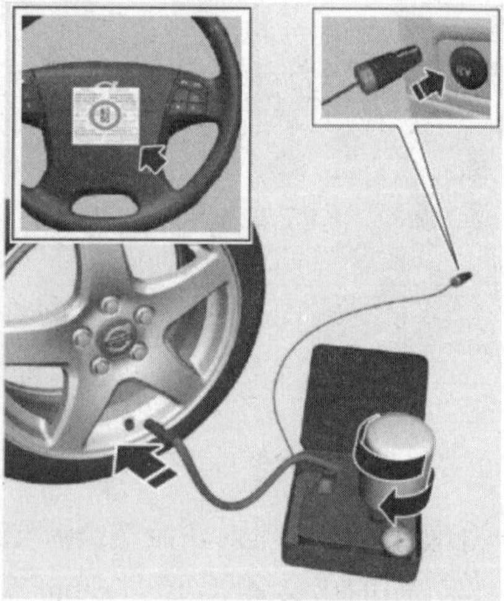

图 1.5-9　轮胎修理包的使用

① 打开修理套件的盖子，取下最大允许的速度标识贴在方向盘上；

② 确定点火开关关闭；

③ 松开密封液瓶架并打开密封液罐罐塞；

④ 将罐子放入瓶架；
⑤ 将空气软管旋入轮胎气嘴；
⑥ 导线插入 12V 插座并起动发动机；
⑦ 点火开关至 ON 挡；
⑧ 将轮胎充气 7 分钟；
⑨ 关闭打气泵，检查压力表上的压力最低 1.8 巴（1 巴=10^5帕斯卡），最高 3.5 巴；
⑩ 收回轮胎修理包；
⑪ 以不超过 80km/h 速度行驶约 3km，使密封胶均匀密封轮胎。

1.6 底盘制动系统的检查与保养

1.6.1 刹车油的检查与更换

刹车油是汽车液压刹车系统中传递刹车压力的液态介质，刹车油的质量直接影响到刹车的稳定性，所以在定期保养过程中，要对刹车油进行定期的检查与更换。

1. 刹车油油位的检查

随着车辆的使用，刹车片的厚度变薄，为补偿刹车分泵的刹车间隙，分泵中的活塞会在刹车油压力作用下自动改变原始位置，这就使得分泵中油腔的体积增大，这一增大的体积自然由刹车油补偿，从而导致刹车油的油位下降。所以在定期保养时，如果出现刹车油油位下降的情况，除了要检查系统是否存在泄漏情况，还要检查刹车盘、片的厚度。

刹车油位检查步骤如下：
① 找到刹车油的油壶；
② 从油壶的外面观察刹车油的液面高度，刹车油的液面必须在最低刻度和最高刻度之间；
③ 如刹车油液位低于最低刻度，应及时添加刹车油，同时立即进行刹车系统检查。

2. 刹车油的更换

更换刹车油的标准流程可在维修资料的相关信息中进行查询，这里以沃尔沃 XC60 为例介绍刹车油的更换。刹车油的更换步骤如下：
① 刹车液采用沃尔沃专用的 DOT4+刹车液（见图 1.6-1）；
② 连接旧制动液排放接头至刹车液储油筒（见图 1.6-2）；
③ 给刹车系统增压（增加至 0.2～0.3Mpa）；
④ 检查刹车液储油筒接头；
⑤ 升起车辆并拆卸车轮；
⑥ 从排放嘴拆下保护盖，连接收集瓶的软管（见图 1.6-3）；
⑦ 打开排放嘴，当从收集器软管流出的油中不再有气泡时，上紧排放嘴；
⑧ 从排放嘴拆下软管装回保护盖；

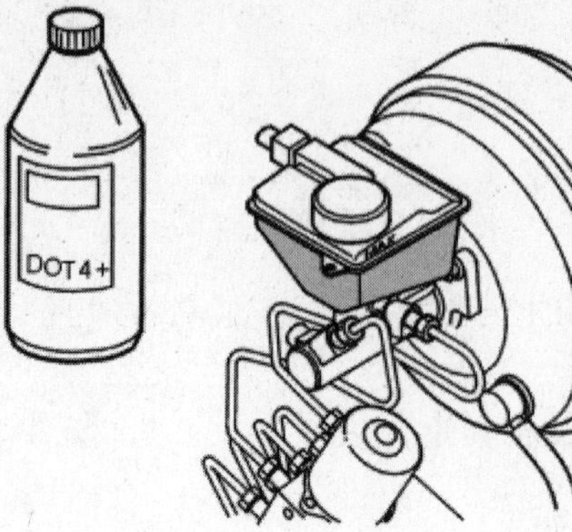

图 1.6-1　剎车油的更换（步骤①）

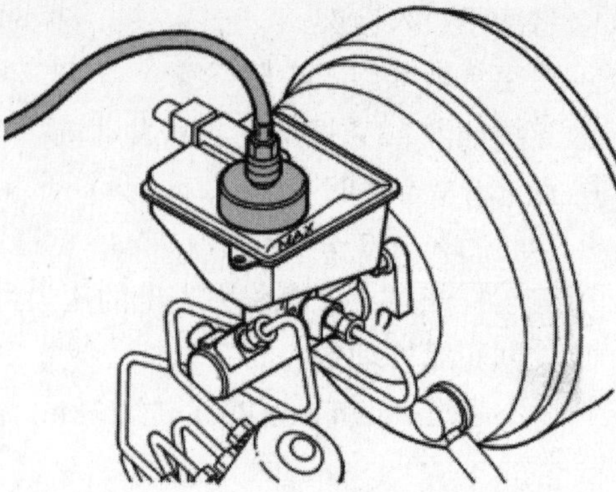

图 1.6-2　剎车油的更换（步骤②～⑤）

⑨ 依照此方法，排放其他车轮；
⑩ 排放顺序右后、左后、右前、左前顺序进行；
⑪ 检查排放嘴是否泄漏；
⑫ 剎车系统减压（见图 1.6-4）；
⑬ 剎车油更换结束后，关闭排放单元；
⑭ 打开一个排放嘴后迅速将其关闭，给系统减压；
⑮ 检查剎车系统是否有空气以及剎车液是否泄漏。

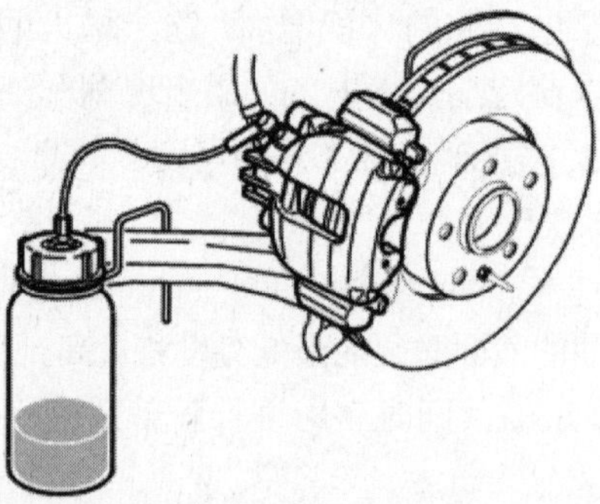

图 1.6-3　剎车油的更换步骤（⑥～⑪）

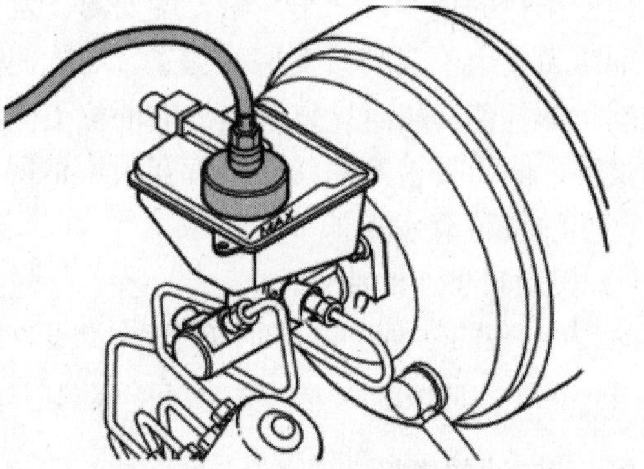

图 1.6-4　剎车油的更换步骤（⑫～⑮）

1.6.2　剎车片的检查与更换

汽车剎车是剎车系统将汽车行驶的动能转化为剎车盘与剎车片摩擦的热能的能量转换过程。剎车盘与剎车片作为剎车系统中重要的执行元件，其性能和质量将直接影响车辆的安全。

1．前剎车片的更换

更换前剎车片的标准流程可在维修资料的相关信息中进行查询，这里以沃尔沃 S80L 为例介绍前剎车片的更换。

（1）定位卡簧拆卸（见图 1.6-5）

① 举升车辆；

② 拆下两侧的车轮；

③ 拆卸定位卡簧防止其变形。

（2）定位销拆卸（见图 1.6-6）

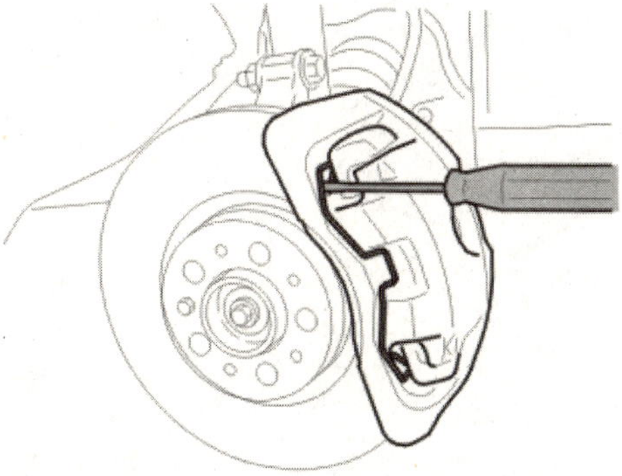

图 1.6-5　更换前刹车片的步骤（1）

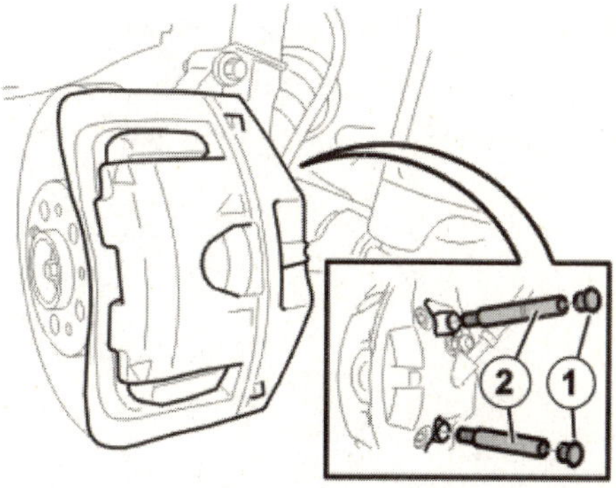

图 1.6-6　更换前刹车片的步骤（2）

① 从两个定位销②拆卸保护盖①；

② 使用内六角头套筒 7mm（对于某些型式，内六角头套筒 9mm），拆卸定位销；

③ 拆卸刹车卡钳；

④ 用一钢丝将刹车卡钳悬挂在前弹簧上，以免损坏刹车软管。

（3）清洁刹车卡钳（见图 1.6-7）

① 清洁并检查刹车卡钳和防尘盖；

② 清洁并检查刹车卡钳和卡钳基座内的刹车片接合面；

③ 使用钢刷，清洁滑销；

④ 检查活塞防尘套。

（4）润滑滑动面（见图 1.6-8）

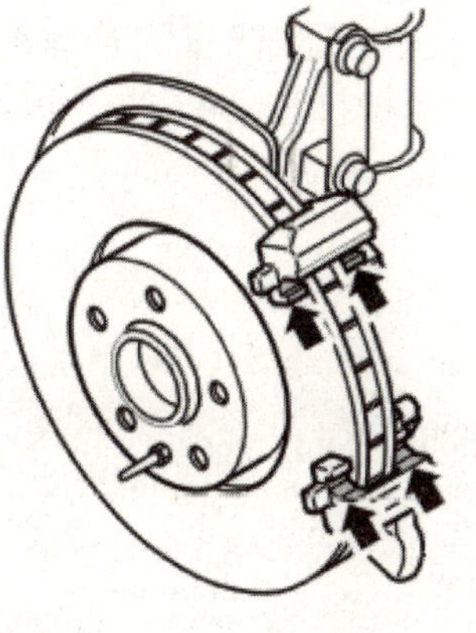

图 1.6-7　更换前刹车片的步骤（3）

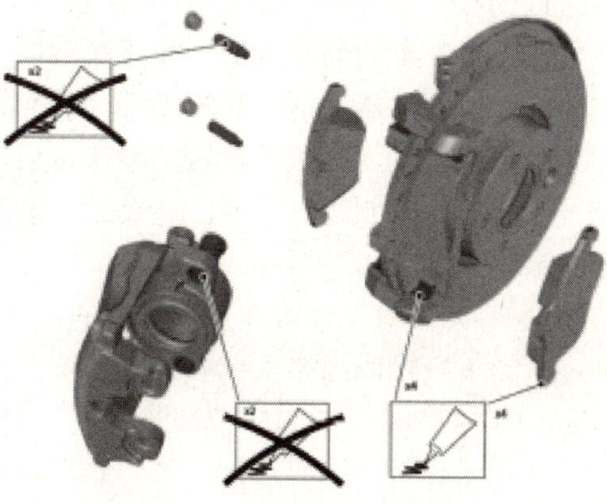

图 1.6-8　更换前刹车片的步骤（4）

① 用矽脂润滑刹车片的接触表面；

② 润滑后按相反顺序安装刹车片与刹车钳。

（5）最后作业（见图 1.6-9）

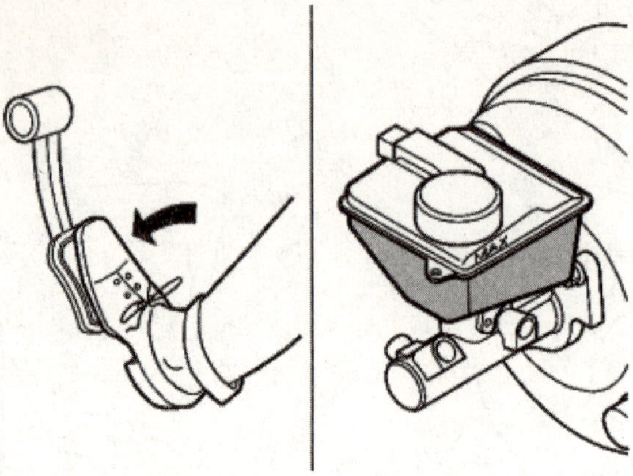

图 1.6-9　更换前刹车片的步骤（5）

① 检查储油筒中的刹车液油位；

② 踩几次刹车踏板，检查刹车液储油筒的油位；

③ 如有需要就加满。

1.6.3　驻车制动器的检查与调整

以现代轿车为例进行介绍。在现代轿车上有三种驻车制动器系统，分别是手拉式驻车制动器、脚踏式驻车制动器，电子式驻车制动器。

1. 驻车制动器的检查

由于不同形式的驻车制动器系统的操纵机构有区别，所以在检查驻车制动器时，三种不同形式的驻车制动器系统的检查方法也有所不同。

（1）手拉式驻车制动器的功能检查（见图 1.6-10）

① 拉起驻车制动器手柄，在拉起到第一个刻度之前，驻车制动器警告灯应亮起；

② 驻车制动器手柄拉起的正常行程应该是 6～8 个刻度，拉起的力度应为 20N；

③ 举升车辆，尝试手动转动后轮，后轮应被完全锁止；

④ 释放驻车制动器手柄，驻车制动器警告灯应熄灭；

⑤ 再次手动转动后轮，后轮应能够自由转动。

（2）脚踏式驻车制动器的功能检查（见图 1.6-11）

① 踩下驻车制动器踏板到极限位置，驻车制动器警告灯应亮起；

② 举升车辆，尝试手动转动后轮，后轮应被完全锁止；

③ 拉动驻车制动器放松把手，驻车制动器警告灯应熄灭；

④ 再次手动转动后轮，后轮应能够自由转动。

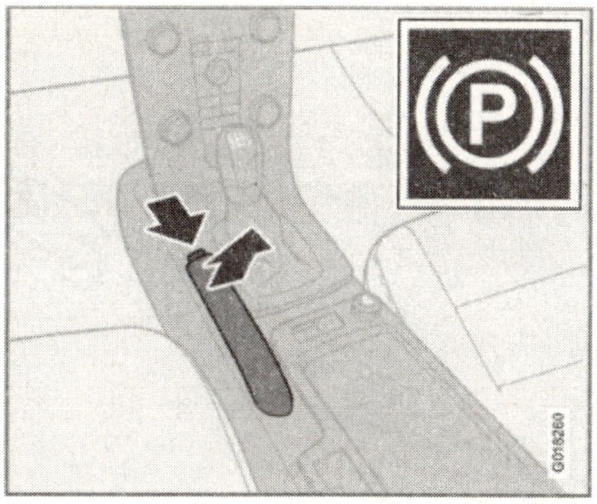

图 1.6-10　手拉式驻车制动器的功能检查

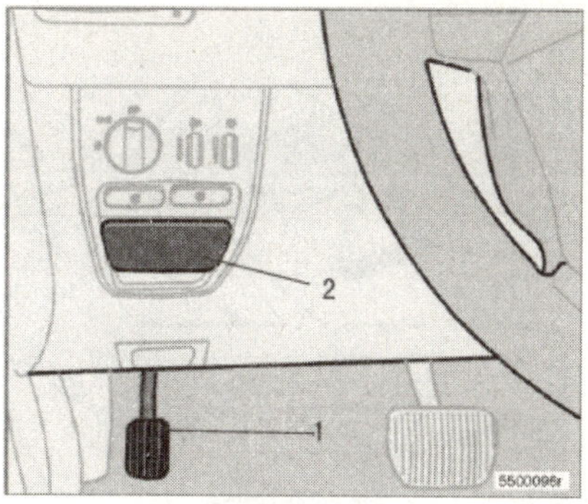

图 1.6-11　脚踏式驻车制动器的功能检查

（3）电子式驻车制动器锁止功能检查（见图 1.6-12）

① 踩下制动器踏板，按下控制按钮，仪表板的驻车制动器警告灯闪烁然后持续点亮；

② 举升车辆，尝试手动转动后轮，后轮应被完全锁止。

（4）电子驻车制动器手动松开功能检查（见图 1.6-13）

① 确保遥控钥匙在点火开关内或者点火开关处于 I 挡或 II 挡；

② 踩下制动器踏板，拉起控制按钮，仪表板的驻车制动器警告灯会熄灭；

③ 举升车辆，尝试手动转动后轮，后轮应能够自由转动。

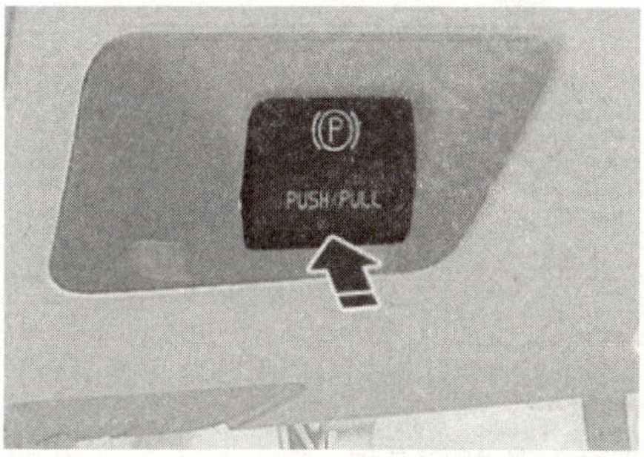

图 1.6-12　电子式驻车制动器锁止功能检查

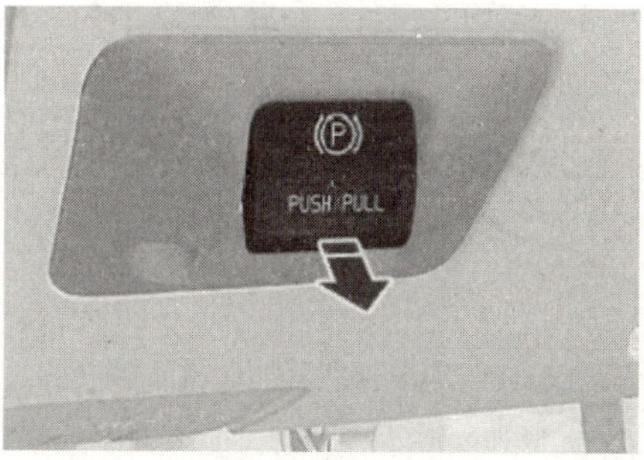

图 1.6-13　电子式驻车制动器手动松开功能检查

2．驻车制动器的调整

不同类型的驻车制动器的结构各不相同，对其的调整方法也不同，比如，电子驻车制动器是自动调整的，无须且禁止手动调整。下面以手拉式驻车制动器的调整方法为例加以介绍。

（1）饰板拆卸（见图 1.6-14）

① 拆下左侧上的中央控制台的面板；

② 图 1.6-14 中①为定位驻车制动器的调整螺丝。

（2）定位夹拆卸（见图 1.6-15）

将套筒顺时针方向旋到定位夹的沟槽上。将套筒按回到调整杆上。

（3）套筒调整（见图 1.6-16）

① 将套筒逆时针方向旋进，以使夹子的沟槽呈现；

② 安装夹子。

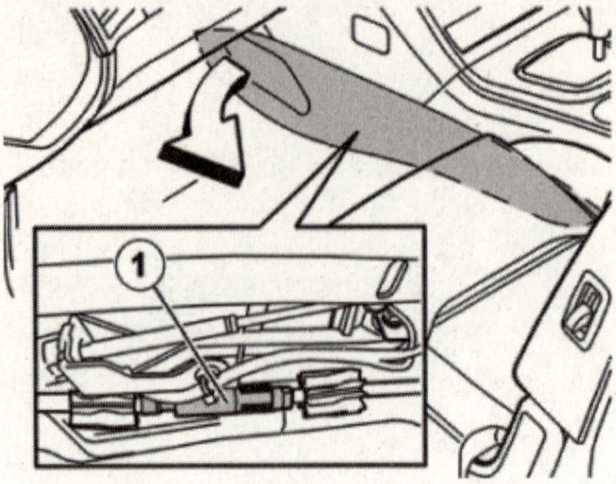

图 1.6-14　驻车制动器的调整步骤（1）

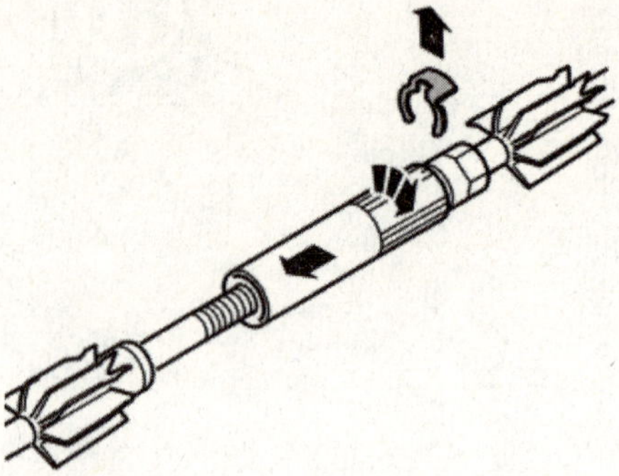

图 1.6-15　驻车制动器的调整步骤（2）

（4）驻车制动器调整（见图 1.6-17）

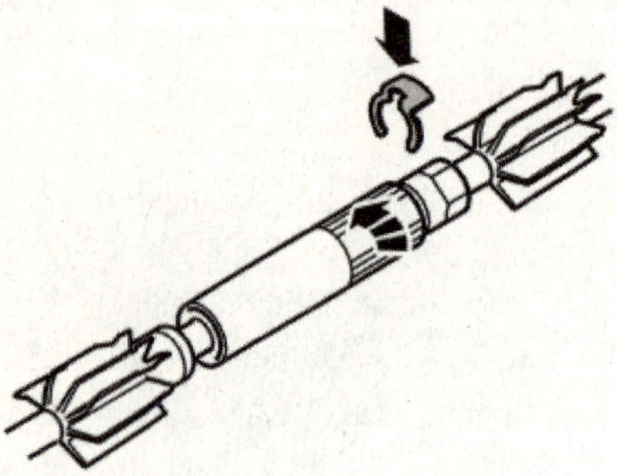

图 1.6-16　驻车制动器的调整步骤（3）

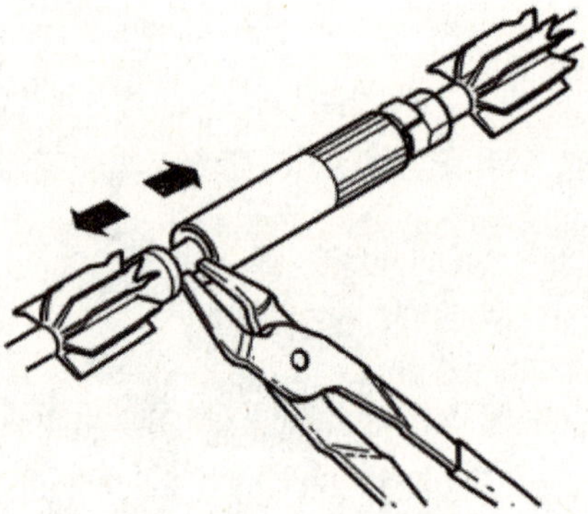

图 1.6-17　驻车制动器的调整步骤（4）

① 踩下制动器踏板至第一个刻度，使用调整杆将调整装置压出；

② 测试驻车制动器；

③ 最大效果应在第 2 及第 5 个棘轮齿之间达到。

1.7　汽车电气系统的检查与保养

1.7.1　空调系统的保养与检查

对于空调系统的检查与保养，最主要的工作就是更换空调滤清器。

更换空调滤清器的步骤如下：

（1）依照维修资料指引，拆卸中央扶手箱右侧的饰板，如图 1.7-1 所示。

注意：拆卸时要使用塑料翘板，否则有可能损坏饰板。

（2）将乘客侧的地毯依照图 1.7-2 所示位置掀起。

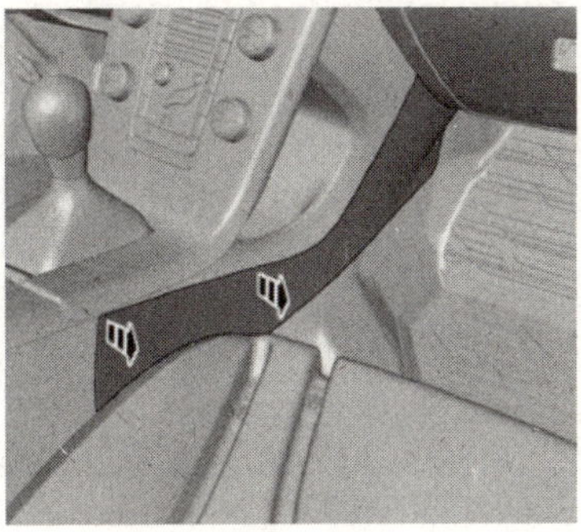

图 1.7-1　更换空调滤清器的步骤（1）

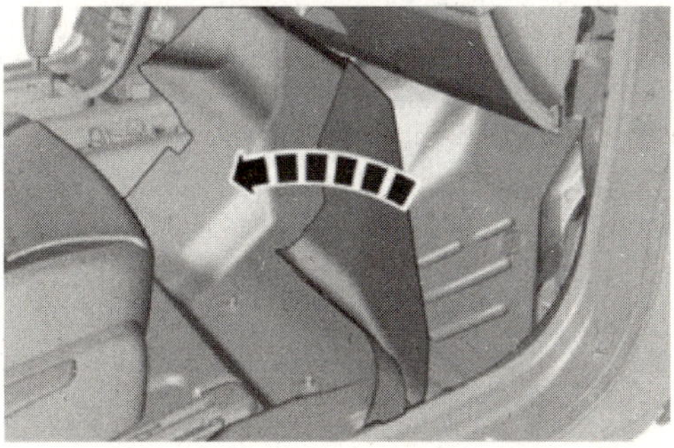

图 1.7-2　更换空调滤清器的步骤（2）

（3）依照维修资料指引，拆卸电脑上的插头盖，如图 1.7-3 所示。

（4）依照维修资料指引，拆卸空调滤清器的罩盖，更换空调滤清器，如图 1.7-4 所示。

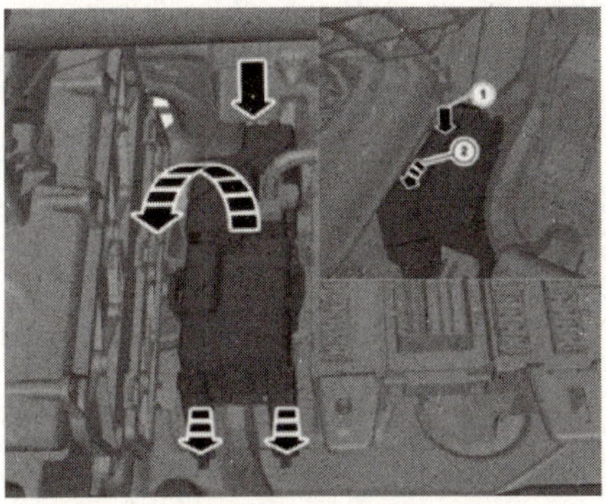

图 1.7-3　更换空调滤清器的步骤（3）

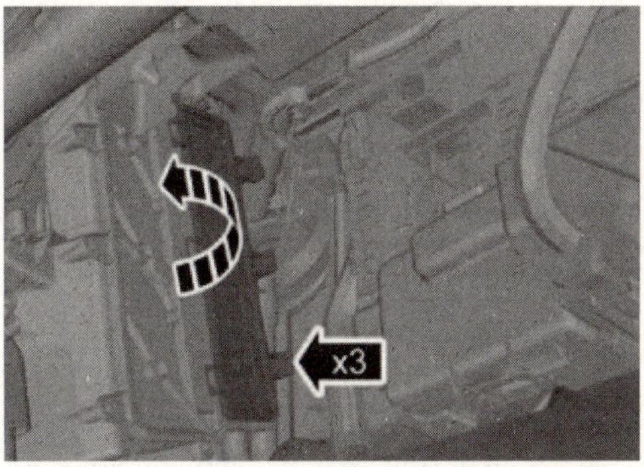

图 1.7-4　更换空调滤清器的步骤（4）

1.7.2　灯光系统的检查

保养过程中，对车辆的灯光系统进行检查包含以下项目：

- 车辆外部灯光检查；
- 车辆内部灯光检查；
- 头灯高低检查与调整。

1. 车辆外部灯光的检查

车辆外部灯光的检查包括对以下灯光的功能是否正常（见图 1.7-5 和图 1.7-6）：

- 车辆小灯检查；
- 车辆近光灯检查；
- 车辆远光灯检查；
- 车辆转向灯检查；
- 车辆雾灯检查；
- 倒车灯等。

图 1.7-5　外部灯光检查（1）

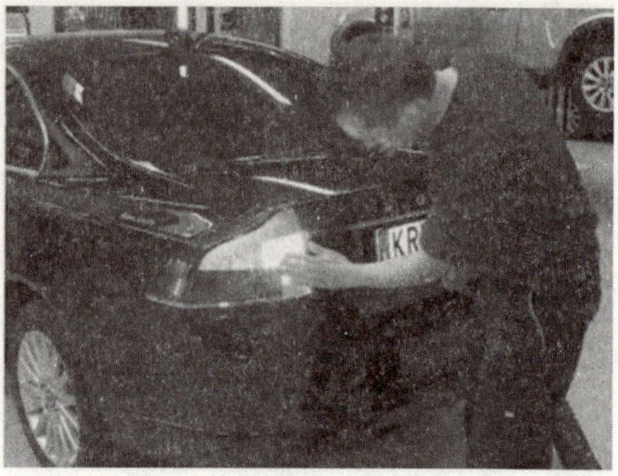

图 1.7-6　外部灯光检查（2）

检查外部灯光时，不仅要检查灯光是否点亮，还要检查外部灯光的灯罩是否有损坏。

2. 车辆内部灯光的检查

通过操作内部灯光的开关，检查车内灯光是否正常点亮，车内灯光包括：

- 顶棚照明灯；
- 中控台背景照明灯；
- 行李箱照明灯；
- 化妆镜照明灯。

3. 头灯高度的检查与调整

在保养时要对头灯高度进行检查，通常使用头灯检测仪。下面介绍如何使用头灯检测仪，根据头灯检测仪的检测结果如何对头灯进行调整。

（1）头灯检测仪的使用方法（见图 1.7-7）

① 车辆沿引导线居中行驶到距离前照灯检测仪规定的检测距离处停止（1m）；

② 将车变速箱置于空挡，电源处于充电状态，开启前照灯远光，前照灯检测仪对前照灯进行自动搜寻；

③ 将被检前照灯转换为近光，检测仪自动检测其近光光束的明暗截止线转角（或中点）的照射位置偏移值；

④ 待前照灯检测仪自动检测完所有前照灯，并退回待检位置后，检验员将车辆驶离检测工位。

（2）使用头灯检测仪检测头灯（见图 1.7-8）

① 正常值：灯光的中心与检测仪的中心重叠；

② 如果不符合标准，需要就灯光高度进行调整。

（3）头灯高度的调整（见图 1.7-9）

① 点火及近光灯打开；

② 检查照明程度控制按钮。将按钮设定至 0 位置；

③ 检查并确定电源足够供应所需要的光束；

④ 用六角固定螺丝按图 1.7-9 所示对灯光高度进行调整。

图 1.7-7　头灯检测仪

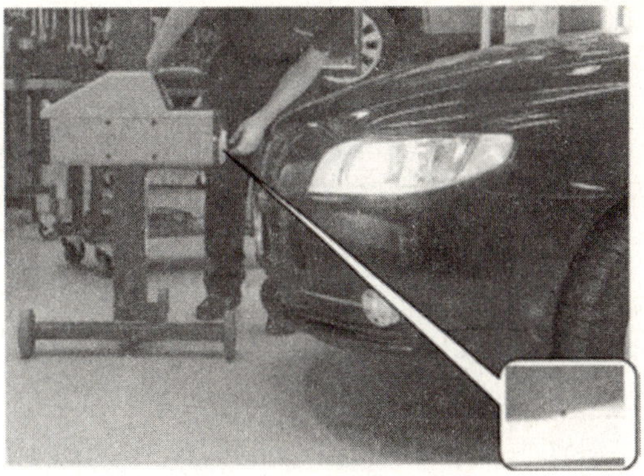

图 1.7-8　头灯检测

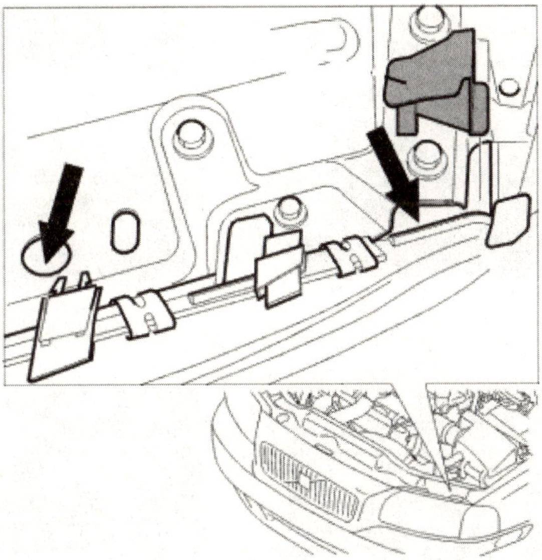

图 1.7-9　头灯高度的调整

1.7.3　雨刮与清洗系统的检查与保养

雨刮清洗系统用于清除挡风玻璃上的雨水和污物，保持视野清晰。该系统使用雨刮器和喷洗器来完成挡风玻璃和后窗清洁工作。雨刮清洗系统的检查与保养，具体内容包括：

- 雨刮片的更换；
- 雨刮喷水嘴的调整；
- 玻璃清洗液的冰点检查；
- 玻璃清洗液的液面检查。

1. 雨刮片的更换（见图 1.7-10）

当雨刮器进入到维修位置后，就可以进行更换雨刮臂的相关工作了。

① 将雨刮臂设置到维修位置；
② 参照维修资料的指引，更换雨刮片；
③ 更换新刮器后，打开点火开关；
④ 雨刮臂自动回到原始位置。

2. 雨刮喷水嘴的调整

在保养检查过程中，如发现雨刮喷水嘴出现故障，应及时调整或更换。

雨刮喷水嘴的检查与调整

（1）启动雨刮喷水功能，检查前风挡清洗功能是否正常，如图 1.7-11 所示。

（2）启动雨刮喷水功能，检查头灯的喷水功能是否正常，如图 1.7-12 所示。

（3）启动雨刮喷水功能，检查后风挡清洗功能是否正常，如图 1.7-13 所示。

图 1.7-10　雨刮片的更换

图 1.7-11　雨刮喷水嘴的检查

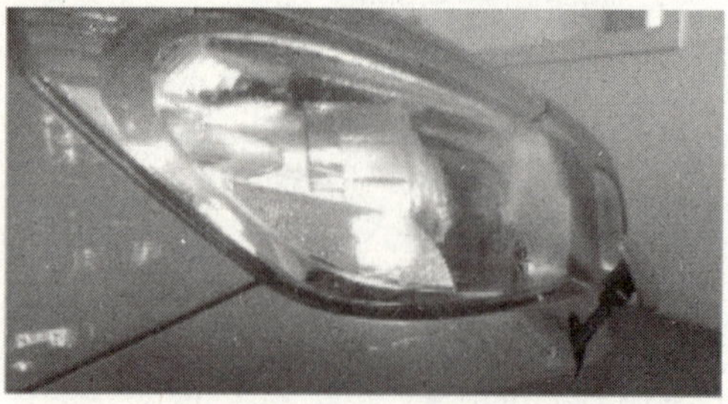

图 1.7-12　头灯清洗喷水嘴的检查

图 1.7-13　后挡玻璃清洗喷嘴的检查

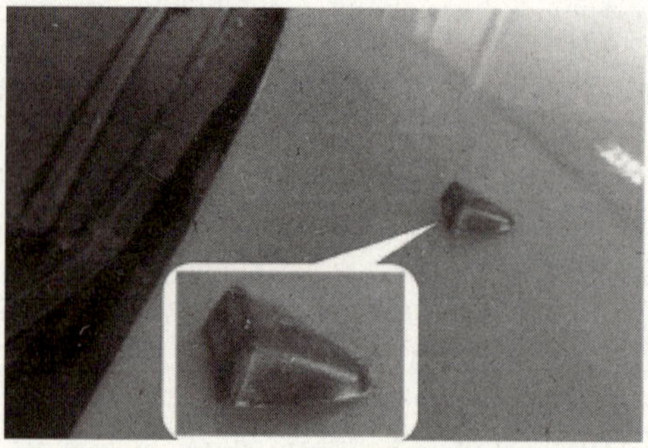

图 1.7-14　喷水嘴的检查

（4）检查清洗液喷出情况（见图 1.7-14），如发现喷嘴堵塞或方向偏转，可用细小的针清理和调整。

（5）不可使用压缩空气清洗玻璃清洗液喷嘴，这会损坏喷水嘴。

3．玻璃清洗液冰点的检查

玻璃清洗液在寒冷地区使用时应具备相应的防冻功能，所以在保养和检查时，应对玻璃清洗液的冰点进行检查。

使用冰点仪检查玻璃清洗液的冰点

① 取少量玻璃清洗液（2～3 滴）滴在冰点检测仪的折射冷镜面上（见图 1.7-15）；

② 通过冰点检测仪的观察孔可以读取其冰点（见图 1.7-16）；

图 1.7-15　玻璃清洗液冰点的检查①

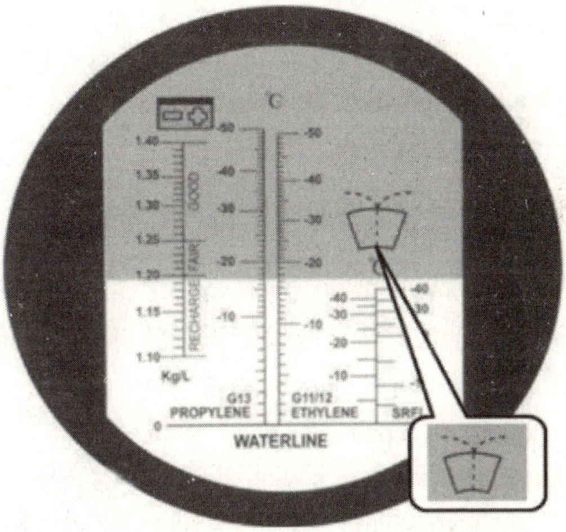

图 1.7-16　玻璃清洗液冰点的检查②

③ 测得的玻璃清洗液的冰点应高于车辆使用区域冬季的最低气温。

4．玻璃清洗液的液面检查

在检查与保养时，对玻璃清洗液的液面进行检查是必要的。

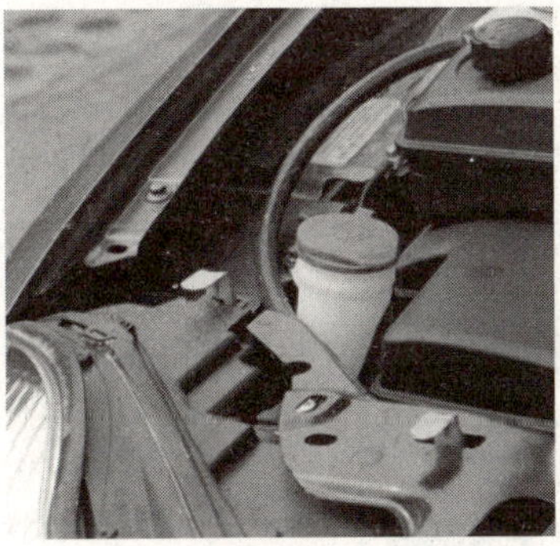

图 1.7-17　玻璃清洗液的液面检查

图 1.7-18　玻璃清洗液的添加

① 通过玻璃清洗液的加注口检查玻璃清洗液的液位和状态，或通过车辆 DIM 中关于玻璃清洗液的信息提示，来判断液位和状态；

② 如果液面太低就需要添加大约 3 升左右；

③ 如果发现玻璃清洗液已经被污染，则应排出容器中所有的玻璃清洗液，然后重新加注新的玻璃清洗液；

④ 如果有必要，则拆下玻璃清洗液壶进行清洗；

⑤ 添加玻璃清洗液时，要按照相关标准选择玻璃清洗液。

1.7.4 车辆电气功能的检查

车辆上的电气功能很多，在保养检查时，我们要按照车主手册及保养清单的要求进行检查，具体检查的内容如下：

- 仪表警告灯与提示信息的检查；
- 安全带的检查；
- 喇叭的检查。

1. 仪表警告灯与提示信息的检查

车辆安装诸多电气系统，很多系统拥有自诊断功能，自诊断的结果会显示在驾驶员控制模块的提示信息中，或以警告灯的形式提示驾驶员，所以，在保养检查时对仪表警告灯与提示信息的检查是必要的。检查方法如下：

① 打开点火开关；

② 检查仪表上各个指示灯的点亮情况；

③ 起动发动机，检查仪表指示灯点亮情况；

④ 查看仪表上信息提示栏中是否有提示信息。

2. 安全带的检查（见图 1.7-19）

安全带作为被动安全系统最主要的部件，其状态与性能决定了被动安全系统的稳定，所以在保养检查时，对安全带的检查时非常重要的。

检查内容如下：

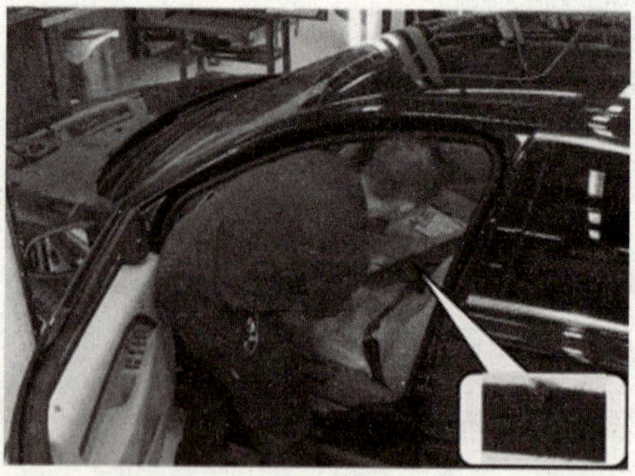

图 1.7-19 安全带的检查

① 检查安全带伸缩是否顺畅，有无卡滞；

② 安全带插入 / 拔出卡扣是否顺畅；

③ 检查安全带是否有损坏。

特别注意：

对安全带的检查是针对全车所有的安全带而言的，要求是统一的且严格的。

3. 喇叭的检查

喇叭作为车辆主动安全性部件，其功能在很多国家的道路安全法规中有明文规定，我国也不例外，所以在进行保养检查时，对其进行检查时十分必要的。

按喇叭按键，检查喇叭是否有单音、破音等迹象，如有及时更换。

1.8　车辆保养的后续工作

1.8.1　保养提示重设

以沃尔沃轿车为例进行介绍。

车辆在使用过程中，其性能会发生改变。客户应该按照规定的保养周期将车辆开至经销商进行保养，而保养周期是厂家根据车辆性能和使用特点为车辆特别制定的，为了有效地提示客户进行车辆的及时保养，车辆配置了保养提醒功能。

保养提醒就是车辆根据实际记录的行驶时间或行驶里程，与存储的保养间隔周期的数据进行对比，当车辆实际使用时间或里程即将达到保养周期间隔时，车辆主动做出的一种提示驾驶员要进行车辆保养的方式。

保养提醒灯重设在保养过程中是非常重要的一个环节，这样有以下优势：

① 车辆在到达下一个保养周期前，仍然可以提醒客户进行车辆保养，对车辆保修和性能的保持都有意义；

② 使车辆始终保持在一个良好的保养周期，车辆的使用寿命延长。

保养提示重设的操作（以沃尔沃车辆为例）步骤如下：

① 让汽车设定在点火开关挡位 1（见图 1.8-1）；

② 按住里程表的重设按钮（见图 1.8-2）；

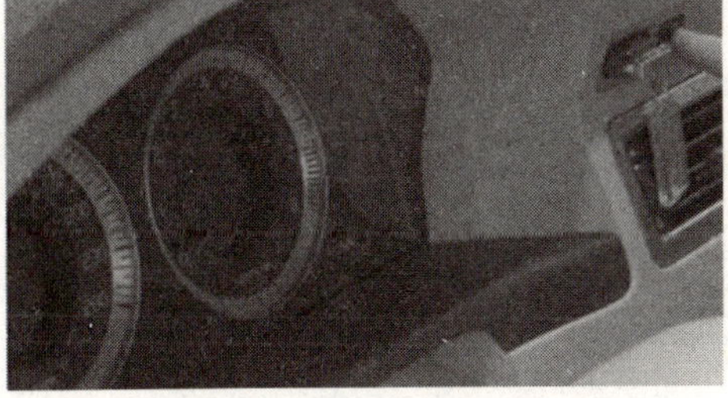

图 1.8-1　保养提示重设的步骤①

图 1.8-2　保养提示重设的步骤②

③ 点火位置Ⅱ（见图 1.8-3）；

④ 等待 10 秒钟，信息灯开始闪烁时，释放重设按钮（见图 1.8-4）。

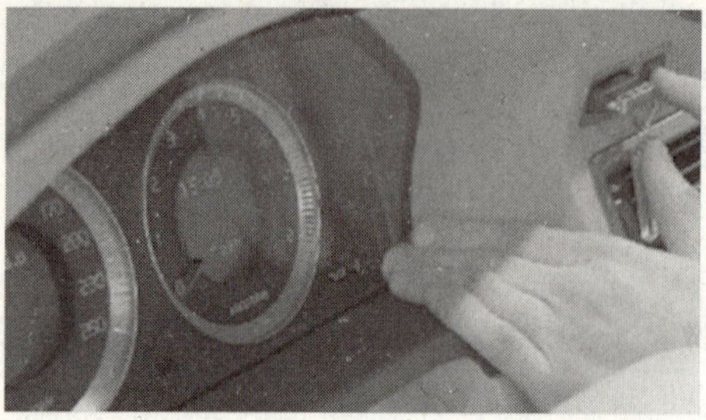

图 1.8-3 保养提示重设的步骤③

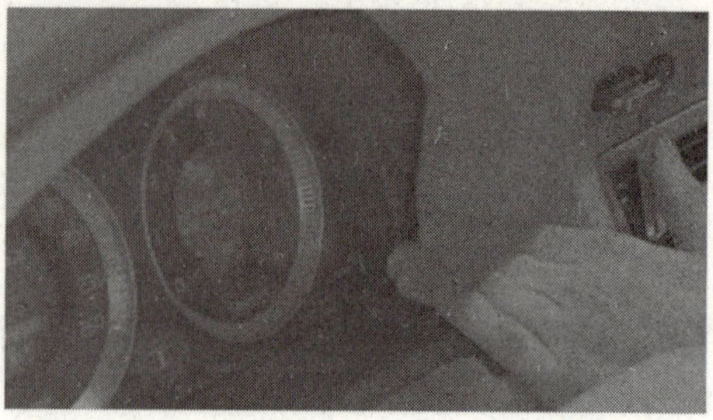

图 1.8-4 保养提示重设的步骤④

1.8.2 电气功能恢复

电气功能的恢复，主要是对电气功能进行检查的过程。车辆上的电气设备在进行电气功能检查时，会改变客户原有的设置方式，例如：收音机的波段，座椅的位置等，如果这样将车辆交给客户，客户使用起来会不方便，所以需要对其恢复到原来用户的设定位置。

1. 原始音响设置恢复

在保养过程中如需要有拆卸蓄电池的操作（见图 1.8-5）则需要做以下操作。

在拆卸蓄电池前记录车辆音响中设定，包括：

① 存储的收音机电台；

② 低音、高音、声音平衡；

③ 在安装蓄电池后，按照记录的内容恢复音响设定（见图 1.8-6）；

④ 关于音响系统的操作请参考《车主手册》。

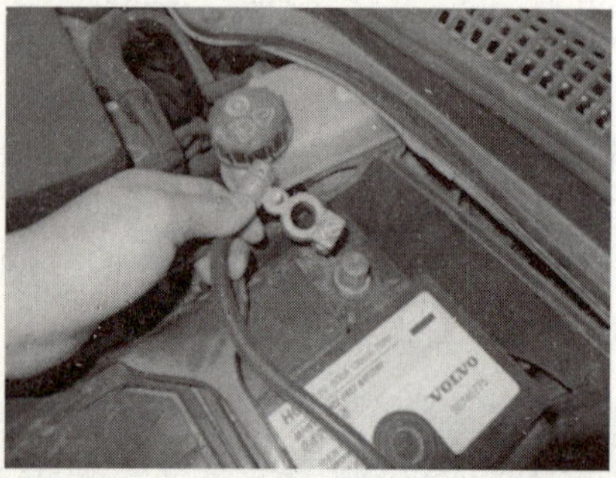

图 1.8-5 拆卸蓄电池负极接线

图 1.8-6 原始音响设置恢复

2. 原始座椅设置恢复

在保养过程中如需要有拆卸蓄电池或挪动电动座椅位置的操作，则需要做以下操作：

① 记忆座椅的原始位置；

② 在完成所需工作后，恢复座椅位置到原始位置；

③关于座椅记忆功能的操作请参考《车主手册》。

图 1.8-7　拆卸蓄电池负极接线

图 1.8-8　原始座椅设置恢复

1.8.3　车门铰链的润滑

车辆保养过程中，需要对车门的开关进行检查，检查车门开关过程中是否有异响、开关时是否存在干涉。

（1）车门铰链的润滑

- 检查车门开启是否有干涉或异响；
- 使用润滑剂对全车车门铰链进行润滑。

（2）车门把手的润滑

- 检查全车车门把手开启是否顺畅，有无异响；
- 使用润滑剂对车门外把手进行润滑。

（3）锁机构的润滑

- 使用润滑剂对发动机盖锁机构润滑；
- 使用润滑剂对行李箱锁机构润滑；
- 使用润滑剂对车门锁机构润滑。

（4）支撑杆的润滑

- 使用润滑剂对发动机支撑杆进行润滑；
- 使用润滑剂对行李箱支撑杆进行润滑。

1.8.4　保养检查清单的填写

对照车辆的常规保养检查清单和具体保养的检查结果，如实对地对保养清单进行填写，同时确认有无遗漏的操作项目。

保养检测清单填写内容：

- 对于保养中已操作项目，在清单中打 √；
- 按清单要求填写测量结果；
- 在保养检查过程中，如果出现与保养项目无关的故障，须将情况填写在检查清单的备注中。

1.8.5 整理

清理、整顿、清扫、清洁是日常工作中规范化管理的必要条件，同时在工作完成后对工位、工具、环境的整理也是其中必要的内容。

1.9 保养过程中注意事项

1. 安全

- 佩戴安全防护眼镜以保护眼睛；
- 按操作步骤要求在举升的车辆下进行工作时，应在车下使用安全支架；
- 确保点火开关始终处于 OFF 位置，除非操作步骤另有要求；
- 在车上工作时，应施加驻车制动。如果是自动变速器车辆，应将选档杆置于 PARK（驻车）挡，除非特定操作要求置于其他挡位。如果是手动变速器车辆，应将挡位置于倒挡（发动机关闭时）或空档（发动机运转时），除非特定操作要求置于其他挡位；
- 在进行发动机操作过程中，必须使用尾气抽排设备，以防一氧化碳中毒；
- 在发动机运转时，身体部位及衣服应远离转动的部件，尤其是风扇和皮带；
- 为防止严重烫伤，应避免接触高温金属部件，例如散热器、排气歧管、尾管、催化转换器和消声器；
- 在车上工作时不得吸烟；
- 为避免受伤，在开始工作前应摘掉戒指、手表、项链，脱去宽松的衣服，长头发应挽起固定于脑后；
- 双手及其他物体不得接触风扇叶片，电动冷却扇随时会因发动机温度升高而运转，因此，必须确保电动冷却扇的电源完全断开后，才能在冷却风扇附近进行操作。

2. 警告

- 许多制动器摩擦片含有石棉纤维。在对制动器部件进行维修时，应避免吸入其粉尘。吸入石棉粉尘有害健康，可能导致癌症；
- 当用压缩空气或干刷方式清洁车辆时，从车轮制动器和离合器总成处扬起的粉尘或污垢可能含有有害健康的石棉纤维；
- 车轮制动器总成和离合器面应使用推荐的石棉纤维专用吸尘器进行清洁。粉尘和污垢应使用可防止粉尘暴扬的方法进行处置，例如使用密封袋。密封袋必须标有国家职业安全和卫生部门的使用说明，并将袋中所装内容通知垃圾承运人；
- 如果手边没有用于盛装石棉的真空袋，清洁工作必须在水湿状态下进行，如果粉尘仍然产生，技术人员应戴上经政府认可的有毒粉尘过滤净化口罩。

附录 1A　小保养检查清单（10000；30000；50000……）

工单号码______________________________　　里　程______________________________

车辆牌照/ VIN______________________________　　车　型______________________________

环车常规检查 项目	说明	异常	正常
检查DIM提示信息	必要时连接VIDA检修		
车喇叭	检查声音		
风挡玻璃&大灯清洗装置	检查功能		
前后雨刷片	检查功能和磨损		
外观灯	检查功能		

升车 项目	说明	异常	正常
更换机油及机滤	更换机油及滤芯		
车轮及轮胎	检查是否有损伤、磨损及胎压状态		

根据VIDA指引检查刹车

左前方_______mm右前方_______mm

左后方_______mm右后方_______mm

胎面花纹深度

左前方_______mm右前方_______mm

左后方_______mm右后方_______mm

项目	说明	异常	正常
刹车盘和刹车片	检查是否磨损		

落车 项目	说明	异常	正常
发动机舱内所有液面	检查调整		
燃油添加剂	一瓶加在燃油中，另一瓶给客户		
发动机防冻液冷凝点检查	测量规格：（最高-35℃）		
保养提示灯	清零		
客户设定	复位		

技师签名：______________________________　　日　期：______________________________

盖　章：______________________________

附录 1B 大保养检查清单（20000；40000；60000……）

工单号码________________________ 里 程________________________

车辆牌照/VIN________________________ 车 型________________________

□其他里程/时间相关服务项目

环车常规检查	项目	说明	异常	正常
	检查DIM提示信息	必要时连接VIDA检修		
	安全带	检查功能和磨损		
	车喇叭	检查声音		
	风挡玻璃&大灯清洗装置	检查功能		
	前后雨刷片	检查功能和磨损		
	外观灯	检查功能		
	大灯/雾灯	检查，必要时调整		
	装备有碰撞警告的车辆	清洁挡风玻璃内部		
	变速箱控制	检查驻车/空挡位置功能		
	驻车制动	检查调整		
	更换空调滤芯	更换滤芯		

升车	项目	说明	异常	正常
	更换机油及机滤*	更换机油及滤芯		
	更换外部燃油滤芯****	更换滤芯		
	发动机、变速箱	检查是否有渗漏		
	车轮及车胎	检查是否有损伤、磨损及胎压状态		

根据VIDA指引检查刹车

左前方________mm右前方________mm

左后方________mm右后方________mm

胎面花纹深度

左前方________mm右前方________mm

左后方________mm右后方________mm

刹车盘和刹车片	检查是否磨损		
前、后悬挂，转向系统	检查是否磨损/泄漏		
半轴	检查是否磨损或渗漏		
制动和燃油油管	检查是否磨损或渗漏		
四轮驱动车辆：主减速器齿轮	检查是否漏油		
四轮驱动车辆：传动轴轴承&万向节	检查是否磨损或渗漏		

落车	项目	说明	异常	正常
	发动机舱内所有液面	检查调整		
	燃油添加剂	一瓶加在燃油中，另一瓶给客户		
	发动机防冻液冷凝点检查	测量规格　　（最高-35℃）		
	发动机空滤	更换滤芯		
	曲轴通风滤芯B4204S3	更换滤芯		
	天窗前排水管	检查脏堵，必要时清理		
	保养提示灯	清零		
	客户设定	复位		
	* 或每年更换，以先到者为准			
	**** 取决与车型（参考VIDA）			

□ 40,000km	异常	正常
外部燃油滤芯XC90		
刹车液**		
** 或每两年更换，以先到者为准		

□ 60,000km	异常	正常
火花塞 发动机 B4204S3，B5254T2		

□ 80,000km	异常	正常
外部燃油滤芯XC90		
刹车液**		
Power shift（MPS6）变速箱油和滤芯		
** 或每两年更换，以先到者为准		

□ 120,000km	异常	正常
外部燃油滤芯XC90		
刹车液**		
火花塞		
驱动皮带***		
张紧轮&导轮离合器&导销***		
正时皮带***		
张紧轮&导轮****		
清洁曲轴箱通风XC90，B5254T2		
** 或每两年更换，以先到者为准		
** 或每十年更换，以先到者为准		
**** 取决与车型（参考VIDA）		

技师签名：________________　　日　期：________________

盖　章：________________

第 2 章

汽车检测与故障诊断基础

【学习目标】

- 了解汽车故障诊断技术的发展；
- 了解汽车故障的规律；
- 熟悉汽车故障的分类；
- 掌握汽车故障的诊断方法；
- 掌握汽车故障诊断的基本程序。

2.1 国内外汽车诊断技术的特点与发展

21 世纪以来，随着我国汽车产业的迅速发展，相应的汽车销量也迅猛增加。汽车产业的迅猛发展极大地带动了汽车售后服务领域的技术更新。汽车检测与诊断技术已贯彻汽车使用、汽车维修、交通安全和环境保护等多领域，发展前景非常广阔，研究并提高我国的汽车检测与诊断技术有十分重要的意义。因此，现代汽车检测与诊断技术已成为维修人员必须掌握的技术，大力研究汽车检测诊断技术，对提高汽车使用寿命和汽车使用的可靠性具有十分重要的意义。我国汽车检测与诊断技术经历了从无到有；从引进技术、引进检测设备，到自主研究检测设备并开发推广应用；从单一性能检测到综合检测，虽然已经取得了很大的进步，但与世界先进水平相比，还有相当的差距。

2.1.1 国外汽车检测与诊断技术特点

当前，工业化发达国家的汽车检测与故障诊断技术已达到了较高的水平，在管理上实现了“制度化”，在检测指标上实现了“标准化”，在检测技术上实现了“智能化、自动化”。其主要特点有以下几点：

（1）检测管理制度化

在工业发达国家，汽车检测工作由交通部门统一管理，在全国各地建立了由交通部门认证的汽车检测场（站），负责新车的登记和在用车的安全检测，修理厂修过的汽车也要经过汽车检测场（站）检测，以确定其安全性能和排放是否符合国家标准。

（2）检测指标标准化

工业发达国家的汽车检测有一整套的标准，避免主观上的误差。如美国规定，经过修理后的汽车只有经过严格的安全与环保检测后才能出厂。

（3）检测技术智能化和自动化

例如国外汽车制动性能检测技术。随着进口汽车 ABS、ASR 技术的进一步普及，现阶段的反力式制动检测台已经不能够满足汽车检测的需要。为了在室内进行相应的制动力检测，国外知名企业先后开发了相应的双轴 ABS 制动检测台。如日本弥荣公司开发的 ABS 制动检测台。这一类设备可根据车辆情况自动调整轴距，进行高速的制动性能检测，并且可根据车辆配置的 ABS 进行 ECU 通信检测。

（4）发达国家政府制定了严格的新车排放法规和标准

为保证新车满足排放法规和标准的要求，采取了相应的监督检验机制。如汽车装配线常规检验、强制抽查检验、新车出厂后的监督检验制度、在用车 I/M 制度、在用车的排放控制等。通过这些检测手段和措施，车辆从生产到报废中每一个环节的排放状况都能够得到有效监管，达到了降低排放、保护环境的目的。在检测制度上，欧洲各国对在用车排放控制主要是通过实行年检制度来保证的。管理部门是根据车辆生产年代的不同采取相应的标准。

（5）国外汽车检测设备较高的集成化水平

如日本弥荣公司把进口汽车制动台、车速表、排放分析仪、噪声计等与四轮定位动态测定系统组合在一起，既可以测定进口汽车四轮定位参数，还可测定底盘输出功率、发动机功率、汽车行驶状态模拟、振动悬挂以及制动和速度等，具有一机多项的测试功能。西门子公司开发的汽车综合性能检测线，集成度相当高，在 20 米的长度内包括了车速、制动、排放、灯光噪声等的检测功能，还可以按照要求加装电涡流测功机。

（6）国外汽车检测联网系统

在发达国家，检测机构大多采用先进的计算机无线通信联网系统，如德国的计算机无线通信联网系统，保证了在一个大的检测站，所有的检测设备通过数据载体就可与计算机联网，使得检测线更具灵活性。检测线上配备的小型数据载体可放在检测员的口袋中随检测员移动，并可以通过无线通信与检测设备上的接收平台实现快捷、可靠的数据传输，便于检测操作人员输入和查询信息。网络系统还可以将汽车制造厂商及多家检测机构连成整体，形成资源共享，加快车辆数据的更新速度，提高检测机构的效率。

2.1.2　国内汽车检测诊断技术的特点

我国汽车检测诊断技术的应用，主要有以下几方面特点。

（1）检测技术水平逐步提高

在充分借鉴国外汽车检测诊断技术的基础上，研制了一批具有自主知识产权的汽车检测诊断设备与仪器。其中，发动机故障诊断仪、汽车底盘测功机、四轮定位仪、悬架检测仪、制动检测台、侧滑试验台、全自动转向角检测仪、汽车传动系故障诊断仪、轴距差检测仪等达到了较高的水平，逐渐缩短了与国外先进技术的差距。汽车检测站中的大部分设备实现了与计算机联网，满足了快速、方便、准确测试的要求。

（2）法规建设逐步完善

国家有关部门相继颁布了《道路运输汽车综合性能技术要求与检测方法》、《汽车综合性能检测站通用技术条件》、《汽车维修技术规范》等法规制度，提出了对汽车实施定期检测、强制维护、视情修理的维修制度，明确了汽车检测站的职责与资格认定条件，规定了汽车维修检测设备技术标准。最近几年，交通管理部门又颁发了一系列标准、法规，对汽车检测站、维修企业的检测维修项目、开业技术条件等提出了明确要求，有力地促进了汽车检测维修行业的建设与发展。

（3）检测站普及全国

目前我国已建成了1000多个汽车检测站，可以说 我国已基本形成了全国性的汽车检测网，汽车检测与故障诊断技术已初具规模。

（4）汽车检测设备与检测人员素质尚待提高

发达国家管理部门对检测人员的技术水平要求很高。我国检测人员素质相对较差，检测结果主要依赖于仪器设备出具结果，从而导致了人工判断的比重减弱，致使许多目检项目流于形式。

（5）检测数据未做到共享共用，数据资源严重浪费

我国对进口汽车检测分为安全性能检测和综合性能检测，检测结果为国家质检总局、交通部和公安部内部使用，并且地区之间和部门之间对检测数据不共享也不相互认可，部门色彩浓厚，从而造成检测资源严重浪费及车主不必要的经济负担。

2.1.3 国内外汽车检测与诊断技术差异

1. 汽车制动性能检测项目的差异

（1）检测方法：汽车制动性能直接影响汽车行驶、停车的安全性，是保证汽车安全行车的重要因素之一，因此也是汽车检测诊断的重点。根据《机动车运行安全技术条件》标准，我国可用路试和台试两种方法检测汽车的制动性能：路试时，既可以检测制动距离和制动稳定性，也可以检测制动减速度、制动协调时间和制动稳定性；台试只要检测制动力、制动协调时间和左右轮制动力差。检测时，可选择路试或台试两种检测方法之一，采用制动距离、制度减速度、制动力三类检测指标之一进行检测。当机动车经台架检测后对其制动性能有质疑时，可用规定的路试检测标准进行复试，并以满载路试的检测结果为准。

（2）检测设备：制动减速度用速度分析仪、制动减速度仪测量有关参数后再计算。五轮仪是道路制动试验的通用仪器。国内汽车性能检测站所用制动检测设备多为单轴反力式滚筒制动试验台，惯性式制动试验台和平板式制动试验台的应用都不如反力式滚筒制动试验台广泛。

（3）诊断标准：我国检测标准（GB 7258—2004）中的相关规定如表2.1-1和表2.1-2所示。

（4）日本制动系检测的相关法规、标准。

日本国国土交通省发布了《道路运输车辆安全标准》，第十二条对各类汽车制动装置的结构、性能有明确规定和要求。行车制动性能要求如表2.1-3和表2.1-4所示。

表 2.1-1　制动距离和制动稳定性要求

机动车类型	制动初度（km/h）	满载检验制动距离要求（m）	空载检验制动距离要求（m）	试验通道宽度（m）
三轮汽车	20	≤5.0		2.5
乘用车	50	≤20.0	≤19.0	2.5
总质量不大于3500kg的低速货车	30	≤9.0	≤8.0	2.5
其他总质量不大于3500kg的汽车	50	≤22.0	≤21.0	2.5
其他汽车、汽车	30	≤10.0	≤9.0	3.0

表 2.1-2　台试检测制动力要求

机动车类型	制动力总和与整车质量的百分比（%）		制动力总和与轴荷①的百分比（%）	
	空载	满载	前轴	后轴
三轮汽车	≥45		—	≥60②
乘用车、总质量不大于 3500kg 的货车	≥60	≥50	≥60②	≥20②
摩托车	—	—	≥60	≥55
轻便摩托车	—	—	≥60	≥50

注：①用平板制动试验台检测乘用车时应按动态轴荷计算；

②空载和满载状态下测试均应满足此要求。

表 2.1-3　路试制动距离

汽车类别	制动距离（m）
最高车速＞125km/h	S1≤1v1+0.0060v1① S2≤v2+0.0067v2②
最高车速＞75km/h	S1≤0.15v1+0.0077v1① s2≤0.15v1+0.0097v2②
总质量≤3.5t、最高车速＞100km/h	
总质量＞3.5t、最高车速＞75km/h	

注：①制动初速度 v1（最高车速）；

②制动初速度 v2（最高车速的 80%）。

表 2.1-4　台试制动力

车辆类型	各轮制动力（N）与车重（kg）之比 N/kg（%）	后轴制动力与轴重之比	同轴轮制动力差与轴重之比
汽车	≥4.90(50)	≥0.98（10）	≤0.78（8）
质量/车辆自重≤2.25 最高车速≤80km/h	≥3.92(50)		≤0.78（8）
挂车	≥4.90(50)		≤0.78（8）

（5）美国《安全运行所需的部件和附件》中规定了各车制动性能的要求如表 2.1-5 所示。

表 2.1-5　美国《安全运行所需的部件和附件》中规定了各车制动性能的要求

车辆类型	制动初速 mile/h(km/h)	行车制动系			应急制动系
		制动力与车辆总重比（%）③	减速度（ft/s²）/(m/s²)①	制动距离 (ft)/(m)②	制动距离 (ft)/(m)②
载客汽车					
1. 由轿车底盘改装的≤10 座的车辆；	20（32）	≥65.2	≥21/6.4	≤20/6.1	≤54/16.5
2. 由轿车底盘改装的＞10 座的车辆；由货车底盘或客车底盘改装的额定总重≥10000Ib 的客车；	20（32）	≥52.8	≥17/5.18	≤25/7.6	≤66/20.1
3. 所有其他客车	20（32）	≥43.2	≥14/4.27	≤35/10.7	≤85/25.9
载货汽车					
1. 额定总质量≤10000Ib 的汽车；	20　（32）	≥52.8	≥17/5.18	≤25/7.6	≤66/25.9
2. 额定质量＞10000Ib 的汽车；两轴牵引和额定总重≤4000Ib 的挂车组成的列车	20　（32）	≥43.5	≥14/4.27	≤35/10.7	≤85/25.9
3. 所有其他载货车辆、载货列车	20　（32）	≥43.5	≥14/4.27	≤40/12.2	≤90/27.4

注：①制动试验测得的某一时间内的最大减速度值，表列中的减速度与制动距离没有直接关系，不能用于表中 4 列数值的计算。分母数值单位为 m/s^2；

②制动距离是在基本水平、干燥、平坦、清洁的硬路面上，以制动初速度进行的制动实验得出，分母数值单位为 m。制动试验过程受试车辆不得偏出宽 12ft（3.7）的试验道；

③制动力与车辆总重比的%是表中 2 列减速度值除以 $32.2ft/s^2(9.8m/s^2)$得出。

通过对比中日相关的法规可知，日本对汽车列车路试制动效能的要求不清晰。空载与满载制动距离有很大差别，而日本台试和路试制动性能的法规没有规定车辆的载荷状态，而我国的法规中有明确规定；通过对比中美相关法规，可以看出美国对制动性能检测的法规明确具体，项目齐全，要求严格。

路试检测中，GB7258 规定的制动性限值严于美日。例如：国际上公认的关于路试制动跑偏量的相关标准、法规允许的车辆宽度限值均为 2.5m，有 600mm 的跑偏余量，而 GB7258 规定的要求只有 250mm；GB7258 规定的制动距离限值也显得过严。由此可见，GB258 中规定的路试检测制动性参数限值对于在用汽车很多都是不可取、不合理的；台式检测中，我国标准还要求了检测制动系作用时间，这一点高于美国和日本的有关标准要求。另外，国内汽车检测行业对滚筒式反力式制动台的滚筒表面附着系数和附着系数的测定方法，至今无法规性的统一要求。市场上的反力式制动台滚筒表明附着系数有高有低，相互间缺乏可比性。国内外用滚筒反力式制动台检测出的最大制动力的能力差别明显。另外，发达国家在 20 世纪 80 年代中期就开始了基于动态测量车轮力的汽车道路试验系统的研究，国内在 20 世纪 90 年代进行了车轮力动态测量的研究。

2．点燃式及压燃式发动机汽车排放污染物检测项目差异

（1）检测方法：我国点燃式发动机汽车排气污染物检测方法主要有双怠速法和简易工况法，其中简易工况法包括稳态工况法、瞬态工况法和简易瞬态工况法三种。

（2）检测设备：在双怠速工况下检测汽车所排出的废气中的 CO、HC 浓度时，使用汽车排气分析仪，可分为二气体、三气体、四气体和五气体排气分析仪。此外还有不分光红外线吸收型检测仪、氢火焰离子分析法、化学发光分析法等。简易工况法需用排放测试系统检测。

（3）诊断标准：如表 2.1-6 所示。

表 2.1-6　我国点燃式发动机的在用汽车排气污染物排放限值

车　型	类别			
	怠速		高怠速	
	CO(%)	HC(10-6)	CO(%)	HC(10-6)
1995 年 7 月 1 日前生产的轻型汽车	4.5	1200	3.0	900
1995 年 7 月 1 日起生产的轻型汽车	4.5	900	3.0	900
2000 年 7 月 1 日起生产的第一类轻型汽车	0.8	150	0.3	100
2000 年 7 月 1 日起生产的第二类轻型汽车	1.0	200	0.6	150
1995 年 7 月 1 日前生产的重型汽车	5.0	2000	3.5	1200
1995 年 7 月 1 日起生产的重型汽车	4.5	1200	3.0	900
2004 年 9 月 1 日起生产的重型汽车	1.5	250	0.7	200

注：①对于 2001 年 5 月 1 日以后生产的 5 座以下微型面包车，执行此类在用车排放标准；
②轻型汽车指最大总质量不超过 3500kg 的 M1 类、M2 类和 N1 类车辆；
③第一类轻型汽车指设计乘员数不超过 6 人（包括驾驶员），且最大总质量不大于 2500kg 是 M1 类汽车；
④第二类轻型汽车指除了第一类轻型汽车之外的轻型汽车；
⑤重型汽车指最大总质量超过 3500kg 是车辆。

（4）检测方法：压燃式发动机汽车的烟度检测工况有稳态和非稳态两种，稳态烟度检测通常在压燃式发动机全负荷稳定运转时进行，检测过程必须对发动机加载，因此必须在试验台架上进行；非稳态烟度测定有自由加速度法和控制加速度法两种规范，我国使用的是自由加速度。

（5）检测设备：我国《车用压燃式发动机和压燃式发动机汽车排放烟度排放限值及测量方法》（GB 3847—2005）规定对于压燃式发动机汽车应检测所排放废气的自由加速烟度，采用滤纸烟度法或不透光研读法检测。

滤纸烟度法用滤纸式烟度计测自由加速工况下压燃式发动机汽车的排放烟度。

不透光烟度法采用不透光烟度计测试柴油机所排放废气的烟度。

（6）日本排气法规控制严格，要求苛刻，促进了汽车质量的提高和技术的进步。1966 年日本就对新车用 4 工况法检测，并制定了世界上第一个全国规模的排放标准，1987 年实现全国汽油无铅化。日本于 1970 年 8 月开始执行在用车怠速工况限制，1973 年 4 月新型汽车试验方法由 4 工况改为 10 工况。我国从 1995 年 7 月 1 日起在用车 CO 与日本 1972.10.1 执

行的标准相同。

（7）1963 年美国联邦政府以“加州汽车排放标准”为蓝本，制定了“大气清净法”，1970 年国会通过“大气净化法”。1971 年前执行的标准采用 7 工况冷起动和直接取样法测试，1972 年后改用 LA-4C 冷起动工况和 CVS-1 定容取样法，次年增加 NOx 限制。1975 年后增加了热起动工况。

（8）欧洲标准：如表 2.1-7 和表 2.1-8 所示。

表 2.1-7　欧洲 ESC 和 ELR 循环工况排放标准

g/（kw.h）（炭烟单位：1/m）

等级	实施日期	测试工况	CO	HC	NOx	PM	炭烟
欧 I	1992，<85kw	ECE R-49	4.5	1.1	8.0	0.612	
	1992,>85kw		4.5	1.1	8.0	0.36	
欧 II	1996.10		4.0	1.1	7.0	0.25	
	1998.10		4.0	1.1	7.0	0.15	
欧III	1999.10 仅对 EEV	ESC&ELR	1.0	0.25	2.0	0.02	0.15
	2000.10	ESC&ELR	2.1	0.66	5.0	0.10	0.8
欧IV	2005.10		1.5	0.46	3.5	0.02	0.5
欧V	2008.10		1.5	0.46	2.0	0.02	0.5
欧VI	2013.01		1.5	0.13	0.5	0.01	

注：①EEV 是指“增强型环境友好汽车”；

②用于单杠排量小于 0.75L 和额定转速大于 3000r/min 的发动机。

表 2.1-8　欧洲 ETC 循环工况排放限值　g/(kw.h)

等级	实施日期	测试工况	CO	NMHC	CH	NOx	PM
欧III	1991.10，仅对 EEV	ETC	3.0	0.40	0.65	2.0	0.02
	2000.10	ETC	5.45	0.78	1.6	5.0	0.16-0.21
欧IV	2005.10		4.0	0.55	1.1	3.5	0.03
欧V	2008.10		4.0	0.55	1.1	2.0	0.03
欧VI	2013.01		4.0	0.16	0.5	0.4	0.01

注：①仅用于火花点火气体发动机；

②不适用于 EuroIII-IV阶段的火花点火气体发动机；

③用于单杠排量小于 0.75L 和额定转速大于 3000r/min 的发动机；

④THC 用于柴油机。

综上所述，可以看出与美日欧先进国家相比，我国汽车尾气排放法规起步较晚、水平较低，差距较大。根据我国的实际情况，从 20 世纪 80 年代初期开始采取了先易后难分阶段实施的具体方案，通过相关法律法规的不断完善，检测方法的不断更新检测技术的不断研究和突破，我国汽车检测与诊断技术方面正不断缩小与美日欧的差距，逐步达到国际水平。

通过对比国内外汽车检测与诊断技术的现状发现我国从技术和相关法律法规以及管理制度上都与发达国家存在一定的差距；从制动性能检测方面看，我国诊断标准显示出许多不合理、不统一的地方，有些汽车相关法规与我国国情和实际不符，难以实施。另外，很多制动性能检测的设备没有发达国家先进；从汽车污染物排放方面看，我国汽车尾气排放法规起步较晚，许多污染物限值与美日欧国家相比显得略微宽松，排放方面的管理也没有发达国家严格。我国现行标准法规体系中，强制性标准的制定方法不符合中国国情、推荐性标准难以贯彻实施，不够重视、标准不能适应产品发展的要求、标准中的技术指标和技术要求验证不足。缺乏标准法规实施后的技术监督检测机制、企业对标准化工作不重视等[7]。由此发现，中国汽车检测与诊断技术在很多项目的检测诊断上都与发达国家存在一定的差距，诊断标准有待完善和提高，管理有待加强，技术有待进步和发展。虽然我国检测诊断技术起步较晚，发展落后于发达国家，但是我国近些年在汽车方面发展迅速，汽车检测与诊断技术也随之发展，不断从国外引进先进技术并加强更新研发，加强检测质量管理，努力实现汽车检测网络管理一体化、智能化并根据中国实际情况逐渐完善相关标准和法律法规体系。相信我国通过不懈的努力，很快就能缩小与发达国家的差距，汽车检测与诊断技术与国际水平接轨。

2.1.4　汽车故障诊断技术的发展趋势

汽车诊断技术在过去的几十年中取得了迅速的发展。综合来看，汽车诊断技术的发展经历了四个阶段：①人工检验阶段；②运用简单的仪器、仪表进行测量阶段；③利用专门设备进行综合诊断阶段；④人工智能诊断阶段。

20 世纪 60 年代发达国家就相继研制开发了各种独立于车辆的车外诊断设备。1972 年德国大众汽车公司率先推出了他们研制的大众牌车外诊断装置。随后，美国和日本也开发出了类似装置，但因为当时技术水平有限，这些车外诊断装置的诊断效果并不理想。为了克服车外诊断装置的局限性，1979 年，美国通用公司在其所生产汽车的电控汽油喷射系统中，正式采用了车载诊断系统，也称随车诊断系统。在随后的几年中，欧、美、日等国的汽车生产厂商陆续在各自生产的汽车上配备了车载诊断系统。到了 20 世纪 80 年代末期，随着人工智能技术的迅速发展，特别是专家系统、人工神经网络在故障诊断领域的进一步应用，故障诊断技术向信息化和智能化方向不断前进。1989 年，美国 Venkat 等首次将神经网络用于故障诊断中，并获得了理想的结果。此后，Marko 等把神经网络引入到柴油发动机的故障诊断中，利用神经网络的学习功能和强大的非线性映射特性和很强的容错性能，实现故障的快速分类。Sharky 等在对柴油发动机的故障推理进一步研究的基础上，提出了多神经网络的诊断策略，与单一策略专家诊断系统相比，多神经网络诊断系统体现出了强大的诊断功能。

到了 20 世纪 90 年代末期，具有诊断复杂故障能力的专家系统和汽车自身诊断功能密切相连，构成新的车外诊断系统。这些车外诊断系统采用了微电子技术、计算机技术、先进的传感器技术并结合人工智能技术，将汽车自身的诊断结果，汽车的运行状态参数输出到车外诊断系统中，进而综合分析做出相应的判断和处理。维修中心的主机通过串行通信与在维修点的终端机相连，相互之间可以交换信息，维修人员在专家故障诊断系统上，可以方便地查询所需的资料，得到检测故障的步骤和排除故障的方法。

我国的汽车故障诊断技术的研究起始于 20 世纪 70 年代后期，国家为了改变汽车维修技术落后的局面，下达了“汽车不解体检验研究”的课题，它标志着我国汽车故障诊断技术研究的开始。80 年代初，一汽奥迪与北京切诺基汽车率先在其电喷发动机中采用了随车诊断系统。现在，在我国生产的各类轿车中，都已配备了随车诊断系统。自20世纪90年代以来，我国出现了企业自行研制开发的车外诊断系统，例如深圳元征计算机公司生产的“电眼睛”汽车电控系统检测仪，适用于亚、欧、美各大车系2000多种车型的发动机、变速箱、防抱死刹车、防撞气囊等系统的故障检测，可进行数据流、故障码及发动机动态测试，并具备直接打印以及与PC联机打印等功能。20世纪80年代末，国内部分高校和科研机构对汽车故障诊断专家系统进行研究。进入21世纪后，国内的研究进入快速发展期。

国内外的研究表明，汽车故障的诊断方式已由随车诊断与车外诊断的相互独立走向相互结合。将电控系统检测仪完善的数据通信功能与专家系统强大的分析判断功能相结合，并充分运用现代计算机技术在人工智能、神经网络、模糊诊断以及基于决策的数据仓库的最新成果，将是新一代汽车诊断技术的发展方向。概括来说，主要有以下几个方面：①故障诊断系统智能化；②诊断推理方法多样化；③故障诊断信息网络化。

（1）故障诊断系统智能化

车载诊断或使用故障诊断设备的诊断，主要诊断电子控制系统的故障，而且还有局限性，不能对ECU存储的数据进行分析。开发既用于电控系统又适用于机械系统故障的诊断技术，是现代汽车诊断技术的关键。随着人工智能技术的迅速发展，新的故障诊断系统，即专家系统被开发并逐步推向应用。

（2）诊断推理方法多样化

诊断推理是以诊断特征参数为基础，采用数学方法处理信号，找出故障的内在联系，对系统的故障做定量分析。基于信号的处理，由传统的傅里叶变换转换为小波分析，为故障信号的预处理提供了有效途径；基于知识的处理，由传统的基于逻辑的专家系统发展成为集成模糊集理论和案例的专家系统，解决了故障症状不确定性，极大地提高了诊断速度和精度。

（3）故障诊断信息网络化

汽车是机电一体化的高科技产品，新车型和新功能层出不穷。在汽车故障诊断时，专业人员对各种车型的技术资料掌握有限，而通过汽车检测维修专业网络，可以传递诊断维修信息，彻底打破信息传递在时空上的限制性，实现资源共享，而且能在线得到诊断专家系统的指导。

2.2 检测与故障诊断基本概念

随着科学技术的日益进步，汽车已经成为高新技术的载体，现代汽车已成为机、电、液、热、光一体化产品，其结构越来越复杂，故障诊断难度越来越大；另外，汽车维修业务也从传统的以零件修复为主逐步转变成以零部件和总成更换为主的模式。因此，快速、准确、有效的诊断是保证汽车运行安全，提高经济性，减少排放和噪声，提高维修效率，降低维修成本并延长汽车使用寿命的前提。

2.2.1 汽车检测技术的基本概念

汽车检测技术是从汽车维修技术衍生出来、由汽车维修伴随着汽车技术的发展而发展的。在早期的汽车维修过程中，主要是通过有经验的维修人员发现汽车故障并进行针对性的修理。即过去人们常讲的“望（眼看）”（例如通过观察汽车外观或车辆行驶状态判断故障）、“闻（耳听）”（例如通过发动机等运转发声判断故障）、“问（询问）（例如通过询问驾车人员车辆使用情况或现象判断故障）、“切（手摸）”（例如通过手摸感受温度、振动、压力等现象判断故障）的方式。随着现代机电测控技术进步，特别是计算机技术的进步，汽车检测技术也飞速发展。目前人们能依靠各种先进的仪器设备，对汽车进行不解体检测，而且安全、迅速、可靠。

根据检测的目的不同汽车检测可分为安全环保检测和综合性能检测两大类。

1．安全环保检测

安全环保检测是指对汽车实行定期和不定期安全运行和环境保护方面的检测。目的是在汽车不解体情况下建立安全和公害监控体系，确保车辆具有符合要求的外观和良好的安全性能，限制汽车的环境污染程度，使其在安全、高效和低污染工况下运行。

2．综合性能检测

综合性能检测主要以《机动车运行安全技术条件》、《营运车辆综合性能要求和检验方法》为依据，基本内容包括：汽车外观、制动性能、侧滑量、转向性能、车速表等方面的检测。目的是在汽车不解体情况下，对运行车辆确定其工作能力和技术状况，查明故障或隐患部位及原因，对维修车辆实行质量监督，建立质量监控体系，确保车辆具有良好的安全性、可靠性、动力性、经济性、排气净化性和噪声污染性，以创造更大的经济效益和社会效益。

2.2.2　汽车故障诊断的基本概念

1．汽车故障诊断

汽车故障诊断技术是指在整车不解体情况下，确定汽车的技术状况，查明故障原因和故障部位的汽车应用技术。

汽车是一个复杂的技术系统，是许多总成、机构和元件的有序构成。在使用过程中，由于某一种或几种原因的影响，其技术状况将随行驶里程的增加而变化，其动力性、经济性、可靠性、安全性将逐渐或迅速下降，排气污染和噪声加剧，故障率增加。这不仅对汽车的运行安全、运行消耗、运输效率、运输成本及环境造成极大的影响，甚至还直接影响到汽车的使用寿命，因而研究汽车故障的变化规律，定期检测汽车的使用性能，及时而准确地诊断出故障部位并排除故障，就成为汽车使用技术的一项重要内容。

汽车故障诊断技术是随着汽车的发展从无到有逐渐发展起来的一门技术。国外的一些发达国家，早在 20 世纪 40～50 年代就发展成为以故障诊断和性能调试为主的单项检测技术。进入 60 年代后，演变成为既能进行维修诊断，又能进行安全环保检测的综合检测技术。随着电子计算机的发展，70 年代初出现了检测控制自动化、数据采集自动化、数据处理自动化、检测结果自动打印的现代综合故障检测技术，检测效率极高。进入 80 年代后，一些先进国家的现代诊断检测技术已达到广泛应用的阶段，给交通安全、环境保护、节约能源、降低运输成本和提高运输力等方面带来了明显的社会效益和经济效益。

2. 汽车检测诊断参数

在不解体的情况下直接测量汽车结构参数常常受到限制。因此，在进行汽车诊断时，需要找出一组与汽车结构参数有联系并能够表达汽车技术状况的直接或间接指标，并通过对这些指标的测量来确定汽车技术状况的好坏。这种供诊断用的、表征汽车技术状况的指标称为汽车检测诊断参数。

汽车检测诊断参数按形成的方法可分为三大类：即工作过程参数、伴随过程参数和几何尺寸参数。

3. 汽车检测诊断参数标准

汽车检测诊断参数（简称诊断参数）标准是指从技术、经济观点出发，汽车处于正常运行时输出的各种状态参数变化范围的界限值，它是定量评价汽车及其总成技术状况的标准。汽车检测诊断参数标准一般包括诊断参数初始标准、诊断参数极限标准和诊断参数标准。按照汽车检测诊断标准的来源可分为国家标准、行业标准、地方标准和企业标准四类。

国家标准是国家制定的冠以中华人名共和国国家标准字样颁布的标准。

行业标准是部级或国家委员会级制定的冠以中华人民共和国某行业标准字样颁布的标准。

地方标准是省级、市级、县级制定并发布的标准，在地方范围内贯彻执行，具有强制性和权威性。

企业标准是汽车制造厂商或汽车维修企业根据自己的实际情况制定的标准，由于各自企业的性质不同，因而其企业标准也有差异。汽车维修企业提供的标准是根据其技术素质、维修要求等具体情况，为保证维修质量而制定的。其维修检测标准一般与汽车使用经济型和可靠性密切相关，其标准限值往往比上级标准更严，要求更高，以确保汽车维修质量和树立良好的企业形象。

2.2.3 汽车故障自诊断系统

现代汽车电控系统日趋复杂，给汽车维修工作带来了越来越多的困难，对汽车维修技术人员的要求越来越高。为使汽车不致因电子控制系统自身的突发故障导致汽车失控或不能运行，汽车电控技术设计人员在进行汽车电子控制系统设计的同时增加了故障自诊断功能模块。它能够在汽车运行过程中不断监测电子控制系统各组成部分的工作情况，如有异常，根据特定的算法判断出具体的故障并以代码形式存储下来，同时起动相应故障运行模块功能，使有故障的汽车能够被驾驶到修理厂进行维修，维修人员可以利用汽车故障自诊断功能调出故障码，快速对故障进行定位和修复。因此，从安全性和维修便利的角度来看，汽车电控系统都应配备故障自诊断功能。

OBD-II 是大家比较熟悉的新一代汽车故障自诊断规范。它是由美国汽车工程师协 SAE 和加州环保组织提出，统一了汽车故障自诊断的各项技术指标。OBD-II 标准使用的通信协议一般有：ISO 9141-2，ISO 14230-4（KWP2000），SAE J1850PWM，SAE J1850VPM，

ISO15765-4（CAN-BUS）。所有欧洲生产的汽车，以及大多数亚洲进口的汽车都使用 ISO 9141-2 通信协议电路，而美国通用汽车（GM）公司生产的轿车及轻型卡车使用 SAE J1850VPW 通信协议电路，福特（FORD）汽车采用 SAE J1850PWM 通信协议电路。目前，OBD-II 故障自诊断规范已被全世界的大多数国家接受，它将是故障自诊断技术今后的发展方向。

网络技术在汽车上的应用，一方面体现在汽车电控单元之间联网交换数据，另一方面是通过无线电基站与外界交换信息。随着 Internet 推广普及，网络技术与信息服务大量应用于汽车工业将是必然。故障自诊断技术借用了成熟的网络通信技术，能够快速诊断出各电控系统的故障，并且在汽车发生故障或紧急情况时，电脑还会通过网络通知有关的汽车服务人员，并通过卫星定位系统帮助汽车服务人员查找到你具体的方位以便及时地给予救助。可以预见，随着网络与信息技术在汽车上的广泛应用，也必将把汽车故障自诊断技术应用推向更高水平。

2.3　汽车故障的成因

随着当前我国汽车时代的到来，汽车在人们日常生活中的需求不断提高；现代汽车的功能越来越齐全，结构越来越复杂，零件数量越来越多。此外，作为一种在运动中完成工作的机械，与其他任何机械设备相比，汽车的使用条件都非常恶劣，既要经受自然天气的考验，又要承受人们不合理使用带来的影响。因此，汽车在使用过程中，由于种种原因，其技术状况不可避免地会发生改变，汽车故障也随之出现了。汽车故障生成原因由外因和内因两个部分组成，其中外部原因主要由环境因素、人为因素和时间因素引发，而内部原因则主要由物理、化学或机械的变化因素导致。导致汽车故障生成的内部原因称为故障机理。

2.3.1　汽车故障生成的外因

汽车故障生成的外部原因主要由环境因素、人为因素和时间因素三个方面引发。外界施加于汽车的各种条件、客观环境等均称为环境因素。因而环境因素可以包括力、能、温度、湿度、振动、污染物等外界因素。这些环境因素将以各种能量的形式对汽车产生作用，并使机件发生磨损、变形、裂纹以及腐蚀等各种形式的损伤，最终导致故障的发生。汽车在设计、制造、使用和维修过程中，始终都包含着人为因素的作用在内，特别是早期故障的发生大部分都可以归因于人为因素。通常都把机械指标（如强度、精度、功率等）当作随时间而变化的内容来考虑。因为即使是和设计要求完全相符的机械经过长年累月的使用，其特性指标都会因为温度、湿度、负荷等影响而随时间发生变化。上述的环境因素、人为因素等是促使汽车发生故障的诱因，就其广义来讲也都将时间因素考虑在内。如施加应力的先后顺序、单位时间内应力循环的频率、疲劳裂纹扩展的速度以及负荷时间与无负荷时间的比例等都是故障诱因的时间因素。

2.3.2 汽车故障生成的内因（故障机理）

1. 机械零件

根据机械零件的类型、使用环境和故障表现形式，机械零件的故障机理通常可以归纳为磨损、变形、断裂、裂纹和腐蚀等几个方面。磨损是指相对运动的零件物质由于摩擦而不断损耗的现象。按照磨损的机理，磨损又可分为磨粒磨损、粘着磨损、疲劳磨损和腐蚀磨损。变形是指机件在外部载荷以及内部应力作用下发生形状和尺寸变化的现象。根据外力去除后变形能否恢复而分为：弹性变形和塑性变形两种。断裂是指机件在承受较大静载荷或动载荷时，达到材料的强度极限或疲劳极限时断成两个或几个部分的现象。断裂又可分为疲劳断裂、静载断裂和环境断裂三种。裂纹是指机件表面出现局部断裂的现象。裂纹的发展过程为：裂纹产生、裂纹扩展和最终断裂三个阶段。裂纹属于可挽救故障，断裂属于无可挽救故障。裂纹的形态和成因都很复杂，很难区分裂纹的类型。腐蚀是指金属机件表面接触各种介质后相互之间发生某种反应而逐渐遭到损坏的现象。腐蚀按照损坏机理可分为化学腐蚀和电化学腐蚀两种。

2. 电器元件

根据电器元件的类型、使用环境和故障表现形式，电器元件的故障模式和机理通常可以按照电器元件的种类来划分类别。常见电器有：电阻器、电容器、接插件、焊接件、线圈、集成电路芯片、电机及变压器等。电阻器在电子设备中使用的数量很大，而且是一种发热元器件。在电气设备故障中电阻器失效导致的占有一定的比例。电阻器大多数情况是致命失效，常见的有：断路、机械损伤、接触损坏、短路、击穿等。接触件是指用机械压力使得导体与导体接触，并具有导通电流功能的元器件。通常它包括：开关、插接件、继电器和启动器等。接触件的可靠性较差，往往是电子设备或系统可靠性不高的关键因素。开关件和插接件以机械故障为主，电气故障为次，故障模式主要是磨损、疲劳和腐蚀等。

综上所述，汽车故障是指汽车整车、总成及其零部件在规定的条件下和规定的时间内，丧失规定功能。根据汽车故障成因，将汽车产生故障的原因归纳起来有以下几种：

（1）汽车驾驶员技术水平低，驾驶、维修经验少，对所操纵的汽车构造、特性不甚了解，责任心、事业心不强。

（2）驾驶员不按驾驶操作规程使用车辆，装载不妥、超速行驶；途中发现异常而不及时排除隐患。

（3）驾驶员没按期对汽车进行保养、维护，没定时对汽车进行技术检测。

（4）维护修理中，未严格执行技术规范，漏检或野蛮操作留下事故隐患。

（5）汽车本身内在质量存在的问题。如材料不佳，强度不够，设计不妥。对先天不足引起的故障，只能在日常维护及时发现后更换部件解决。

（6）运动副机件自然磨损、腐蚀、变质、老化引起的故障。此类故障只能通过一些措施使故障延缓出现，不能完全控制。

（7）运行条件恶劣（如道路、环境和气候）引起的故障，此类故障是可以采取相应措施预防的。

（8）汽车违法改装、改型，严重超载运行。

（9）车辆使用不符合规定的汽车油品，如燃油、润滑油等。

2.4　汽车故障的分类及变化规律

2.4.1　汽车故障的分类

1．按故障发生的原因分类

根据故障发生的原因可分为人为故障和自然故障。

（1）人为故障

汽车制造和使用时使用了不合格的零部件，或违反了装配技术条件；在使用中没有遵守使用条件和操作技术规程；没有执行规定的维修制度以及由于运输，保管不当等原因，而使汽车过早地丧失了它应有的功能。

（2）自然故障

在使用期间，由于外部或内部不可抗拒的自然原因而引起的故障。如自然条件下的磨损、腐蚀、老化等损坏形式均为自然故障。

2．按故障危害程度分类

汽车行业标准《汽车整车产品质量检测评定方法》（QC/T900—1997）规定了按危害程度进行故障分类的原则。根据故障的危害程度，汽车故障可分为四类：致命故障、严重故障、一般故障和轻微故障。

（1）致命故障

涉及人身安全，可能导致人身伤亡；引起主要总成重大经济损失；不符合制动、排放、噪声等法规要求。如整车排放超标，缸体严重裂纹，发动机报废，横拉杆行驶中突然断开。

（2）严重故障

导致整车性能显著下降，造成主要零部件损坏，且不能用随车工具和易损备件在短时间（约 30min）内修复。如动力性能下降 5%，且不符合技术条件；行驶中变速器自动掉挡，需解体方可排除；第一片钢板弹簧断裂。

（3）一般故障

造成停驶，但不会导致主要零部件损坏，并可用随车工具和易损件或价值很低的零件在短时间（约 30min）内修复；虽未造成停驶，但已影响正常使用，需调整和修复。如由于节温器损坏造成发动机过热；钢板弹簧（非第一片断）断一片；活塞稍有烧蚀尚可使用。

（4）轻微故障

不会导致停驶，尚不影响正常使用，亦可用随车工具在短时间（约 30min）内轻易排除。如轮胎螺栓个别松动；钢板弹簧定位螺栓松动；后视镜紧固螺栓松动。

3．按故障发生的速度分类

按故障发生的速度分为突发故障和渐进故障，它是根据故障发生的快慢程度来划分的。突发性故障是指没有可以觉察到的征兆，零件损坏是瞬时出现的。这是由于各种不利因素以及偶然的外界影响共同作用的结果。渐进性故障是由于汽车某些零件的初始参数逐渐恶化。

（1）突发故障

零件在损坏前没有可察觉的征兆，故障是随机发生的，往往伴随着零部件或总成、系统功能的突然丧失。

（2）渐进故障

由于零部件或总成的技术状况参数随工作时间或行驶里程而变化，其参数值超出允许范围而引起的故障。其故障判定的依据是人为界定的。就目前的汽车设计、制造和使用、维修水平而言，汽车故障的 41%～58%属于渐进性的，而其中的 60%～65%与汽车的维护作业技术水平有关。

2.4.2　汽车故障的变化规律

汽车故障的变化规律一般用汽车的故障率λ随汽车行驶里程的变化关系来表示。汽车的故障率是指当汽车行驶到一定里程或时间时，在单位行驶里程内发生故障的概率。汽车的故障率是衡量汽车使用可靠性的一个重要参数。

汽车的故障率曲线图如图 2.4-1 所示，由于形状很像浴盆，因而也形象地称为“浴盆曲线”，它表明了汽车故障率与汽车行驶里程或时间的关系。汽车故障的变化规律从曲线上可以看出分为三个阶段。

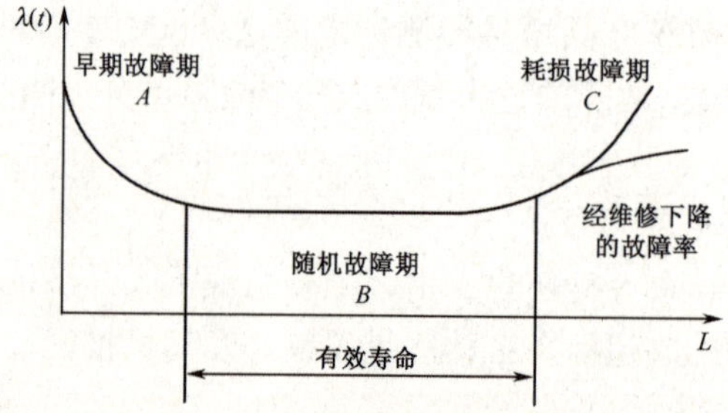

图 2.4-1　汽车的故障率曲线

1．早期故障期

汽车的早期故障期相当于汽车的磨合期。在此阶段，由于汽车零件的磨损量较大，因而故障率相对较高，但总的趋势是在这段时期内，随着汽车行驶里程的增加，汽车的故障率逐渐降低。但是，目前随着汽车生产质量的提高，此期间的汽车故障率也不是很高。

2．随机故障期

随着早期故障期的结束，零件的磨损进入稳定时期。在此阶段，汽车及总成的技术状况处于最佳状态，故障率低而车况稳定，此阶段称为随机故障期。随机故障期是汽车的有效使用时期（有效寿命）。在随机故障前，故障的发生是随机性的，不重复，其原因一般是材料隐患、设计制造缺陷、使用不当及维护保养欠佳等因素。

3. 耗损故障期

随机故障期过后，汽车上大部分零件磨损量已经过大，加之交变载荷长期作用及零件老化疲劳，各种条件均不同程度恶化，使磨损量急剧增加，汽车及各总成状况急剧变差，故障率迅速升高。此时，汽车应及时进行维修，避免导致汽车及总成损坏、报废甚至出现恶性事故。因此，在实际使用中，必须以汽车故障率曲线为依据，制定出合理的维修周期，以恢复汽车的使用性能，达到合理使用与维护汽车的目的。

2.5 汽车故障诊断方法及基本程序

2.5.1 汽车故障诊断方法

现代汽车性能越来越完善，结构也越来越复杂，对汽车故障进行诊断的难度也不断增加；这就要求我们首先要了解故障现象，然后结合其工作原理进行周密分析，按一定思路进行排查，最后准确判断故障部位及原因。

故障诊断按其诊断的深度可分为初步诊断和深入诊断。初步诊断是根据故障的现象，判断出故障产生原因的大致范围。深入诊断是根据初步诊断的结果对故障原因进行分析、查找，直到找出产生故障的具体部位。

汽车故障常用的诊断方法有：直观诊断、利用自诊断系统诊断、简单仪表诊断和专用诊断仪器诊断、备件替代诊断、故障征兆模拟诊断等。

1. 直观诊断

汽车故障的直观诊断也称人工诊断或经验诊断。通过人的感觉器官对汽车故障现象进行看、问、听、试、嗅等，了解和掌握故障现象的特点，通过故降现象进行深入分析、判断，从而得出结论。

（1）问

接到故障车后，首先要向驾驶员详细询问车辆的行驶里程、行驶状况、行驶条件、维修情况、故障特点及表现、故障起因等情况，以掌握故障的初步情况。有经验的维修人员，在平时汽车故障诊断经验积累的基础上，对有些常见故障或某种车型的普遍故障，通过“问”即可准确地判断出来。

（2）看

看主要是通过眼睛对整车或相关部位的观察，发现汽车较明显的异常现象。如有无漏油、漏水、漏气，发动机排气颜色是否正常，液体流动是否正常，各部件运动是否正常，连接机件有无松脱、裂纹、变形及断裂等现象，轮胎气压及轮胎磨损状况，车架、车桥、车身及各总成外壳、护板等有无明显变形现象，相关部位有无刮蹭痕迹等。

（3）听

一般是在汽车工作时听有无敲缸、皮带打滑、机械撞击、异常摩擦、排气管放炮等杂音及异响。整车及各总成、各系统在正常工作时，发出的声音一般都是有一定规律的，通过仔细辨别能大致判断出声音是否正常，根据异响特征甚至可直接判断出故障的原因及部位。

（4）摸

用手触摸各接头处、插接口处、电器插头、固定螺栓（钉）等是否有松脱现象，各总成部件的温度有无异常升高、空调出风口的温度是否够凉或够热等。如汽车空调制冷工作时高压管应烫手（70℃左右）、低压管应冰手（0℃左右），否则说明不制冷；行车休息时用手摸胎侧温度，可判断胎温是否过高；用手摸导线接头是否牢固，有无发热现象，可以判断有无虚接或接触不良。

（5）闻

有些故障出现后，会产生比较特殊的气味，据此可较准确地判断故障部位所在。如发动机烧机油时，会产生烧油味；混合气过浓时，排气中有生油味；离合器、制动器等摩擦片打滑时会发出糊臭味；皮带打滑后会产生烧焦味；导线过热则会发出胶皮味；橡胶及塑料件过热后会发出橡胶及塑料味等。

（6）试

所谓“试”就是通过对汽车及总成进行不同工况的模拟试验，再现并确认故障现象。以进一步判断故障部位及原因。

（7）比

所谓“比”就是根据经验将故障车的种种表现与完好车进行对比，或用同类型的正常汽车与故障车进行比较，或用正常总成或零部件替换怀疑有故障的总成或零部件，比较更换前后的差异，以此判断故障所在。

（8）测

对于现象不明显的复杂故障，使用以上方法一般很难判断故障部位，此时需要借助简单的量具或仪器进行测试。如用量具测量磨损尺寸，用万用表测电阻、电压或电流等。通过这些简单的测量操作，初步判断故障部位及原因。

（9）想

对已确认的故障现象，结合故障部位零部件的工作原理、工作条件等，进行综合分析，由浅入深，由表及里，去伪存真，根据不同故障特点和规律进行认真鉴别，找出准确的故障原因并得出结论。

（10）诊

对于复杂故障，单靠经验或简单诊断很难判断故障部位，此时必须借助于一定的仪器设备，按照一定的方法步骤，对故障进行全面细致的检查和分析，通常使用故障树进行诊断。

直观诊断方法要求进行故障诊断操作的人员必须首先掌握被诊断系统的结构和工作原理，对其可能产生故障的现象、原因有一定的了解，并能掌握关键部件的检查方法及出现故障的可能。直观诊断方法由于受诊断者的经验和对诊断车辆的熟悉程度限制，诊断结果差别较大。经验丰富的诊断专家，可以利用直观诊断方法诊断出汽车及各总成可能出现的绝大多数故障。在诊断无故障码故障或用检测设备难以诊断的疑难故障方面，直观诊断法具有其他各种诊断法无可比拟的优点。

2．利用随车自诊断系统诊断

随车诊断是利用汽车电控系统所提供的故障自诊断系统对故障进行诊断的方法。它利用故障自诊断系统调取汽车电控系统的相关故障码，然后根据故障编码对应出故障名称及内容，指导维修人员找出故障部位。一般情况下，随车自诊断系统通常只提供与电控系统有关的电气装置或线路故障代码，且只能作出初步诊断结论，具体的故障原因，还需要通过直观诊断或借助于简单仪器甚至专用随车故障自诊断系统诊断设备进行深入诊断。随车故障自诊断在汽车电控系统故障诊断中是一种简便快捷的诊断方法，但是其诊断的范围和深度远远不能满足实际使用中对故障诊断的要求，常常出现汽车有故障症状而随车故障自诊断系统无故障显示的情况。因此，随车故障自诊断系统并不是万能的，绝对不能有了它就摒弃了其他诊断方法。汽车故障的最终排除还是要靠人的聪明才智及逻辑思维来完成。

3．利用简单仪表诊断

所谓利用简单仪表诊断，是指利用万用表、示波器、汽缸压力表等常用仪表，对汽车故障进行诊断的方法。

汽车电控系统各零部件均有一定的标准电参数值，各零部件的电阻值都有一定的范围，工作时输出电压信号也有一定的范围，且具有特定的输出波形。因此，可利用万用表测量元件的电阻或输出电压，用示波器测试元件工作时的输出电压波形，用万用表测量元件导通性等，可判断元器件或线路是否工作正常。这种诊断方法的优点是：诊断方法简单、设备费用低廉，主要用于对电控系统和电气装置的故障进行深入诊断。其缺点是：对操作者的要求较高，在利用简单仪表诊断时，操作者必须对系统的结构和线路连接情况及元器件技术参数有相当详细的了解，才能取得较好的诊断效果。否则，非但不能诊断出故障，还有可能造成电控系统零部件的损坏。

4．利用专用诊断仪器诊断

随着汽车电子化进程的不断发展，各种汽车故障专用诊断仪器在汽车维修业中得到了越来越广泛的使用。常用的汽车专用诊断仪器主要有汽车专用万用表、汽车专用示波器、发动机综合参数测试仪、无负荷测功仪、四轮定位仪、汽车故障解码器等。使用专用故障诊断设备，可以大大提高汽车故障诊断效率。但专用诊断设备成本较高，一般适用于专业化的故障诊断和较大规模的汽车维修企业。

5．备件替代法

当怀疑某个元件发生故障时，可用一个好的备件去替换该元件，然后进行试验。替换后若故障消失，证明判断正确，故障部位确实在该处；若故障特征没有变化，证明故障不在此处；若故障有好转但未完全排除，可能除了此处故障外，还存在其他故障点，需进一步查找。备件替代法是一种行之有效的常用方法，但此方法要求准备较多的备件，而且还必须和原车零部件型号一致，这样做会使库存增加，加大维修成本。

6．故障征兆模拟诊断

在故障诊断中常常遇到偶发性故障，平时没有明显的故障征兆，特殊条件下才偶然出现。这时必须对故障进行深入的分析，模拟车辆出现故障时相似的条件和环境，设法使故障特征再现。对于偶发性故障，故障征兆模拟试验是一种行之有效的诊断措施。在故障征兆模拟试验中，首先必须把可能发生故障的范围缩小，然后再进行故障征兆模拟试验，判断被测试的器件工作是否正常，同时也验证了故障征兆。在缩小故障征兆可能性时应参考相关系统的故障诊断表或故障树。

7．利用故障树诊断

对于较复杂的故障，由于导致故障的可能原因较多，或属于比较生僻的故障，因此单靠经验或简单诊断一般情况下解决不了问题，此时必须借助一定的设备仪器、按照一定的方法步骤，对故障进行全面细致的检查和分析，逐步排除可能的故障原因，最终找到真正的故障部位，这就是用故障树诊断法进行诊断。故障树诊断法又称为故障树分析法，是将导致系统故障的所有可能原因按树枝状逐级细化的一种故障分析法。

2.5.2 汽车故障诊断的基本程序

汽车的故障诊断程序是一个需要进行严谨分析才能得出诊断结果的过程，而不是一个纯粹的机械修复过程。确定汽车故障诊断程序是维修工必要的工作步骤。若它的设计合理，就能够让维修技师用最少时间，最少的步骤发现故障部位，大大提高汽车维修技师的工作效率。

汽车故障诊断基本流程是最基础的诊断过程，是对诊断内容的最一般的概括和总结。汽车故障诊断基本内容包括从故障症状出发，通过问诊试车（验证故障症状）、分析研究（分析结构原理）、推理假设（推出可能原因）、流程设计（提出诊断步骤）、测试确认（测试确认故障点）、修复验证（排除故障后验证），最后达到发现故障最终原因的目的。汽车故障诊断的基本流程如图 2.5-1 所示。

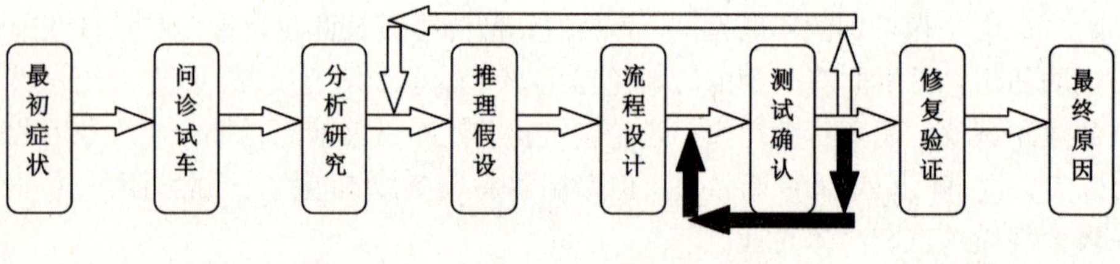

图 2.5-1 汽车故障诊断的基本流程

1．最初症状

最初症状是故障诊断的出发点，故障症状可分为：

（1）可感觉到的性能和功能发生改变的症状——功能性故障。

（2）可察觉到的外观和状态发生改变的症状——警示性故障。

（3）可检测到的参数和指标发生改变的症状——隐蔽（检测）性故障。

2. 问诊试车

问诊是通过对车主的询问了解汽车故障症状的方法，为下一步的试车做好相应的方向准备。问诊不仅要达到全面了解故障症状的目的，更重要的是要把故障症状发生时的前因后果了解清楚。很多维修企业都给出了很详细、规范的问诊表。企业使用问诊表的目的在于实现规范化和标准化的问诊模式，以满足对问诊内容完备性和准确性的要求。

不同的汽车公司提供的问诊表格不尽相同，但问诊的基本内容是一致的。问诊表的设计简洁主要是为了便于实际中的应用，但对于比较复杂疑难的故障，维修人员不能只凭问诊表上的内容来确定故障原因，必须进行更加仔细的问诊和更加详细的故障症状记录。

问诊的详细与完备程度直接影响到故障分析和诊断的准确性，问诊是维修技术人员了解故障发生情况的第一道程序，也是维修人员间接掌握故障发生特征的最好途径。充分利用问诊时与车主交流的细节并认真做好问诊记录，对故障的快速及准确诊断具有十分关键的意义，各个公司使用问诊表的目的也是根据方便、快捷、准确的原则，帮助汽车维修人员完整的记录应该了解的全部内容，并且不遗漏任何客户反映的重要信息，为进一步的分析诊断工作提供翔实的第一手资料。

3. 试车

试车的目的在于再现车主所述的故障症状，以验证故障症状的真实性，同时验证故障症状再现时的特征、时间、地点、环境、条件、工况、等客观状态，也就是说要将问诊中记录的内容逐一验证，以便为进一步分析故障原因做好准备。

试车的过程，应该首先由车主自己驾驶来再现故障症状，这主要是因为车主对故障症状出现的时机、状况、环境等各种条件和驾驶特点更为熟悉，可以很快地再现故障，提高工作效率。同时，也有利于让检测诊断人员尽快感受到故障症状出现的特征。检测诊断人员要观察车主的驾驶方式和习惯，注意车主反映的故障现象是否真的是故障的表现，查看车主对车辆的使用是否存在错误的地方。如果车主不能够做到以上所说的内容，在试车的时候，可由维修人员驾驶汽车，车主坐在车上，在试车的过程中可由其提供故障出现时的现象，检测诊断人员帮助判断故障的真实性。在车主再现故障症状的时候，检测诊断人员应该反复观察故障症状出现时的各种工况、环境、条件等细节及过程，并逐一记录下来，与问诊表中记录的各项信息逐条加以验证，从而确认故障症状。车主驾驶汽车再现故障症状以后，检测诊断人员还应该亲自驾驶体会故障症状出现的特点，以便在汽车修复后的试车中进行对比分析，彻底排除汽车的故障。

汽车试车是检测诊断人员感受汽车故障症状的过程，对帮助维修人员了解掌握故障症状特征具有非常重要的意义。在很多 4S 店，检测诊断人员与维修人员是同一个人，汽车试车是检测诊断人员体会各种车辆驾驶特点的机会，是积累经验的过程，检测诊断人员应该十分重视试车工作。

一般完整试车内容包括发动机冷机起动、冷机高怠速、暖机到热机怠速、加速、急加速全过程的运行状况，以及仪表指示情况，还包括汽车起步、换挡、加速、减速、制动、转向等过程的行驶状况实验，检查汽车的动力性能、制动性能、行驶稳定性能、操纵可靠性能、震动摆动异响等状况，感受驾驶和操纵过程的各种反应。维修人员在进行完整试车的时候，要检查全面，包括车主没有感觉到的汽车故障症状是否存在，消除汽车行驶中的各种安全与技术隐患，保证车主行车的全方位安全性，这是一个维修人员必须尽到的职业职责之一。试车的具体检测内容如下。

（1）发动机方面：输出功率大小、点火连续性能、怠速性能、加速性能、冷热起动性能。

（2）离合器方面：起步性能、踏板力大小、有无异味。

（3）换挡操作方面：换挡轻便性、变速杆位置准确性。

（4）自动变速箱方面：变速杆位置、换挡锁止与点火钥匙锁止、换挡特性、组合仪表上的挡位显示。

（5）制动踏板及驻车制动器方面：制动效能、自由行程和作用、制动时是否跑偏、侧滑、有噪声等。

（6）ABS 的功能方面：当 ABS 起作用时，应能感到制动踏板有规律弹脚式的跳动。

（7）转向系统的功能方面：转向功能、转向盘间隙、转向盘处于中间位置时车辆是否直线行驶，汽车行驶时转向盘自动回正的能力。

（8）天窗的功能方面：关闭的功能正常情况、异响。

（9）巡航控制系统的功能方面：控制功能是否具备与正确。

（10）收音机的性能方面：接收情况、播放杂音与抗干扰情况。

（11）空调系统的功能方面：制冷功能情况。

（12）车性能方面：在水平路面直线行驶时是否跑偏、制动是否跑偏、底盘有无异响。

（13）车身的平衡性方面：车轮及传动轴的动平衡。

（14）车轮与轴承方面：胎压、噪声、过热情况。

目前，4S 店多采用试车的方法，再现车主所讲述的故障现象，从而确定故障症状的真实存在性。在试车的时候要注意故障症状再现时的特征、时间、地点、环境、条件、工况等客观状态，也就是要将问诊表中记录的内容逐一验证，以便为进一步分析故障原因做好充分的准备。有些故障不能进行试车验证的，有经验的维修人员要酌情处理。

4．分析研究

问诊后首先应该进行故障码分析。试车过程中要进行故障码和冻结数据帧的跟踪分析、数据流的记录分析，对故障症状出现时的各种工作参数形成一个可分析比较的数据资料。随着试车的结束，故障码分析过程也就完成了。

分析研究是在问诊试车后，根据故障症状对汽车具体结构和原理进行的深入研究分析，目的在于分析故障生成的机理、故障产生的条件和特点，为下一步推出故障原因做准备。分析研究首先要掌握或收集汽车发生故障部位的结构原理资料，了解汽车正常的运行条件和规律，并且与故障状态进行对比分析。分析研究的理论基础是车辆结构与原理方面的知识，维修手册上提供的机械与液压原理结构图、油路电路气路图、电子控制系统框图、控制原理图表、技术参数表、技术信息通报等重要信息。

在分析研究阶段一定要认真查找、仔细阅读上述各种技术资料，彻底搞懂所修系统的结构组成和工作原理，只有在全面掌握结构组成、深刻理解工作原理的基础上才能为下一步深入判断汽车故障原因奠定坚实的基础，特别对于电子控制系统软硬件匹配不当的故障，单从硬件电路和元器件出发检查故障是很难发现的，必须深入了解软件的控制过程后才能通过对比分析的方式发现故障的原因所在。

5．推理假设

在分析研究汽车故障部位的结构原理、查找对比汽车技术资料后，根据逻辑分析和经验判断，接下来就应该对故障的可能原因作出推理假设。推理假设是对故障原因的初步判断，这个初步判断是基于理论和实践两个方向的。理论上是根据结构原理知识，加上故障症状的表现，在从逻辑分析出发推出导致故障症状发生的可能原因，这个推导从原理上是能够成立的逻辑推理，是基于理论的逻辑推理。实践上是根据以往故障诊断的经验，对相同或相似结构的类似故障做出的可能故障原因的经验推断，这个推断具有类比判断的性质，是基于实践经验的推断，是有经验的维修人员才能具备的能力。

推理是根据零部件的工作原理与作用，结合故障症状推出故障原因的过程。在此过程中，除了对工作原理要有深刻的理解之外，还应该注意到故障症状所对应的故障真实本质。也就是说，虽然此时还不知道是什么原因导致故障症状的发生，还不知道真正的故障点到底在哪里，但是故障发生机理应该已经基本明确。例如，汽车油耗过高这个故障症状，虽然不知道是哪个元器件损坏导致的，但从原理上讲一定是混合气浓或者行驶阻力大造成的。假设则是根据推理的结果进一步推断下一层故障原因的过程。例如，进一步分析导致混合气浓的原因，应该只有两个：一个是燃油多，另一个是空气少。再做进一步推理，燃油多的原因可能有油压高和喷油时间长两个，而喷油时间长的原因有可能有控制喷油时间不正常和喷油器关闭不严两个。空气少的原因则可能有空气真少和假少两种，空气真少是由于进气系统堵塞导致的，空气假少则是由于空气流量传感器输出信号过高产生的。导致行驶阻力增大的原因应该是行驶系统中出现了不协调的情况，如行驶系统零部件运动干涉或缺少润滑，或者是轮胎的气压偏低。这就一步步提出了假设。推理是推出导致故障症状发生的基本原因，假设是在推出的故障原因后进一步运用逻辑推理的方法向故障下一层分析其原因得到的结果。显然，上述例子中油耗高的故障是由混合气过浓或行驶阻力大导致的，这个推断是已经被经验所证实的。因此，该推理是经验判断的结果。如果故障症状是发生在具有新技术、新结构应用的汽车上，如现代混合动力汽车、柴油共轨喷射等系统中，那么故障症状的对应机理就很难从经验判断中直接得出，因此必须在对新结构组成和工作原理进行深入分析研究后，才能推出可能的故障原因机理的方向，得出相应的原因假设。

6．流程设计

流程设计一定是在推理假设的后面，根据假设的可能故障原因，设计出一套实际应用的故障症状流程图的过程。这个过程包括建立以故障症状为顶端事件的故障树，然后根据这个故障树建立故障诊断流程图。通常，一个具有完备底端事件（最终故障原因）的故障树很难从推理假设环节所提出的故障原因中建立起来，因为这些故障原因不仅不能保证完备，甚至都不能完全保证准确，因此往往第一步先确定汽车各大组成部分或总成故障的检测方法是非常重要的，然后是确定汽车各个系统和装置工作性能好坏的检测方法，最后才是管线路和元器件的测试方法。这些测试方法的应用目的在于逐渐缩小故障怀疑范围，最终锁定故障点给出的具体方法完成故障树和故障诊断流程图设计。

汽车故障诊断流程图的设计是汽车维修技术人员必须掌握的汽车故障诊断工艺设计技术。它是汽车维修操作中技术层面最高的技术工作，汽车故障诊断流程图设计的基础是故障树分析法。汽车故障诊断流程图是故障树分析法的延伸、推广及应用，在汽车维修工作过程中，故障诊断流程图具有十分重要的地位和意义。

7．测试确认

测试确认是在故障诊断流程设计之后，按照流程设计的步骤通过测试的手段逐一测试确认中间事件或底端事件是否成立的过程。测试确认过程是从最高一层中间事件逐一到最低一层中间事件，然后再到底端事件，直至确认故障点部位的全过程。

测试确认是在不解体或只拆卸少数零部件的前提下完成的对汽车整体性能、系统或总成性能、机电装置性能、管线路状态以及零部件性能的测试过程，它包含检测、试验、确认三个部分，这三个部分的内容是不一样的。检测主要是指通过人工直观查看和设备仪器分析进行的技术检查过程；试验主要通过对系统的模拟试验和动态分析进行的技术诊查过程；确认主要指通过诊断流程的逻辑分析、对检测和试验的结果作出的判断，最后确认故障发生的部位。

（1）检测

检测即检查和测量，主要是指基本检查和设备仪器测量两个方面，是通过相应的技术手段对所检测的零部件或总成的性能进行定性的一种判断。

（2）确认

确认主要是指对系统测试过后得出的结果进行确认，证明的是中间事件和底端事件是否成立，证明结果只能是肯定或否定。

如果得到的是肯定的结果，则验证了中间事件或底端事件的成立。若中间事件成立，再按照诊断流程指向下一个中间事件的检测测试环节。若底端事件成立，说明最小故障点已发现，经过确认证实最小故障点，接下去转入下一个环节，即修复验证环节。

如果得到的是否定的结果，则说明最小故障点的假设不成立，不是导致故障症状发生的真正故障点，接下去就要返回到推理假设环节，再从推理假设开始进行一遍基本流程推演，直至推出新的故障诊断流程图，开始新一轮的测试确认部分。

8．修复验证

修复验证是在测试确认最小故障点发生部位后，对故障点进行的修复以及对修复后的结果进行验证。它分为修复方法的确定和修复后的验证。

（1）修复方法的确定

修复方法要根据故障点的故障表现模式来确定，故障点是导致故障发生的底端事件，是故障的最小单元，故障点所具有的不同表现模式，决定了修复中采用的不同方法。

① 元件损坏、元件老化和元件错用等模式的故障，通常采用更换的方式进行维修。

② 安装松脱、装配错误和调整不当等模式的故障，通常采用重新安装和调整的方式进行修复。

③ 润滑不良模式的故障，通常采用维护润滑的方式修复。

④ 密封不严模式的故障，通常对橡胶件采用更换、对机械部件采用表面修复工艺或更换的方式修复。

⑤ 油液亏损模式的故障，通常采用添加的方式修复，但对于泄漏和不正常的消耗导致的亏损，要对症下药找到根源给予修复。

⑥ 气液漏堵模式的故障，通常要采用疏通堵塞、封堵渗漏的方式修复。

⑦ 结焦结垢模式的故障，通常一般采用清洗、除焦垢的方式修复。

⑧ 生锈氧化模式的故障，通常一般采用除锈、清氧化的方式修复。

⑨ 运动干涉模式的故障，通常采用恢复形状、调整位置加强紧固的方式修复。

⑩ 控制失调、进入紧急备用模式以及匹配不当模式，采用重新调整、恢复归零以及重新匹配的方式维修。

⑪ 短路断路、线路损伤、虚接烧蚀模式的故障，采用修理破损、清理烧蚀、去除氧化、重新焊接以及局部更换线路的方式修复。

⑫ 漏电击穿、接触不良模式的故障，采用更换或清理接触点的方式修复。

（2）修复后的验证

修复后验证是采取按故障流程图从底端事开始，反方向逐级从底层中间事件向最高层中间事件，直至顶端事件的验证过程。验证作为原因的最小故障点（底端事件）修复后，其上一层症状（最底层中间事件）是否随之消失，假如没有消失就要进一步查找故障点是否真正被修复，是否要采用其他方式来修复。若故障点确认已被修复，就要查找是否还有别的故障点（底端事件）会导致这层症状（最底层中间事件发生），如果最底层中间事件随着底端事件被修复而症状消失，也就是说最底层中间事件也已被修复，这时就继续验证更上一层的中间事件是否也被修复。如果没有被修复，就在这一层查找原因，如果被修复了，就验证更高一级的中间事件，直至顶端事件。

修复验证是对最小故障点（即底端事件）是否引起最初症状（即顶端事件）唯一原因的最终总确认，也是对故障诊断准确性与修复工作完备性的验证，是故障诊断中不可或缺的内容。

9. 最终原因

在经过对前面环节找到最小故障点进行修复验证后，故障现象可能就被消除了，但是这时不能认为故障诊断工作到此结束了，因为导致这个故障点发生故障的最终原因还没有被确认，如果不再追究下去，就此结束修理，让汽车出厂继续行驶，很有可能导致故障现象的再次发生。

对故障点最终故障原因进行分析，找到其产生的内部原因和外部原因，彻底消除故障发生的根本原因，杜绝故障再次发生的可能性，这就是汽车故障诊断的基本流程最后一个环节的主要内容。对故障最终原因进行查找时，应从故障模式入手，分析导致故障发生的内部原因和外部原因。使汽车故障发生的外部原因是汽车使用环境恶劣程度，使用时间或里程的长短，汽车设计制造中的缺陷，使用中的驾驶和操作不当，维修过程中的质量欠佳的零配件使用错误等因素。而汽车故障发生的内部原因是由物理、化学或机械的变化因素。要分析出导致汽车故障发生的最终原因，就要通过最小故障点的损坏状况进行检查分析，还要通过问诊调查以及上述内外因素的分析判断，找到故障最终原因，并针对最终原因进行采取相应的措施，消除造成故障发生的内外影响因素，彻底排除故障。如一个零部件损坏的最终原因是因为老化导致的，只要决定使用时间或里程是否超过规定值或零件代码与汽车 VIN 一致后，采用更换零部件的方法即可彻底解决问题。但是如果零件损坏是由于设计和制造的缺陷导致的，就必须依赖生产厂家的召回制度来保证故障的根本解决。又如因为使用环境恶劣导致的磨损加剧的故障，除了对磨损部件进行修复之外，还必须采取措施减少环境恶劣导致的磨损加剧继续发生。例如，更换更高级别的机油、缩短维护保养周期等措施。再如一个由间隙调整不当导致的气门脚响，确认最终原因后只需重新调整气门间隙就可以彻底解决问题了。但是如果不是因为维修调整的原因导致的气门脚响，就必须找到是什么原因使得气门脚间隙变大。是否是由于润滑油道堵塞造成的或者是其他原因造成的，否则即使此次调整气门间隙后，使用一段时间后故障还会再次出现。

显然，维修人员需要具备与汽车有关的内燃机理论、汽车电子控制技术、汽车设计、汽车制造、汽车材料、汽车运用、汽车维修等多方面的知识和经验，需要扎实的理论功底和丰富的实践经验积累，才能准确地分析出导致故障症状产生的最终原因。因此，做好汽车故障的总结，对于提高维修人员的分析和判断能力会有非常大的帮助。

2.5.3 汽车故障诊断的注意事项

（1）诊断、测试及排除故障时要在绝对安全的条件下进行，使用专用诊断仪器时不应一个人操作。

（2）进行汽车故障诊断时，应尽量避免拆卸零件，禁止随意大拆大卸。

（3）诊断故障前要先搞清故障部位的工作原理及结构类型，做到心中有数。对于重要的电控系统，若无生产厂家详细维修资料时，最好不要动手维修。

（4）故障的判断要有充分的依据，不要乱拆，乱接，乱试，胡拆乱碰，不但排除不了故障，反而有可能造成新的故障和损坏。

（5）有些故障和汽车及各总成的工作原理没有任何关系，而是主要跟据经验来判断，特别是长期维修某一车型的技术人员，有时只听故障现象介绍就可以准确判断故障部位及原因。因此，在进行故障判断时，不要总往复杂方面想，应从简到繁，由表及里，逐步深入。

（6）电控系统发生故障时，一般应先检查是否存在油路堵塞、导线接触不良等故障，不要轻易怀疑是电控系统元件尤其是 ECU 出现了故障，因为电控系统工作可靠，出现故障的可能性一般很小。

（7）某些对汽车总成或零部件有伤害的故障不要长时间或反复测试，以免使故障加剧，造成更大的损失。

（8）分析时要追究导致故障产生原因的深层原因，不要“头疼医头，脚疼医脚”，否则可能会导致故障的反复出现。

（9）对运动配合件，在拆卸时要注意装配记号及安装方向。若原来没有或看不清装配记号就应重新做标记。安装时一定要按记号装配，严禁人为造成维修新故障的产生。

（10）过盈配合件应尽量采用拉拔器等专用工具拆卸，无专用工具时应垫上软金属或木块后再击打，不能直接用榔头击打零件，以免造成零件变形。

（11）装拧螺栓时，应分数次交叉、对称、均匀地按规定力矩拧紧，以免零件变形或结合不牢。装配完毕后，有锁销的应戴上锁销。

（12）装配完毕后，应清点诊断过程中所使用的工具、仪器、擦布等是否齐全，特别是要检查垫片之类的小零件，以防这些东西掉入机器内或卡在其他旋转的地方，从而造成机件损伤，甚至使人受伤。

第 3 章

汽车发动机机械系统的故障诊断

【学习目标】

- 了解发动机机械故障成因；
- 熟悉发动机机械故障的诊断思路；
- 掌握发动机机械故障诊断设备的使用方法；
- 掌握发动机机械故障的排除方法。

发动机是汽车的动力源。汽车的动力性、燃油经济性、工作可靠性等性能指标都直接与发动机有关。由于发动机结构复杂，而且运行时内部零部件要在高温、高压的恶劣条件下工作，加上转速和负荷经常变化，因此发动机的故障率比较高，发动机常常因故障而导致其性能下降甚至不能工作。

在实际车辆维修中，经常会遇到一些车辆加速无力、发动机起动困难、机油消耗过高等故障，这些故障多数可以通过对进排气系统进行诊断，以达到不需要解体就可以查明故障部位及原因的目的。

3.1 进排气系统机械故障诊断

进排气系统机械故障诊断相关测试包括：气缸压力测试、进气歧管真空度测试、气缸泄漏测试、进气系统漏气测试、排气系统漏气测试、曲轴箱通风系统压力测试。以下分别介绍测试的程序并对测试结果进行分析。

3.1.1 气缸压力测试

发动机的气缸压力反映了气缸的密封性能，是发动机动力性能指标之一。正确的气缸压力是确保发动机正常工作的要素之一，若气缸压力不正常将会导致混合气燃烧不良、燃油消耗上升、功率下降、发动机起动困难、汽车动力性能下降等严重问题。

通过对气缸压力测试结果分析，维修人员可以准确地判断发动机各个气缸的工作状态，从而为进一步的检修提供诊断依据。气缸压力测试一般分为两种：干式测试和湿式测试。

1. 气缸压力干式测试

（1）测试准备

压力测试前需要事先做好以下准备：

- 确保蓄电池电量充足；
- 预热发动机至正常工作温度；
- 拆下点火线圈及所有火花塞，使发动机可以无阻力地运转；
- 断开燃油供应。

断开发动机的燃油供应，并起动发动机直至熄火，可以通过拔下燃油泵保险丝或断开继电器等方式来实现，这样可以避免向发动机继续喷入燃油。

（2）气缸压力测量

活塞到达压缩终了上止点时气缸内的压力称为气缸压缩压力，简称为气缸压力。气缸压力是评价气缸密封性最为直接的指标，并且在测量时使用仪器简单，测量方便，因此得到广泛的应用。

① 测量仪器：气缸压力表

气缸压力表是一种气体专用压力表，它一般由压力表头、导管、单向阀和接头等组成，如图 3.1-1 所示。

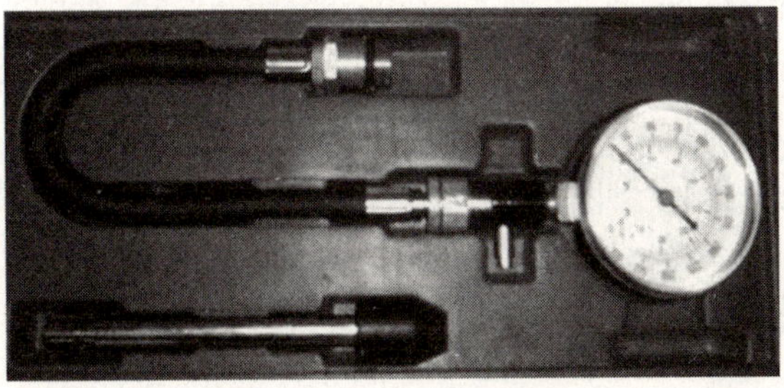

图 3.1-1　气缸压力表

② 检测流程

- 发动机正常运转，使水温达到 75℃以上；
- 停机，先清除火花塞周围赃物、油污，再缓慢拆下所有火花塞；
- 把节气门置于全开位置，使气流不受限阻的进入气缸；
- 将气缸压力表竖直用力压入或旋入到火花塞孔上；
- 用启动机带动曲轴运转 3～5s，指针稳定后读出数据；
- 重复检测两次以上；
- 依次检测其他各缸。

（3）检测结果影响因素

- 转速；
- 发动机温度；

- 蓄电池电量。

（4）诊断参数标准

在用车气缸压力不应低于原设计值的 75%；大修竣工发动机的气缸压力应符合原设计规定，每缸压力与各缸平均压力的差，汽油机不超过 8%，柴油机不超过 10%。

2. 气缸压力湿式测试（见图 3.1-2）

若在干式测试中气缸压力读数偏低，则应进行气缸压力的湿式测试，湿式测试有助于确定造成故障的具体原因。

湿式测试方法如下：

常用方法是往读数偏低的燃烧室中喷入 20～30ml 的机油，将发动机转动几圈使油分布均匀，该机油将会弥漫到活塞与气缸壁之间的间隙处，短时间内可以对该间隙起到密封作用，然后按照干式气缸压力测试流程进行操作。

图 3.1-2　气缸压力湿式测试

3. 气缸压力湿式测试结果分析

影响发动机气缸压力变化的原因很多，在测试过程中必须要对所测试的气缸压力值进行系统的分析，才能做出正确的诊断，现将测试数值可能出现的情况做如下分析。

① 气缸压力偏高

在某种情况下气缸压力值会高于标准值，这种情况比较少见。

主要原因有：燃烧室积碳严重；气缸垫过薄；缸盖与缸体接触面磨削过多。

处理措施：拆下气缸，采取对燃烧室、活塞顶部以及气门等处进行彻底地积碳清除和更换新的气缸垫等方法来解决。

② 气缸压力偏低

随着汽车行驶里程的增加，通常情况下气缸的压力都会随之有所下降，通常气缸压力偏低有以下几种情况。

a. 只有某一缸气缸压力偏低

只有某一缸气缸压力数据偏低，有以下两种情况：

- 气门密封不严：配气相位失准、气门脚间隙不准、气门磨损后漏气；
- 活塞与气缸壁密封不严：该气缸活塞环断裂、弹性不足、活塞环口对口等，或者是活塞与气缸之间磨损严重导致漏气。

处理措施：

基于以上两种情况，需要进行更进一步的判断，其方法是：

使用湿式气缸压力测量，若气缸压力明显上升，说明刚才缸压偏低的原因是第 2 种情况所引起的；反之，若气缸压力没有明显变化，则说明刚才气缸压力偏低的原因是由第 1 种情况导致的。

经过上述的进一步判断，找出具体原因后，采取调整配气相位、更换活塞环等相应的修理措施。

b. 只有某相邻两缸气缸压力数据偏低

这种情况的原因一般是这两个相邻气缸处的气缸垫破损，导致两气缸连通起来，这样左边气缸在压缩时，高压气体将会进入右边的气缸；同理，右边的气缸在压缩时，高压气体会进入左边气缸，从而出现这两个气缸在测试时气压都偏低的情况。其处理措施是更换气缸垫。

c. 所有气缸缸压值都偏低

当测试时所有的气缸缸压都低于标准值，若配气机构正常，则说明该发动机可能是行驶里程较长，活塞环密封下降或气缸磨损严重。

处理措施：更换所有活塞环（活塞环缺口处进行有效错位）或考虑镗磨气缸、加大活塞的发动机大修措施。

3.1.2　进气歧管真空度测试（见图 3.1-3）

进气歧管的真空度是与大气压力相对而言的，即与大气压力相比，缺少空气的程度即为真空度。进气歧管的真空度越大，则进气压力越小，反之越大。

当发动机存在与进气系统相关的机械故障时，测量进气歧管的真空度，可以有效地判断压力泄漏的部位或发动机存在的机械异常，真空表测量低于大气压的压力，单位为 mmHg 或 kg/cm^2，如发动机有问题，读数会偏低或摆动。

1. 进气歧管真空度测试（见图 3.1-4）程序

① 预热发动机至正常的工作温度；

② 涡轮增压发动机需断开控制阀插头使涡轮增压失效；

③ 接上测量工具，关闭发动机，断开进气歧管处的某一真空软管，安装真空压力表（需要时使用三通接头）；

④ 发动机运转，使发动机处于怠速工况运转（转速为 750±50rpm）；

⑤ 读取真空度值，正常时真空度通常应该在 50～70kPa 之间。

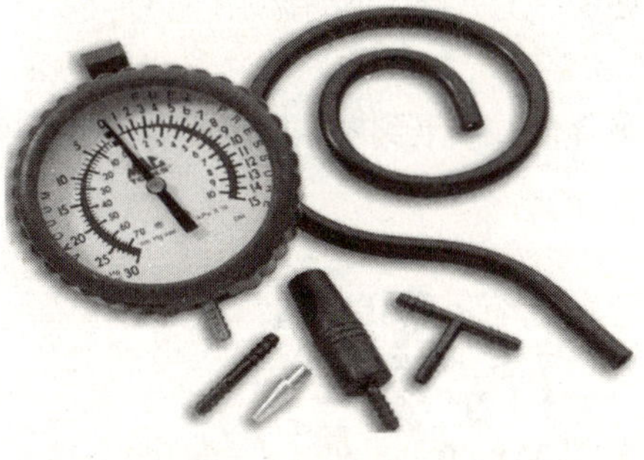

图 3.1-3　进气歧管真空度测试表

图 3.1-4　进气歧管真空度测试

2. 进气歧管真空度测试结果分析

一台性能良好的发动机运转时的真空度比较高。当节气门在任何角度保持不变时，只要发动机转速加快，或是进气歧管无泄漏且气缸密封性良好，真空度就会增加。当发动机运转比较慢或气缸进气效率变低，那么歧管内的真空度就会变低。所以进气歧管的真空度大小可以反映发动机的运行状态是否良好。发动机在运转过程中，进气歧管内将会产生一定的真空度，而这一真空度的大小、稳定与否将直接反映出发动机的总体性能与故障部位。

进气歧管真空度测试结果分析时，如读数异常，则可能出现以下几种情况。

（1）进气歧管泄漏，见图 3.1-5（b）

真空度比怠速时的正常值低 75～250mmHg，表明进气歧管泄漏或节气门未正常关闭。

（2）气门弹簧弱

怠速真空正常，但表针在高速时快速摆动，表明气门弹簧弱，不能使气门正常关闭，在高转速时影响真空，见图 3.1-6（a）。

（3）气门导管磨损

表针在怠速时快速摆动，但在高速时稳定，这是由于气门导管磨损使气门不能正常关闭，会影响怠速时的燃油混合气，如图 3.1-6（b）所示。

（a）正常　（b）歧管或节气门泄漏

图 3.1-5　进气歧管泄漏

（a）气门弹簧弱　（b）气门导管磨损

图 3.1-6　气门弹簧弱或气门导管磨损

（4）气门烧蚀或泄漏

怠速时表针快速摆动并迅速下降，原因是气门口烧蚀，压力从燃烧室进入歧管，如图 3.1-7（a）所示。

（5）气门卡滞

表针间歇下降，原因是气门卡滞在开启位置，如图 3.1-7（b）所示。

（6）排气管受阻

当发动机在 1800～2200rpm 下工作时，表针缓慢降低，甚至到零。原因是排气系统背压增加，如图 3.1-8 所示。

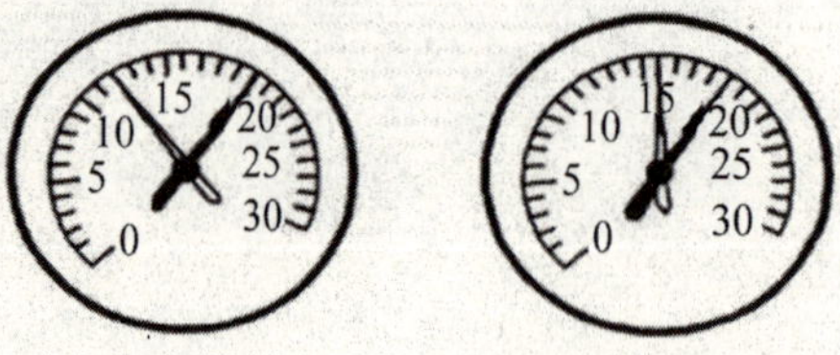

（a）气门烧蚀　（b）气门卡滞

图 3.1-7　气门烧蚀或泄漏、卡滞

图 3.1-8　排气受阻

3.1.3　气缸泄漏测试

通过对气缸压力测试，汽车维修技师已确定哪一个气缸有故障。而为了准确确定此气缸的泄漏点，我们还可以进行气缸泄漏测试。通过气缸泄漏测试（见图 3.1-9），可以确定压力泄漏点出现在进气门、排气门、活塞环还是水套上，也可以确定是否存在相邻气缸之间的气缸垫泄漏等问题。

气缸泄漏测试的原理是使用气缸泄漏测试仪以一定压力和流量向气缸施加压缩空气，并通过测量漏气的程度以及查看泄漏部位，来确定气缸泄漏的部位。

1．气缸泄漏测试准备

在进行气缸泄漏测试时应严格按照标准流程来执行，否则会导致结果有差异。测试前需要提前做以下准备：

① 将发动机转速增加至 2500rpm，并保持数分钟，或直到发动机达到正常工作温度以使节温器打开；

② 检查中的气缸活塞必须设定在压缩冲程阶段的上止点（TDC），这样可以保证进排气门都处于关闭位置，专用工具上有一个声控装置可以通过声音判定活塞是否到达上止点；

③ 将空气压力通过固定在火花塞内的转接器连接到相关的气缸上。

2．气缸泄漏测试

使用专用测漏仪测量气缸的泄漏程度，其带有一个压力调节装置，仪表上有百分比显示泄漏程度。通过调节阀使调节表的指针到最右边接近于 0 位置黄色区域，通过泄漏测试仪给气缸加压。

注意事项：打开散热器盖，以防损坏冷却系统。由于加到气缸的气压较大，若水套泄漏严重有可能损坏冷却系统。另外，还可以在副水箱观察气泡。

3．气缸泄漏测试结果分析（见图 3.1-10）

在相同发动机上重复进行泄漏测量时，测量结果经常有差别，这是因为发动机冷却液温度有变化并且活塞没有达到与上次测试相同的位置，同时还受到当时活塞环上机油量的影响；在做气缸泄漏测试之前，最好先做气缸压力测试。因为如果气缸压力足够的话，就说明气缸不存在泄漏，所以也就没必要做气缸泄漏测试。

按泄漏程度分为四个区域，正常范围的泄漏程度为 10%～40%，如气缸气压损失过大，应检查漏气位置，以下为可能出现漏气的部位及原因，泄漏源能通过分析下列几处的声音来确定位置：

- 进排气管跑气：进气门烧蚀、弯曲或间隙不正确；
- 机油加注口跑气：活塞环粘滞或破损、活塞破裂、活塞环或气缸壁磨损；
- 散热器跑气或膨胀箱内有气泡：气缸垫至水套烧穿或缸盖变形、损坏；若相邻气缸泄漏超过 50%，则相邻气缸之间气缸垫泄漏或气缸盖、气缸体中有裂缝。

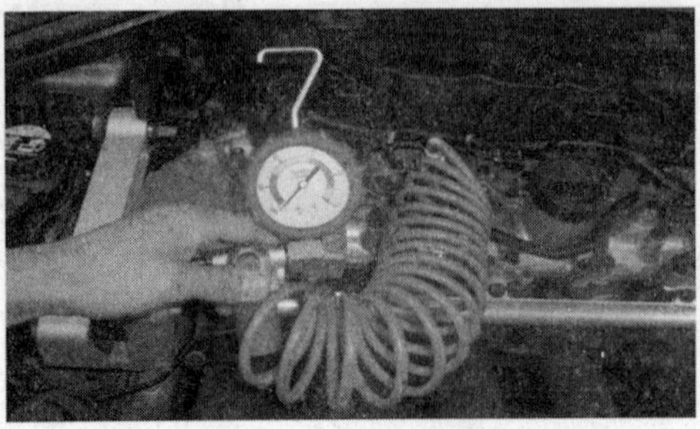

图 3.1-9 气缸泄露测试

图 3.1-10 气缸泄漏测试结果分析

3.1.4 进气系统漏气测试（见图 3.1-11）

进气系统漏气的测试方法是使用测漏仪以一定压力和流量向进气气管施加压缩空气，并通过使用肥皂泡沫来确定漏气部位。进气系统泄漏会引起发动机性能不良，并伴有发动机燃油修正类故障码产生，通常需要进行泄漏测试，来判定进气系统是否有泄漏。

1. 进气系统泄漏测试程序

在对进气系统进行泄漏测试时应严格遵守操作程序，否则有可能导致测量结果出现偏差。

（1）准备作业（见图 3.1-12）：

① 检查确定所有软管完好无损，检查确定所有软管都安装到位，软管夹都已上紧；

② 从空气流量（MAF）传感器处断开进气软管。

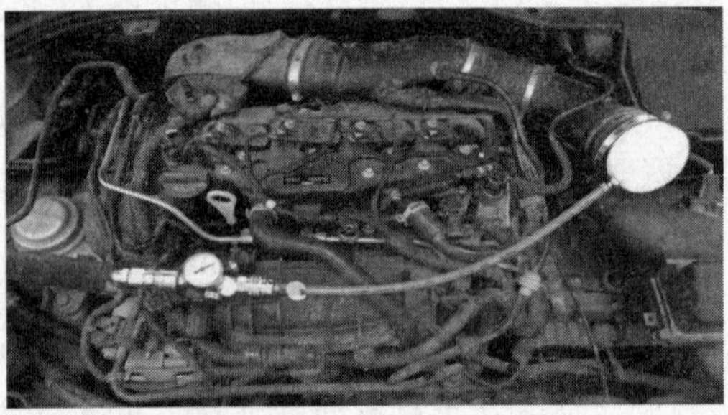

图 3.1-11 进气系统漏气测试

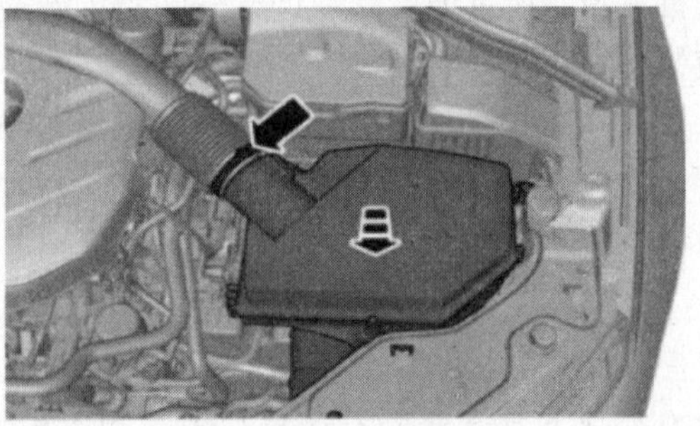

图 3.1-12 准备作业位置指示

（2）泄漏测试步骤

① 连接进气系统泄漏测试工具及压力调节器；

② 机油加注口盖；

③ 调整调节器以获得最大 0.3bar 的压力。

2. 进气系统泄漏测试结果分析

如果怀疑某处有泄漏，在该处喷肥皂水，若有泄漏会有气泡产生。在测试时通常可能泄漏气体部位有：

- 新鲜空气进气口（涡轮增压前段）；
- 增压后进气管；
- 进气歧管及真空软管；
- 曲轴箱通风管；
- 刹车伺服软管；
- 蒸发排放系统（EVAP）阀。

提示：拆除机油加注盖，可能从机油加注口处，听到柔和的嘶嘶声，这是因为进气门通过活塞环泄漏而造成的，轻微的泄漏可视为正常。

3.1.5　排气系统泄漏测试

排气测漏的方法是使用专用测漏仪以一定的压力和流量向排气管施加压缩空气，并通过使用肥皂泡沫来确定气体部位。若排气系统泄漏会引起发动机故障灯点亮及故障码产生。

1．排气泄漏测试程序

（1）测试准备

拆离消音器与三元催化段的连接，如图 3.1-13 所示。

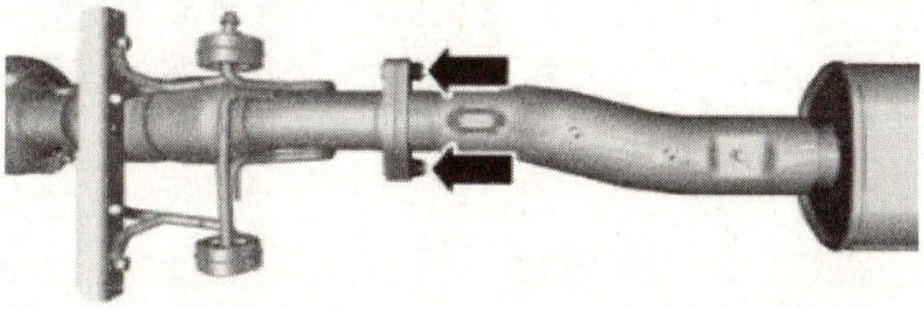

图 3.1-13　排气泄漏拆离连接指示

（2）排气测漏操作方法（见图 3.1-14）

使用专用工具测试排气系统，具体测试程序如下：

① 安装专用工具转接器，用螺栓①固定；此时转接器起到密封排气管前段部分的作用；

② 使用专用工具调节器的另一端连接气管；

③ 使用调节器的气压调节阀②，调节气压为 0.4bar。

① 固定螺栓；② 气压调节阀

图 3.1-14　操作方法

2．排气泄漏测试结果分析

通过测试，可以通过声音及肥皂泡来确定泄漏部位，通常为排气歧管、涡轮增压、排气各接口垫等泄漏。

① 使用肥皂溶液检查各接口、排气歧管、涡轮增压处，观察肥皂泡变化，确定漏气部位；

② 充气时要注意听是否有明显“嘶嘶”漏气声，确定漏气部位。

3.1.6 曲轴箱通风系统压力检查

在发动机工作时，总有一部分可燃混合气和废气经活塞环窜到曲轴箱内，曲轴箱通风装置对其进行过滤、冷却、分离，将气体提供给发动机的进气系统，再次被燃烧掉，大部分汽车的曲轴箱通风与发动机进气管相连，其系统内部需要保持一定的负压。若曲轴箱通风系统堵塞会增加发动机机油消耗，通过检测曲轴通风系统内部压力来判定其系统是否堵塞（见图 3.1-15）。

1．曲轴箱通风系统测试程序

在进行曲轴箱通风系统测试时需要遵循相关的测试步骤，否则会导致测量结果错误。

（1）测试准备

① 预热发动机到正常的工作温度（将发动机转速增加至 2500rpm，并保持数分钟）；

② 如果不能确定机油油质、类型或机油滤清器，则应按保养手册规定，进行机油，机滤的更换；

③ 关闭空调和其他电气设备。

（2）操作测试

① 每次进行测量前，检查表针是否归零；

② 拔下机油尺，使用真空表插入机油尺底座进行测量；

③ 起动发动机并且让其怠速运转。

（3）读取气压力计数值（见图 3.1-16）

图 3.1-15　曲轴箱通风系统压力检查

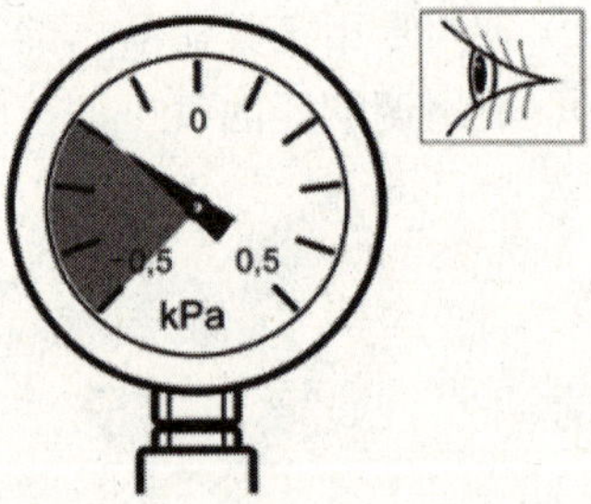

图 3.1-16　读取气压计数值

2．曲轴箱通风系统压力结果分析

通过曲轴通风系统压力测试可以判定其系统是否堵塞或漏气，其结果用来分析发动机相关故障。

通过压力值分析其结果如下：

- 对于正常的曲轴箱通风，数值为-0.2kPa 或更低；
- 若气压计显示数值从-0.2 至 0kPa 或是一个正值，说明曲轴箱通风已部分或完全堵塞。

诊断策略

故障案例一

1. 故障现象

现有一辆雷克萨斯 LS400 轿车，怠速工况不稳定，行驶时加速无力，同时 CHECK 灯亮。

2. 故障诊断与排除

维修人员首先进行了故障确认。上路试车，确实有驾驶员所说的症状存在。继续向用户咨询，没有得到其他与故障相关的信息。读取故障码，显示空燃比过大，也就是"混合气浓度过低"。

会引起混合气浓度变化的系统包括进气系统、燃油系统和电控单元等。对进气系统而言，造成混合气浓度过稀的主要原因如下。

（1）进气系统漏气

在空气流量计之后的进气管道中如果出现密封不严或破损，导致没有经过计量的空气进入气缸，就会造成混合气过稀。

（2）进气通道堵塞

由于进气通道出现堵塞（空气滤清器过脏、潮湿或者为副厂件等），会影响到发动机的进气量，空气流量计检测到进气少后，会给 ECU 一个空气量少的信号，ECU 就会控制喷油器少喷油。

（3）空气流量计或 MAP 传感器发生故障，造成空气计量不准，也就是说，空气流量计或 MAP 传感器给 ECU 的进气量信号与实际进入气缸的空气量不符，所以这时的混合气是不能满足发动机工况要求的。

按先易后难得原则，先检查前两项，结果发现进气管上真空软管裂纹，更换漏气软管，故障排除，试车上路确认故障排除。

3. 故障总结

由于进气系统漏气，因而进入气缸的混合气浓度偏低，车辆出现怠速不稳、加速无力以及 CHECK 灯亮的故障。该故障是由于进气漏气造成的怠速不稳和加速性能不良，此故障被很快排除掉的根本原因是排除故障时遵循了先易后难的原则。

故障案例二

1. 故障现象

现有一辆奥迪 A8 1.8T 发动机，刚接通起动机，发动机马上有着火迹象，但却发动不起来，听声音似无气缸压力，过几分钟再发动，车又着一下，仍发动不起来。

2. 故障诊断与排除

首先着手检查油、电路及正时皮带，未发现异常；接着拆下火花塞测量各缸的气缸压力，除第 4 缸外，其余 3 缸均无压缩压力。为此，初步诊断为配气机构有故障（包括气缸垫），决定拆下气缸盖检查。在拆气缸盖时发现所有缸盖螺栓均未按规定力矩上紧。拆下缸盖后检查，各气门均正常，用汽油渗漏法检查气门密封性也是好的。此后发现气缸垫稍有“冲缸”痕迹，经检测气缸盖接合面平面度达 0.30mm～0.35mm。于是对该气缸盖接合面进行加工，并换上新的缸垫，按规定顺序和力矩拧紧缸盖螺栓。全部装复后进行试发动，发动机能正常起动，但随即发现机油滤清器滤芯给冲坏了。熄火后，换上新的滤芯再发动，这时开头所述的怪现象又出现了，发动机又似乎没有气缸压力了，经分析，断定故障就出在配气机构上。只得把气缸盖再次拆下，并把气门逐个拆下进行检查，未发现毛病；接着又检查了液压挺柱也未发现异常。经进一步分析，联想到起动时曾发生过冲坏机油滤清器滤芯的现象，怀疑是机油压力有问题。起动发动机再试，机油滤清器滤芯又冲坏了。这时立即卸下机油感应塞，直接装上一只油压表试验，果真是机油压力过高。由于油压太高，液压挺柱在顶开气门后不能回位，致使进排气门均常开，从而引起发动机无气缸压力。发动机停转几分后，机油压力缓缓回落，液压挺柱也回位并关闭气门；接着再发动，过高的机油压力又使液压挺柱不能回位，气门又常开。问题找出后，拆下油底壳并分解机油泵，发现原来是机油泵的泄压阀锈死了，经换上一只新的机油泵后再试车，发动机工作一切正常。

3.2 润滑系统机械故障诊断

机油经由机油泵流至机油滤清器，然后大多的机油从机油滤清器流向润滑部件连杆轴承、主轴承、活塞冷却及涡轮增压器，最后机油流到油底壳。润滑系统的基本任务就是将清洁、具有一定压力温度适宜的机油不断供给运动零件的摩擦表面，使发动机能够正常工作，如果机油压力不足，则无法确保机油正常输送到各部件的摩擦表面中，造成发动机咬死或损坏。本节我们来介绍机油压力的测试及机油消耗测试。

3.2.1 机油压力测试

机油压力是发动机润滑系统技术状况的重要参数。为了保证摩擦副之间可靠地润滑，润滑系统中机油压力既不能低于规定值，也不能高于规定值。如油压过低，机件各摩擦表面得不到充分润滑，会使磨损加剧，严重时会导致主轴承合金层脱落。如压力过高，会造成顶置式凸轮轴液压挺杆内高压油腔和低压油腔无法正常回油，导致气门关闭不严，行驶中汽车会出现突然熄火，随后无法起动，并且还会导致发动机前后曲轴轴封处漏油。

机油压力与发动机温度、发动机转速等因素相关，机油压力测试使用压力表来测量发动机中的实际油压；为了判断发动机的机油压力是否正常，可进行机油压力测试，测试时按要求转速运行发动机。一般发动机正常转速范围内，汽油机机油压力应为 196～392kPa，柴油机机油压力应为 294～588kPa。如发动机机油压力在中等转速下低于 147kPa，则发动机应停止运转进行检修。在机油压力测试中读取测试压力值并与规范值比较。如机油过高或过低，需要加以修理。

1. 测试准备

将发动机速度增加至 2500rpm，并保持数分钟，或直到发动机达到正常操作温度（确保发动机机油符合规格）。拆卸机油压力塞或机油压力传感器，注意收集流出的液体。

2. 机油压力测试（见图 3.2-1）

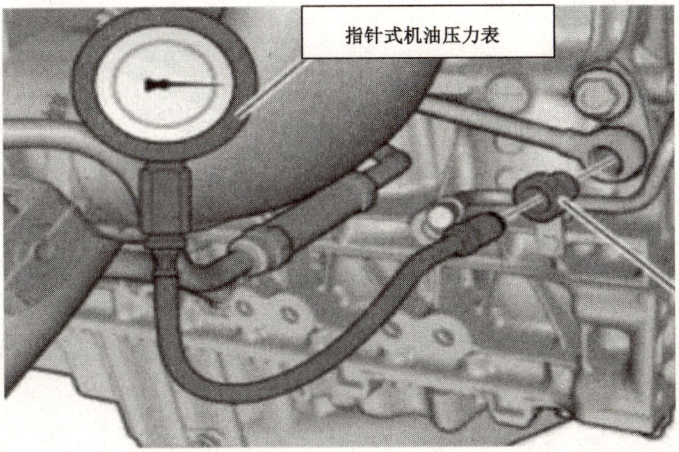

图 3.2-1　机油压力测试

安装专用工具转接器及连接机油压力表，读取发动机不同转速下的机油压力：

（1）在发动机转速 800～850rpm 时，读取油压（标准压力最小 0.10Mpa）。

注意：若低于 0.1Mpa，不允许下一步测试。

（2）在发动机转速 4000rpm 时，读取机油压力（最小 0.35Mpa）。

3. 测试结果分析

起动发动机，按测试要求转速运行发动机，读取测试压力表数值并与规范值比较，如果压力过高或过低，均需要进行检查。

（1）机油压力过大

- 机油黏度过大；
- 油道或机油滤清器堵塞；

- 限压阀调整不当等。

（2）机油压力过小

- 机油量不足；
- 机油泵损坏；
- 泄漏等。

3.2.2 机油消耗测试

发动机烧机油会导致机油消耗增加，严格意义上讲发动机存在轻微的机油消耗，若机油消耗量过大需要进行机油消耗测试。

机油消耗的一般参考标准是车辆正常行驶 5000～150000km，正常机油消耗为每 1000 千米不超过 0.25 公升。

1. 机油消耗测试前检查事项

如果车主指出汽车的机油消耗异常，就必须先进行以下检查，然后再进行修正措施：

① 询问车主其驾驶状况如何；

② 检查是否漏油；

③ 检查曲轴箱通气口是否堵塞；

④ 检查确定发动机中的机油标尺是否推到最底；

⑤ 测量机油时汽车必须停放在平地上，发动机达到正常的运作温度，然后必须让发动机熄火停放 15 分钟后方可测试油位。

2. 机油消耗测试

机油消耗的测试方法有两种：即用量油尺测量和称重法测量，量油尺测量误差较大，这里主要介绍称重法测量。

（1）准备作业

测试前需事先做以下准备：

- 确保发动机机油符合规格，若不符合应更换新机油；
- 检查机油油位并添加至上限；
- 将发动机速度增加至 2500rpm，并保持数分钟，或直到发动机达到正常工作温度。

（2）排放机油称重

将空容器称重并记录数值；

- 将发动机机油排入容器，时间约 15 分钟；
- 将空容器所盛的机油及容器称重；
- 记录数值；
- 安装油底壳放油塞。

（3）加所称重机油

- 将已称重的发动机机油加入发动机中；
- 测量空容器及附壁机油重量并记录数值；

- 现计算空容器及附壁机油重量与先前所测量的空容器之差，并由所测量的机油重量减去；
- 计算出测试驾驶之前的机油重量，写入表 3.2-1。即加入前机油及桶的总重量减去空桶的重量之后，再减去附壁机油的重量。

（4）行驶后测量

驾驶车辆 1000 千米或等到机油油位降到量油尺最低油位，按初次排放机油的程序排放机油及称重方法再次进行。

- 将空容器称重并记录数值；
- 将发动机机油排入容器，时间约 15 分钟；
- 将容器所盛的机油及容器称重；
- 记录数值；
- 计算测试驾驶之后的机油重量并填入 3.2-1，即机油及空容器的总重量减去空容器的重量；
- 根据表 3.2-1 计算机油的消耗量。

表 3.2-1　机油消耗测试表

车　辆	
底盘型式	
底盘号码	
发动机号码	
到达日期	
里程表读数（km）	
检查执行人	
1．里程数	
检查前的里程表读数	（km）
检查后的里程表读数	（km）
行驶的里程数“A”	（km）
2．秤重	
测试驾驶之前的机油重量	（克）
测试驶驶之后的机油重量	（克）
所消耗的机油重量	（克）
已消耗的机油容量“*B*”，（870 克=1 公升）	（公升）
3．已消耗机油计算方法	
已消耗的机油容量“*B*”除以行车测试距离“*A*”乘以 1000=已消耗量（*B*/*A*×1000=消耗量）	（公升/1000km）

3.2.3　机油消耗高的因素

在发动机运行时有一些机油消耗是正常的，机油消耗因为不同的因素改变而改变。

（1）发动机状况

若车辆行驶时间较长，发动机维护的程度不好，通常机油消耗是由以下情况导致的。

① 活塞环环槽磨损、活塞环磨损、刮伤、断裂或损坏；

② 刮油环受阻塞，活塞环安装不正确；

③ 气缸壁磨损或刮伤；

④ 曲轴箱通风阻塞导致曲轴箱中的压力过高；

⑤ 曲轴及曲轴密封垫的磨损、外部泄漏；

⑥ 机油导管之间的内部泄漏以及泄漏到燃烧室。

（2）驾驶状况

若行驶时发动机经常处于负载较大或怠速过多，发动机会消耗过多的机油。

① 在较高发动机转速下长时间连续行驶会造成发动机温度较高。机油会变得稀薄，消耗会增加。在较高发动机转速下重度转弯会造成机油冲到气缸体的侧边和气缸壁上，从而造成机油消耗增加。

② 在市区交通状况下驾驶汽车时，发动机可能要长时间运转但是却只行驶较短的距离，这并不一定会增加机油消耗，但是机油消耗和行驶距离的比例却可能会令人误解。

（3）机油等级及黏度（见图 3.2-2）

如果机油过于稀薄，机油就含有大量的挥发性分子。稀薄的机油难以在较高的温度下在气缸壁上保持充分的油膜，这就会造成发动机磨损增加并使机油消耗增加。

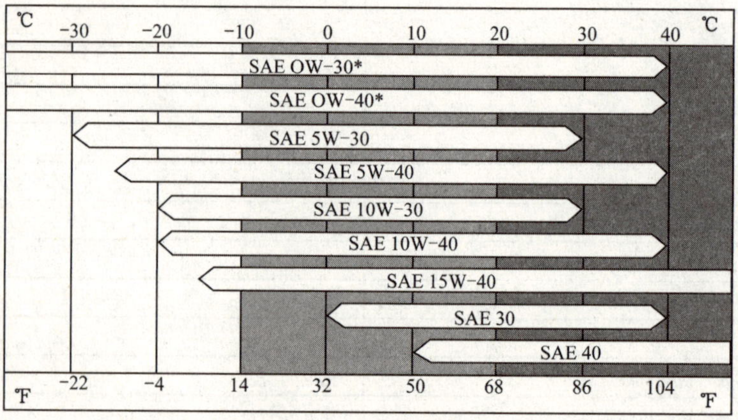

图 3.2-2　机油等级及黏度

（4）机油油位太高

若机油加到超过量油尺的最大值，机油就会被甩到气缸壁上进气缸内燃烧；同时产生出大量的油蒸气，曲轴通风系统会燃烧过多的机油蒸气。

3.2.4　机油含冷却液测试

发动机机油或变速箱油需要通过冷却系统来冷却，有时会导致机油与防冻液互相渗透，结果造成冷却系统及润滑系统液体发生化学变化，失去冷却或润滑功能。一般在实际测试中维修人员使用化学试剂检测机油品质的方法，这种方法可以准确地判断机油中是否含有冷却液。

在车辆维修过程中，机油含冷却液发生故障的部位是：

① 通常机油与防冻液会从机油冷却器内部互相渗入；

② 通过气缸垫也会导致油槽及水槽的液体互相渗入，打开膨胀水壶能观察到机油浮在上面、严重者会导致冷却系统液体成为糊状。

诊断策略

1．故障现象

一台 V6 发动机在其他修理厂维修时更换了气缸总成，并且更换了左侧缸盖上的进气凸轮轴。修理完毕后着车运转，刚开始各方面都很正常，过十分钟后发现有大量蓝烟从排气管冒出。开始怀疑是装配时抹在缸壁上的机油没有烧净，可过了一会冒的蓝烟不但没有停止反而加剧，并且发动机开始缺缸，几乎熄火。

2．故障诊断与排除

修理人员拆下左侧 3 个火花塞发现电极间有大量机油，右侧火花塞正常。于是检查左侧 3 个气缸烧机油的原因，再次更换气门油封仍然无效。检查活塞、活塞环和汽缸壁，并测量了活塞环间隙和配缸间隙，均正常。

接车后首先拆下左侧气缸盖检查，发现左侧 3 个活塞顶部有大量机油，左侧进气管壁和排气管内也有许多机油。仔细检查气缸垫和气缸盖，没有发现异常。因为刚刚更换过气门油封，活塞及缸壁检查也都检查过，而且气缸总成是全新的，这些部位没有怀疑。

那么是什么原因造成大量机油窜入燃烧室呢？排气歧管内的机油可以认为是没有燃烧的机油从排气门排出的，而进气歧管内的机油又如何解释呢？故障似乎比较严重，可为什么发动机又能顺利起动呢，且怠速又正常呢？

修理人员重新装配了发动机。着车后，刚开始怠速平稳，只是急加速有点回火，片刻后便开始大量烧机油，直至熄火。拆检火花塞，又出现大量机油。这时想起该车还换了一根进气凸轮轴，会不会新凸轮轴有问题呢？于是让车主取回旧凸轮轴，仔细对比，果然发现了问题。车上装的新凸轮轴与换掉的旧凸轮轴虽然各个凸轮角度排列一致，但是新旧两轴的正时齿轮上的正式标记与凸轮轴的相对位置却相差很多，按新凸轮轴上的标记装配造成配气正时严重失准，其配气相位比旧轴相位晚 3 个齿。于是重新在新轴上打上正确的标记，装车试车，故障排除。

3.3　冷却系统机械故障诊断

发动机冷却系统的主要功能是将发动机工作时产生的热量带走并散发到大气当中，冷却系统的性能良好与否，直接影响发动机的工作性能与寿命，所以需要对发动机冷却系统进行各项检测。

3.3.1 冷却系统泄漏测试

冷却系统泄漏测试的目的是判断散热器、水管及发动机内部的水道是否存在泄漏故障。主要测试程序有泄漏测试和节温器测试。

1．泄漏测试

（1）测试准备

- 等待发动机冷却液温度降低，拧下膨胀壶上的散热器盖；
- 添加冷却液至正常液位位置。

（2）泄漏测试方法（见图 3.3-1）

把冷却系统压力专用测试盖安装到膨胀壶加注口上。使用测试仪向冷却系统加压，加压到 1.0～1.4Bar，让压力稳定几分钟。

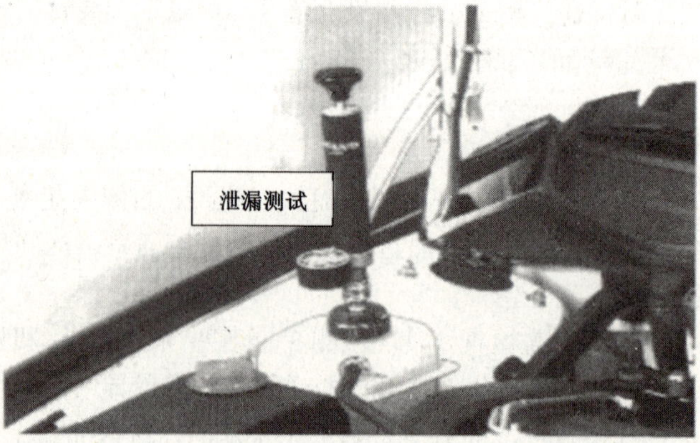

图 3.3-1 冷却液泄漏测试

2．泄漏测试分析

通过结果分析判断其泄漏原因，是内部泄漏还是外部泄漏。

通过观察测试仪的指针状态，是否能保持稳定，或存在缓慢、快速下降症状来分析泄漏程序。

（1）保持稳定

如果指针维持稳定达两分钟以上，表明冷却系统不存在泄漏，但系统可能确实存在内部泄漏，此泄漏却在通常的测试压力下检测不到，对于此情况，内部泄漏检查可以判断冷却液是否渗漏到机油中。

① 从放油塞排放机油形态判断是否存在内部泄漏，因防冻液密度比机油大；会首先被排出；

② 运转发动机以搅动机油，快速取出机油尺检查机油中是否有水珠。

（2）缓慢下降

表明存在小的泄漏或渗漏，可以用手电筒观察散热器以及其他冷却系统部件是否出现渗漏或轻微泄漏现象。

（3）快速下降

表明正发生严重的泄漏，需要对系统进行外部泄漏检查。如果从外面看不到泄漏，则进行内部泄漏检测。

3.3.2　燃烧泄漏测试

在没有发现发动机外部有冷却液泄漏，并且车辆在行驶一段时间后冷却液面会有明显降低而非正常的损耗，此种情况就需要对发动机冷却系统进行燃烧泄漏测试。燃烧泄漏测试可以方便地判断冷却系统与气缸压缩系统之间存在泄漏情况。

1．测试准备

① 预热发动机至正常温度；

② 停机并小心拆下散热器盖，将冷却系统测试仪装在散热器加注口上。

2．泄漏测试（见图 3.3-2）及分析

运转发动机，观察测试仪指针变化。

① 如压力很快上升，表明存在燃烧泄漏，这通常是气缸垫泄漏或发动机开裂的结果；

② 如果压力没有很快增长，则通过测试仪向冷却系统加压，直到指示压力达到 11kPa。此时如果表针摆动，表明压缩或燃烧气体泄漏到冷却系统。

3.3.3　节温器测试

节温器是根据冷却水温度的高低自动调节进入散热器的水量，改变水的循环范围，以调节冷却系的散热能力，保证发动机在合适的温度范围内工作。节温器必须保持良好的技术状态，否则会严重影响发动机的正常工作。当发动机冷却液达到预定的温度时，节温器中的石蜡就会膨胀以克服弹簧的压力，打开阀门，使冷却液沿大循环流动；如果节温器开启时间过晚，可能会造成发动机水温高，所以需要检查节温器的开启温度和最大开度时的温度。

1．开启温度检测

通过开启温度测试方法可以有效判定节温器能否在规定的温度范围内开始工作。如图 3.3-3 所示，将节温器放在盛放了水的容器中，逐渐加热，同时观察温度计的读数，当节温器开启时一般温度计显示的温度为 82℃左右。

图 3.3-2　泄漏测试及分析

图 3.3-3　节温器开启温度检测

2．全开温度检测

当节温器在额定温度下不能完全打开时，将会造成发动机温度过高。

① 将水温继续加热到97℃左右时，节温器应该能够完全打开；

② 将水温逐渐冷却到全关温度时，检查阀门是否全关，如果不能关闭，则更换节温器。

诊断策略

故障案例一

1．故障现象

现有一辆奥迪 A6，行驶里程 50000 千米，怠速时冷却水温上升缓慢，经长途行车后，水温反而下降到 50℃～60℃。

2．故障诊断与排除

发动机过冷故障常常不被人重视，有人甚至误认为发动机温度低不会开锅，是冷却系效果好的表现。发动机长期低温工作，不仅会使发动机功率下降、加速无力油耗增加，还会加剧发动机磨损，必须引起足够重视。遇此故障，应先观察风扇离合器是否接合过早，或电风扇是否提前接通。若风扇接通正常，故障多是节温器一直处于打开状态，可更换节温器后再进行检测。

节温器隔板把散热器上水管接头处与暖风机回水管接头处隔开，一旦被锈穿，暖风机回水流向散热器，启动发动机后，冷却系统就开始大循环，造成冷却水温偏低。怠速时，冷却水温能缓慢上升是因为流过散热器的风速很小，冷却水循环缓慢；行车时，流过散热器的风速增强，故水温反而下降。

检查相关零部件，未见异常。后来发现节温器壳的隔板已锈蚀穿孔。更换节温器后，冷却水温达到要求。

故障案例二

1．故障现象

现有一辆比亚迪 F3 手动挡轿车，据车主反映该车冷却水消耗量较大，严重时停车后可以看到地面水滴，有时会发现机油当中有水或排气管冒白烟。

2．故障诊断与排除

诊断发动机漏水，通常采用目视的方法，即冷却水从哪儿漏出来，就说明故障部位在哪儿。如发现水泵壳体下部的泄水孔处漏水，说明水封损坏。当发现机油池内有水时，如气缸衬垫完好，缸盖螺栓也未松动，则为湿式缸套下端封水不佳或水封损坏。若排气管冒白烟，则可能是气缸垫密封不好。有些渗水故障在发动机热车时才表现出来，因渗水量较小，会很快蒸发以至不留痕迹，检查时要多加注意，若经常需要补充冷却液，而水箱又没有开锅，发动机一定有漏水故障。

由于本案例是地面有水滴，诊断过程相对比较简单。通过举升汽车，对冷却系各部件及水管进行逐一观察，发现水泵壳体下部的泄水孔处漏水，水封损坏。更换水泵故障解决。

故障案例三

1．故障现象

一辆 2000 年 8 月出厂的帕萨特 B4 轿车，装备 AEP 直列 4 缸电喷发动机、排量 1.8L，行驶 14 万千米。车主反映早晨启动时，发动机起动困难，需多次起动才能成功。白天热车时情况好一些，不过停车较长（3～4h）时间后也难以起动。此现象已有多时。

2．故障诊断与排除

根据车主反映的情况来看，原因可能有以下两点：

（1）冷起动混合气没有加浓，也就是说没有增加喷油量。冷起动混合气加浓是通过控制喷油器加宽喷油脉冲来实现的。

电脑是否加浓喷油量，主要通过冷却液温度传感器和进气温度传感器及启动信号来反映。检查发现有起动信号，因此可能是冷却液温度传感器或进气温度传感器或相应线路断路、短路或传感器阻值改变。

（2）燃油供给系统有故障。发动机停止工作后，为了让下次起动顺利着车，燃油供给系统必须保证足够的油量和油压。因此在供油管路中，设有蓄压器或单向阀，以保证发动机正常起动的油量和油压。如果油量太少或油压太低，发动机就会出现起动困难的现象。

该车只要一起动，工作都很正常，喷油嘴也不会有堵塞、漏油或针阀卡死的情况，从而怀疑供油系统没有保压，燃油管路有很小的泄漏部位或单向阀泄压。（该车的单向阀与汽油泵的泵芯为一体式制造。）

首先用金德 K60 手提式解码器对发动机进行检测，无故障码。接着进行数据块测试，着重查看水温和进气温度显示，分别显示在 100℃和 36℃，进而证明相关线路也正常。

关闭点火开关，在进油管上接上燃油压力表，夹住回油管起动发动机，运转一段时间后将发动机熄火，然后观察燃油压力表，发现指针下降很慢，一段时间后，指针几乎归零，说明燃油供给系统不能保持压力。对燃油管路进行仔细检查，没有发现任何部位有泄漏现象。管路排除后，更换一个新的汽油泵。起动发动机停火一段时间后，发现汽油压力表指针下降，仍然不易起动。

经过再三考虑，觉得问题还是在燃油泵上。尽管汽油泵是新换的，但仍然可能存在问题。于是想到从同类型轿车上拆下来一个正常工作的油泵仔细检查时，突然想到从汽油泵出口到油箱出油管接头之间的一段透明胶管有可能泄漏。拆下汽油泵出口和油箱出油管接头之间的橡胶管后，堵住该管一端，从另一端用嘴吹气，发现果然有泄漏！故障终于明了，这段长约 15cm 的透明橡胶管，在油箱内长时间浸泡，已经老化呈黄褐色，用肉眼观察很难发现有小的裂纹。

由于这段油管泄漏，发动机停止一段时间后，进油管内的剩余汽油几乎全从泄漏之处返回油箱内进油管，自然不能保证足够的供油压力。要经过多次起动，汽油泵不断泵油，直到进油管内压力逐渐增大到正常供油压力之后，发动机才能起动。更换一根油管后，装复试车，冷车、热车都启动良好，故障终于排除。

3.4 发动机异响故障诊断

发动机异响标志发动机某一机构的技术状态已发生变化，主要是因有些零件磨损过甚或装配、调整不当引起的。有些异响也可预告发动机将可能发生事故性损伤，因而当发动机出现异响时，应及时修理，防止故障扩大。在拆开之前，先要进行检查，以初步确定故障的所在部位，然后有目标地进行拆开和检修。通过对发动机异响特性的分析，可以基本上诊断异响的部位、原因和程度，避免盲目性的拆检。发动机异响常与发动机的转速、负荷、温度和工作循环有关。

发动机在运转过程中产生的超过技术文件规定的不正常响声，称为发动机异响。汽车发动机各部件在工作中由于受到各种力的作用将产生振动，发出响声。只要发动机各部件的配合符合技术标准，温度和点火时间适当，燃烧正常以及润滑良好，其运转时发出的声音是正常的。但主要部件的配合副，常常由于磨损配合间隙增大，或修理、装配不当，而产生不正常金属敲击声即异响。异响是发动机产生恶性损坏事故的前奏，表明存在严重的安全隐患，所以发动机出现了异响应该及时排除。虽然各部件由于材料、形状、部位以及工作条件和配合间隙的不同，其出现的异响也不一样，但都有各自的规律性。应在了解各种异响因素及异响部位判断手段和方法后，根据其特定规律判断故障，以便及时排除，保持发动机正常运转。

3.4.1 发动机异响特性的分析

发动机异响常与发动机的转速、负荷、温度和工作循环有关，通过对异响进行特性分析，可找出其变化规律。

1. 异响与发动机转速的关系

发动机大多数常见异响的存在取决于发动机的转速状态。

（1）异响仅在怠速或低速运转时存在。发响的原因有：活塞与气缸壁间隙过大；活塞销装配过紧，或连杆轴承装配过紧；挺杆与其导孔间隙过大；配气凸轮轮廓磨损；有时，起动过程中皮带轮发响（在转速改变时明显）。

（2）维持在某转速时声响紊乱，急减速时相继发出短暂声响。发响的原因有：凸轮轴正时齿轮破裂或其固定螺母松动；曲轴折断；活塞销衬套松旷；凸轮轴轴向间隙过大或其衬套松旷。

（3）异响在发动机急加速时出现，维持高速运转时声响仍存在。发响的原因有：连杆轴承松旷、轴瓦烧熔或尺寸不符而转动；曲轴轴承松旷或轴瓦烧容；活塞销折断；曲轴折断。

2．异响与负荷的关系

发动机上不少异响与其负荷有明显的关系，诊断时可采取逐缸解除负荷的方法进行试验，通常采用单缸或双缸断火法解除一或两缸的负荷，以鉴别异响与负荷的关系。

（1）某缸断火，异响顿无或减轻。发响的原因有：活塞敲缸；连杆轴承松旷；活塞环漏气；活塞销折断。

（2）双缸断火，则声响加重，或原来无响，此时反而出现声响。发响的原因有：活塞销铜套松旷；活塞裙部锥度过大；活塞销窜出；连杆轴承盖固定螺栓松动过甚或连杆轴瓦合金烧熔脱净；飞轮固定螺栓松动过甚。

（3）相邻两缸断火异响减轻或消失。发响的原因有：曲轴轴承松旷。

3．异响与温度的关系

（1）低温发响，温度升高后声响减轻，甚至消失。发响的原因有：活塞与缸壁间隙过大；活塞因主轴承油槽深度和宽度失准，机油压力低而润滑不良。

（2）温度升高后有声响，温度降低后声响减轻或消失。发响的原因有：过热引起的早燃；活塞裙部椭圆的长、短轴方向相反；活塞椭圆度小、活塞与缸壁的间隙过小；活塞变形；活塞环各间隙过小。

4．异响与发动机工作循环的关系

发动机的异响故障往往与发动机的工作循环有明显的关系，尤其是曲柄连杆机构和配气机构的异响都与工作循环有关。就四行程发动机而言，凡由曲柄连杆机构引起的声响均为发动机作功一次发响两次；凡由配气机构引起的声响均为发动机作功一次发响一次。

（1）由曲柄连杆机构引起的异响，其原因有：活塞敲击缸壁；活塞销发出的敲击声；活塞顶缸盖；连杆轴承松旷过甚；活塞环漏气。

（2）由配气机构引起的异响，其原因有：气门间隙过大；挺杆与其导孔间隙过大；凸轮轮廓磨损；气门杆与其导管间隙过大；气门弹簧折断；凸轮轴正时齿轮径向破裂；气门座圈松脱；气门卡滞不能关闭。

（3）若异响与工作循环无关，则应注意其发响区域。通常，由与工作循环无关的间隙引起的发响多为发动机附件有故障；若是与工作循环无关的机件发出的连续金属摩擦声，则可考虑是某些旋转件有故障。

5．异响与发动机部位的关系

发动机发生异响时，必然会产生一定程度的振动，根据振动的特点和部位可以辅助诊断发生异响的原因。发动机常见异响所引起的振动部件和区域如表 3.4-1 所示，可分为 4 个区域（A-A、B-B、C-C、D-D）和两个部位（正时齿轮盖、机油加注口）。

表 3.4-1　发动机异响听察区域划分表

区域	异响区域	辅助诊断项
A-A	燃烧室、主轴承和气门等部位	活塞顶碰缸盖、气门座圈脱出、曲轴折断和主轴承松旷等
B-B	气门组合件及挺杆等部位	活塞敲缸一类的故障
C-C	凸轮轴的衬套和正时齿轮	凸轮轴正时齿轮破裂或其固定螺母松动，以及凸轮衬套松旷等故障
D-D	气缸体及油底壳分开面附近	主轴承发响或曲轴断裂等故障

此外，在机油加注口处听察还可辅助判明活塞销、连杆轴承发响和活塞环漏气等故障。

6．异响与其他故障现象的关系

发动机在发生某些异响故障时，常常伴随出现其他故障现象。因此，这些伴同现象就成为辅助诊断异响原因的重要依据。

3.4.2　发动机异响诊断与排除

1．发动机异响诊断依据

在判别是否发动机为异响时，可借助下列各种变化和现象作出正确的诊断。

① 依据发动机工作循环；

② 依据发动机负荷变化；

③ 依据发动机温度变化；

④ 依据发动机转速变化；

⑤ 发动机声响故障与振动的关系。

2．异响诊断的原则

声响在低速运转时显得轻微、单纯，在高速运转时显得轰鸣且平稳均匀，在加速或减速显得圆滑过渡，则为正常声响。

异响原因伴同现象：

① 主轴承径向间隙过大或轴瓦合金烧熔脱落，机油压力下降，机体振抖。

② 连杆轴承松旷过甚，机油压力下降。

③ 进、排气门卡滞不能闭，个别气缸不工作，机体振抖。若排气门卡滞将造成排气管有喘气声。

④ 活塞与缸壁间隙过大，活塞环对口或抱死，加机油口出现脉动冒烟，排气管冒浓蓝烟，机油消耗多，燃油消耗多但是多功率下降。

⑤ 排气门弹簧折断，个别缸不工作，发动机抖动，不易加速。

⑥ 点火时间过迟，燃油消耗多，功率降低。

若声响中伴随着沉闷的“镗、镗”声，或清脆的“当、当”声，或短促的“嗒、嗒”声，或细微的“涮、涮”声，或强烈的“嘎、嘎”声，即表明发动机存在不正常的异响，至于其是否严重，则可依据以下情况判断：

① 声响若仅在怠速运转时存在，转速提高后即自行消失，在整个使用过程中声响又无明显的变化，则属于危害不大的异响，允许暂时存在，待适当时机再行修理。

② 声响若在突然加速或突然减速时出现，而且当发动机在中、高速运转期并不消失，同时又引起机体振抖，则属于不允许再继续存在异响，应必须立即查明原因，进行排除。

③ 声响倘若是在运转中突然出现的，且又较猛烈，则不应要求发动机继续运转或进行试听诊断，而应立即停机拆检。一般应先拆油底壳，再拆缸盖。

3. 异响诊断的方法

(1) 人工直观试探法

主要是借助听诊器、断火试验，结合变换节气门开度等，凭耳、眼进行听、察异响的变化情况。在听察过程中，还要及时观察排气管冒出的烟色、烟量的变化和各仪表的工作情况等。

(2) 仪器诊断法

因为发动机各类异响和振动的声响、声压、振幅等不同，只要发动机各摩擦副磨损，配合间隙增大或某一部分发生松动，就会产生异响与振动，形成特有的声级、声压和振幅并通过仪器反映出来。

4. 异响的确诊过程

根据异响出现的时机和连贯存在的时间来看，异响一般都分别存在于怠速或低速运转期间和高速运转期间。

当异响出现在怠速或低速运转期间，可依以下顺序进行诊断：

① 用单缸断火法检查异响与缸位是否有关联。若某缸断火后异响有明显的变化，说明故障在该缸。

② 若某缸断火后异响并无明显的变化，说明异响与缸位并无关系。继而应逐缸检查异响与工作循环是否有关联，判定故障出在哪一机构。

③ 进而再逐渐提高发动机转速，听察异响有无变化，根据异响随转速的变化，判断运动机构耗损的程度。

④ 此外，在诊断过程中，还应注意观察发动机温度的变化对异响的影响。

当异响出现在高速运转期间，可依以下顺序进行诊断：

① 从低速逐渐提高发动机转速，直至高速运转。在此过程中，注意异响出现的时机。

② 当异响出现后，使发动机稳定于该转速运转，仔细听察异响，利用单缸断火法查明缸位。

③ 若难以查明缸位，则应听察该异响分布的区域。

④ 若从低速逐渐提高转速的过程中，并不出现异响，却在急加速或急减速时出现异响，则用单缸断火法并配以速度的急剧变化，即可判明异响发生在哪个缸位。

通过上述诊断，基本可查明异响与发动机的负荷、工作循环、转速和温度之间的关系。如若异响与某种异响 特性相符合，即可作出诊断结果。此外，在诊断过程中还应听察异响引起的振动部位及伴同的其他故障现象，注意机油压力、机油加注口和排气管等处的变化，辅以诊断故障，从而得出确诊的结论。

3.4.3 发动机主要部位异响的特征及排除

发动机汽缸内的机件在高速运动中互相摩擦，在技术状况正常的情况下，会发出各种适度的响声，这是允许的，也是不可避免的。但在发动机技术状态不佳或潜伏着故障隐患时，缸内则会发出种种不同于正常响声的异常响声，这时若不及时找出产生异响的原因，并加以排除，则可能引发重大故障。一个有经验的驾驶员，不但应有熟练的驾驶技术，还应有较强的“听声知患”的本领，以防患于未然。发动机气缸内的异响可归纳为活塞敲缸声、活塞销敲击声、活塞顶撞击缸盖声、活塞顶撞击声、活塞环敲击声、气门敲击声及气缸爆震声等几种。其中，活塞基本结构如图 3.4-1 所示。

1. 活塞敲缸异响特征及排除

活塞敲缸故障的主要特征是：其响声为一种清脆而有节奏的金属敲击声，位于发动机中部。发动机温度变化时响声有所变化，冷车时响声明显，而且在怠速时响声尤为清晰。发动机温度升高后，响声随之减弱或消失。对有敲缸的气缸断火时，响声明显减弱或消失。

（1）活塞敲缸故障的原因

- 气缸磨损严重造成活塞与气缸配合间隙过大；
- 发动机大修时修配不当造成活塞与气缸配合间隙过大；
- 活塞方向装反；
- 活塞与活塞销配合过紧，使活塞出现反椭圆形；
- 连杆轴承配合间隙过小。

(2)发动机活塞敲缸异响故障的诊断方法

- 检查不同的发动机温度下响声的变化；
- 断火检查；
- 加机油诊断；
- 听诊。

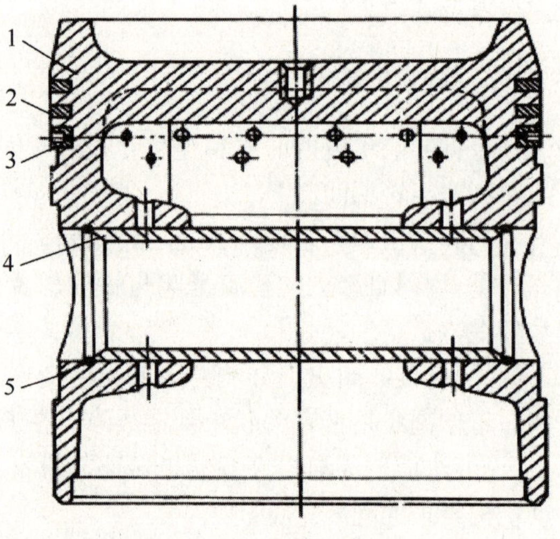

1-活塞；2-气环；3-油环；4-活塞销；5-弹簧挡圈

图 3.4-1 筒形活塞组部件图

2. 活塞拉缸异响的特征及排除

活塞拉缸异响的特征是：响声类似于敲缸，随着发动机转速升高，响声明显增大。发动机温度变化时响声基本不变，断火时响声变化不明显。出现响声的气缸，其压缩压力明显降低。

（1）活塞拉缸的故障原因

- 活塞与气缸配合间隙过小；
- 活塞与气缸之间的润滑不好；
- 活塞与气缸之间有异物或温度过高而出现干摩擦，形成黏着磨损。

（2）活塞拉缸异响故障的诊断

当发动机出现类似敲缸的异常响声时，如果进行断缸检查时响声变化不明显，应着重考虑为活塞拉缸异响。此时可利用检查缸压来判断，某缸压力明显低于其他缸压力，则此缸应该拉缸，最后通过分解发动机来准确判断并验证，最后更换所有的活塞和气缸套。

3．活塞销异响的特征及排除

活塞销异响的特征是：在怠速、低速和从怠速向低速抖动操作节气门时，发出响亮、尖脆而有节奏的“嘎嘎嘎”金属敲击声，类似两个钢球相碰的声音，呈上下双响。若将点火时间提前，声响加剧，在同样转速下比活塞敲缸响，连续而尖锐。

（1）活塞销异响的故障原因

- 活塞销与销孔、连杆衬套磨损严重，造成配合间隙变大；
- 卡环松旷、变形、脱落；
- 活塞销变形、断裂；
- 润滑不良。

（2）活塞销异响的诊断方法

- 抖动节气门试验；
- 断火试验；
- 听诊。

4．活塞环异响的特征及排除

活塞环异响有两种，即活塞环敲击异响和活塞环漏气异响。

（1）活塞环敲击异响的特点

响声为钝哑的“啪、啪”声，随发动机转速的升高响声随之加大，并且不变成较杂碎的声音。单缸断火试验时，响声减小但不消失。活塞环敲击异响的原因：

- 活塞环折断；
- 活塞环槽磨损，使活塞环在环槽内松旷；
- 活塞环撞击气缸口台阶。

（2）活塞环漏气异响的特点

响声类似于敲缸响，打开加机油口盖可见大量淡蓝烟冒出。单缸断火试验时，响声明显减小。活塞环漏气异响的原因：

- 气缸和活塞环磨损后活塞环开口间隙过大；
- 气缸壁磨损后出现沟槽；
- 由于积炭使活塞环粘结在环槽内失去密封效果；
- 活塞环弹性太弱；
- 活塞环质量不好或活塞失圆。

（3）活塞环异响的诊断方法

- 进行单缸断火试验。
- 打开加机油口盖检查，如有脉动性地向外冒淡蓝色烟，且频率与响声吻合；作断火试验时，窜气减弱，则为活塞漏气异响。

- 若发动机温度低时，发出“嘣、嘣、嘣”的响声，转速升高时响声随之增大；发动机温度升高后，响声逐渐减小或消失；作单缸断火试验时响声消失，恢复工作后响声随即又出现，即可断定为活塞漏气异响。

5. 气门的异响

气门结构如图 3.4-2 所示。

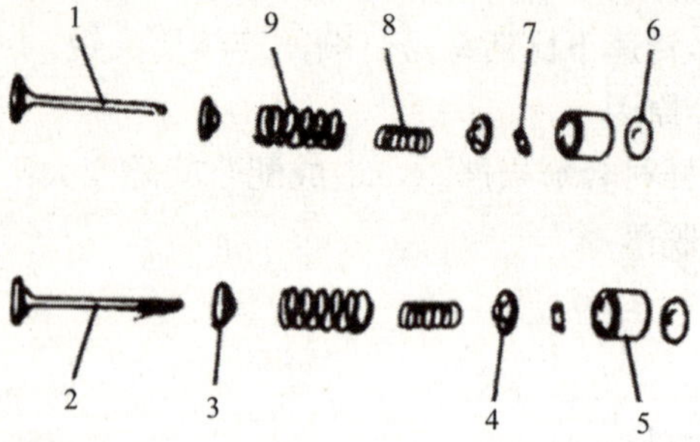

1-进气门；2-排气门；3-下弹簧座；4-上弹簧座；5-挺住；6-调整垫片；7-锁片；8-内弹簧；9-外弹簧

图 3.4-2　气门零件及装配关系

（1）排气门漏气的异响，可在排气管消声器处听到，如轮胎严重漏气时的“唏唏”声。进气门漏气可在空气滤清器处听到，其声音如幼儿打口哨时的“嘘嘘”声。原因是气门与座圈的工作面严重磨损或烧蚀，出现凹槽和斑点，不能严密封闭。有的则是因为气门杆与导管间隙过大或气门杆弯曲，使气门头不能居中而歪斜，造成漏气。

若气门弹簧弹力减弱或折断，则气门不能与座圈工作面紧密贴合，也会造成漏气。从装配方面来说，若气门杆与导管间隙过小，工作中受热膨胀而被卡死，或是气门间隙调得过小，气门杆受热伸长而被挺杆或摇臂顶开气门，均会使气门不能完全关闭而漏气。

（2）气门弹簧折断时的异常响声因气门安置方式而异。侧置式气门弹簧折断后，工作时发出“嚓嚓”的响声，若拆下气门室盖会听得更清晰。顶置式气门弹簧折断后，气门自动下沉，会与活塞发生撞击，并出现“当当”的敲击声。后者若不及时熄火，会造成顶坏活塞、折断连杆，甚至更为严重的损失。

（3）气门积碳过多也会引起异常响声，因为积碳过多，碳层呈炽热状，活塞温度高，活塞环槽、活塞销孔的间隙增大，从而发出一种“喋喋”的异响。该故障往往伴有发动机油温过高、发动机不易熄火或不能熄火等现象。其原因是混合气中机油比例超标或油底壳机油大量窜入燃烧室，应进一步查明具体原因并予以排除。

6. 燃烧室发出的异响

当发动机负荷增加时，有的发动机从气缸部位发出“嗒嗒”的声响，与正常运转时的声响有所不同，甚至还伴有加速性能变差的现象。这种异响音量较大，在距发动机 5～

6m 处都可听到，在突然加速时异响尤为明显，即可把它视为发动机爆震的征兆。当可燃混合气在汽缸内过快燃烧时，其瞬间释放出大量的热量，导致气缸内压力急剧升高，高压气体强烈地冲击着活塞顶、汽缸盖和气缸壁，引起爆震。产生爆震的主要原因有，发动机过热，点火时间过早，燃烧室内积碳过多，汽油的辛烷值过低，所用火花塞热值偏低不符要求等。

听响声判明故障原因，主要是凭耳朵听，再根据经验来进行分析。方法虽快捷简便，但它须有一定的经验积累，其判断方能准确。

3.4.4　曲轴轴承（大瓦）和连杆轴承（小瓦）异响的特征及排除

这两种异响首先从声音部位和声音频率上可以进行区分，一般大瓦声音低，小瓦声音高。其次可利用断缸的方法区分，因为当个别小瓦异响时，若断掉该缸的点火或喷油，异响将减弱或消失；若大瓦响，断缸时声响只会减弱或不变，但绝不会消失。我们再来分析一下曲轴大、小瓦异响原因，主要包括：

- 固定大、小瓦的螺栓松动；
- 大瓦或小瓦间隙过大；
- 润滑不良或大、小瓦烧蚀；
- 机油压力过低或机油过少时，一般小瓦在发动机高速时极易烧蚀，而大瓦烧蚀的较少；
- 当轴与瓦间隙过大时，比间隙较小时更易烧蚀。所以一般大修发动机时，轴与瓦应留有适量间隙，但千万不可过大。

1. 曲轴轴承异响的特征与排除

发动机运转速度突然变化时发出沉闷的“镗镗”敲击声，同时伴有振动现象。诊断方法有：

（1）抖动并加大节气门试验。使发动机在低速下运转，用手微微抖动并反复加大节气门进行试验，同时仔细倾听。如响声是随着发动机转速的升高而增大，抖动节气门时在加油的瞬间响声较明显，这一般是主轴承松旷；如发动机在怠速或低速运转时响声较明显，高速时显得杂乱，则可能是曲轴弯曲；如在高速时机体有较大振动，机油压力显著降低，则一般是主轴承松旷严重、烧毁或减磨合金脱落。

（2）从加机油口处听诊。打开加机油口盖，从加油处仔细倾听，同时反复变更发动机转速进行试验。如果是主轴承响，可明显听到沉重有力的金属敲击声。

（3）用听诊器具听诊。将听诊器或自制的简易听诊杆，在节气门开度不断变换的同时，触在机体曲轴箱两侧与曲轴轴线齐平的位置上进行听诊，响声最强的部位即为发响的主轴承。

（4）断缸试验。松开喷油器插头，如一缸断火后响声明显减弱，则为第一道主轴承响；如最末缸断火后响声明显减弱，则为最后一道主轴承响；如任意相邻两缸同时断火响声明显减弱，则为两缸之间的主轴承响。曲轴轴向窜动所产生的响声，单缸断火无变化。

（5）踩离合器踏板试验。踩下离合器踏板保持不动，如果响声减弱或消失，则为曲轴轴向窜动产生的响声。

（6）柴油机的降速试验。诊断柴油机主轴承响时，为避开着火敲击声的干扰，可采取加大供油拉杆行程后再迅速收回的方法，趁发动机降速之机，如听到坚实而沉重的“刚、刚、刚”声，则有可能为主轴承响。同时应打开加机油口盖，辅之以听诊法和气缸断油法，以便于确诊。

2. 连杆轴承异响的特征与排除

在发动机突然加速时，有“铛、铛、铛”连续明显的敲击声。诊断方法有：

（1）变换转速试验。使发动机怠速运转，然后由怠速向低速，由低速向中速，再由中速向高速加大节气门进行试验，同时结合逐缸断火法和在加机油口处听诊等方法反复进行。响声随着转速的升高而增大，抖动节气门时，在加油的瞬间异响突出。响声严重时在任何转速下均可听到，甚至在怠速时也可听到清晰、明显的敲击声。

（2）断火试验。在怠速、中速和高速情况下，逐缸反复进行断火试验。如某缸断火后响声明显减弱或消失，在复火的瞬间又能立即出现，则可断定为该缸连杆轴承响。

（3）听诊。如用听诊器或简易听诊杆触在机体上听诊，往往不易听清楚。但在加机油口处直接倾听，可清楚地听到连杆轴承敲击声。

（4）检查机油压力。诊断中要注意检查机油压力。如果响声严重，又伴随有机油压力低，这往往成为区别连杆轴承响与活塞销响、活塞敲缸响的重要依据。

（5）柴油机连杆轴承响的诊断。与汽油相比，柴油机连杆轴承的响声比较钝重，诊断时只有避开着火敲击声的干扰，才能听得清楚。如果随着供油拉杆行程的加大，响声逐渐增强，并在迅速收回供油拉杆，趁发动机降速之际，能明显听到坚实的“哐、哐、哐”的敲击声，即可初步断定为连杆轴承响。此外，也可在中、高速运转时作抖动供油拉杆试验，如这时出现坚实有力的敲击声，说明是连杆轴承响。诊断时可结合从加机油口处听诊、检查机油压力和做单缸断油试验等方法进行。

3.4.5 正时齿轮响的特征及排除

正时齿轮异响的特征是：有的有节奏，有的无节奏。在有节奏的响声中，有的属于间响，有的属于连响。转速越高，响声往往越大。使用单缸断火，响声不减弱。

诊断的方法有两种：一种是变换节气门开度法，另一种是听诊法。在配合使用上述两种方法的同时，要结合以下情况分别进行判断。

（1）诊断中若发现响声是无节奏的，且在发动机怠速运转时发出“嘎啦、嘎啦”的响声，中速时响得更为明显，高速时响声变得杂乱并带有破碎声，响声严重时正时齿轮室盖处有振动，这有可能是齿轮啮合间隙太大造成的。

（2）如果出现一种连续不断的“嗷——”的响声，发动机转速越高时响声越大，并且经证实该发动机更换过正时齿轮，则有可能是齿轮啮合过紧的缘故。

（3）如果出现有节奏的“哽、哽、哽”的响声，发动机转速越高时响声越大，则可能是齿轮啮合间隙不均造成。若响声为连响，则故障出在曲轴正时齿轮上；若响声为间响，则故障出在凸轮轴正时齿轮上。

（4）若响声是有节奏的，发动机怠速运转时能听到“嗒啦、嗒啦”的声音，中速以上时又变为紧凑的“嗒、嗒、嗒”的响声，这往往是金属齿轮齿面碰伤以后出现的响声，如果故障在曲轴正时齿轮上为连响，在凸轮轴正时齿轮上为间响。

（5）若在发动机怠速运转时听到“咯啦、咯啦”的撞击声，加大节气门开度时，变为较杂乱的“哇啦啦”的声音，甚至还带点“咯棱、咯棱”的撞击声，正时齿轮室盖处又伴随有振动，通常，这是一对金属正时齿轮发生根切造成的。

3.4.6　燃烧异响及空气动力异响

燃烧异响主要是发动机不正常燃烧造成的。如汽油机产生爆燃和表面点火及柴油机工作粗暴时，气缸内均会产生极高的压力波，这些压力波撞击燃烧室壁及活塞连杆组会发出强烈的类似敲击金属的异响。另外，进气管回火、排气管放炮或出现“突突”声，也属于燃烧异响。空气动力异响主要是在发动机进气口、排气口和运转中的风扇处，因气流振动而造成的。发动机是汽车的动力装置，其作用是将燃烧产生的热能转变为机械能来驱动汽车行驶的。它是汽车的唯一动力源，发动机常见异响的诊断与排除是对汽车发动机维修的一种技术要求，由于发动机维修复杂、涉及面广，对我们的诊断与维修造成一定困难。因此对汽车维修人员提出了更高的要求。

诊断策略

故障案例一

1. 故障现象

现有一辆上海大众桑塔纳轿车行驶了 15.2 万千米，据车主反应该车最近发动机在中速运转时异响声音明显，且为钝重的“嗒、嗒、嗒”的异响声，怠速时也能听到，高速运转时，声响消失。

2. 故障诊断与排除

（1）做单缸断火试验，声响没有变化。

（2）在发响时凸轮轴轴承附近有振动现象。

（3）使发动机以各种速度运转，若怠速时声响清晰，中速时声响明显，高速时声响杂乱变得减弱到消失，则可判断是凸轮轴轴向间隙过大造成的异响。

（4）使发动机在声响较强的转速运转，用螺钉旋具抵在气缸体外部的各节轴承附近部位听诊，若某处声响较强并有振动，可初步诊断是该节凸轮轴轴颈发响。

（5）经诊断确定为凸轮轴弯曲变形导致振动异响，更换凸轮轴故障排除。

故障案例二

1. 故障现象

一辆本田雅阁（装备 F20A3 发动机）在一次长途出行中，发动机出现严重高温而无法行驶。在附近的修理厂进行了大修，修后行车有异响并轻微抖动。接车后检查时发现，发动机冷起动正常、加速良好、怠速有轻微抖动；废气排放在正常范围内。进行路试，车速到70km/h 以上时有“嘎、嘎”异响，声响很轻，但在车内听得很清晰，且发动机有轻微抖动。停车后试车，发动机故障不明显。

2．故障诊断与排除

发动机刚大修出来，且以前无此异响，基本可以断定故障是在严重高温维修后出现的。造成此响声的原因大致有以下几种可能：汽油辛烷值低；点火不正时；平衡轴正时没有按要求装配；各零件的几何尺寸、间隙有不当和偏差。

根据程序首先从汽油着手。由于油箱内燃油已不多，故添加 93#燃油，然后检查点火正时，并对火花塞进行的检查，然后试车，异响未除，抖动依然存在。接下来，仔细查看平衡轴正时。拆下平衡轴，驱动轮外壳，转动曲轴使 1 缸活塞处于上止点（TDC）位置，检查平衡轴正时发现，后平衡轴正时不对。用专用工具调校后，使平衡轴正时达到要求，试车，已没有了抖动，但异响依然存在。

只有解体发动机检测才可以找到故障根源。将发动机从车上拆下，解体发动机。将活塞、连杆、曲轴、平衡轴及其他零件进行检测，同时也对缸盖的翘曲度进行了测量为 0.07mm，未检查出错误和不当之处。既然没有查出问题，就只好按照要求严格地进行了发动机装配，以排除前一次大修时的装配失误，将发动机抬上试车，响声还是一点变化都没有。

既然各零件数据都符合要求，那为什么还有异响呢？看来故障一定存在，只是没有排查到，查得不够细致。重新整理一下思路，此车由于严重高温后造成此故障，而在这以前没有异响，看来声响与高温有关。既然各零件无问题，问题有可能会在没有查到的机体上。虽然此想法有点冲动，但又仔细一想，有这个可能。此故障是严重高温后出现的，而此车发动机又是铝合金制造，易产生高温形变。只因本修理厂条件限制，无法对机体进行科学的检测，唯一的办法只有更换机体。

经与车主商议后，将本厂仓库中的一台旧机体清洗、修理后，换下原车机体，试车，发动机加速有力，怠速运转平稳。进行路试，在各种转速下也没有异响，故障得以排除。

谁知此车两天后又回来。司机说响声是没有了，但车水温高有“开锅”的现象。首先检查节温器及冷却风扇，运转且开启符合要求，那么何致“开锅”呢？！只有一种可能，即汽缸内高温、高压气体与冷却系水道相通，造成冷却系内压力及温度升高。拆下缸盖，因缸垫为钢片式缸垫，看不出有损坏之处，对缸盖平面进行翘曲量测量为 0.15mm，已超出使用范围。对缸盖平磨修理后，高温故障消失。

第 4 章

汽车发动机电子控制系统的故障诊断

【学习目标】

- 正确的使用示波器进行信号测量；
- 能正确使用汽车专用示波器检测点火波形并诊断故障；
- 能用经验法、仪器法检测和调整发动机点火正时；
- 能对点火系统的故障进行分析与诊断；
- 掌握电喷汽油机燃油供给系统压力的检测诊断方法；
- 能利用发动机综合性能分析仪或示波器检测汽油机喷油信号波形并诊断故障。

4.1 电信号的特征、分类与测量

汽车的控制模块具有自诊断功能，其存储的故障码和显示的数据流可以帮助维修技师排除相关故障。但是由于成本因素，控制模块并不是完美的，其设置的诊断限值不能设置为可捕捉到所有的瞬间问题，因此需要借助其他仪器来查找故障原因。

示波器通过测量信号波形方式来捕捉难以捉摸的电信号，在诊断无故障码的故障信号方面表现出强大和多用途的功效。

4.1.1 电信号的特征与分类

在使用示波器之前，首先要了解汽车电信号的基本特征，以及如何对电信号进行分类和识别。特别是对电信号类型的识别，有助于选择正确的测量模式和进行波形的基本估算。

1. 电信号特征

电信号有 5 种非常重要的特征，这些特征是控制系统中各个传感器、控制模块和其他设备之间相互通信的基本语言，也是控制模块识别和判断信号是否正确的基本依据。

（1）幅值

幅值是指电信号在特定点上出现时的电压值。如图 4.1-1 所示，在某一个时间点上的电压值，即是该时间点的幅值（符号①处）。

（2）周期、频率

周期是指电信号在两个事件或循环之间的时间，常用的单位是秒（s）。

频率是单位时间内周期的次数，通常指每秒的循环次数，单位是赫兹（Hz）。

如图 4.1-2 所示，采用负斜率触发点识别凸轮轴重置（VVT）电磁阀信号的周期，为 3.3ms；所以其步骤为：

频率=1/周期＝1/3.3ms=303Hz。

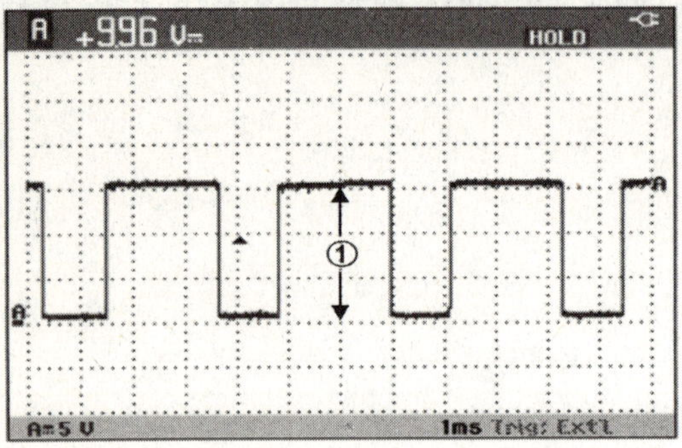

图 4.1-1　幅值

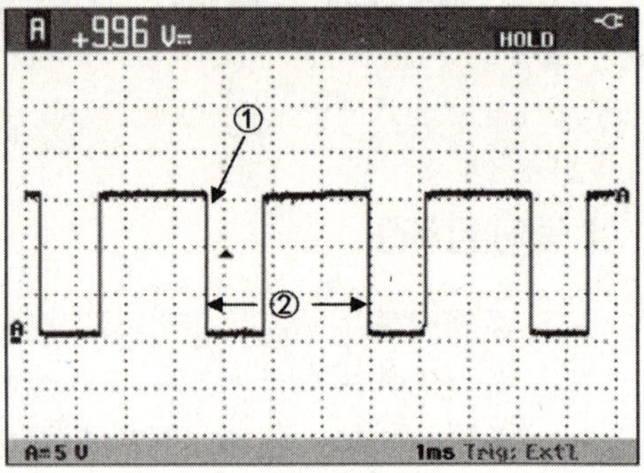

图 4.1-2　周期和频率

（3）形状

形状是指电信号的外形特征。电信号的外形特征包括：曲线、轮廓和拐角边沿（上升沿、下降沿）等，如图 4.1-3 所示，其中，①上升沿；②下降沿。

（4）脉冲宽度与占空比

脉冲宽度是指电信号触发所占周期的时间，其单位通常用秒（s）或毫秒（ms）表示。

① 负斜率触发点；

② 正斜率触发点；

③ 负脉宽时间；

④ 周期。

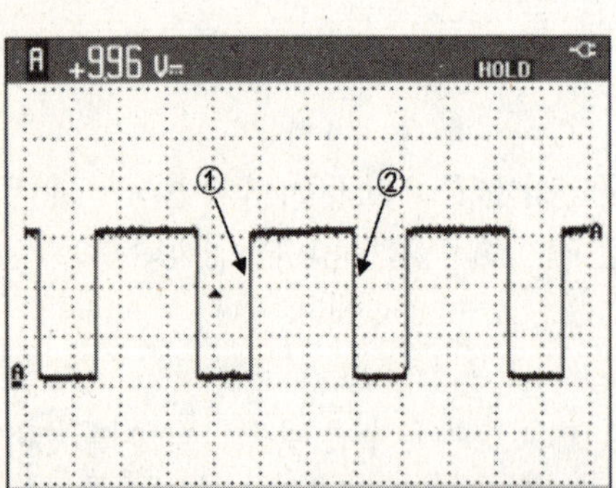

图 4.1-3　波形形状

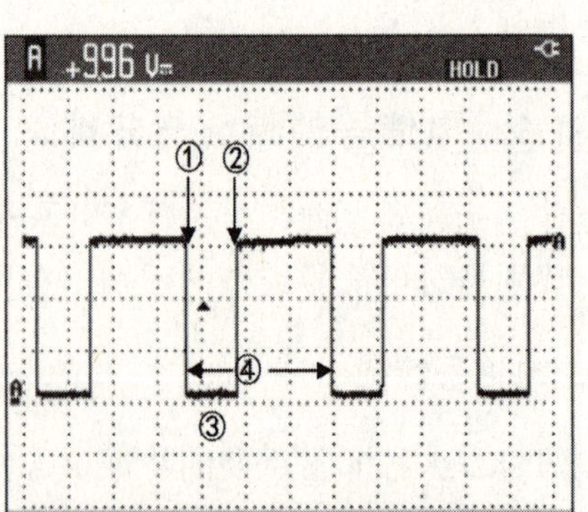

图 4.1-4　脉冲宽度与占分比

占空比通常是指电信号触发的时间占周期的百分比，单位是%。

电信号触发方式分为两种：正触发（供电控制）、负触发（搭铁控制）。

如图 4.1-4 所示，凸轮轴重置电磁阀采用负触发方式，利用时间网格单位可以得出：

- 周期约为：3.3ms；
- 脉宽约为：1.2ms（负触发）；
- 占空比为：1.2ms/3.3ms=36.4%。

当频率一定时，脉冲宽度和占空比是一一对应的，或者说是同一控制的两种表示方式。因此，脉宽控制方式有时也称为占空比控制方式。

（5）阵列

阵列是指信号中由重复的图形组成特有的信息。阵列通常的形式是信号组成的图形，因此又将阵列称为图形。

如图 4.1-5 所示，凸轮轴位置传感器信号和曲轴位置传感器信号的同步信号形成阵列，可告知发动机控制模块：1 缸是否处于压缩上止点。其中，

① 凸轮轴位置传感器信号波形；

② 曲轴位置传感器信号波形。

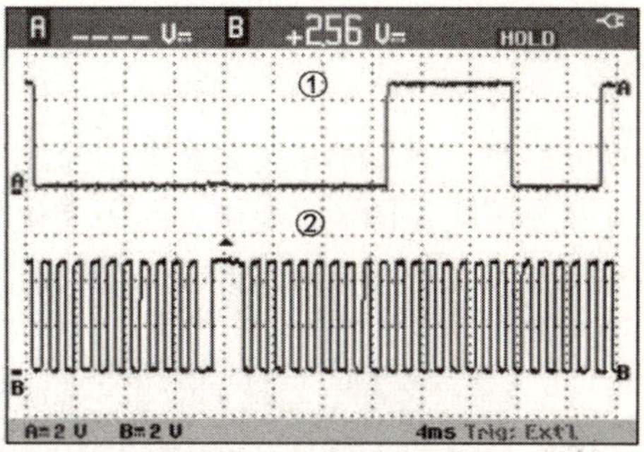

图 4.1-5　阵列

2. 电信号分类

按照以上 5 种特征进行分类，可以将汽车的电信号分为 5 种类型，每一种类型的电信号具有相应的特征，如表 4.1-1 所示

表 4.1-1 汽车电信号分类

信号类型	幅值	频率	形状	脉冲宽度	阵列
直流	√				
交流	√	√	√		
频率调制	√	√	√		
脉宽调制	√	√	√	√	
串行数据	√	√	√	√	√

（1）直流（DC）信号

直流信号是指方向和时间不作周期性变化的电压或电流。直流信号仅使用幅值的特征。

汽车上产生直流信号的电器部件包括：由电源（蓄电池）提供工作电压或由控制模块提供参考电压的传感器和装置。

汽车上应用的电源，其类型大多数是直流电。图 4.1-6 所示是蓄电池电压信号的波形，电压平稳，波形的方向没有变化，也没有周期变化，近似一条直线。

直流信号普遍应用于模拟类传感器，例如冷却液温度、燃油温度、进气温度、节气门位置、EGR 压力和阀位置、氧传感器、叶片或热丝式空气流量传感器、燃油压力、真空或歧管压力等信号。

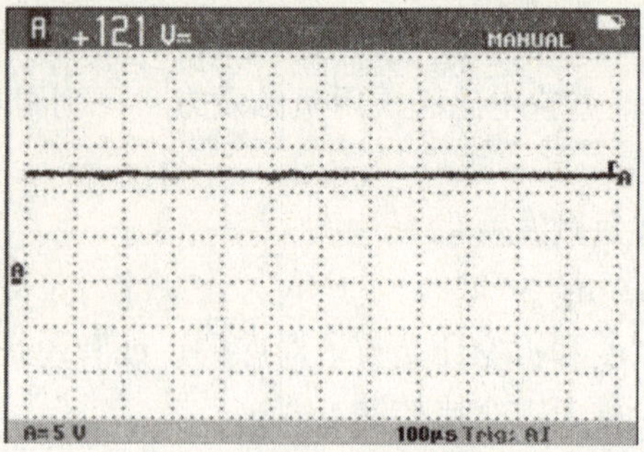

图 4.1-6　直流电压信号波形

图 4.1-7（a）是低压侧燃油压力传感器，它将燃油压力转换为直流电压信号，如图 4.1-7（b）所示。低压侧燃油压力传感器信号波形的方向没有变化。

信号电压的波动是喷油压力变化形成的，虽然有周期变化，但发动机控制模块并不按周期来识别该信号，而是按幅值来识别。因此，低压侧燃油压力信号只作为简单的直流电压信号使用。

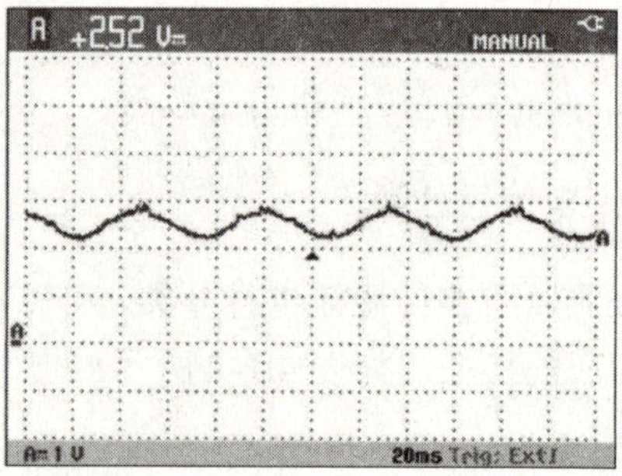

（a）　　　　　　（b）

图 4.1-7　低压侧燃油压力传感器及等波形

（2）交流（AC）信号

交流信号是指大小和方向随时间作周期性变化的电压或电流。交流信号使用幅值、频率和形状的特征。汽车上典型的交流电是发电机发出的未经整流的电流，它是正弦波交流电，其幅值、形状和频率均作周期变化，如图 4.1-8 所示。

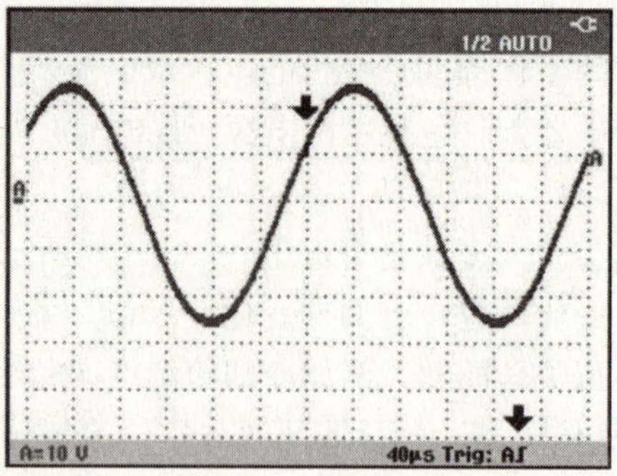

图 4.1-8　交流信号

交流信号常见于磁感式传感器和爆震传感器，例如磁感式车速传感器（VSS）、磁感式 ABS 轮速传感器、磁感式凸轮轴位置（CMP）传感器、磁感式曲轴位置（CKP）传感器、爆震传感器（KS）。

图 4.1-9（a）所示是爆震传感器，它产生的是交流频率信号，如图 4.1-9（b）所示。

（a）爆震传感器

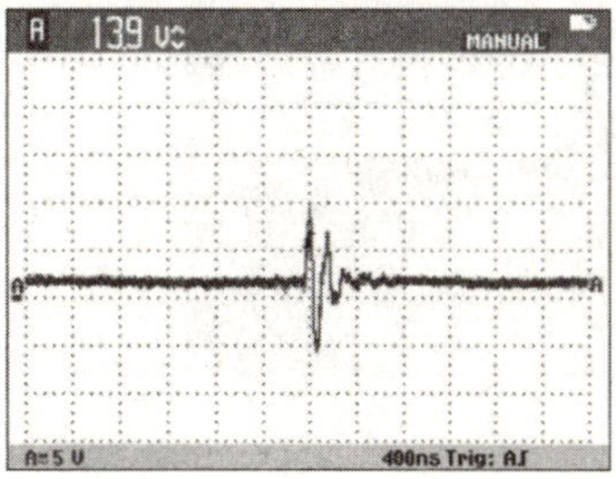

（b）交流频率信号

图 4.1-9　爆震传感器及其波形

从图可见，爆震传感器产生交流信号，信号电压的方向有正、负之分。信号波形与声波的频率和振幅相对应。

（3）频率调制信号

频率调制信号又称为数位输入信号。调频信号使用幅值、频率、形状的特征。汽车上常见的频率调制信号部件包括：频率式空气流量传感器、霍尔式 ABS 车速传感器、霍尔/磁阻式凸轮轴位置（CMP）传感器、霍尔/磁阻式曲轴（CKP）位置传感器等。

图 4.1-10（a）所示是频率式空气流量传感器，它是热膜类型的传感器。该传感器用于计量发动机的进气量。

频率式空气流量传感器信号是近似 5V 的矩形脉冲信号。

采用频率信号计算进气量的好处是：计量精度非常高，可实现精准的喷油控制。

图 4.1-10（b）所示是怠速工况下的空气流量信号，频率为 1.845kHz。

随着进气量的增加，该信号频率同步增加。图 4.1-10（c）所示是 3000r/min 时的空气流量信号，频率为 3.282kHz。

（a）

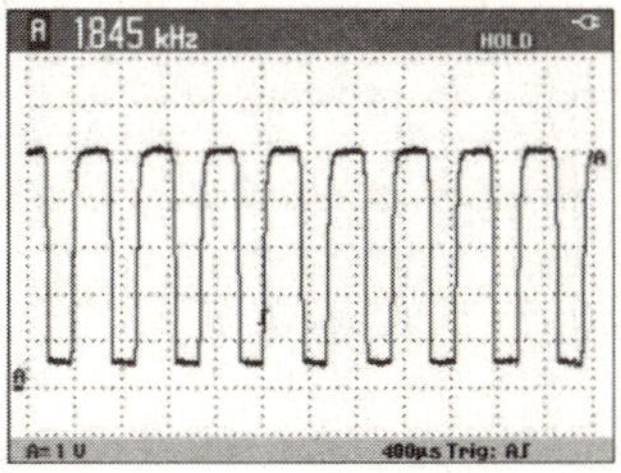

（b）

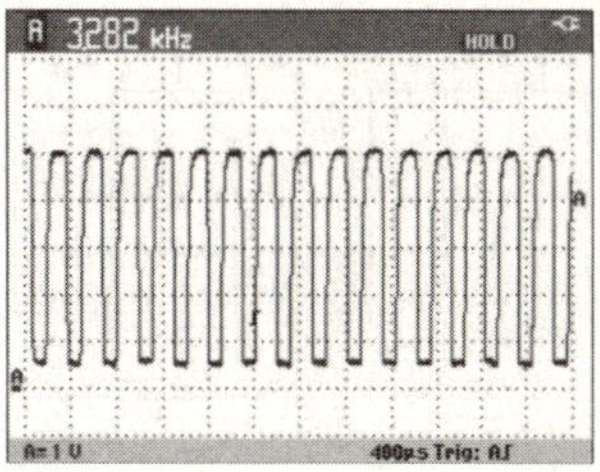

（c）

图 4.1-10　频率式空气流量传感器及其波形

（4）脉宽调制信号

脉宽调制信号是指利用脉宽时间或占空比来实现控制的信号。脉宽调制信号使用幅值、频率、形状、脉冲宽度的特征。常见的脉宽调制信号电路、部件包括：点火线圈初级电路、电子点火正时电路、EGR 电磁阀、碳罐电磁阀、增压控制电磁阀、凸轮轴重置电磁阀、燃油量控制阀、喷油器、节气门电机等。图 4.1-11（a）是凸轮轴重置电磁阀，发动机利用脉宽调制信号控制电磁阀的机油流量，从而调整凸轮轴的角度。

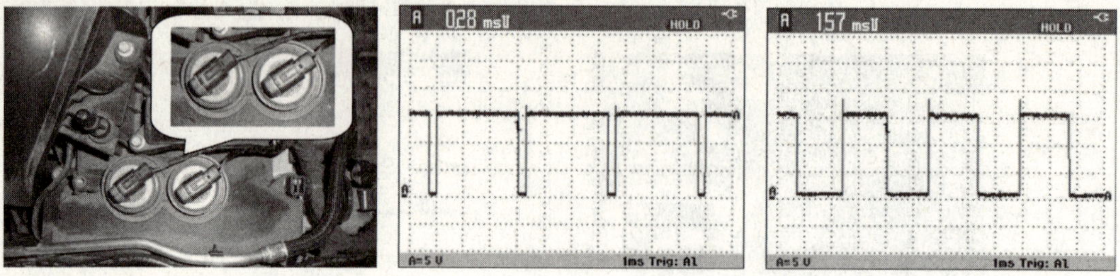

（a）　　（b）　　（c）

图 4.1-11　凸轮轴重置电磁阀及其信号波形

凸轮轴重置电磁阀信号是一种矩形脉冲信号，控制特点是：无论发动机工况如何，信号的频率（周期）不改变，改变的是脉宽时间，即占空比。图 4.1-11（b）所示是怠速工况下的信号，负触发脉宽为 0.28ms。

进行急加速，信号频率不变化，脉宽则增大，由此打开机油通道，在油压作用下改变凸轮轴相位。图 4.1-11（c）所示是急加速工况下的信号，负触发脉宽为 1.57ms。

（5）串行数据（多路通信）信号

汽车上最复杂的信号是串行数据（多路通信）信号，信号在通信时使用 5 种特征：幅值、频率、形状、脉冲宽度和陈列。

在现有车型上，主要有两种通信会产生串行数据信号：LIN 通信和 CAN 通信。LIN 是局部互联网络（Local Interconnect Network）的缩写，LIN 网络用于主控模块与各从属模块之间的通信（见图 4.1-12），其信号属于串行数据信号。

LIN 总线通信时的波形为近似矩形波（见图 4.1-13），信号电压范围为 0V~U_{bat}（蓄电池电压）。

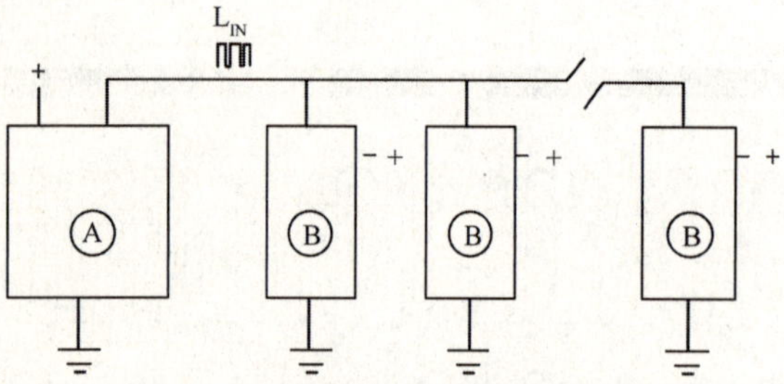

A—主控模块；B—从属模块

图 4.1-12　LIN 网络

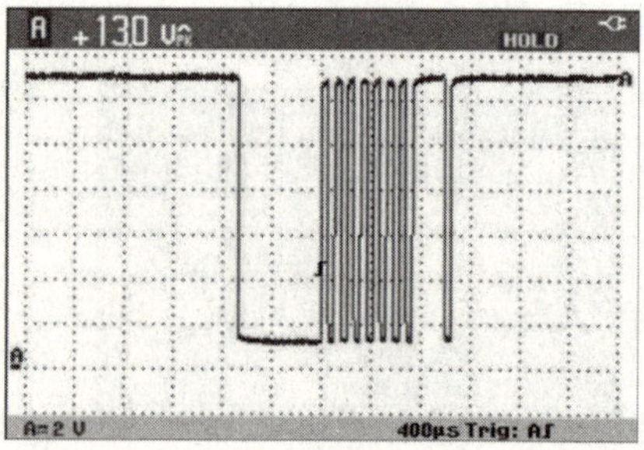

图 4.1-13　LIN 信号波形

LIN 总线的电压通常较高（约 13V），但当总线上的节点之一传送数据时，电压会降到较低水平（约为 1V）。

睡眠模式下 LIN 总线电压约为 13 V；通信时 LIN 总线平均电压约为 7～8 V。

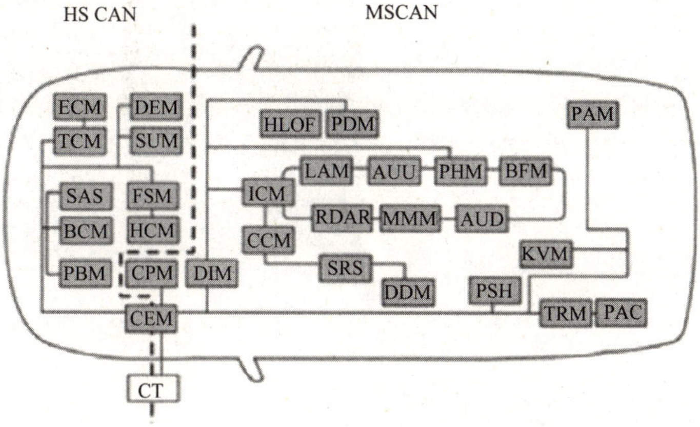

图 4.1-14　CAN 网络

CAN（控制区域网络）是多路通信的标准化总线系统。

CAN 网络由两部分组成：一部分是在 CEM 和主要在发动机室内的控制模块之间通信的高速 CAN（HS CAN）；另一部分是在 CEM 和乘客室以及行李箱内的控制模块之间通信的中速 CAN（MS CAN）。如图 4.1-14 所示。

CAN H 与 CAN L 的信号波形呈镜像对称形式。当二进制为 1 时，CAN H 和 CAN L 的电压均为 2.5 V 左右；当二进制为 0 时，CAN H 的电压为 4V 左右，CAN L 的电压为 1V 左右，如图 4.1-15 所示。

4.1.2　波形测量

当进行波形测量时，高温、污物、腐蚀、漏电以及点火系统产生的射频能量都会对示波器造成干扰，显示虚假的数据。

特别需要注意的是，当采用双通道测量时，若两条接地测试线连接至不同的电位点，将形成接地回路，导致信号失真。

1. 传感器波形测量（见图 4.1-16）

根据波形测量的目的和要求，选取传感器信号的测量点。例如，在传感器插头处选取测量点，可判断传感器信号输出是否正常；在控制模块插头处选取测量点，可判断传感器信号是否正确传送至控制模块。

传感器波形测量的常见注意事项如下：

- 尽可能使测试线远离点火系统；
- 尽可能使用最短的测试线；
- 接地测试线应直接与车身搭铁或蓄电池负极相连；
- 不要使用非正规的测试线替代。

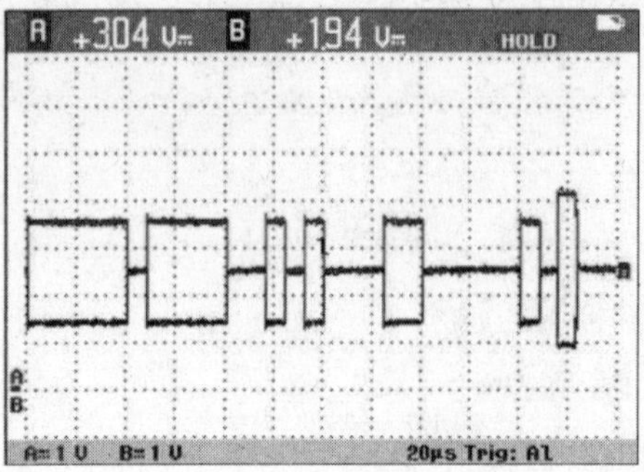

图 4.1-15 CAN 信号检测

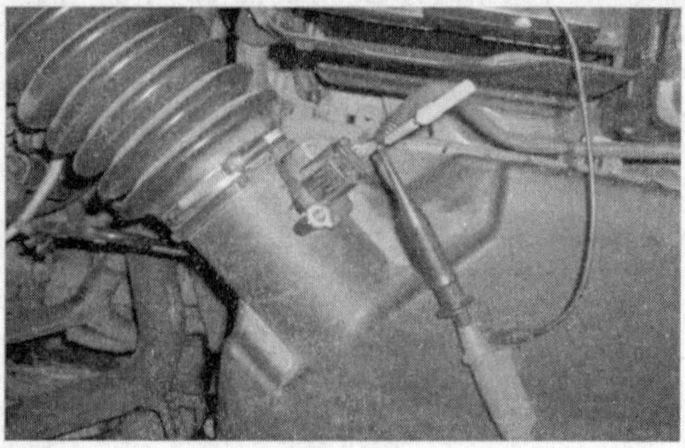

图 4.1-16 传感器波形测量

2．模块输出波形测量（见图 4.1-17）

模块输出波形测量通常是指执行器控制信号的波形测量。根据波形测量的目的和要求，选取模块输出波形的测量点。例如，在执行器插头处选取测量点，可判断执行器是否正确得到控制信号；在控制模块插头处选取测量点，可判断控制信号是否正确发送出去。

模块输出波形测量的常见注意事项如下：

- 尽可能使测试线远离点火系统；
- 尽可能使用最短的测试线；
- 接地测试线应直接与车身搭铁或蓄电池负极相连；
- 不要使用非正规的测试线替代。

3．模块通信波形测量（见图 4.1-18）

模块通信波形测量通常是指 LIN 总线和 CAN 总线波形测量。根据波形测量的目的和要求，选取模块通信波形的测量点。例如，进行 LIN 总线波形测量时，在主控模块插头处选取测量点，可判断通信数据是否被正确发送；在从属模块插头处选取测量点，可判断通信数据是否被正确接收。

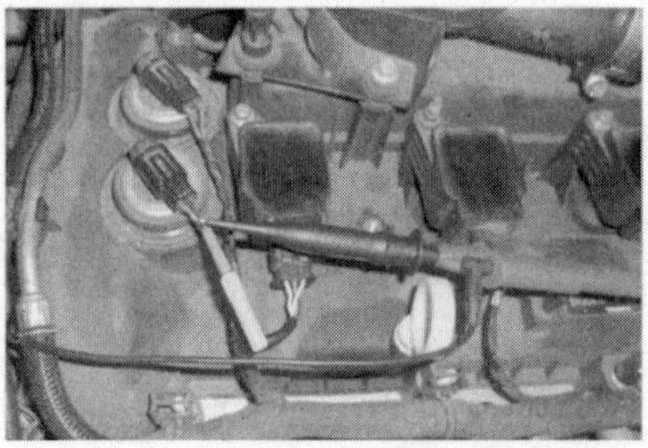

图 4.1-17 模块输出波形测量

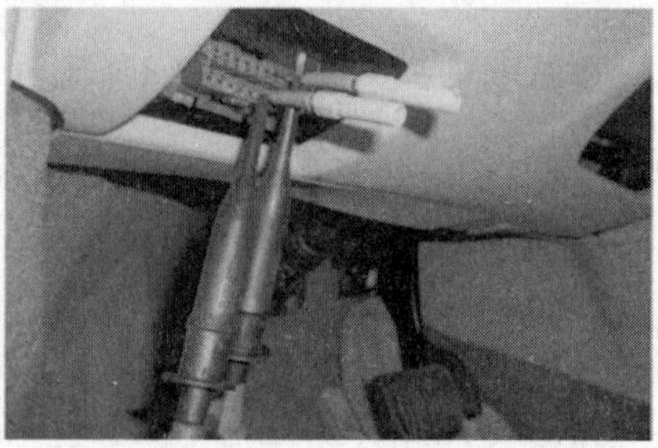

图 4.1-18 模块通信波形测量

模块通信波形测量的常见注意事项如下：

- 尽可能使测试线远离点火系统；
- 尽可能使用最短的测试线；

- 接地测试线应直接与车身搭铁或蓄电池负极相连；
- 不要使用非正规的测试线替代。

4．点火波形测量

现代汽油发动机普遍采用无分电器的独立点火系统，每个汽缸配置单独的点火线圈（其内集成点火模块），不再采用高压线。因此，通常只能对点火初级控制信号进行测试。

（1）点火初级波形测试

使用示波器可以对点火初级控制信号进行测试，也就是说，可采用间接方式测试点火初级波形。

如图 4.1-19 所示，每个配置一个点火线圈，它是一个组件，包括点火模块、火花塞套管。点火线圈初级信号是 ECM 重要的控制信号，用于触发点火模块并控制点火线圈。

如图 4.1-19 所示，点火线圈的 1 号针脚是点火线圈的信号线针脚，它与 ECM 直接相连。

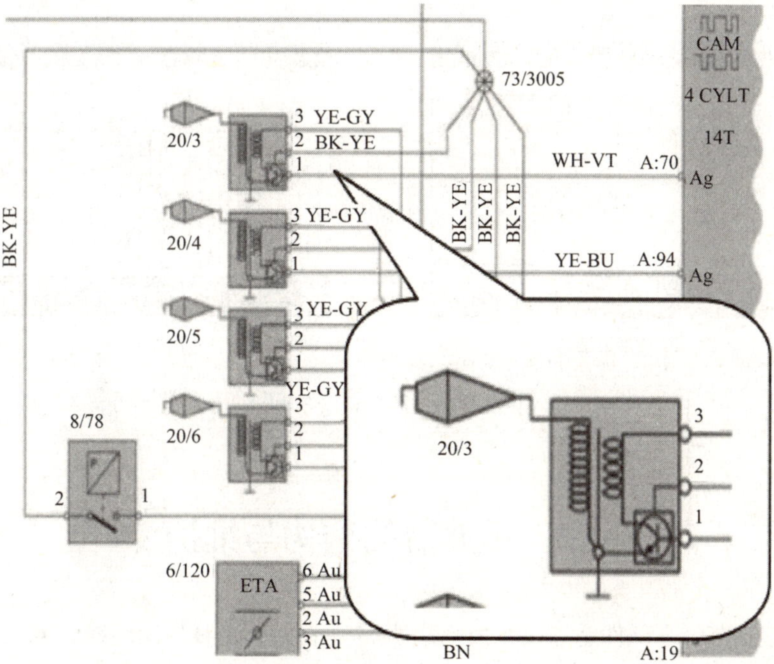

图 4.1-19　点火初级波形测试

进行测试时，应先根据线路图找到点火线圈插头的点火控制信号针脚，然后连接示波器。

（2）点火次级波形测试

现代汽油发动机独立点火系统没有配置高压线，点火次级波形难以采集。因此，本书不介绍点火次级波形的测试方法。

4.1.3　波形记录与回放

波形记录与回放功能有助于对信号波形及数据进行分析与诊断，查找故障原因并排除故障。

（1）波形记录

波形记录功能是一种在滚动模式下记录输入波形的检测功能。该功能用于监测动态信号，其快速瞬变可在记录过程中被捕获到。

如图 4.1-20（a）所示，屏幕顶部显示记录开始以来经过的波形，可以看出波形是否有突变。

屏幕底部显示检测状态，其中包括每格时间量的设置、载入存储器的总时间段，以及波形突变区。

（2）波形回放

在示波器测量模式下，示波器会自动存储最近的 100 个屏幕显示信息。激活回放功能，能够回放最后的一些屏幕显示，找到需要的波形和数据，从而进行分析及诊断。

按下回放键（REPLAY 键），可以启用回放模式，浏览以前的屏幕显示，如图 4.1-20（b）所示。

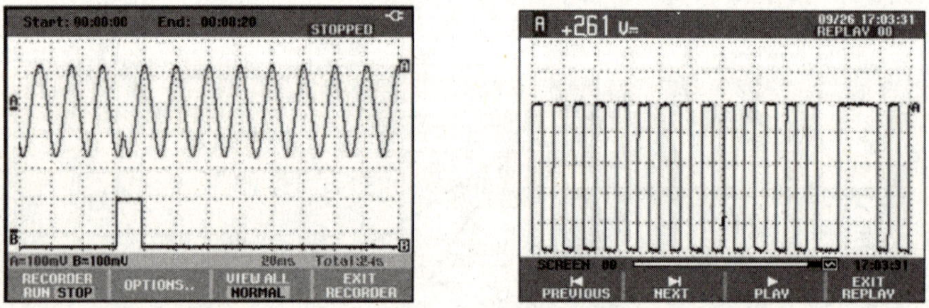

（a）波形记录　　（b）波形回放

图 4.1-20　波形记录与回放

4.2　示波器的结构与维护

示波器主要由以下部件组成：示波器主机、电池、示波器测试连线、电池适配器、USB 接口导线、用户手册、CD 光盘。

4.2.1　示波器主机

示波器主要由壳体、提带、显示屏、主机操作面板、主机输入端口、电池等组成。壳体由硬质塑料制成，坚固耐用；提带用于把持示波器；显示屏是液晶彩色显示屏。

下面简单介绍示波器的主机操作面板和主机输入端口。

1. 主机操作面板

主机操作面板集成有各种按键，所有的功能都是通过操作相关按键来实现的。因此，了解这些按键的功用有助于仪器的使用。

主机操作面板外观如图 4.2-1 所示。

主机操作面板位于显示屏的下方。根据不同的属性，相关按键按照颜色进行划分，而且在按键表面标有字符或符号，便于识别。其中电源开关键用于开启和关闭仪器按下示波器键（SCOPE 键），可以启用示波器模式，进入示波器菜单，对于测量模式进行设定。

图 4.2-1　主机操作面板外观

按下用户键（USER 键），用于进入用户菜单，对示波器的基本设置（例如信息语言、对比度与亮度、日期和时间、定时器等）进行更改或调整。

用户键还可以用作重置示波器。

当打开某个菜单时，屏幕下方会出现该菜单的 4 列选项，这些选项与操作面板的 4 个功能键（F1、F2、F3、F4）相对应。因此，操作相应的功能键，可以打开对应的选项菜单，从而激活相关功能或设置相关参数。

箭头键用于选择菜单中的选项。当选取相关选项后，通常需要按下确认键（ENTER 键）进行确认；确认键（ENTER 键）用于确认选择的项目或参数，或者执行相应的功能；清除键（CLEAR 键）用于隐藏按键标签和菜单，以便更好观察屏幕显示的波形和数据。

在示波器模式下，量程键（RANGE 键）用于调整屏幕的电压网格单位，也就是纵坐标的网格单位；时间键（TIME 键）用于调整屏幕的时间网格单位，也就是横坐标的网格单位；记录器键（RECORDER 键）用于启用记录器，对动态的测量信号进行记录和监测。

在示波器模式和万用表模式下，都可启用记录器。

回放键（REPLAY 键）用于浏览以前存储的屏幕显示信息，有助于对数据进行详细的分析和诊断；手动/自动键（MANUAL/AUTO 键）用于切换自动量程模式和手动量程模式；保持/运行键（HOLD/RUN 键）用于冻结屏幕显示的信息，以及解除屏幕冻结的显示信息；触发器键（TRIGGER 键）用于选择信号的触发方式，设置触发电平和斜率，从而确保信号波形稳定地显示，并利于进行针对性的分析。

2．主机输入端口

主机输入端口包括电源输入端口、电压探针输入端口、表笔输入端口、USB 数据端口、探针校准基准信号端口。这些端口相应地布置在示波器的上部和侧部。

（1）电源输入端口

电源输入端口用于连接电源适配器，对示波器供电及进行电池充电。

（2）电压探针输入端口（见图 4.2-2）

该示波器是双通道示波器，它有两个电压探针输入端口：输入端口 A（红色），输入端口 B（蓝色）。

输入端口 A 用于连接红色电压探针；

输入端口 B 用于连接蓝色电压探针。

（3）表笔输入端口（见图 4.2-3）

表笔输入端口用于连接万用表功能的表笔。其中，红色的万用表输入端口用于连接红色表笔；黑色的万用表输入端口用于连接黑色表笔。

（4）USB 数据端口

USB 数据端口用于连接 USB 设备或电脑，对数据进行储存和传送。

（5）探针校准基准信号端口

探针校准基准信号端口用于连接电压探针和接地线，对电压探针进行校准。

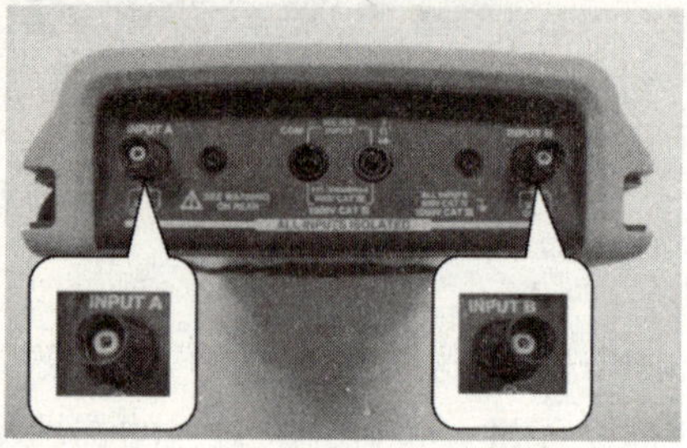

图 4.2-2　电压探针输入端口

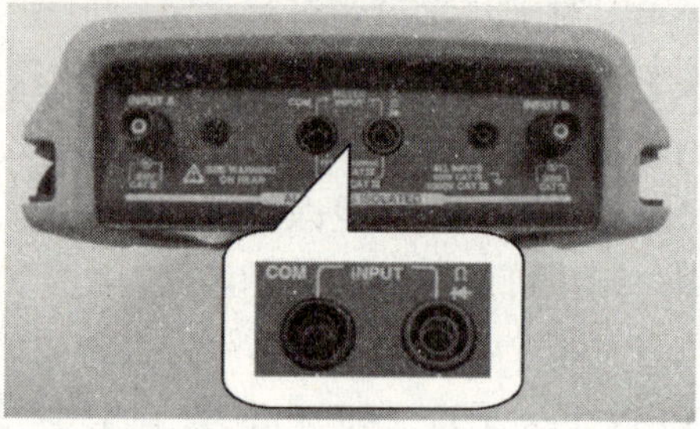

图 4.2-3　表笔输入端口

4.2.2　示波器测试连线

示波器的测试连线分为两类，一类是用于示波器功能的电压探针包，另一类是用于万用表功能的表笔。

1. 电压探针包

示波器套件配置两个电压探针包：一个是红色的电压探针包，用于连接输入端口 A；另一个是蓝色的电压探针包，用于连接输入端口 B。

（1）红色电压探针包（见图 4.2-4）

红色电压探针包是一套组件，包括：

- 电压探针④：用于连接示波器的输入端口 A，采集信号（衰减率为 10:1）；
- 接地测试线③：带小型鳄鱼夹，用于接地；
- 接地簧片②：带小型探针，用于屏蔽；
- 电压探头钩式夹①：可连接在电压探针上，方便测量信号。

（2）蓝色电压探针包（见图 4.2-5）

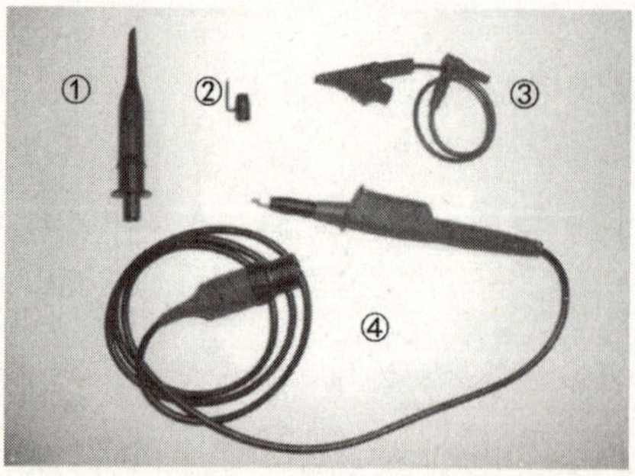

图 4.2-4　红色电压探针包

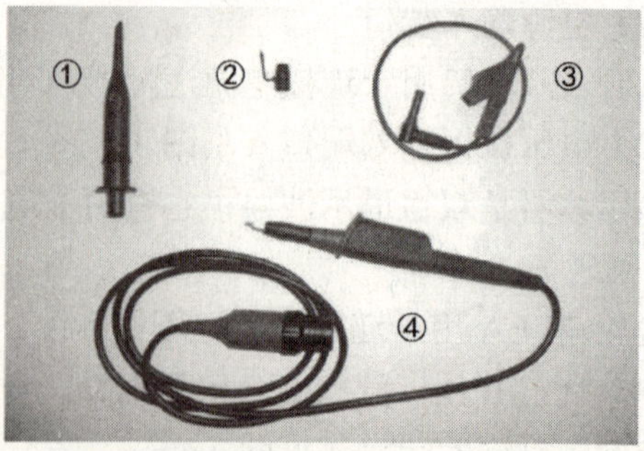

图 4.2-5　蓝色电压探针包

蓝色电压探针包是一套组件，除了电压探针的颜色外，其他方面与红色电压探针包相同。

（3）电压探针与示波器的连接

红色电压探针与输入端口 A（红色）相连。蓝色电压探针与输入端口 B（蓝色）相连。

2. 表笔

示波器套件中配置两根表笔：正极表笔和负极表笔。当采用示波器的万用表模式进行元件测量时，需要使用正极表笔和负极表笔。

（1）正极表笔

正极表笔是红色的，其圆形插头用于连接万用表功能的红色输入端口，探针用于测量元件。

（2）负极表笔

负极表笔是黑色的，其圆形插头用于连接万用表功能的黑色输入端口，探针用于测量元件。

（3）表笔的连接

如图 4.2-6 所示，将两个表笔连接到示波器的万用表功能输入端口上。

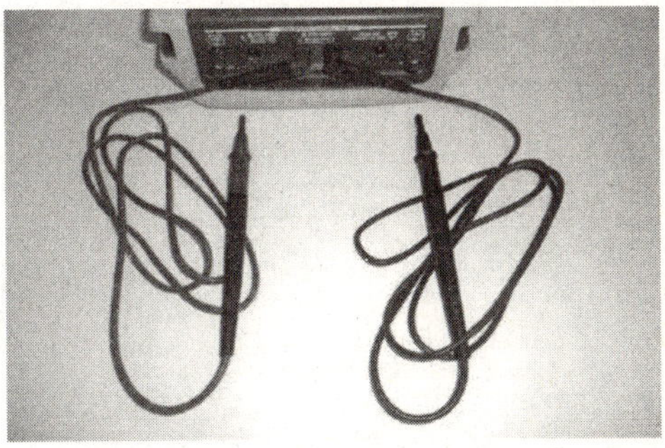

图 4.2-6 表笔的连接

4.2.3 示波器的维护

1. 清洁示波器

清洁示波器之前，要切断输入信号并且关闭示波器。

使用湿布和温和的清洁剂来清洁示波器，然后擦拭干净。

不要使用研磨剂、溶剂或酒精，以免破坏仪器表面的文字。

2. 存放示波器

为了避免出现腐蚀及其他性质的损坏，示波器应存放在干燥、通风的环境中，存放的环境温度为-20～40℃之间。

如果需要长时间存放示波器，在存放之前应对电池进行充电。

3. 电池充电

新机首次使用时电池可能没有电。要使电池达到充足电量，必须在关闭示波器的状态下充电 5 小时。为了避免充电时电池过热，环境温度不得超出 40℃。此外，示波器具有自动切换缓慢充电功能，即使长时间连接电源适配器进行充电，也不会损坏示波器。

在只由电池供电的情况下，示波器屏幕上方的电池指示符会告知电池的状况。

4. 校准电压探针

电压探针校准是将探针与输入通道进行匹配，从而达到最佳的响应效果。校准工作包括对 10:1 电压探针和 100:1 电压探针的高频调节和直流校准。

下面以 10:1 电压探针为例说明校准方法。

（1）按下 A 键，屏幕显示输入端口 A 的按键标签；

（2）按下 F3 键，打开 A 端口探针的菜单；

（3）操作箭头键和 ENTER 键，选定探针类型（电压）和衰减率（10:1）；

（4）再次按下 F3 键，重新打开 A 端口探针的菜单；

（5）按下 F1 键，选择探针校准菜单，屏幕将显示一条消息，询问是否开始校准 10:1 电压探针。

（6）按下 F4 键，屏幕将显示一条消息，说明如何连接电压探针。

将红色的 10:1 电压探针连接到输入端口 A 以及探针校准基准信号端口，如图 4.2-7 所示。

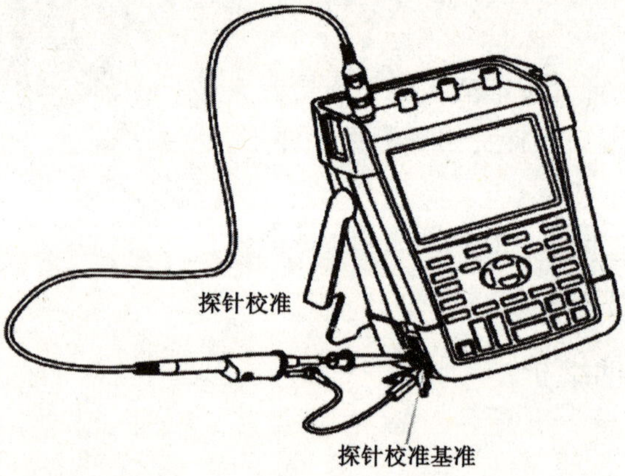

图 4.2-7　校准电压探针

（7）调节探针外壳上的微调螺钉，直到屏幕上显示一个纯正的方波；

（8）按下 F4 键，继续进行直流校准（自动）。校准期间不得触碰探针。校准成功完成时，屏幕会显示一条消息；

（9）按 F4 键，返回。继续在输入端口 B 上对蓝色 10:1 电压探针重复以上步骤，完成校准。

5．显示版本和校准信息

关于示波器的型号、软件版本、序列号、校准编号以及最近校准日期和所安装的（软件）选件等信息，可以采用以下方法调取并由屏幕显示出来。

如图 4.2-8 所示，按照以下步骤进行操作。

① 按下用户键，屏幕显示用户菜单界面；

② 按下 F3 键，打开 VERSION & CALIBRATION（版本和校准）屏幕；

③ 查看完相关信息，按下 F4 键，返回。

6．故障检修

在日常使用过程中，可能会遇到一些由于电源供电、设置模式或软件问题而产生的故障。使用者可以根据故障症状进行相应的检查。

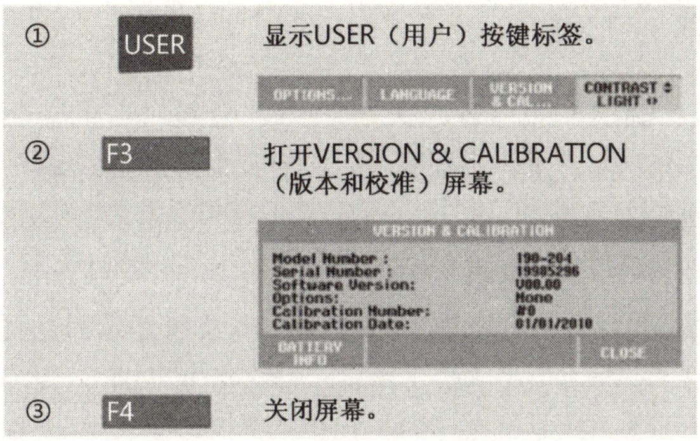

图 4.2-8　显示版本和校准信息的操作步骤

如果确认是硬件或软件损坏的问题，必须由经批准认证的技师进行处理。

（1）示波器每过一会儿就会关闭

- 电池电量可能已经耗尽。查看屏幕右方的电池指示符号，确认电池电量是否快要耗尽。若是，则连接电源适配器进行充电。
- 示波器仍在工作，但“显示屏自动关闭”定时器已启动。要打开显示屏，按下任意按键，或者连接电源适配器。
- 电源关闭定时器启动。按下电源开关键，重新开启示波器。

（2）屏幕一直黑屏（见图 4.2-9）

- 检查示波器是否已开启。若没有开启，则按下电源开关键，开启示波器。
- 屏幕对比度可能有问题。按下用户键，再按下 F4 键，用箭头键调整对比度。
- 电源关闭定时器启动。按下电源开关键，重新开启示波器。

图 4.2-9　一直黑屏

（3）无法关闭示波器

如果由于软件问题导致无法关闭示波器，那么进行以下操作：按住电源开关键至少 5 秒钟。

4.3　电子信号测量

4.3.1　传感器信号测量

在测量传感器信号之前，应查阅维修资料和电路图的相关信息，确定传感器的类型及信号线针脚，然后连接示波器。

在测量过程中，注意选择正确的测量模式。调整时间网格和电压网格的单位，选择触发方式，使波形变得清晰且稳定，便于观察和分析。

1. 空气温度传感器信号测量

空气温度传感器是负温度系数（NTC）型的热敏电阻，它集成在空气流量传感器中，其信号有效电压的范围在 0～5V 之间。因此，在进行示波器测量过程中，主要是观察空气温度传感器信号的幅值变化情况。

（1）输入端口连接

查阅维修资料和电路图的相关信息，确定空气温度传感器信号线的针脚，然后连接示波器的红色电压探针。红色电压探针的另一端连接到示波器的输入通道 A。如图 4.3-1（a）所示。

将接地测试线一端的插头插入探针的插孔中，另一端的夹子夹在搭铁良好的部位，如蓄电池的负极。如图 4.3-1（b）所示。

将电压探针连接到示波器对应的输入端口上。如图 4.3-1（c）所示。

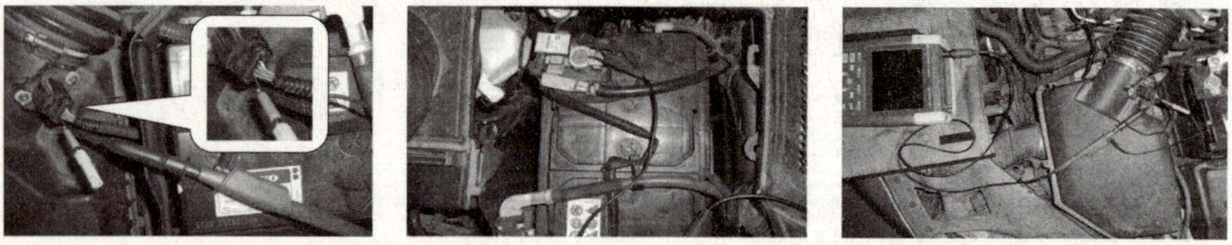

（a）　（b）　（c）

图 4.3-1　输入端口连接

（2）信号波形测量

开启通道 A，选择直流电压（V dc）测量方式，进行确认。

起动发动机，调整电压网格和时间网格的单位，直到波形清晰。

如图 4.3-2（b）所示，空气温度信号的平均电压为：1.84V。

由于信号电压的变化与时间网格单位相比起来，很缓慢，因此波形近似一条直线。

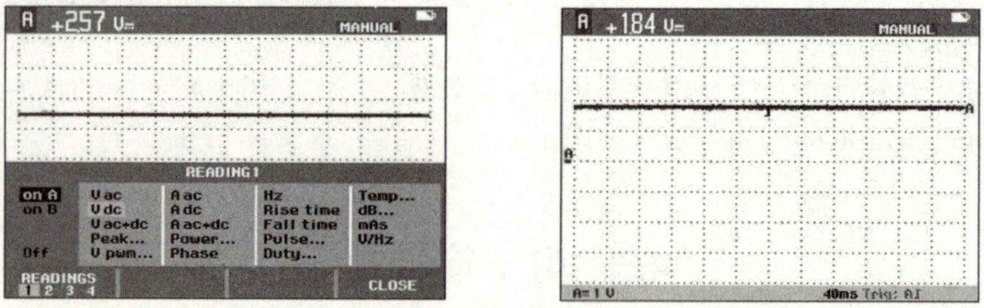

（a）　（b）

图 4.3-2　信号波形测量

2. 空气流量传感器信号测量

现代汽车常见的空气流量传感器有以下两种：

- 热膜式空气流量传感器采用直流频率信号；
- 热丝式空气流量传感器采用直流电压信号。

下面以热膜式空气流量传感器为例，说明其信号的测量和显示方法。

（1）输入端口连接

查阅维修资料和电路图的相关信息，确定空气流量传感器信号线的针脚，然后连接示波器的红色电压探针。

将红色电压探针的另一端连接到示波器的输入通道 A。如图 4.3-3（a）所示。

连接示波器及其他线路，如图 4.3-3（b）所示。

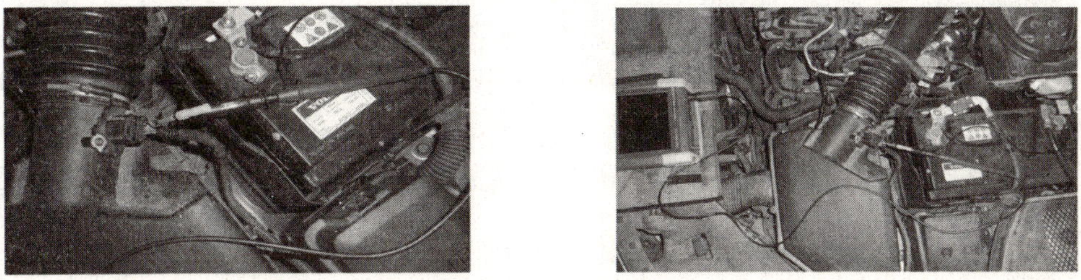

（a）　　　　（b）

图 4.3-3　输入端口连接

（2）信号波形测量

① 直流平均电压测试

开启通道 A，选择直流电压（V dc）测量方式，测量空气流量传感器信号的直流平均电压，如图 4.3-4（a）所示。

图 4.3-4（b）所示是信号的直流电压波形显示结果，为 3.13V。

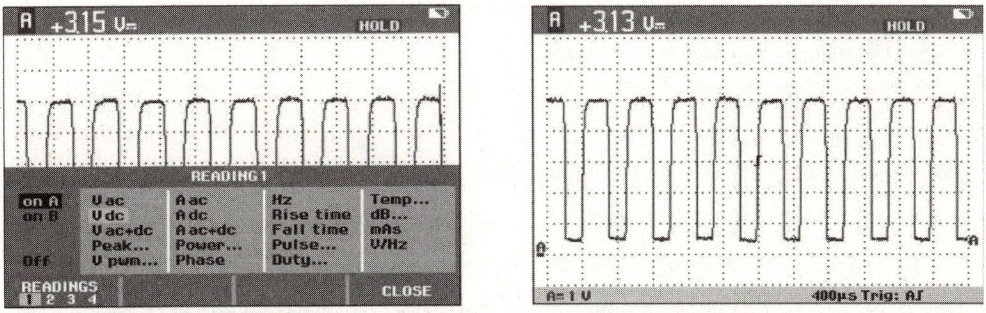

（a）　　　　（b）

图 4.3-4　直流平均电压测试

② 峰值电压测试

通过设置（见图 4.3-5（a）），可以显示该信号的峰值电压，包括：

- 波峰电压；
- 峰-峰电压；
- 波谷电压。

如图 4.3-5（b）所示，该信号的波峰电压为：5.0V。

如图 4.3-5（c）所示，该信号的波峰电压为：5.0V。

如图 4.3-5（d）所示，该信号的波峰电压为：5.0V。

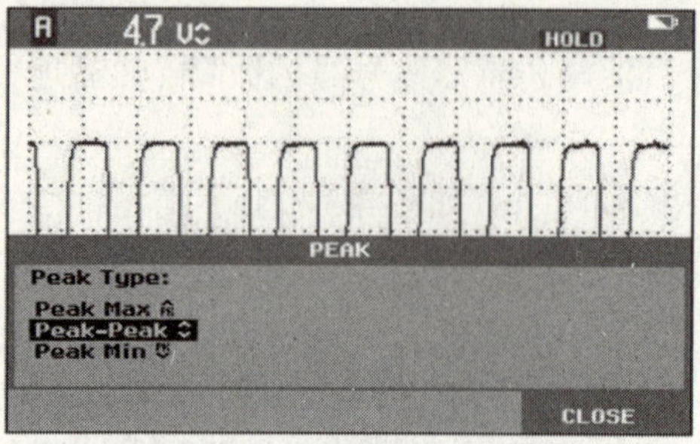

（a）设置峰值电压测试

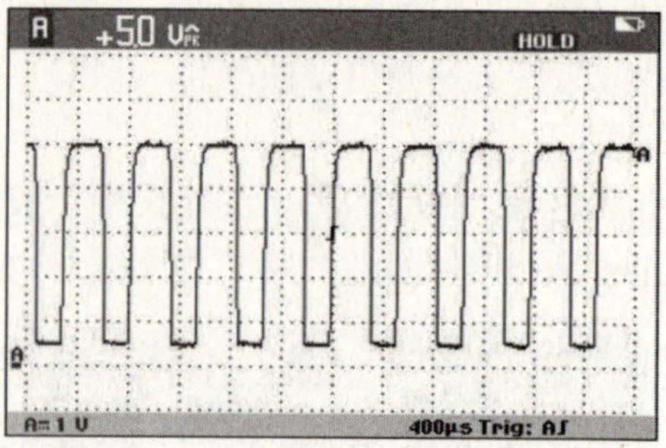

（b）峰值电压

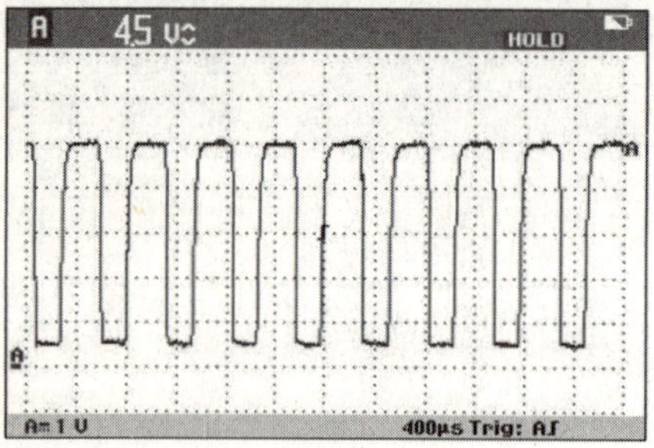

（c）峰-峰电压

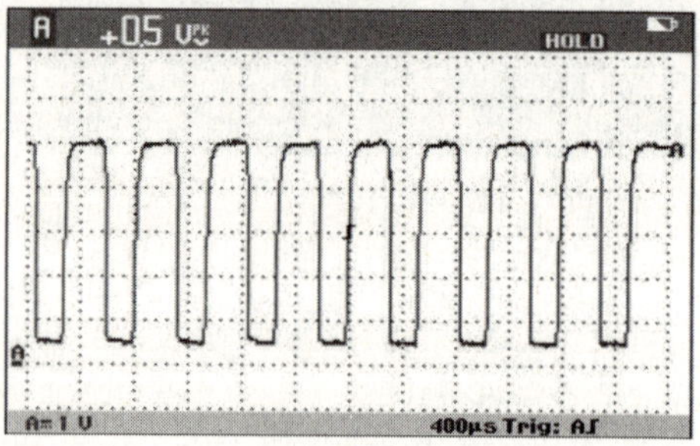

（d）波谷电压

图 4.3-5　峰值电压测试

③ 触发方式设置

按下 TRIGGER 键，然后操作 F2 键，选择触发方式见图 4.3-6（a），包括：

- 正斜率触发方式；
- 负斜率触发方式；
- 在正或负斜率上的触发方式。

图 4.3-6（b）是信号的正斜率触发方式，抓取的是波形上升沿。

图 4.3-6（c）是信号的负斜率触发方式，抓取的是波形下降沿。

图 4.3-6（d）是信号的在正或负斜率上的触发方式，正、负斜率上的触发交替进行。

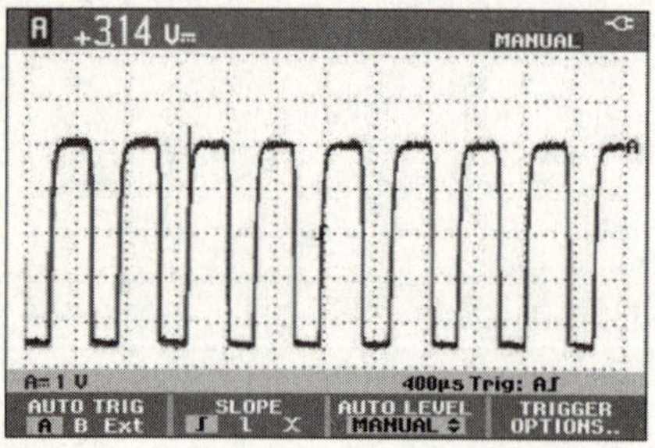

（a）触发方式设置

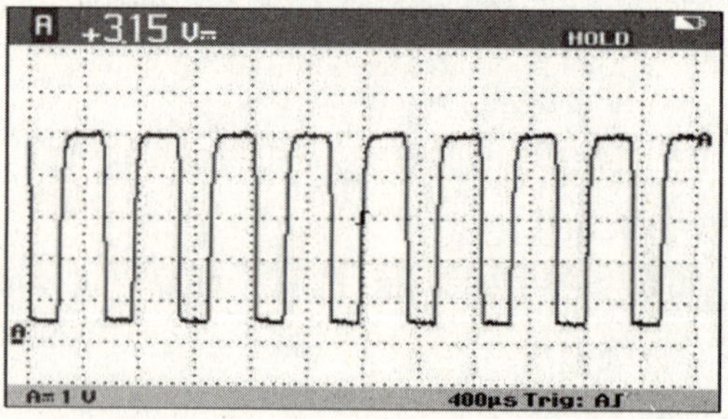

（b）正斜率触发方式

图 4.3-6　触发方式设置与显示

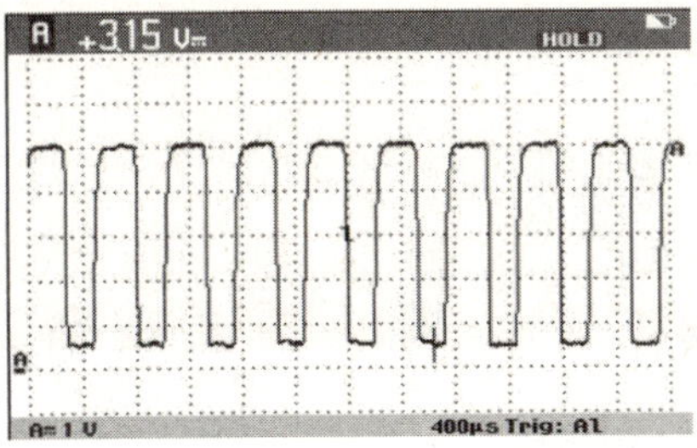

（c）负斜率触发方式

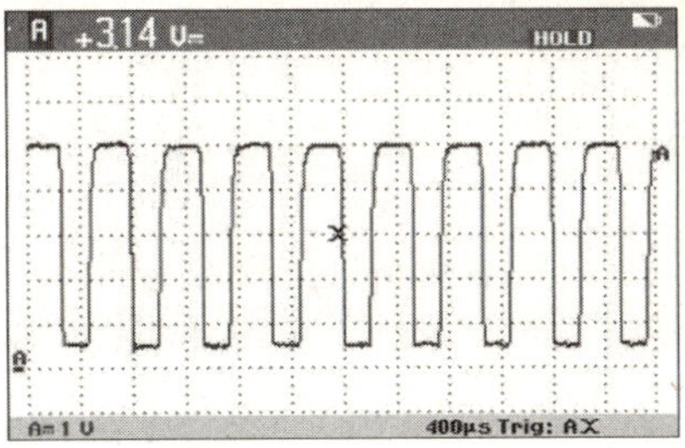

（d）正或负斜率触发方式

图 4.3-6　触发方式设置与显示（续）

④频率设置

进行如图 4.3-7（a）的设置，可显示信号的频率。

如图 4.3-7（b）所示，该信号的频率为 1.802kHz，即 1802Hz。

周期是频率的倒数，为 1/1802=554.9μs。

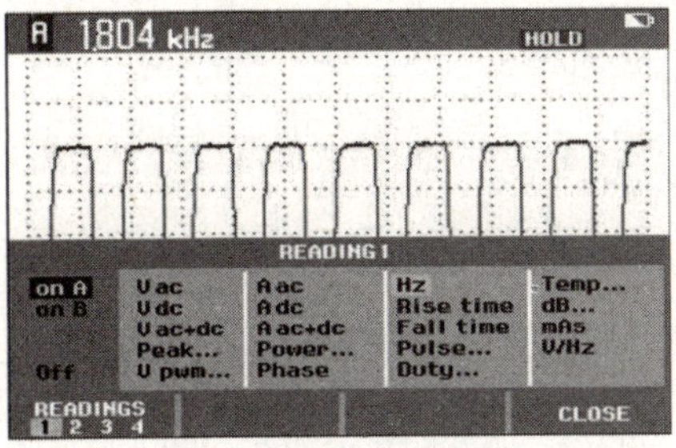

（a）频率显示设置

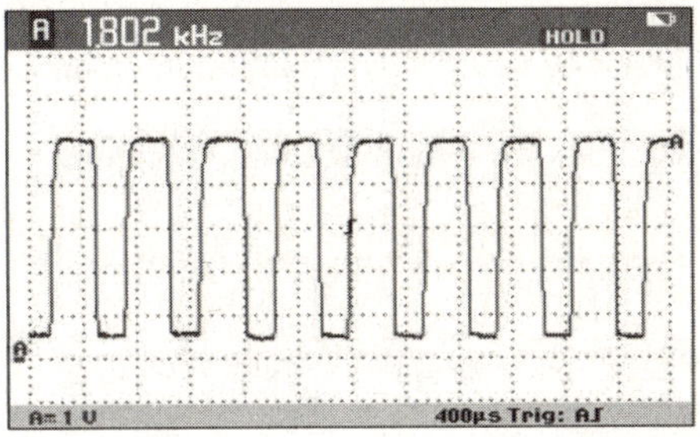

（b）频率

图 4.3-7　频率设置

⑤ 脉宽设置

进行如图 4.3-8（a）的设置，可使示波器显示信号的脉宽。

脉宽类型有两种：正脉宽和负脉宽。

根据部件的工作原理，选择正脉宽的测量类型，如图 4.3-8（b）所示。

如图 4.3-8（c）所示，此信号的脉宽时间为 0.332ms。

此外，也可以根据时间网格单位来估算脉宽时间，约为 400μs×4/5=320μs=0.32ms。

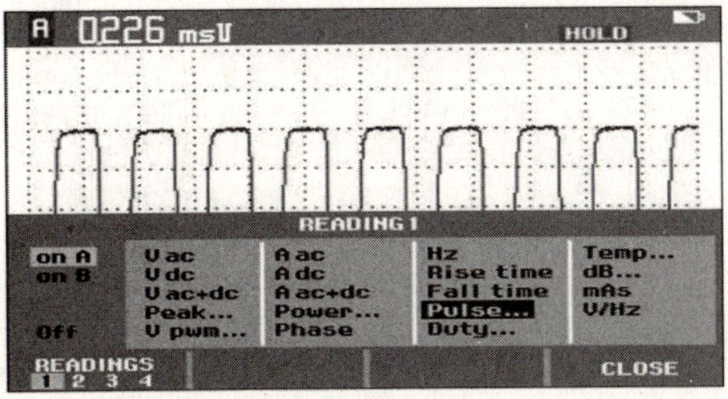

（a）脉宽显示设置

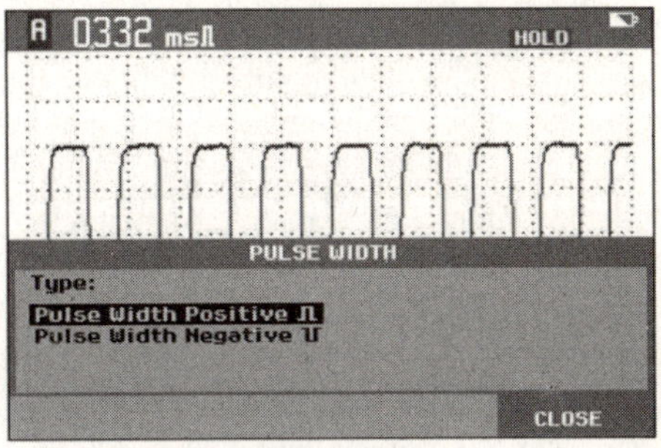

（b）设置正脉宽

图 4.3-8　脉宽设置

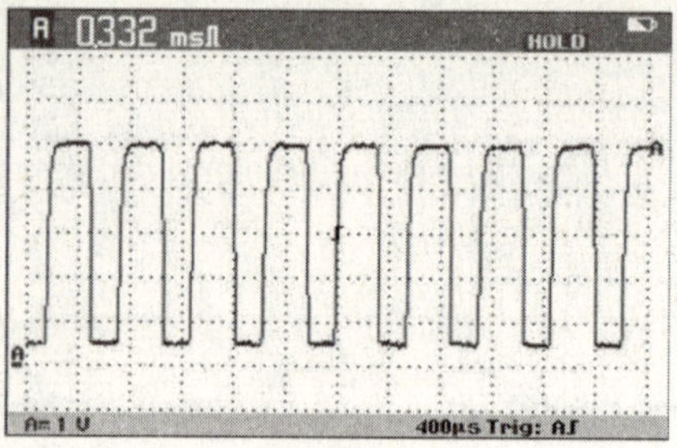

（c）脉定时间

图 4.3-8　脉宽设置（续）

⑥ 占空比设置

在通道 A 菜单中选择占空比测量方式，如图 4.3-9（a）所示。

占空比的测量类型有两种：正触发占空比的测量类型、负触发占空比的测量类型。

根据部件的工作原理，选择正触发占空比的测量类型，如图 4.3-9（b）所示。

如图 4.3-9（c）所示，该信号的正触发占空比为 59.4%。

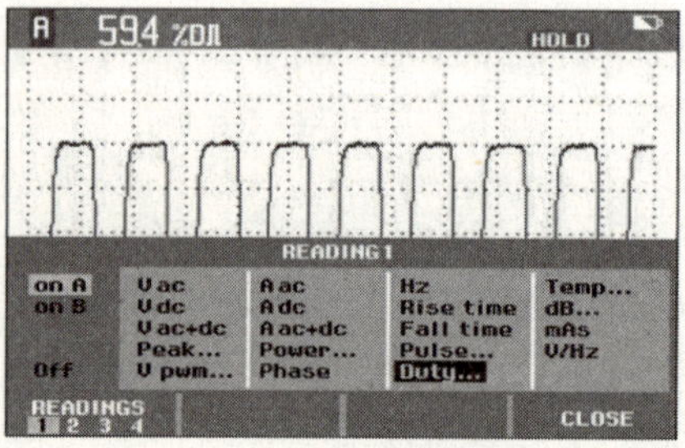

（a）占空比显示设置

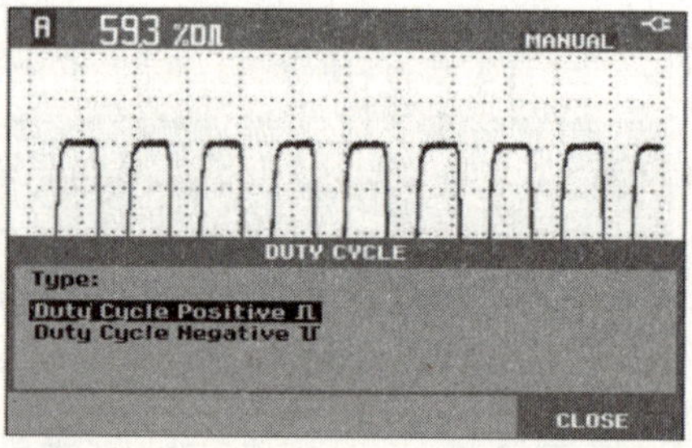

（b）设置正触发占空比

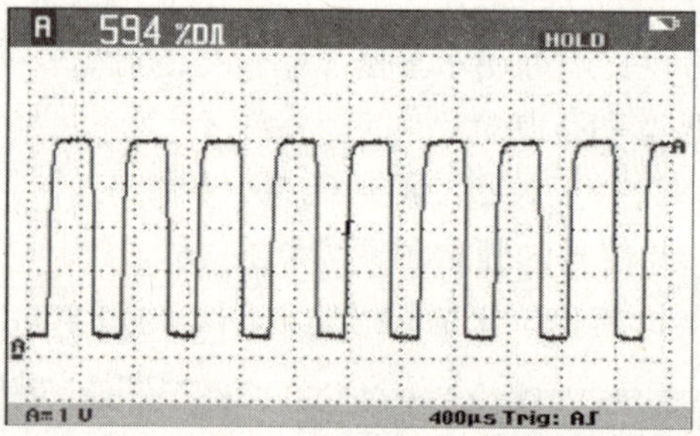

（c）占空比

图 4.3-9　占空比设置

3. 低压侧燃油压力传感器信号测量

低压侧燃油压力传感器向发动机控制模块传送 0～5V 的模拟信号。信号电压是直流电压，并且随着油压增加而升高。

（1）输入端口连接

查阅维修资料和电路图的相关信息，确定低压侧燃油压力传感器信号线的针脚，然后连接示波器的红色电压探针。

红色电压探针的另一端连接到示波器的输入通道 A。如图 4.3-10 所示。

（2）信号波形测量

① 直流平均电压测试

开启通道 A，选择直流电压（V dc）测量类型，测量信号的直流平均电压。

如图 4.3-11（a）所示，信号的直流平均电压为 2.52V。

该信号波形略微波动，是各缸喷油影响的，属于正常现象。

② 峰值电压测试

进行相应的设置，测量信号的峰值电压，如图 4.3-11（b）所示。若示波器无法直接显示数值，则根据电压网格单位进行估算：

- 波峰电压约为：2.8V；
- 波谷电压约为：2.2V；
- 峰-峰电压约为：0.6V。

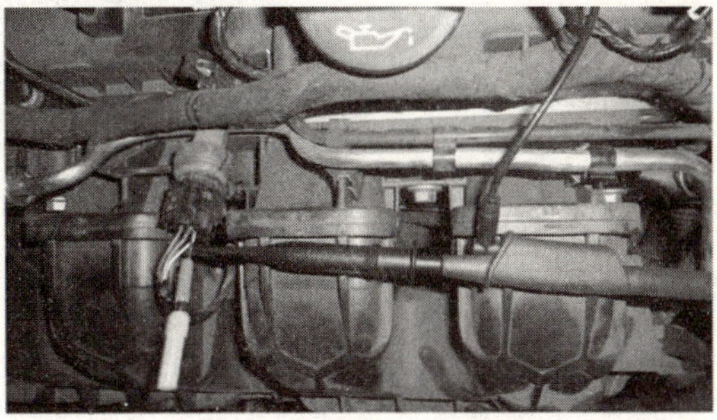

图 4.3-10　输入端口连接

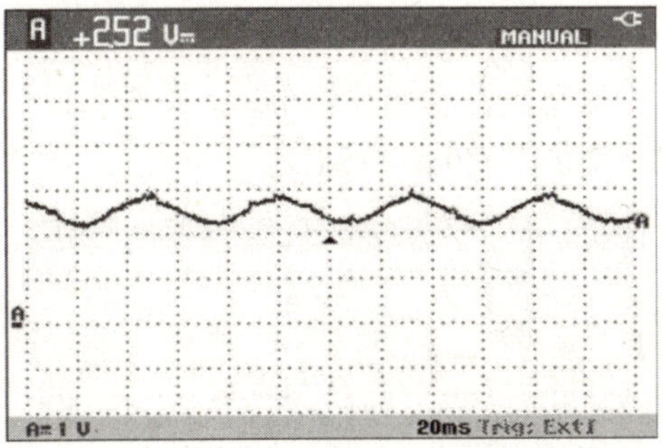

（a）直流平均电压测量

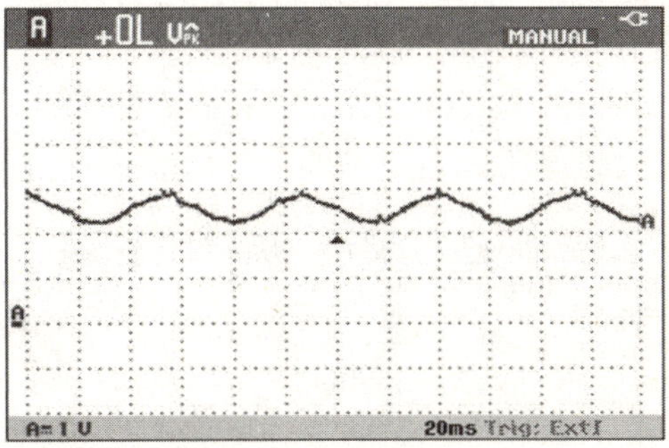

（b）峰值电压测量

图 4.3-11　信号波形测量

4．爆震传感器信号测量

爆震传感器（KS）由压电晶体构成。如果有发动机爆震，会使压电材料产生机械应力，形成与声波的频率和振幅相对应的电压信号。

（1）输入端口连接

查阅维修资料和电路图的相关信息，确定爆震传感器信号线的针脚，然后连接示波器的红色电压探针。

红色电压探针的另一端连接到示波器的输入通道 A，如图 4.3-12 所示。

（2）信号波形测量

起动发动机，调整时间网格和电压网格的单位，使波形变得清晰。

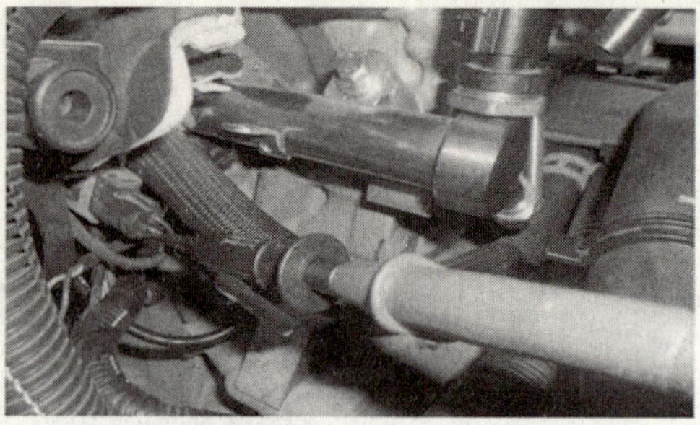

图 4.3-12　输入端口连接

如图 4.3-13（a）所示，爆震传感器信号是一种在 2V 直流电压的基值上的交流频率信号。

① 交流平均电压测试

如图 4.3-13（b）所示，进行设置，测量该信号的交流平均电压，为 1.68V。

② 直流平均电压测试

如图 4.3-13（c）所示，进行设置，测量该信号的直流平均电压，为 1.61V。

③ 峰值电压测试

如图 4.3-13（d）所示，进行设置，测量该信号的峰值电压，为 11.4V。

④ 波谷电压测试

如图 4.3-13（e）所示，进行设置，测量该信号的波谷电压，为-7.8V。

⑤ 频率设置

如图 4.3-13（f）所示，选择频率测量方式。若屏幕无法直接显示频率，可根据时间网格单位计算。该信号的周期为：4×10ms=40ms；频率为：1/40ms=25 Hz。

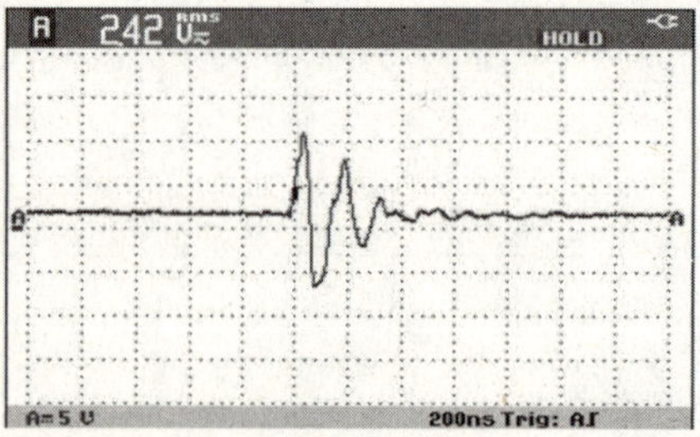

（a）爆震传感器信号

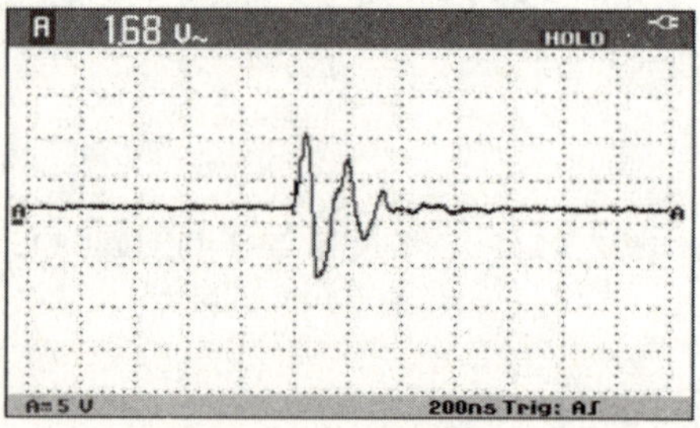

（b）交流平均电压

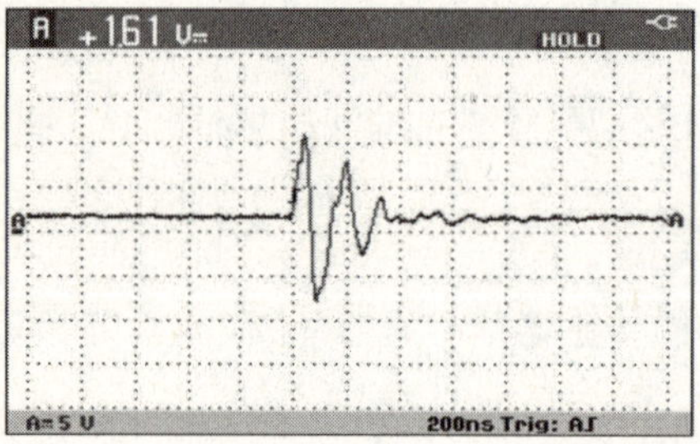

（c）直流平均电压

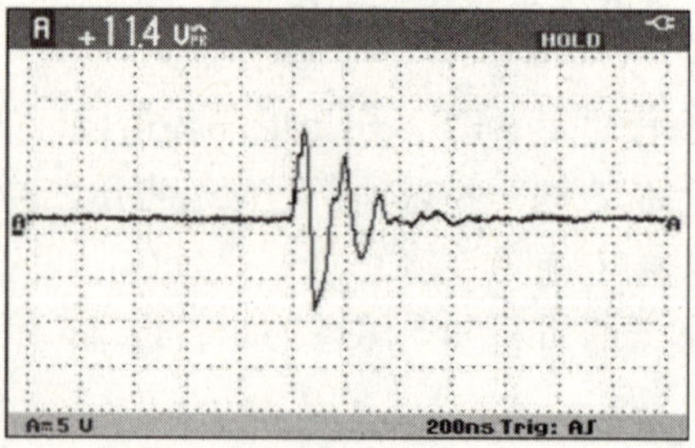

（d）峰值电压

图 4.3-13　信息波形测量

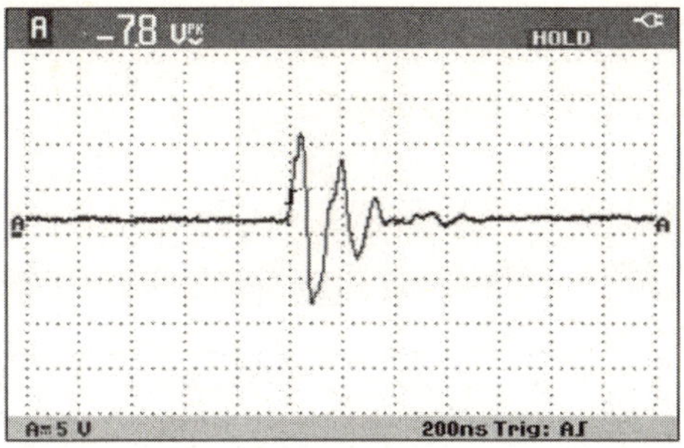

（e）波谷电压

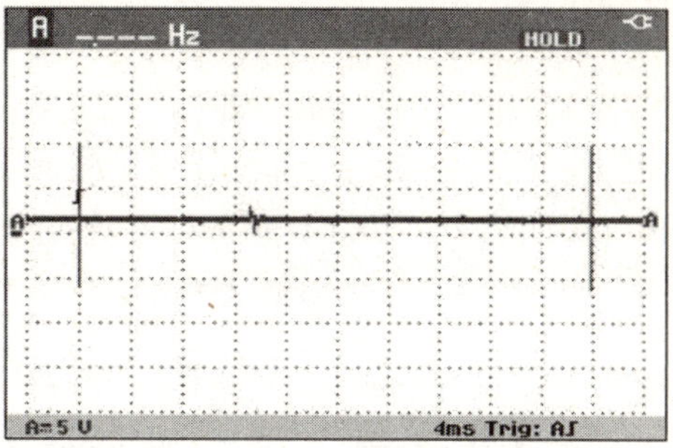

（f）频率设置

图 4.3-13　信息波形测量（续）

5. 凸轮轴位置传感器信号测量

霍尔式或磁阻式凸轮轴位置传感器采用频率调制信号（数位输入信号）。下面以进气凸轮轴位置传感器为例，说明信号波形测量方法。

（1）输入端口连接

查阅维修资料和电路图的相关信息，确定进气凸轮轴位置传感器信号线的针脚，然后连接示波器的红色电压探针。

红色电压探针的另一端连接到示波器的输入通道 A，如图 4.3-14 所示。

图 4.3-14　输入端口连接

（2）信号波形测量

① 直流平均电压测试

如图 4.3-15（a）所示，进行设置，测量该信号的直流平均电压，为 2.74V。

② 峰值电压测试

进行相应的设置，测量该信号的峰值电压，如图 4.3-15（b）所示。

若示波器无法直接显示峰值电压，可根据电压网格单位进行估算：

- 波峰电压约为：4.95V；
- 波谷电压约为：0.21V；
- 峰-峰电压约为：4.74V。

③ 频率设置

如图 4.3-15（c）所示，进行设置，测量该信号的频率，为 6.308Hz。

也可以根据时间网格单位计算信号频率：

- 周期约为：40×4=160ms=0.16s；
- 频率约为：1/0.16=6.25Hz。

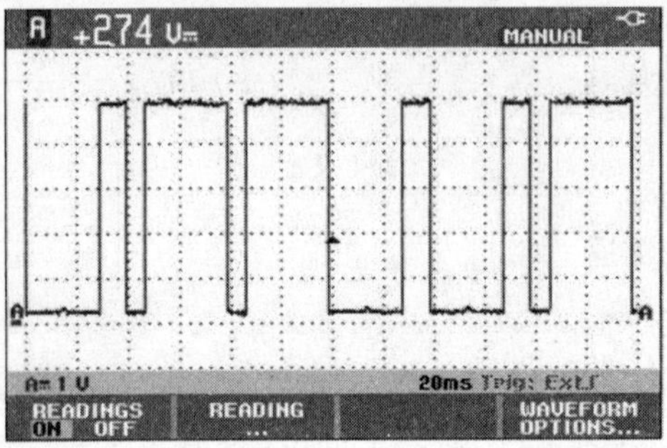

（a）直流平均电压测试

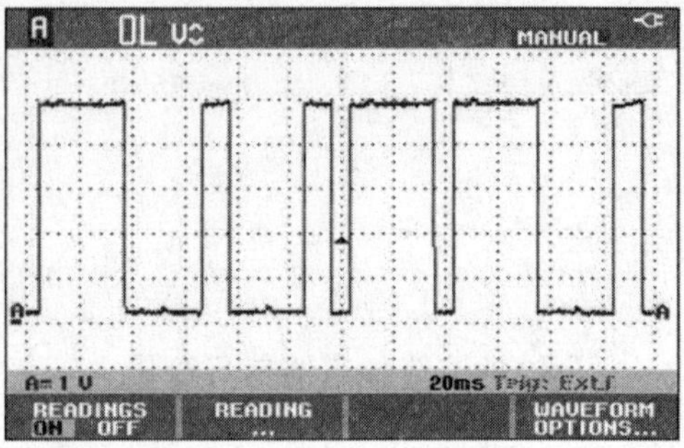

（b）峰值电压测试

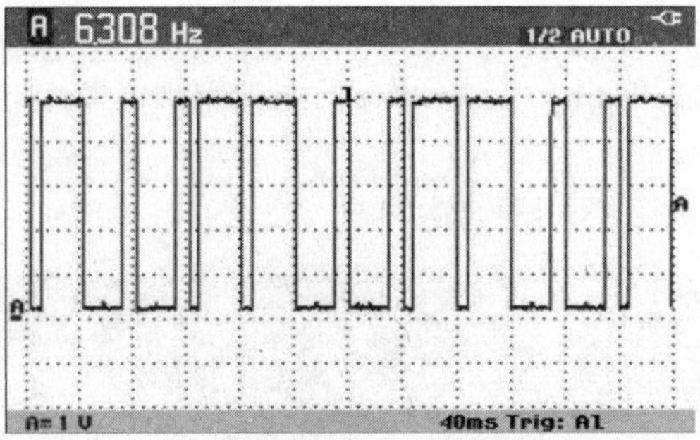

（c）频率测试

图 4.3-15　信号波形测量

4.3.2　模块输出波形测量

模块输出信号是指由控制模块直接控制的执行器控制信号。在测量之前，应查阅维修资料和电路图的相关信息，确定执行器的类型及信号线针脚，然后连接示波器。

在波形测量过程中，注意选择正确的测量模式。调整时间网格和电压网格的单位，选择触发方式，使波形变得清晰且稳定，便于观察和分析。

1．燃油量控制阀控制信号测量

发动机控制模块直接向燃油量控制阀供电，并且利用脉宽调制（PWM）信号对燃油量控制阀进行控制。下面说明燃油量控制阀的控制信号的测量方法。

（1）输入端口连接

查阅维修资料和电路图的相关信息，确定燃油量控制阀的控制信号线针脚，然后连接示波器的红色电压探针。

红色电压探针的另一端连接到示波器的输入通道 A，如图 4.3-16 所示。

图 4.3-16　输入端口连接

（2）信号波形测量

① 直流平均电压测试

如图 4.3-17（a）所示，进行设置，测量该信号的直流平均电压，为 12.6V。

② 峰值电压测试

如图 4.3-17（b）所示，进行设置，测量该信号的峰值电压。该信号的波峰电压为：42V。

③ 波谷电压测试

如图 4.3-17（c）所示，该信号的波谷电压为：0V。

④ 脉宽设置

进行相应的设置，测量该信号的工作脉宽时间。

如图 4.3-17（d）所示，该信号是负触发信号，当触发结束时控制阀线圈会产生相应的反向电动势。

因此，可根据时间网格单位来计算负触发的时间，脉宽约为：8.0ms。

⑤ 占空比设置

该信号是负触发信号，应计算负触发工作周期的占空比。

如图 4.3-17（e）所示，信号周期约为 52ms，而由上面数据可知，脉宽为 8.0ms，因此可计算出占空比为：8.0/52=15.4%。

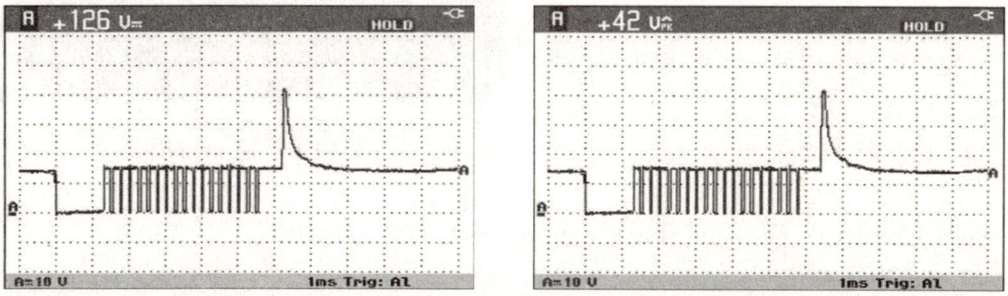

（a）直流平均电压测试　　（b）峰值电压测试

图 4.3-17　信号波形测量

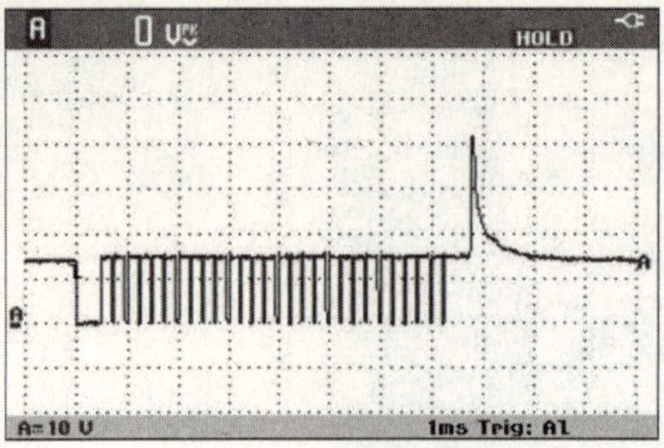

（c）波谷电压测试

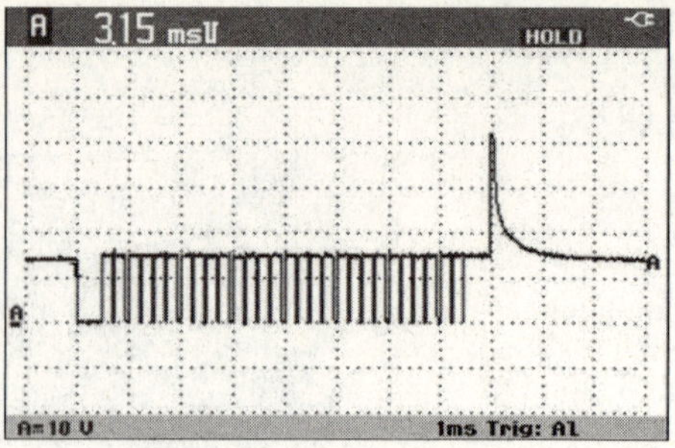

（d）脉宽时间测试

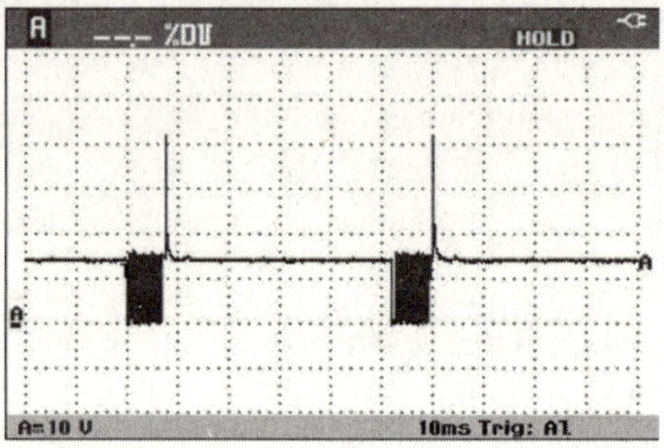

（e）占空比

图 4.3-17　信号波形测量（续）

2．凸轮轴重设阀控制信号测量

发动机控制模块利用脉宽调制（PWM）信号对凸轮轴重设阀进行负触发控制，从而改变 CVVT 单元的机油流量。下面以进气凸轮轴重设阀为例，说明凸轮轴重设阀控制信号波形的测量方法。

（1）输入端口连接

查阅维修资料和电路图的相关信息，确定进气凸轮轴重设阀控制信号线的针脚，然后连接示波器的红色电压探针。

红色电压探针的另一端连接到示波器的输入通道 A。如图 4.3-18 所示。

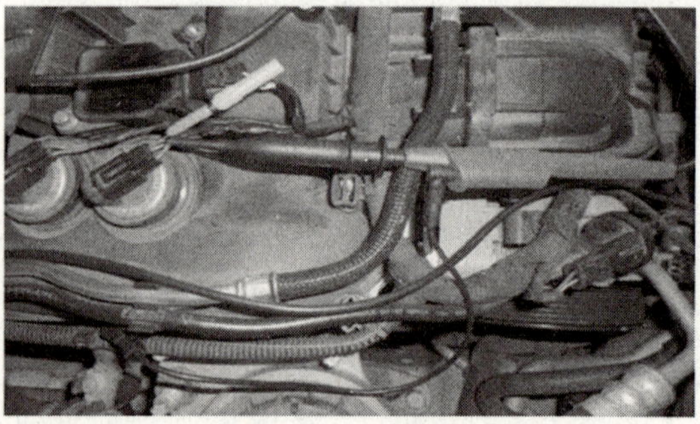

图 4.3-18　输入端口连接

（2）信号波形测量

① 直流平均电压测试

如图 4.3-19（a）所示，进行设置，测量该信号的直流平均电压，为 13.1V。

② 峰值电压测试

如图 4.3-19（b）所示，进行设置，测量该信号的峰值电压：

- 波峰电压为 15.2V；
- 波谷电压为 0V；
- 峰-峰电压为 15.2V。

③ 触发方式设置

如 4.3-19（c）图所示，该信号是负触发控制信号，因此设置为负斜率触发方式。

④ 脉宽设置

如 4.3-19（d）图所示，该信号是负触发控制信号，因此设置为负触发脉宽测量方式。该信号的负触发脉宽为：0.28ms。

⑤ 占空比设置

如图 4.3-19（e）所示，该信号是负触发控制信号，因此设置为负触发占空比测量方式。该信号的负触发占空比为：8.3%。

此外，也可以根据时间网格单位计算占空比，约为：0.3ms/3.4ms=8.8%。

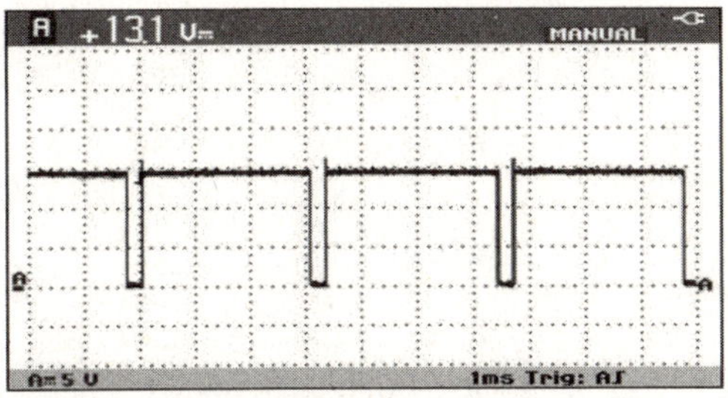

（a）直流平均电压测试

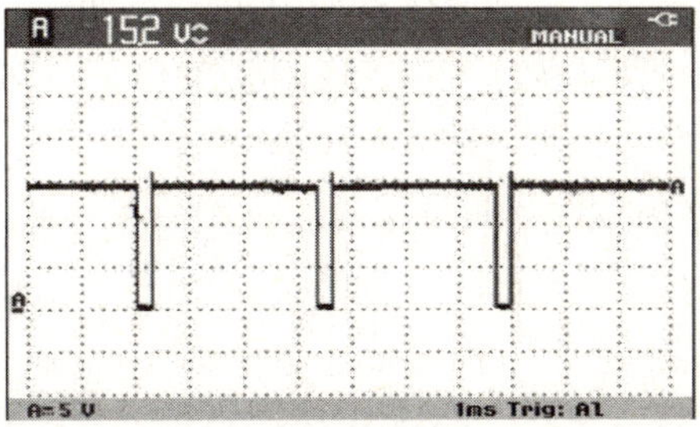

（b）峰值电压测试

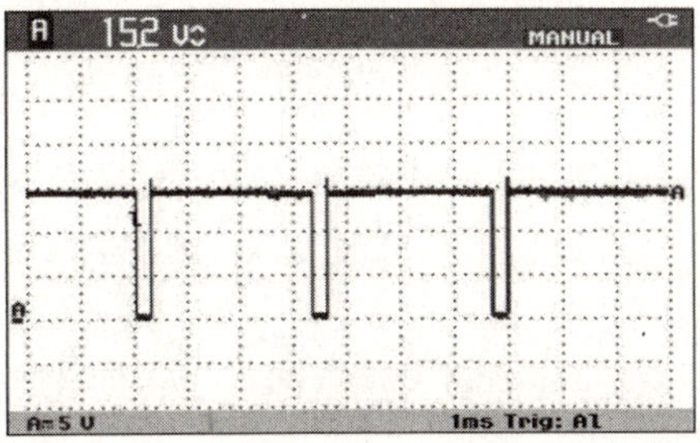

（c）设置触发方式

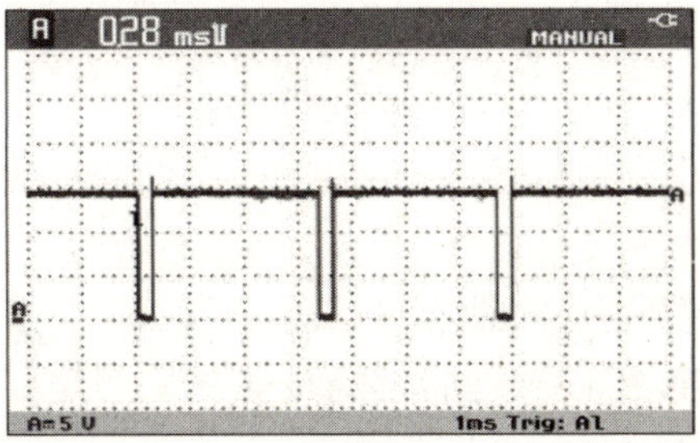

（d）脉宽测试

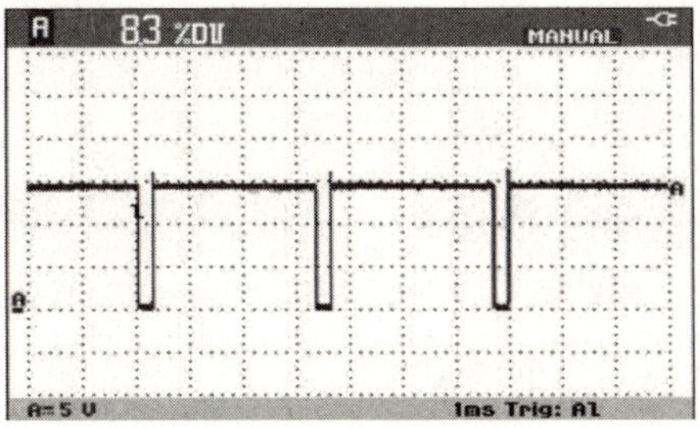

（e）占空比

图 4.3-19　信号波形测量

3. 喷油器控制信号测量

发动机控制模块利用脉宽调制（PWM）信号控制喷油器，脉宽时间随著发动机转速及负载的增大而增加。下面以进气歧管燃油喷射系统的喷油器为例，说明喷油器控制信号的测量方法。

（1）输入端口连接

查阅维修资料和电路图的相关信息，确定喷油器控制信号线的针脚，然后连接示波器的红色电压探针。

红色电压探针的另一端连接到示波器的输入通道 A，如图 4.3-20 所示。

图 4.3-20　输入端口连接

（2）信号波形测量

① 峰值电压测试

如图 4.3-21（a）所示，根据电压网格单位进行计算，该信号的波峰电压约为 70V。

如图 4.3-21（b）所示，波谷电压与基准值电压平齐，因此波谷电压为 0V。

② 触发方式设置

如图 4.3-21（c）所示，该信号为负触发信号，因此选择负斜率触发方式。

③ 频率设置

如图 4.3-21（d）所示，进行设置，测量该信号的频率为 6.00Hz。也可以根据时间网格单位来估算周期和频率：

- 周期约为 168ms；
- 频率为 1/0.168=5.95Hz。

④ 脉宽设置

如图 4.3-21（e）所示，该信号为负触发信号，选择负触发脉宽测量方式，脉宽为 2.90ms。

⑤ 占空比设置

如图 4.3-21（f）所示，选择负触发占空比测量方式。若屏幕无法直接显示占空比，则根据以上测量值进行计算：

- 脉宽为 2.90ms；
- 周期约为 168ms；
- 负触发占空比为 2.90/168=1.73%。

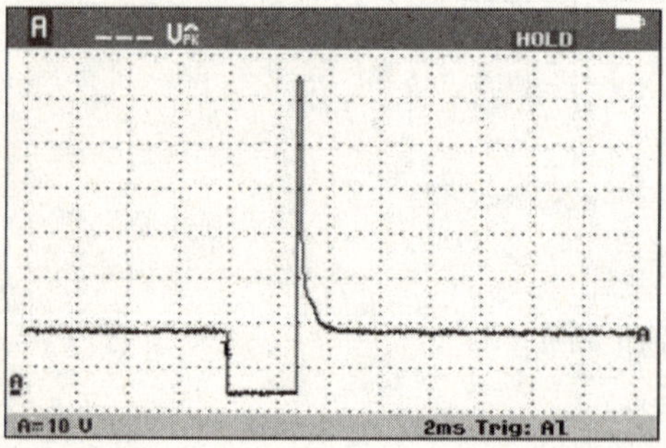

（a）波峰电压

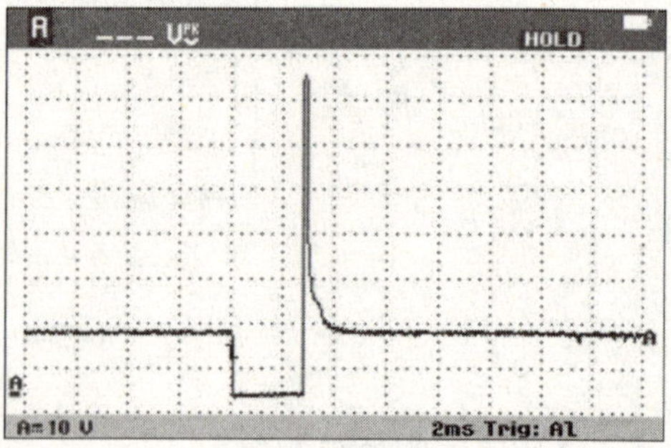

（b）波谷电压

图 4.3-21　信号波形测量

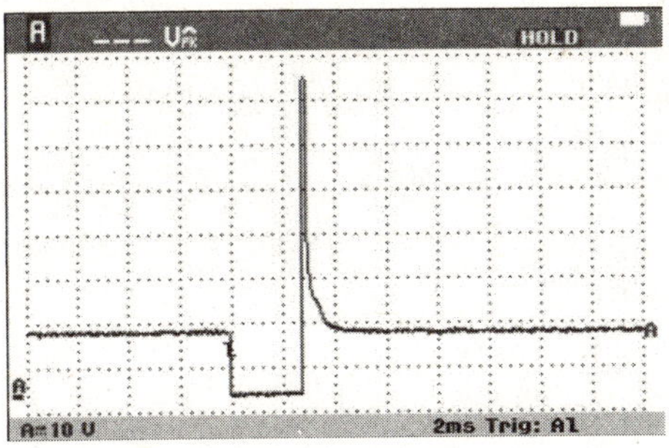

（c）设置触发方式

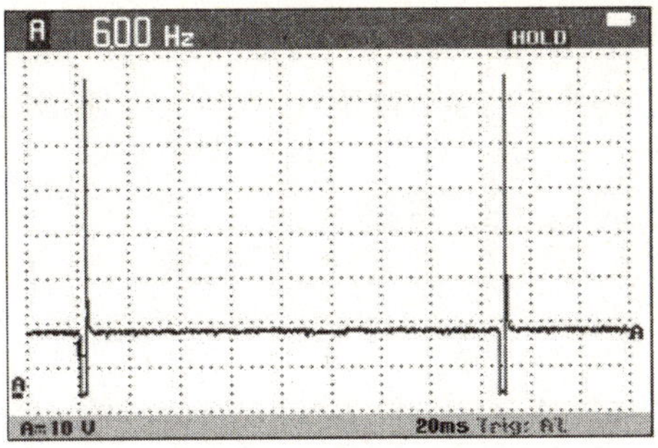

（d）频率设置

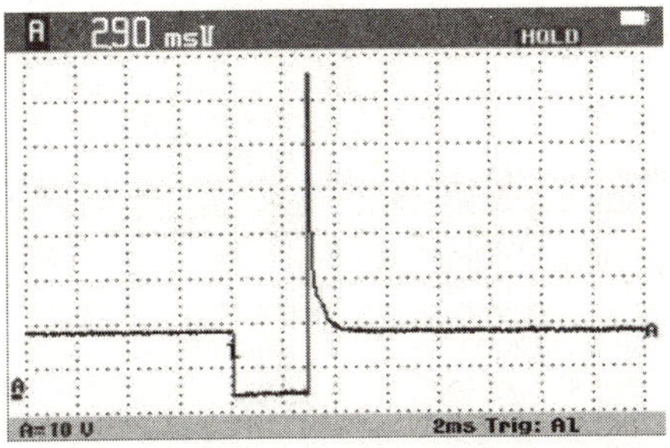

（e）脉宽

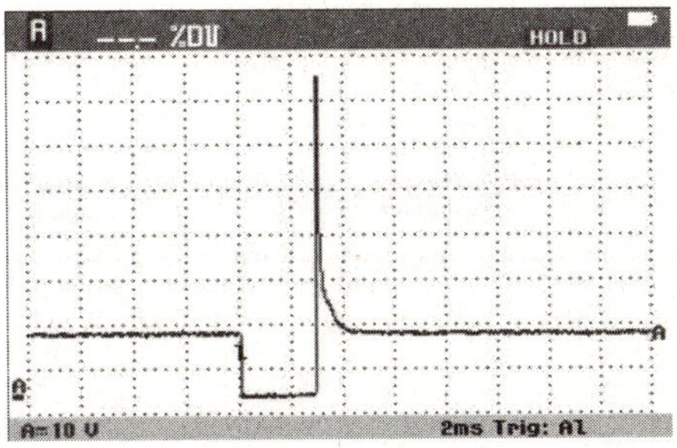

（f）占空比

图 4.3-21　信号波形测量（续）

4.3.3　模块通信波形测量

汽车常见的模块通信信号是 LIN 总线信号、高速 CAN 总线信号、中速/低速 CAN 总线信号。在测量过程中，注意选择正确的测量模式。调整时间网格和电压网格的单位，选择触发方式，使波形变得清晰且稳定，便于观察和分析。

1．LIN 总线信号测量

以氙气头灯模块为例，说明 LIN 总线信号的测量方法。

（1）输入端口连接

查阅 VIDA 和电路图的相关信息，确定 LIN 总线的针脚，然后连接示波器的红色电压探针。

红色电压探针的另一端连接到示波器的输入通道 A，如图 4.3-22 所示。

图 4.3-22　输入端口连接

（2）信号波形测量

① 直流平均电压测试

进行相应的设置，测试 LIN 信号的直流电压平均电压。

如图 4.3-23（a）所示，当没有进行数据通信时，LIN 信号的直流平均电压为 12.3V。

该电压也是 LIN 信号的休止电压。

如图 4.3-23（b）所示，当数据通信时，LIN 信号的直流平均电压为 10.75V。

通信时的 LIN 电压是一个动态值，与屏幕显示的具体波形有关。

② 峰值电压测试

进行相应的设置，测量 LIN 信号通信时的峰值电压。

如图 4.3-23（c）所示，该信号通信时的波峰电压为 13.6V。

如图 4.3-23（d）所示，通信时的 LIN 信号波谷电压为 1.2V。

如图 4.3-23（e）所示，通信时的 LIN 信号峰-峰电压为 12.5V。

③ 触发方式设置

如图 4.3-23（f）所示，为了顺利抓取到完整的 LIN 信号，建议将触发方式设置为负斜率触发。

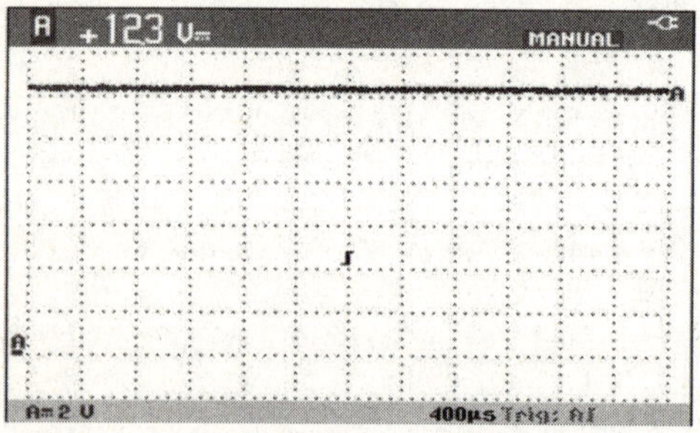

（a）直流平均电压（无通信时）

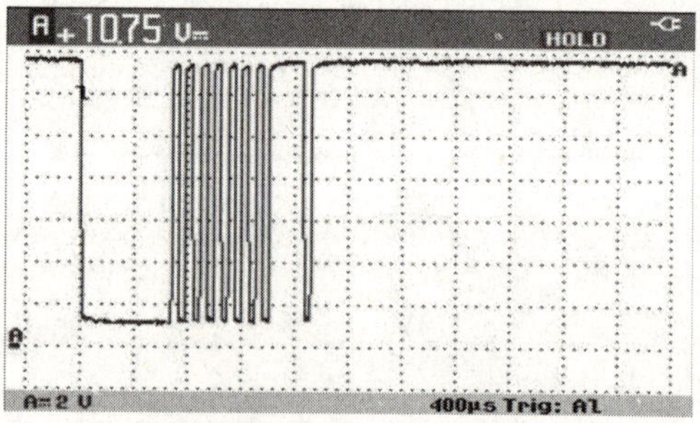

（b）直流平均电压（有通信时）

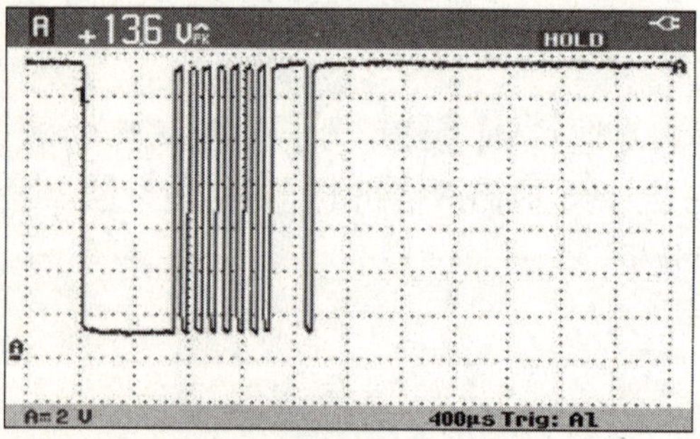

（c）波峰电压

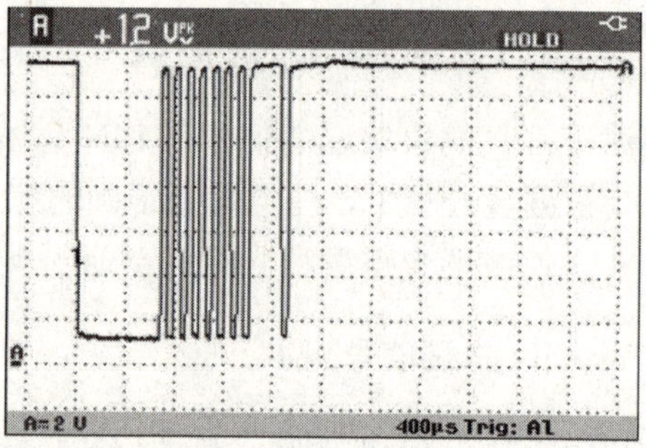

（d）波谷电压

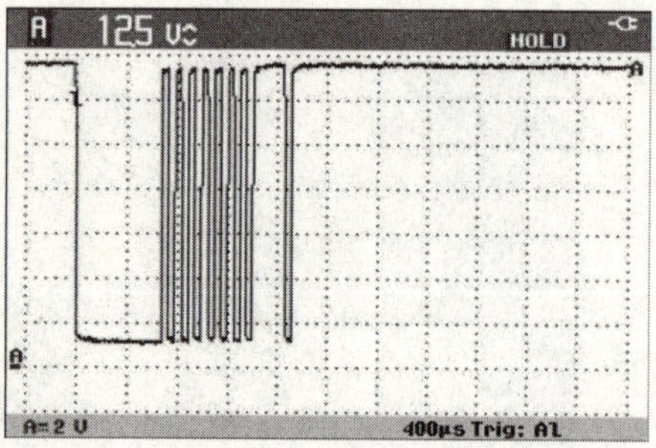

（e）峰-峰电压

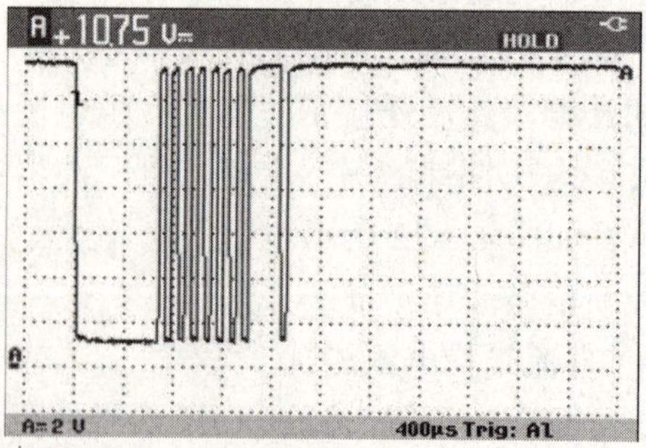

（f）设置触发方式

图 4.3-23　信号波形测量

2. CAN 总线信号测量

HS CAN 与 MS CAN 总线的信号特征类似，信号的测量方法也一样，所以在此以 HS CAN 为例，介绍 CAN 总线信号的测量方法。

可以通过 OBDⅡ诊断座的相关针脚来测量 CAN 总线信号。

（1）输入端口连接

查阅维修资料和电路图的相关信息，确定 OBDⅡ诊断座的高速 CAN 总线的端子。

CAN H：红色电压探针与 OBDⅡ诊断座的 6 号端子相连；CAN L：红色电压探针与 OBDⅡ诊断座的 14 号端子相连。如图 4.3-24 所示。

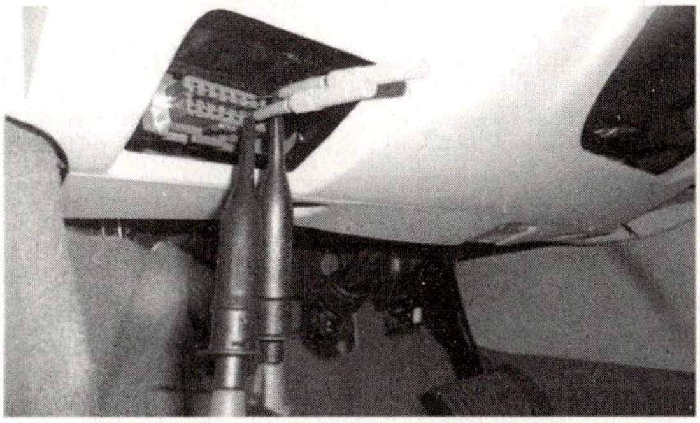

图 4.3-24　输入端口连接

（2）信号波形测量

开启通道 A，选择直流电压（V dc）测量方式；开启通道 B，选择直流电压（V dc）测量方式。如图 4.3-25（a）所示。

① 直流平均电压测试

将两条 CAN 总线的基准电压重合，二者信号波形呈镜像对称。

如图 4.3-25（b）所示，当 CAN 通信时：

- CAN H 直流平均电压：3.37V；
- CAN L 直流平均电压：1.81V。

如图 4.3-25（c）所示，当没有通信时，两条 CAN 总线信号均呈一条直线，此时：

- CAN H 直流平均电压：2.39V；
- CAN L 直流平均电压：2.40V。

② 峰值电压测试

如图 4.3-25（d）所示，CAN H 的波峰电压为 4.5V；CAN L 的波峰电压为 2.5V。

如图 4.3-25（e）所示，CAN H 的波谷电压为 2.5V；CAN L 的波谷电压为 0.6V。

如图 4.3-25（f）所示，CAN H 的峰-峰电压为 1.8V；CAN L 的峰-峰电压为 1.7V。

③ 触发方式设置

如图 4.3-15（g）所示，采用正斜率触发方式抓取的高速 CAN H 通信信号。

④ 频率设置

如图 4.3-15（h）所示，CAN H 和 CAN L 的通信频率均为 47.60kHz。

注意：通信频率是不断变化的，测量值只是反映屏幕显示的信号频率。

⑤ 脉宽设置

如图 4.3-25（j）所示，测量 CAN 信号的平均脉宽：

- CAN H 的正触发脉宽为 6.6μs；
- CAN L 的负触发脉宽为 6.6μs。

注意：通信时的脉宽是不断变化的，测量值只是反映屏幕显示的信号脉宽的平均值。

⑥ 占空比设置

如图 4.3-25（k）所示，测量 CAN 信号的占空比：

CAN H 的正触发占空比为 53.2%；

CAN L 的负触发占空比为 53.2%。

注意：通信时的占空比是不断变化的，测量值只是反映屏幕显示的信号占空比的平均值。

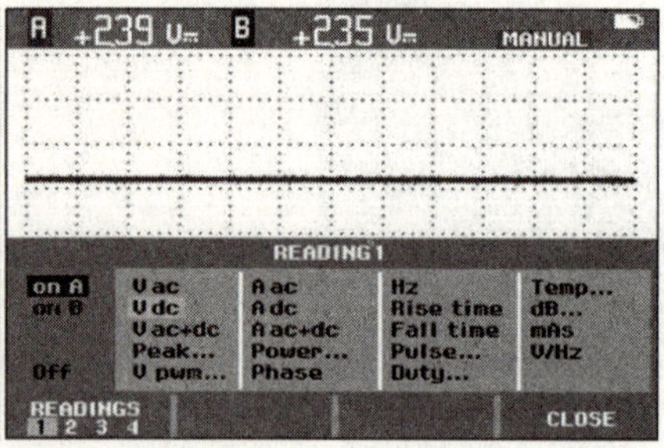

（a）设置测量方式

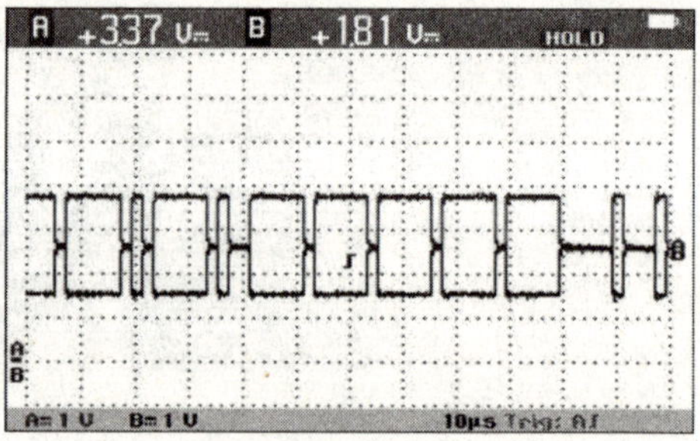

（b）直流平均电压（通信时）

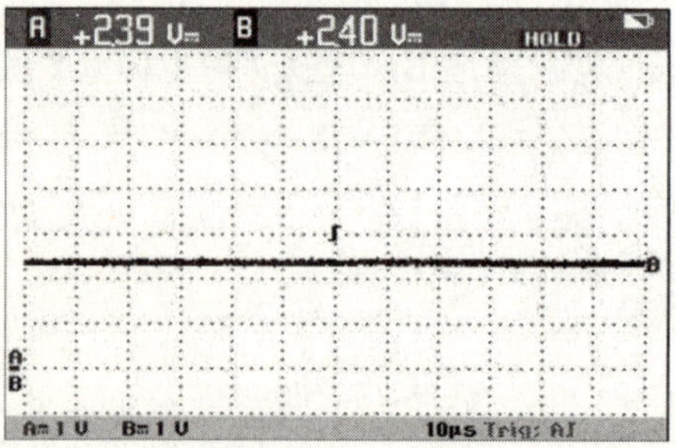

（c）直流平均电压（无通信时）

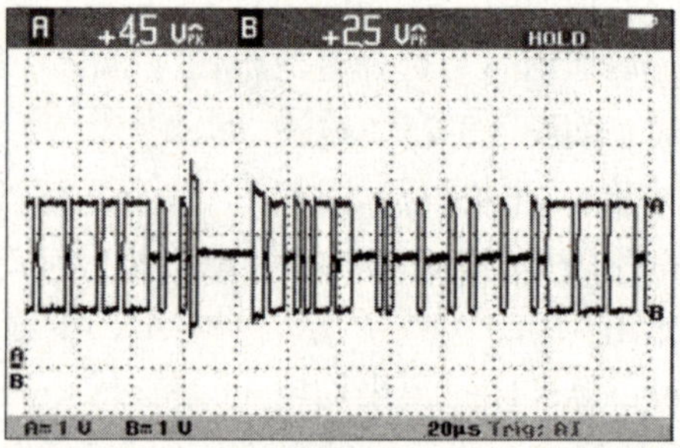

（d）波峰电压

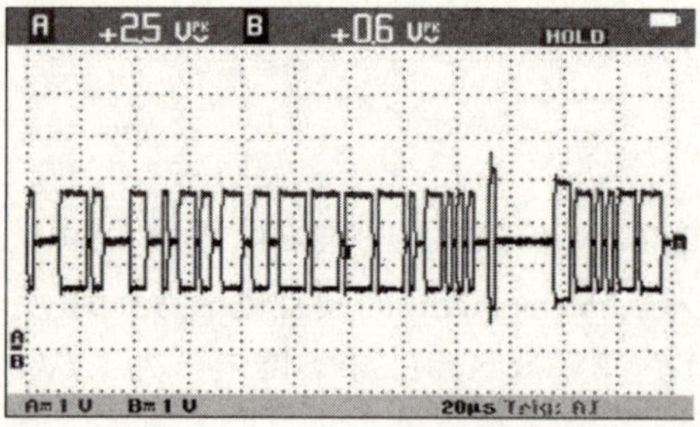

（e）波谷电压

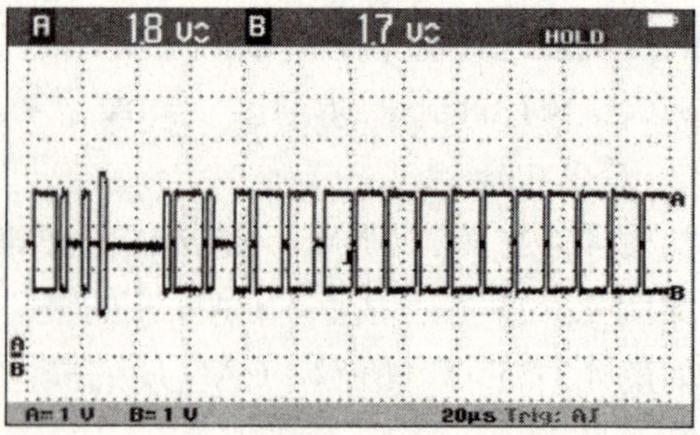

（f）峰-峰电压

图 4.3-25　信号波形测量

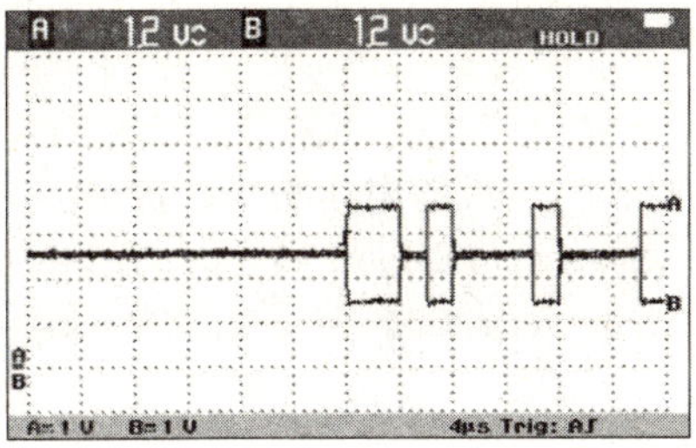

（g）设置触发方式

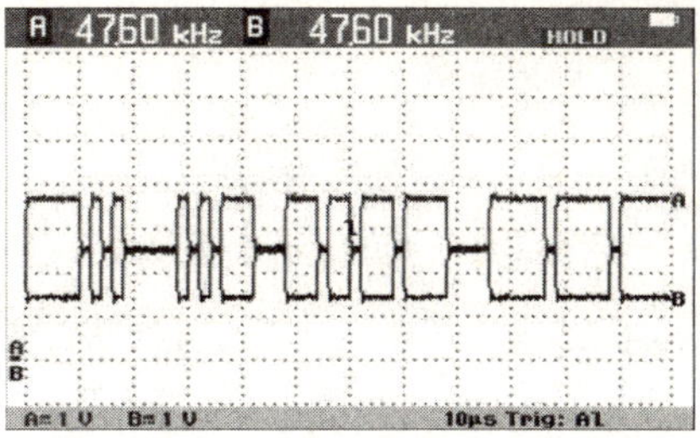

（h）频率

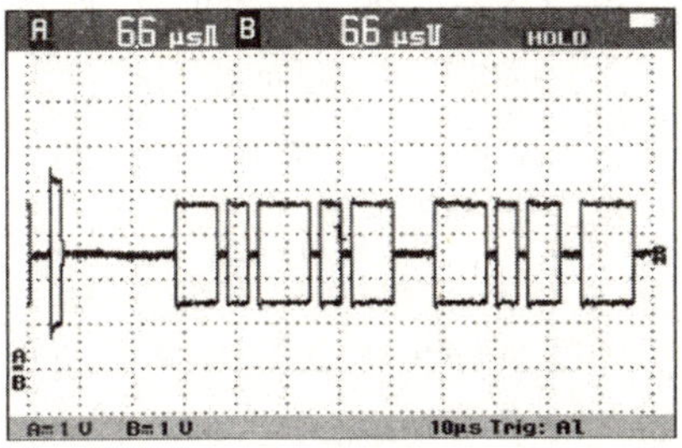

（j）脉宽

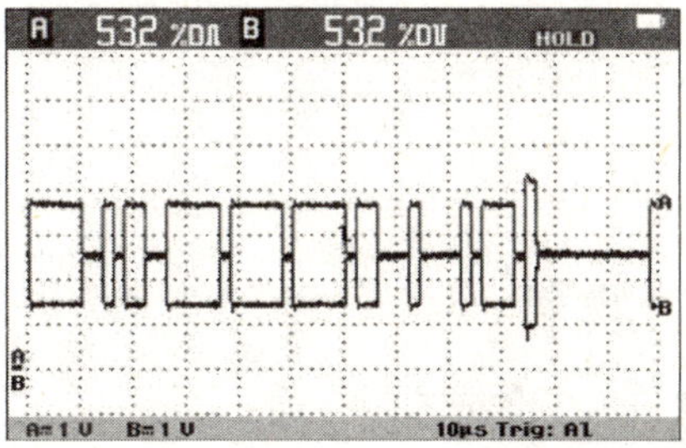

（k）占空比

图 4.3-25　信号波形测量（续）

4.4　电子点火系统的检测诊断

4.4.1　点火波形检测

1．点火波形检测的基本方法

点火线圈相当于一个变压器，在初级线圈周期性通电和断电的过程中，初、次级线圈都因电流变化而感应电动势，而此时初、次级电压随时间变化的波形就是点火波形，它有初级电压（一次电压）波形和次级电压（二级电压）波形之分。

点火波形的检测是汽车不解体检测的一个重要项目，它通常由汽车专用示波器读取，检测时，使发动机运转，将示波器探针分别连接点火线圈的“—”接柱和接地，可以测的初级电压波形；将示波器的外接线用感应夹连接高压线，另一个探针接地，可测得次级电压波形。

2．点火波形的分析

无论是传统触点式点火还是无触点电子点火系统或计算机控制的点火系统，都是由点火线圈通过互感作用把低压电转变为高压电，通过火花塞跳火点燃混合气做功的。正常点火系统低压、高压的变化过程是有规律的，它可通过其点火波形予以反映。

1）标准点火波形

标准点火波形是指点火系统正常工作时点火线圈初、次级的电压波形，它是点火系统的诊断标准，如图 4.4-1 所示为传统点火系统单缸初、次级电压标准波形。图中的触点张开时间是初级线圈断电时间，它对应于次级线圈的放电阶段；图中的触点闭合时间是初级线圈通电时间，它对应于点火线圈的储能阶段，这两个阶段组成了一个完整的点火循环。图中波形反映了从断电器触点张开、闭合、再张开的整个点火过程中，初、次级电压随时间变化的规律。因点火线圈初、次级间的变压器效应，其初级电压波形与次级电压波形具有一定的对应关系。

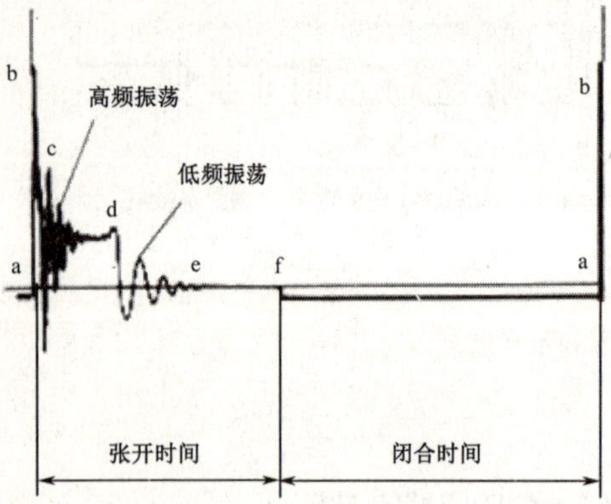

（a）初级电压标准波形

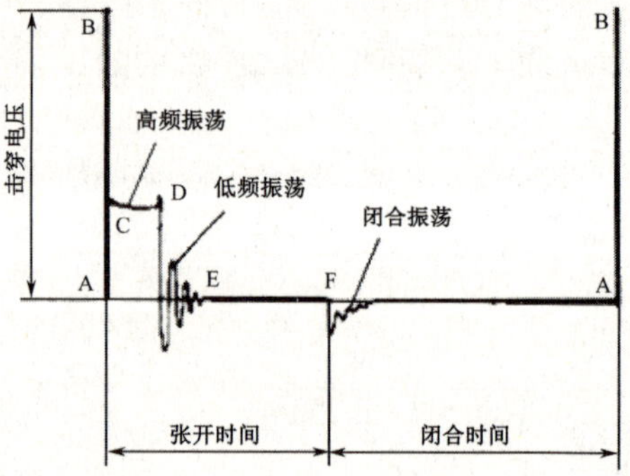

（b）次级电压标准波形

图 4.4-1　传统点火系统单缸初、次级电压波形

（1）初级电压标准波形如图 4.4-1（a）所示当断电器触点张开时，初级电压迅速提高（约为 100～300V），从而导致次级电压急剧上升击穿火花塞间隙。当火花塞两极火花放电时，出现高频振荡波。火花放电完毕后，由于点火线圈和电容器中残余能量的释放，又会出现低频振荡波，其波幅迅速衰减直至初级电压趋向于蓄电池电压。当断电器触点闭合后，初级电压几乎为零，成一直线一直延续到触点的下一次张开。当下一缸点火时，点火循环又将复现。

通常，示波器上触点的张开时间、闭合时间和各缸点火间隔时间用分电器凸轮轴转角表示，因此触点张开时间和闭合时间又可分别称为触点的张开角和闭合角，各缸点火间隔时间称为点火间隔角。若上述角度值用曲轴转角表示，则对于四冲程发动机来说须乘以 2。

（2）次级电压标准波形如图 4.4-1（b）所示，有关次级电压波形的含义说明如下。

① A 点：断电器触点张开，点火线圈初级绕组突然断电，导致次级电压急剧上升。

② AB 线：称为点火线，其幅值为火花塞击穿电压即点火电压。击穿电压约为 8～20KV，不同的车型或点火系统，其击穿电压可能不一样。

③ BC 线：在火花塞间隙被击穿时，两电极之间会出现火花放电，同时次级电压骤然下降，BC 为电压下降的幅值。

④ CD 线：称为火花线，它是火花塞电极间混合气被击穿之后，形成的火花放电过程，是一段波幅很小的高频振荡波。CD 的高度是火花放电的电压；CD 的宽度是火花放电的持

续时间，约为 0.6～1.5ms。

⑤ DE 线：低频振荡波，当次级电路的能量不足以维持火花放电时，火花消失，电压急降，点火线圈和电容器中的的残余能量在线路中维持低频振荡，形成形成次级电压衰减的振荡波，并最后以 EF 直线波形至触点闭合。

⑥ F 点：断电器触点闭合，点火线圈初级电路有电流通过，初级电流开始增加，引起次级电压突然增大。但由于在 F 点初级电流的变化趋势与 A 点正好相反，故在 F 点会产生一个负电压。

⑦ FA 线：触点闭合过程的次级电压波形。当断电器触点刚闭合时，因初级电流接通而引起次级电压出现衰减震荡。振荡消失后，次级电压变到零，直至下一点火循环开始。

提示：由于次级电压对发动机的正常点火至关重要，因此实际检测诊断中应用更多的是次级电压波形。

2）点火波形类别

为了便于比较、分析各缸点火波形，判断点火系统故障，通常按一定的规则分类排列各缸点火波形，利用示波器可显示各类点火波形。

（1）多缸平列波：将各缸电压波形按点火顺序从左至右依次排列的波形，称为多缸平列波，如图 4.4-2 所示。利用多缸平列波很容易观察比较各缸点火电压的高低以及点火状况是否正常。

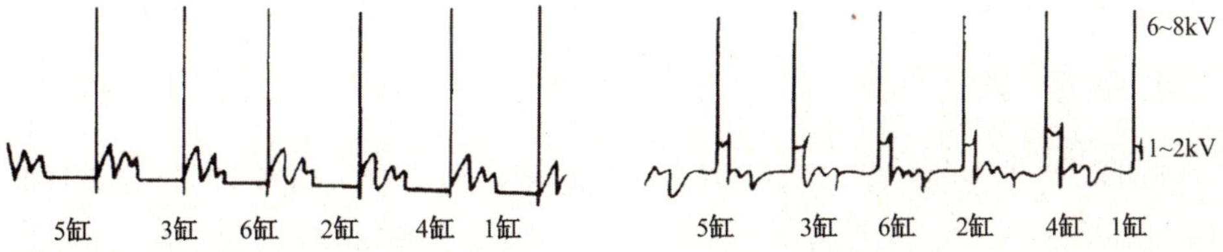

（a）初级电压平列波　　（b）次级电压平列波

图 4.4-2　多缸平列波

（2）多缸并列波：将各缸电压波形之首对齐，并按点火顺序从下至上依次排列的波形，称为多缸并列波，如图 4.4-3 所示。利用多缸并列波很容易观察各缸火花线长度、断电器触点的张开角和闭合角是否一致，从而判断点火系统工作状况是否正常。

（3）多缸重叠波：将各缸电压波形之首对齐并重叠放在一起的波形，称为多缸重叠波，如图 4.4-4 所示。利用多缸重叠波可以评价各缸工作的一致性，各缸工作一致的重叠波就像一个单缸波形，只要其中一个缸工作不佳，其波形就会偏离重叠波，届时通过逐缸断火可立即找出这一工作不佳的气缸。

（4）单缸选缸波形：在故障判断过程中，有时为了观察某一个缸的故障波形，可将其单独选出观察。这种视需要单独选出的任何一个缸的单缸点火波形，称为单缸选缸波形。将选出的波形适当提高其垂直幅度以及水平幅度，并与单缸标准波形对照，容易发现故障。

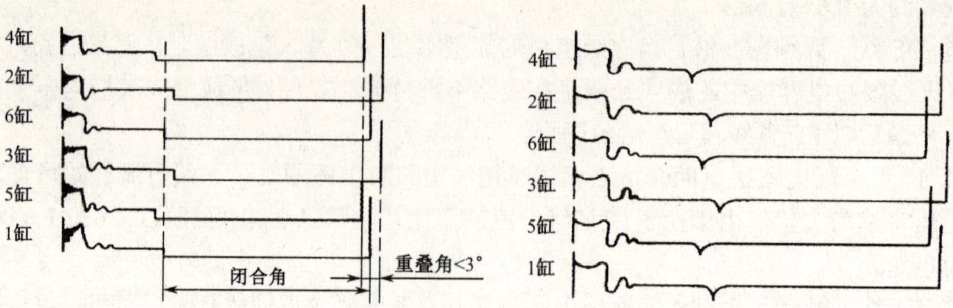

（a）初级电压并列波　　（b）次级电压并列波

图 4.4-3　多缸并列波

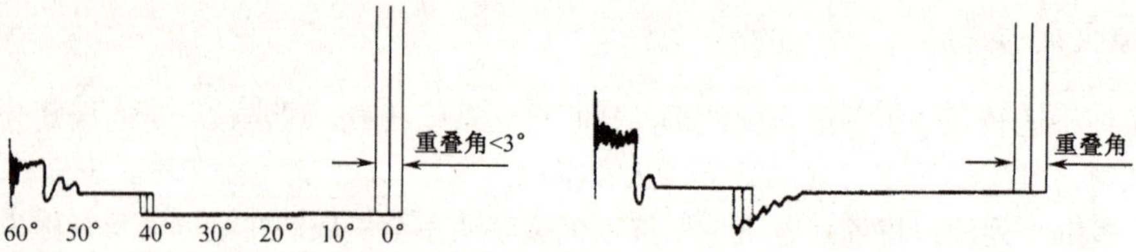

（a）初级重叠列波　　（b）次级重叠列波

图 4.4-4　多缸重叠波

3．点火波形诊断

把实测的点火波形与标准点火波形进行比较分析，可以确定点火系统的技术状况及诊断故障。

（1）点火波形故障反映区

若实测波形与标准波形相比有差异，则说明点火系统有故障。点火系统任何元件的故障，都在点火波形的相应区域有所反映，如火花塞漏电就不能产生正常的点火高压和放电过程，会使高压波点火线高度及点火线形状发生变化。传统点火系统故障在次级波形上的主要反映区，如图 4.4-5 所示。

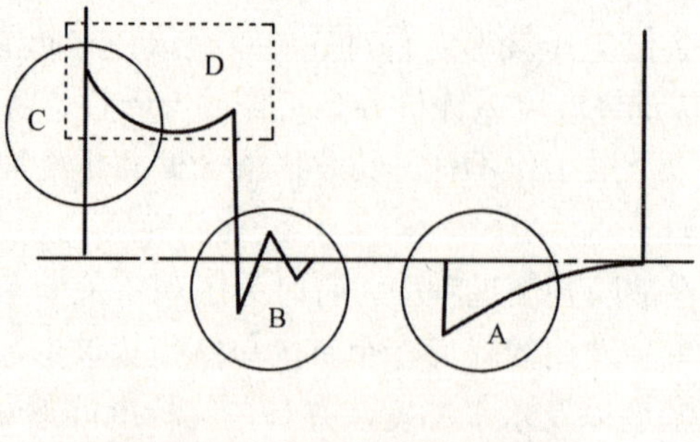

图 4.4-5　次级波形故障反映区

图中，A 区为断电器触点故障反映区，B 区为电容器、点火线圈故障反映区，C 区为电容器、断电器触点故障反映区，D 区为配电器、火花塞故障反映区。

（2）多缸发动机点火波形的故障诊断

以传统点火系统实测的次级平列波为例分析及诊断点火系统故障。这些四缸发动机的点火次序为：1—2—4—3。其点火系统正常工作时的次级平列波如图 4.4-6（a）所示，其点火电压符合原厂规定，约为 8kV，且各缸点火电压值相差小于 2kV，基本一致。

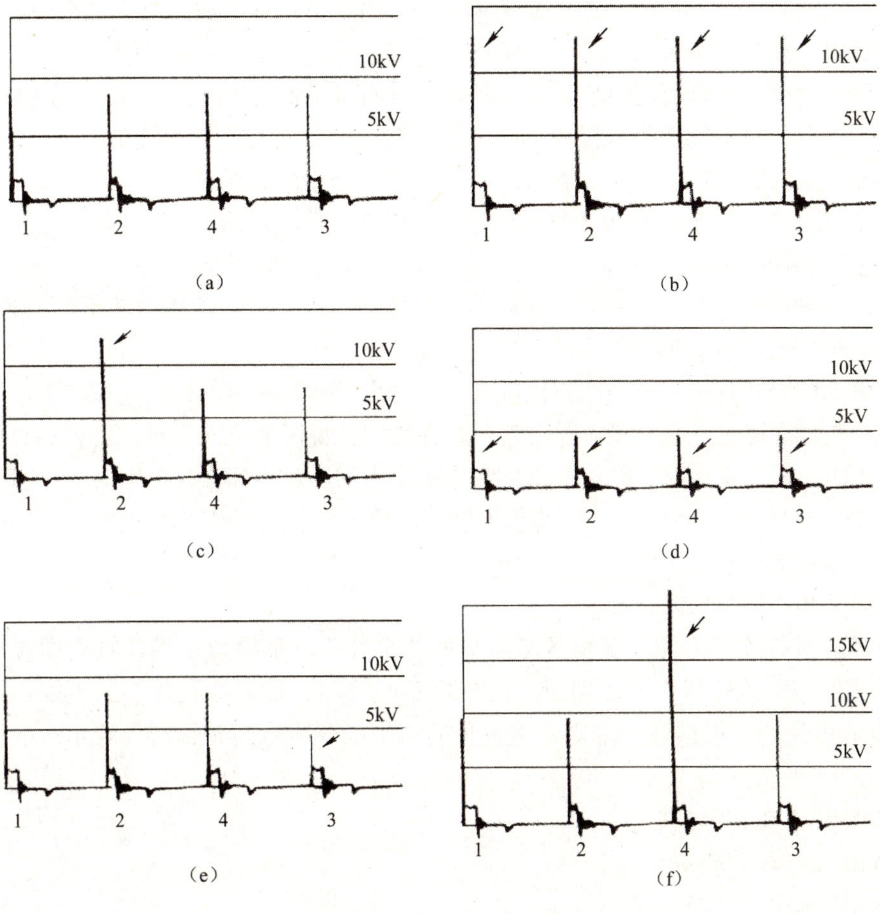

图 4.4-6　多缸发动机点火波形

① 图 4.4-6（b）中，各缸点火电压均高于标准值，说明其高压回路有高阻，多为点火线圈的高压线插孔、分电器高压线插孔及分火头等有积炭，各缸火花塞间隙偏大，高压线内有高阻（断线、接插不牢固）等原因所致。

② 图 4.4-6（c）中，2 缸点火电压偏高，说明该缸高压电路存在高阻故障，可能是该缸火花塞间隙偏大，该缸分压线接触不良，以及分火头与该缸分压线插座间隙过大等原因所致。

③ 图 4.4-6（d）中各缸点火电压过低，说明点火系统存在故障，可能是点火线圈故障，或低压电路故障，也可能是火花塞脏污，火花塞电极间隙太小等原因所致。

④ 图 4.4-6（e）中，3 缸点火电压过低，说明该缸高压电路存在短路故障，可能是该缸

火花塞间隙太小，火花塞脏污，以及该缸高压线绝缘损坏或火花塞瓷芯破裂有漏电现象等原因所致。

⑤ 图 4.4-6（f）中，4 缸点火电压过高，为 4 缸高压线掉落而开路所致。有时为诊断点火系统性能，拔掉某缸高压线进行开路单缸高压测量，此时，该缸点火电压应达到 20～30kV。否则，说明高压线、分电器盖绝缘不良或点火线圈、电容器的性能不佳。

（3）闭合角检测与故障诊断

利用初级并列波可方便的观察各缸的闭合角。闭合角是指汽油机点火过程中，初级电路导通阶段所对应的凸轮轴转角。对于传统点火系统，闭合角为白金触点闭合时期所占的凸轮轴转角；对于电子点火系统，则是晶体管导通所占的凸轮轴转角。在点火系统技术状况正常的情况下，各缸闭合角应占点火间隔的百分比和对应的分电器凸轮轴转角如下：

- 4 缸发动机：45%～50%（40°～45° 分电器凸轮轴转角）；
- 6 缸发动机：63%～70%（38°～42° 分电器凸轮轴转角）；
- 8 缸发动机：64%～71%（29°～32° 分电器凸轮轴转角）。

提示：检测闭合角时，有些点火示波器可直接显示用分电器凸轮轴转角表示的闭合角，而有些点火示波器显示的则是点火间隔的百分比。

若测出的闭合角过小，说明触点间隙太大，触点闭合时间短，初级电流增长达不到需要的数值，会造成高速时点火能量不足；若闭合角太大，说明触点间隙小，会使触点间发生电弧放电，反而消弱了点火能量，不利于正常点火。为保证触点闭合角符合标准，可调整触点间隙至 0.35～0.45mm。不过点火提前角因触点间隙的调整会发生相应地变化，因此调整触点间隙后应重新校正点火正时。

（4）重叠角检测与故障诊断

利用多缸重叠波可方便地观察各缸波形间的重叠角。重叠角是指各缸点火波形首端对齐，最长波形与最短波形长度之差所占的分电器凸轮轴转角。重叠角不应大于点火间隔的 5%，以接近零为好。根据这一原则，重叠角的大小以分电器凸轮轴转角表示时应符合下列标准：

- 4 缸发动机≤4.5°；
- 6 缸发动机≤3°；
- 8 缸发动机≤2.25°。

重叠角的大小反映了多缸发动机各缸点火间隔的一致程度，重叠角愈大，则点火间隔愈不均匀。这不仅会影响发动机的动力性、经济性，还会影响发动机运转的稳定性。若重叠角太大，则表明分电器凸轮磨损不匀或分电器轴磨损松旷、弯曲变形，应更换分电器凸轮或分电器总成。

（5）典型的点火系统故障波形诊断

图 4.4-7 所示为常见的一些次级电压故障波形（箭头所指处），下面对这些故障波形进行分析与诊断。

① 图 4.4-7（a）中，点火高压产生之前出现小的多余波形，可能是断电器触点接触不平，在完全断开之前有瞬间分离现象，从而引起电压抖动。

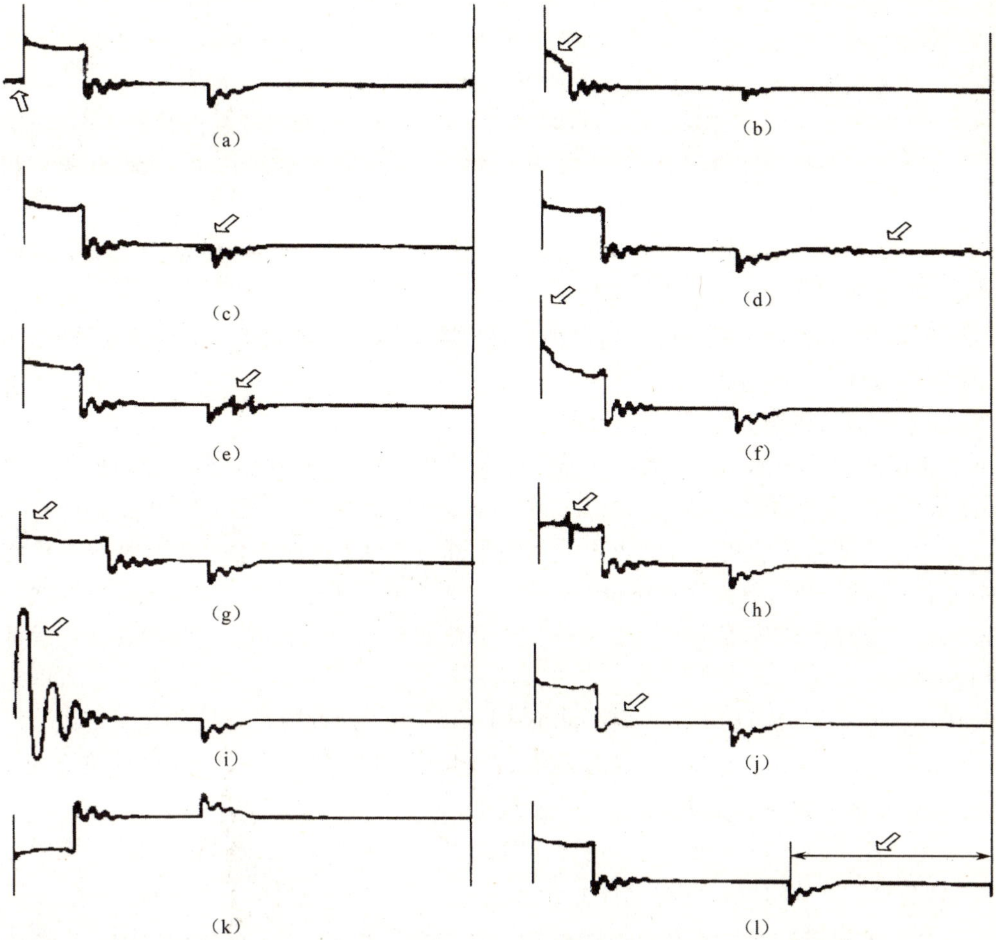

图 4.4-7　几种次级电压故障波形

② 图 4.4-7（b）中，火花线变短，火花很快熄灭，说明点火系统储能不足，可能是供电电压偏低，或初级电路导线接触不良所致。

③ 图 4.4-7（c）中，第二次振荡波形之前出现小的杂波，可能是断电器触点接触不平，在完全闭合之前有不良接触所致。

④ 图 4.4-7（d）中，再出点闭合阶段，存在多余的小杂波，可能是初级电路中断电器触点接触不良，如触点烧蚀、积垢，或断电器触点臂弹簧弹力太弱，引起小的电压波动。

⑤ 图 4.4-7（e）中，闭合振荡中存在严重的杂波，一般是由于断电器触点臂弹簧弹力太弱，使触点闭合瞬间引起弹跳所致。

⑥ 图 4.4-7（f）中，击穿电压过高，且火花线较为陡峭，可能是火花塞间隙太大，或次级电路开路等引起。火花塞间隙越大，所需击穿电压越高，而且往往没有良好的放电过程。

⑦ 图 4.4-7（g）中，击穿电压和火花线都太低，且火花线变宽，可能是火花塞间隙太小或积碳严重所致。

⑧ 图 4.4-7（h）中，火花线中出现干扰“毛刺”，可能是分电器盖或分火头松动。这样

在发动机高速运转时，因分电器的振动会使火花塞上的电压不稳定而出现抖动。

⑨ 图 4.4-7（i）中，完全没有击穿电压和火花线波形，说明火花塞未被击穿，无火花放电过程：可能是次级高压线接触不良或断路，或者火花塞间隙过大所致。

⑩ 图 4.4-7（j）中，低频振荡次数明显减少，可能是与断电器触点并联的电容器漏电、电容器容量不够或初级线路接触不良，导致线路上电阻增大、耗能增加，火花熄灭后剩余能量小，振荡衰减加快。

⑪ 图 4.4-7（k）中，整个次级电压波形上下颠倒，说明点火线圈初级两端接反，从而使初级电流、次级电压都改变了方向。

⑫ 图 4.4-7（l）中，触点闭合角过小，说明断电器触点间隙过大。若触点闭合角过长，则说明断电器触点间隙过小。

（6）电子点火系统波形分析与诊断

① 电子点火系统的初、次级电压波形与传统触点式点火系统波形相似，但由于电子点火系统无传统点火系统的电容器，故其高低频振荡波会比传统点火系统少些。

② 电子点火系统的初、次级电压波形的张开与闭合处是由晶体管的导通与截止电流造成的，因而其波形与传统点火系统也有差异。如有的电子点火系统：次级波形闭合段内有波纹或凸起；次级波形闭合段结束时，先产生一条锯齿状的上升斜线，再导出点火线等都属于正常现象。

③ 电子点火系统的初、次级电压波形中的闭合角一般都随发动机转速而变化，低速时闭合角减小，高速时闭合角增大。若检测时闭合角像传统点火系统那样不随速度而变，则说明电子点火器闭合角控制功能失效。

④ 由于电子点火系统无触点、电容，有的电子点火系统无分电器，因此，电子点火系统中与这些有关的故障原因也就没有了。

⑤ 在无分电器点火系统中，两缸共用一个点火线圈，一个气缸在循环中点火两次，属于正常现象。在次级电压波形中，点火电压较高的一次为有效点火，发生在压缩行程末期，而点火电压较低的一次为无效点火，发生在排气行程末期。

提示：不同的电子点火系统其正常的电压波形不尽相同，为在检测时判断迅速而又准确，平时应注意查看各型汽车维修手册上的点火电压波形说明，或用示波器记录下各型汽车在正常工作状态下的点火电压波形。

4.4.2 点火正时的检测方法

点火正时是指正确的点火时间，一般用点火提前角表示。点火提前角是指从点火开始至活塞到达上止点为止曲轴转过的角度。若点火正时，则点火提前角就处于最佳状态。点火提前角大小对发动机动力性、经济性和排放性能影响很大，因此应重视发动机点火提前角的检测及调整，使之处于最佳状态。

1. 仪器法检测点火正时

用点火正时仪或发动机综合检测仪可以检测点火正时即发动机点火提前角。根据仪器检测原理的不同，点火正时的检测方法主要有频闪法和缸压法。

（1）频闪法

频闪法点火正时检测仪主要由闪光灯、传感器、整形装置、延时触发装置和显示装置构成，它既可以制成单一功能便携式，又可以和其他仪表组合成多功能综合式。频闪法常用的点火正时检测仪如图 4.4-8 所示。

频闪法检测原理：若照射旋转轴的光束频率与旋转轴的转动频率相等，则由于人的视觉具有暂留的生理现象，就会使人们觉得旋转轴似乎不转动。频闪法就是利用这一原理来检测点火提前角的。

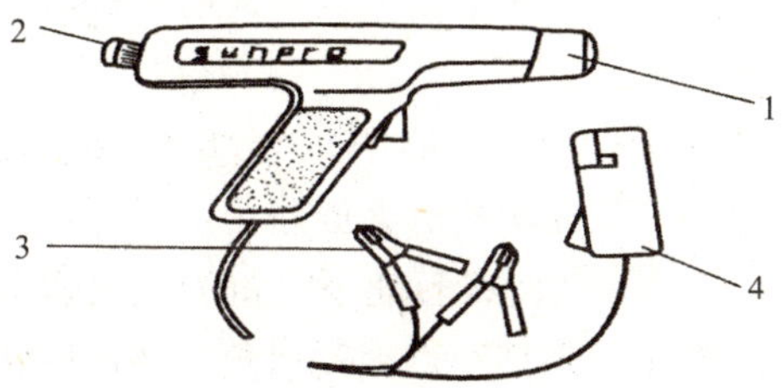

（a）点火正时检测仪

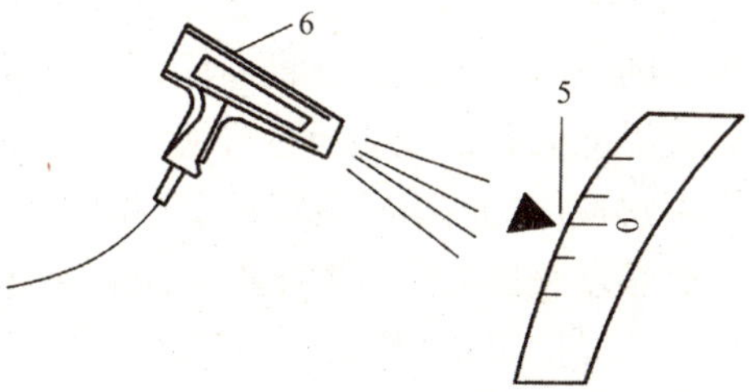

（b）点火正时检测

1 一闪光灯；2—电位器旋钮；3—电源夹；4—点火感应传感器；5—正时标记；6 一检测仪；

图 4.4-8　点火正时检测示意图

在发动机飞轮或曲轴带轮上，一般都刻有正时标记，在与之相邻的固定机壳上也刻有标记。曲轴旋转至活动标记与固定标记对齐时，第 1 缸活塞刚好到达上止点。通常用点火感应传感器获取的第 1 缸点火信号来触发闪光灯，闪光灯每闪光一次表示第 1 缸的火花塞点火一次，其闪光与第 1 缸点火同步。检测时，闪光灯照射刻有活动标记的飞轮或曲轴带轮，若发动机转速稳定，则活动标记与闪光灯的闪光在光学上是相对静止的，活动标记看上去似乎不动。当闪光灯在第 1 缸点火信号发生的同时闪光时，若第 1 缸活塞尚未到达压缩上止点，也即活动标记与固定标记尚未对齐，则此时两标记之间所对应的发动机曲轴转角即为点火提前角。为了将这一角度从仪器上测出，检测仪上都设有电位器延时电路。检测时，调整电位器旋钮，使活动标记与固定标记对齐，此时延时电路中可变电位器电阻的变化量（或电流的变化量）即表示点火提前角，延时越多，点火提前角就越大，检测方法如下：

① 擦拭飞轮或曲轴带轮上的正时标记，使之清晰可见。

② 运转发动机至正常工作温度后待检。

③ 检测仪连机。将检测仪的红色、黑色两外电源夹分别夹到蓄电池的正极和负极上，将感应传感器夹持在第 1 缸高压线上。

④ 调整检测仪电位器旋钮，使之处于初始零位。

⑤ 置发动机于怠速工况下运转，打开闪光灯并使之对准正时标记，如图 4.4-8（b）所示。

⑥ 调整检测仪电位器旋钮，使活动标记与固定标记对齐。此时显示装置显示的读数即为怠速工况下的点火提前角。

提示：发动机怠速运转时，离心式和真空式点火提前装置未起作用或起作用很小，此时测得的点火提前角为初始点火提前角。初始点火提前角是点火系统正常工作的基础，在离心式和真空式点火提前装置正常工作的情况下，发动机的最佳点火提前角往往取决于初始点火提前角。

⑦ 用同样的方法，分别测出发动机不同工况时的点火提前角。必要时，可以在汽车底盘测功机上模拟发动机的不同工况。

提示：若各工况下测出的点火提前角符合规定，则说明初始点火提前角调整正确，同时说明离心点火提前装置和真空点火提前装置工作正常。若测出的初始点火提前角超出规定值，则应予以调整；调整后，在规定的发动机转速、负荷工况下测出点火提前角，若仍不符合要求，则说明点火提前装置损坏，应予以检查。

点火提前装置性能的检查可通过点火正时检测仪进行。方法是：拆下分电器真空提前装置的真空软管，在发动机某转速下测出点火提前角，并减去初始点火提前角，即可得到该转速下的离心点火提前角；连接真空提前装置的真空软管，在同样转速下测得的点火提前角减去离心点火提前角和初始点火提前角，则可得到该转速下的真空点火提前角。将各种转速测出的离心、真空点火提前角与规定值进行对照，就可确定点火提前装置是否损坏。

对于电控燃油喷射发动机的点火系统而言，其实际点火提前角的检测方法与传统点火系统的完全相同。但由于电控燃油喷射发动机的实际点火提前角包含初始点火提前角、基本点火提前角和修正点火提前角，而其电子控制单元 ECU 总是根据发动机转速、负荷信号控制基本点火提前角，根据转速、负荷信号以外的有关传感器信号修正点火提前角，因此其初始点火提前角、基本点火提前角和修正点火提前角的检测应按制造厂规定的步骤进行。电控燃油喷射发动机的点火提前角是由电子控制单元 ECU 控制的，一般不可调整，而检测其点火提前角的目的是判断发动机电子控制点火系统是否存在故障，便于确定是电子控制单元 ECU 损坏还是传感器失效。

（2）缸压法

缸压法点火正时检测仪主要由缸压传感器、点火感应传感器、处理电路和指示装置等构成。若检测仪还带有油压传感器，则说明该仪器还可检测柴油机的供油提前角。缸压法点火正时检测仪往往与其他仪表组合成多功能综合检测仪。

缸压法检测原理：发动机气缸内活塞到达压缩行程上止点时，气缸内压缩压力最高。用缸压传感器检测某缸压缩压力最高的上止点时刻，同时用点火传感器检测同一缸的点火时刻，二者之间所对应的曲轴转角θ（见图 4.4-9）即为被测缸的点火提前角。通常，多缸发动机中各缸点火提前角基本一致，因此被测缸的点火提前角可以认为是被测发动机的点火提前角。

发动机点火提前角的检测步骤如下：

① 运转发动机，使其达到正常工作温度后停机。

② 拆下某一缸火花塞，把缸压传感器装在火花塞孔内，接上缸压传感器连接线。

③ 将拆下的火花塞固定在机体上使旁电极接地，将该缸高压线连接在火花塞上，把点火感应传感器夹在该缸高压线上。

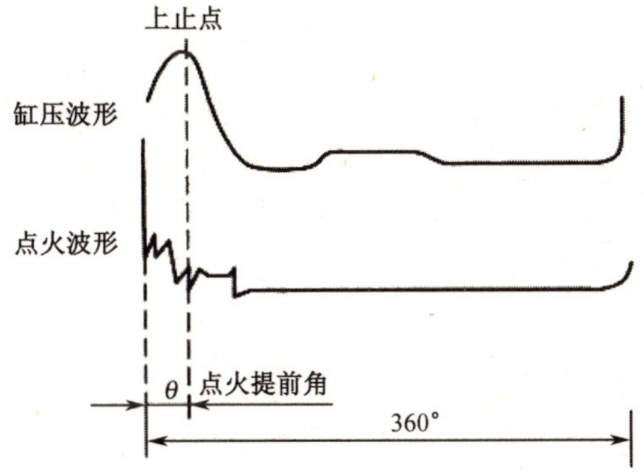

图 4.4-9　缸压法检测点火提前角原理图

④ 运转发动机，被测缸缸外点火，缸内不燃烧，因而缸压传感器输出的信号反映了气缸压缩压力的大小，其最大值产生于活塞压缩终了上止点。

⑤ 按仪器使用说明书的要求操作，可测得被测缸点火波形信号和缸压波形信号（见图 4.4-5），并从指示装置上获得该缸从点火信号开始至最高缸压信号出现所对应的点火提前角。

⑥ 根据需要变换发动机转速，可测得怠速、规定转速或任一转速下的点火提前角，并打印检测结果。

缸压法与频闪法一样，可测得初始点火提前角和不同工况下的总点火提前角、离心点火提前角、真空点火提前角以及电控燃油喷射发动机的点火提前角。

2. 经验法检测点火正时

经验法主要是依据加速时发动机的声响及加速的快慢程度来检查点火正时，它需要经过发动机运转和汽车路试来确定，其方法如下。

（1）根据发动机运转情况判断

起动发动机，使冷却液温度上升到 70～80℃，在发动机由怠速运转突然将加速踏板踩到底时，若能听到轻微的敲击声并很快消失，而且发动机转速迅速上升，则说明发动机点火正时；若敲击声很大，则说明点火时间过早，即点火提前角过大；若完全听不到敲击声，发动机加速感到发闷，其转速不能随加速踏板的加大而迅速增加，排气管发出“突突”声，则表明点火过迟，即点火提前角过小。

（2）根据汽车路试情况判断

使汽车满载，发动机冷却液温度为 80～90℃，在平坦路面以直接挡 30km/h 的车速行驶，突然将加速踏板踩到底，此时若有短促轻微的爆燃敲击声，瞬时声响又消失，其车速迅速提高，则说明点火正时准确；若在加速中有强烈的爆燃声如金属敲击声，且不消失，则说明点火过早；若在加速中听不到突爆声，且车速提高不快、加速发闷，则说明点火过迟。

有的汽车其点火提前角是可以调整的，这种汽车在点火过早或过迟时可以利用经验法调整。点火正时的调整，是通过转动分电器外壳进行的。调整时，先松开分电器外壳固定螺栓，若点火过早，应顺着分火头的旋转方向转动分电器外壳；若点火过迟，应逆着分火头的旋转方向转动分电器外壳，经反复调整正常之后，将分电器外壳固定螺栓旋紧。经反复路试调整，直至点火正时为止。

提示：经验法检查和调整点火正时对操作者的经验依赖性强，往往是粗略的，而点火正时的精确检测和调整则必须借助点火正时仪来完成。

4.4.3 电子点火系统常见故障的诊断分析

1. 发动机不能发动

（1）故障现象

起动发动机时，起动转速正常，供油系统正常，而发动机无着火迹象，此时可确定是点火系统故障。

（2）故障原因

点火系统不点火、火花太弱、点火不正时均可能造成发动机不能发动，具体的故障原因如下。

① 低压线路短路、断路、接地，不能产生高压电。

② 高压线脱落或漏电，不能传递高压电。

③ 点火线圈故障，如点火线圈初级或次级绕组断路、短路、接地，导致不产生次级电压或最高次级电压下降；点火线圈绝缘盖破裂漏电，导致最高次级电压下降或不产生次级电压；点火线圈本身点火性能不良，产生的点火电压过低。

④ 传统点火系统中的断电器触点与电容器故障：

断电器触点故障，如断电器触点严重烧蚀、氧化、过脏而接触不良，触点臂弹簧弹力不足，触点间隙调整不当等，会造成高压火花过弱或无火；

电容器故障，如电容器性能不良，电容器内部引出线断路，电容器接地不良，电容器绝缘击穿或漏电，会导致最高次级电压下降或不产生次级电压。

⑤ 电子点火系统中的点火信号发生器与电子点火器故障：

点火信号发生器故障，如磁感应式点火信号发生器感应线圈短路或断路，会导致无信号输出而不能触发电子点火器工作；其信号转子轴磨损偏摆或感应线圈与导磁铁心组件移动，会导致转子凸齿与铁心的间隙不当，造成信号过弱或无信号输出而不能触发电子点火器工作。

电子点火器故障，如电子点火器线路接触不良或断脱，会造成火花减弱或不能点火；如电子点火器内部电子元器件短路、断路、漏电等均会造成：功率晶体管不能导通，使点火线圈初级无电流而不工作；功率晶体管不能截止，使点火线圈初级不能断路而不产生高压；功率晶体管不能工作在开关状态，即不能饱和导通和完全截止，使初级电流减小或断流不彻底，造成火花减弱或不能点火。

⑥ 配电器中的分电器盖和分火头故障：

分电器盖故障，如分电器盖脏污、破损、绝缘不良漏电，会造成火花减弱而不点火或错火等；分电器盖导电处接触不良，会造成点火能量损失，使点火可靠性下降。

分火头故障，如分火头绝缘部分有裂纹、积污而漏电，会造成点火线圈点火能量损失，火花减弱，严重时会导致点火线圈高压完全不送入各缸高压分线，使发动机不点火。

⑦ 火花塞故障，如火花塞积炭、积油，火花塞绝缘体起皱、破裂，电极烧蚀，火花塞间隙不当等，都会导致点火性能下降或根本不能点火。

⑧ 点火错乱不正时，完全不能按点火顺序点火。

（3）故障诊断

首先察看点火线圈和分电器上的高压导线、低压线路有无松脱，然后拔出分电器上的中央高压线，使高压线端距发动机机体 5～8mm，再接通点火开关，起动发动机，看高压线端与机体间是否跳火。此时有三种可能的情况：一是火花强，其特征是火花线较粗、呈蓝白色，且可听到较清晰的“叭、叭”声；二是火花弱，其特征是火花很细，暗呈红色；三是无火花。再根据各种情况按图 4.4-10 所示的流程进行故障诊断。

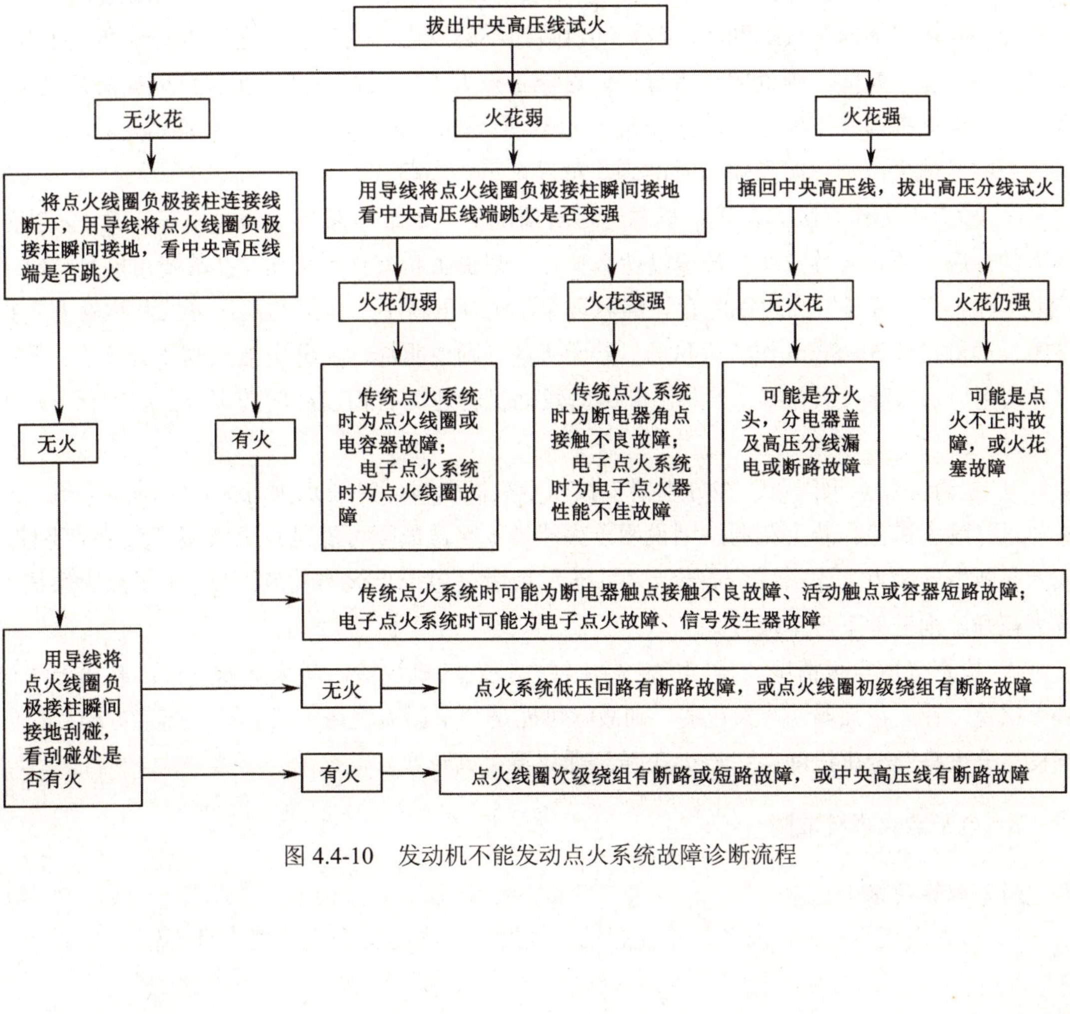

图 4.4-10　发动机不能发动点火系统故障诊断流程

2. 发动机动力不足

（1）故障现象

发动机运转无力，加速不良，经检查其他系统工作正常，此时确定是点火系统故障。

（2）故障原因

① 点火过迟，导致动力不足，加速不良。

② 个别缸不工作，导致动力不足。

③ 传统点火系统的断电器触点接触不良，导致高压火花过弱，动力不足。

④ 电子点火系统的电子点火器性能不良，导致高压火花过弱，动力不足。

⑤ 分电器盖脏污、破损、绝缘不良漏电，分电器盖导电处接触不良，分火头漏电，点火能量损失，导致点火可靠性下降，动力不足。

⑥ 火花塞绝缘体破裂漏电，电极油污严重或积炭过多，电极间隙过大或过小，导致点火可靠性下降，动力不足。

（3）故障诊断

① 检查点火正时。将汽车在平坦路面以最高挡低速运行，当发动机冷却液温度达80～90℃时，突然将加速踏板踩到底，若发动机瞬间不能发出“嘎、嘎、嘎”的突爆声，且车速提高不快、加速发闷，则说明点火过迟，可能是点火正时调整不当，初始点火提前角过小，也可能是点火提前装置失效，应予以检查调整；加速时，发动机若有短促轻微的爆振敲击声，瞬时声响又消失，则说明点火正时准确，可进行下一步检查。

② 检查不工作气缸。在发动机怠速运转情况下，逐缸短路高压分线使其断火，观察发动机的反应。若断火时发动机转速没什么变化，则说明断火缸不工作，其故障可能是该缸火花塞工作不良，或该缸高压线路存在漏电现象，此时可将不工作缸的高压分线从火花塞上拆下距发动机机体5～8mm作跳火试验。若无火花，则说明故障在分电器或高压分线上；若有火花，则说明故障在火花塞。若各缸断火时发动机转速均有相当程度的下降，则进行下一步检查。

③ 检查高压点火能量。在分电器上拔出中央高压线，接通点火开关，起动发动机，对机体进行跳火试验。若火花弱，则说明点火能量不足，故障可能是点火线圈点火性能不佳，或者是断电器触点工作不良（传统点火系统），或者是电子点火器性能不良（电子点火系统）；若火花强，则进行下一步检查。

④ 检查分压点火情况。插回中央高压线，使发动机运转，从火花塞端拔出高压分线作跳火试验，看火花强弱。若火花弱，则故障可能是分电器盖绝缘不良、分电器盖导电处接触不良、分火头及分压线漏电；若火花强，则故障在火花塞。

3. 电子点火系统故障

（1）故障现象

① 点火系统不点火，发动机不能起动，或发动机在运行中突然熄火且再也不能起动。

② 高压火花弱，发动机起动困难，发动机运转不平稳。

（2）故障原因

现代轿车点火系统多采用无触点电子控制点火系统。这种点火系统是由发动机 ECU 根据各与点火控制有关的传感器输入信号对点火时刻、点火能量进行控制点火的。因此，电子控制点火系统的故障原因主要有如下几点。

① 点火信号发生器存在故障，导致无信号输出而不能触发电子点火器工作。

② 电子点火器存在故障或性能不良，不能及时通断点火线圈初级电流，使点火线圈次级不能适时地产生高压。

③ 点火线圈存在故障，不能产生点火高压，或点火高压太低，点火能量不够。

④ 火花塞故障。火花塞承受高温、高压、冷热高频交变、燃油废气的侵蚀等，工作环境恶劣，随着运行里程的增加会逐渐使性能变坏，产生电极烧损、积炭、积油等故障。

⑤ 点火系统的高、低压线路故障。线路接头、插座连接牢固才能保证接触可靠、传递信息准确。由于发动机本身运转时的振动和汽车在不平路面上运行时的振动，会引起高、低压线路接触不良。另外，高压线损伤、漏电都会导致点火系统工作不正常。

⑥ 与电子控制点火系统有关的传感器失效，如发动机转速传感器、节气门位置传感器、冷却液温度传感器、爆燃传感器、氧传感器等失效，会引起点火系统工作不正常。

⑦ 与电子控制点火系统有关的控制线路短路或断路，将导致控制信号异常，使点火系统工作不正常。

⑧ 发动机 ECU 故障，导致点火系统工作异常。

（3）故障诊断

发动机电子控制点火系统的故障诊断可参照如图 4.4-11 所示的典型电子控制点火电路，按图 4.4-12 所示的流程进行。

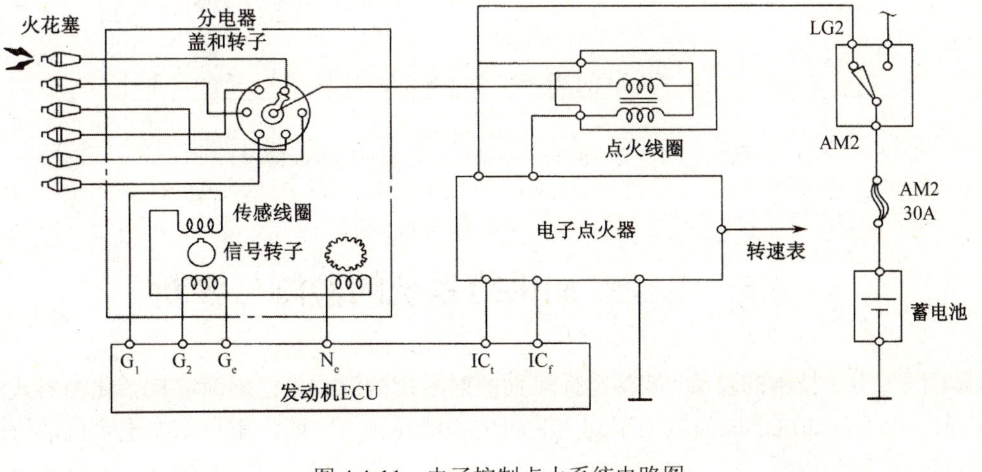

图 4.4-11　电子控制点火系统电路图

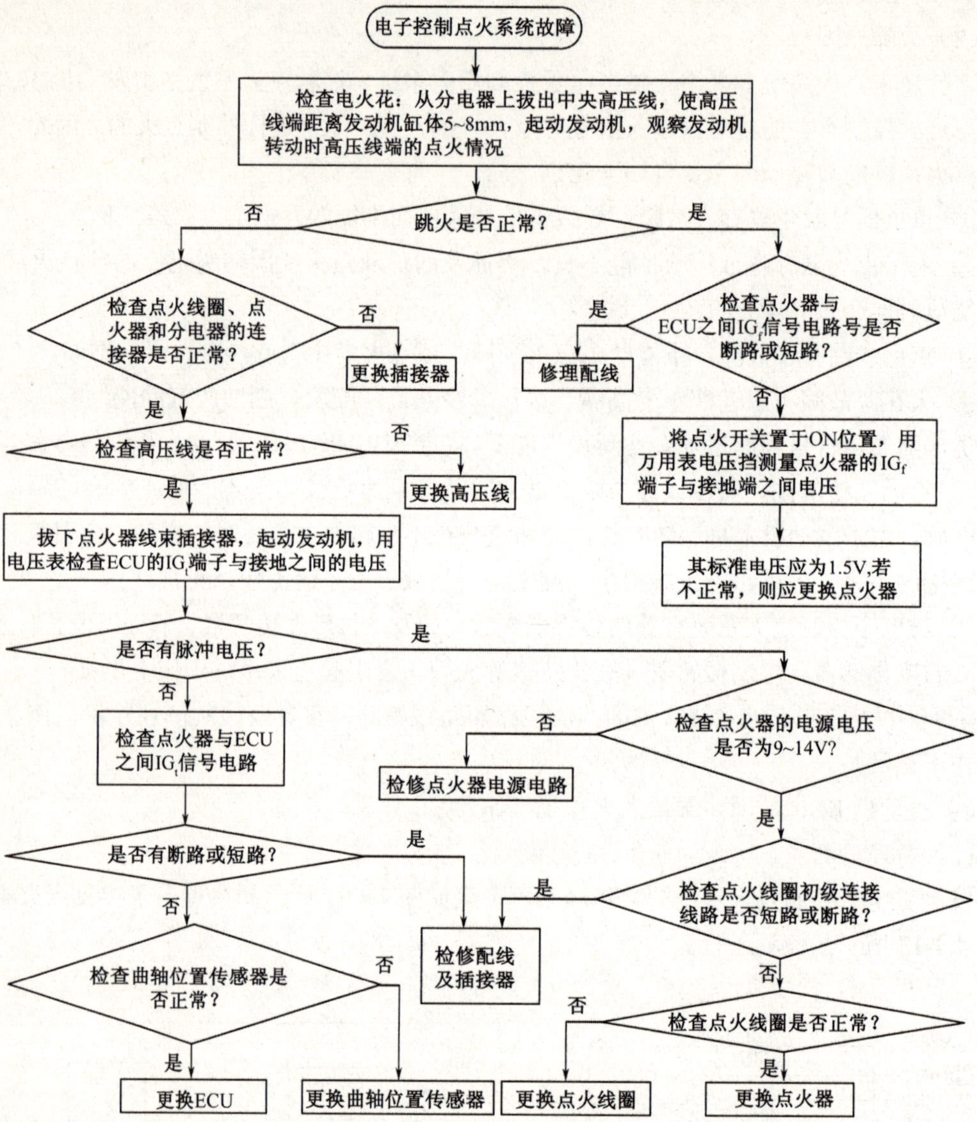

图 4.4-12　发动机电子控制点后系统故障诊断流程

4.5　电控燃油供给系统的检测与诊断

随着汽车电子技术的发展，装备电控燃油喷射系统的汽油机已逐渐取代了化油器式汽油机。目前，电喷汽油机已成为汽油车动力装置的主流品种，因此应重点掌握电喷汽油机燃油供给系统的检测与诊断。

4.5.1　电喷汽油机燃油供给系统压力的检测诊断

在一定喷射条件下，混合气的浓度对来自供油压力的影响最为敏感，而供油压力的大小主要取决于燃油系统的压力，因此对燃油系统压力的检测是维修中必不可少的项目。同时，通过检测发动机运转时燃油管路内的油压，可以判断电动燃油泵、燃油压力调节器有无故障，汽油滤清器是否堵塞等，燃油系统压力的检测方法如下。

1．检测前的准备

① 松开油箱上的加油盖，释放油箱中的蒸气压力，并检查油箱内燃油量，确保燃油量正常。

② 释放燃油系统压力，方法是：在发动机停转情况下，拔下燃油泵继电器或其线束连接器，使发动机自行熄火，再起动发动机 2～3 次，直到不能起动着火为止，然后关闭点火开关，接上燃油泵继电器或其线束插接器。

③ 检查蓄电池电压，蓄电池应正常，然后拆下蓄电池负极接地线。

④ 连接专用压力表（量程为 1MPa 左右）。有油压检测孔的可直接将油压表接在油压检测孔上，无油压检测孔时，可断开进油管，将三通管接头及油压表安装在系统管路中，如图 4.5-1 所示。

⑤ 重新装上蓄电池负极接地线。

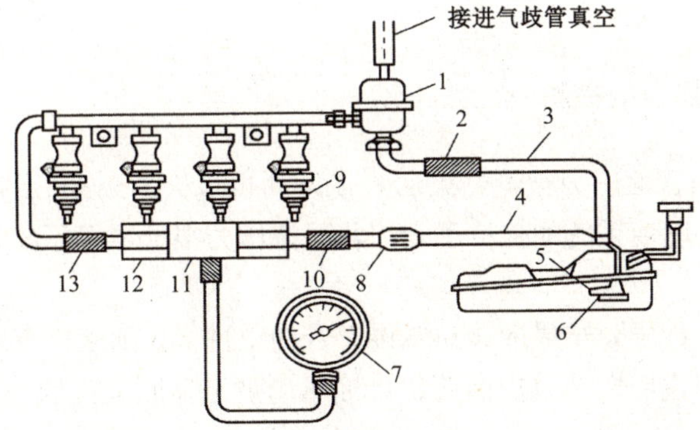

1—燃油压力调节器；2、10、13—软管；3—回油管；　4—进油管；5—燃油泵；
6—燃袖泵滤网；7—油压表；8 一燃油滤清器；9 一喷油器；11—三通管接头；12—管接头

图 4.5-1　多点喷射系统燃油压力检测示意图

2．燃油系统静态压力的检测

① 用导线在检测插座上短接电动燃油泵端子和电源端子。

② 打开点火开关而不起动发动机，使电动燃油泵运转。

③ 检测油压，其压力表读数即为系统的静态燃油压力。

④ 关闭点火开关，拔掉电动燃油泵检测插座的短接线。

提示：燃油系统正常的静态油压约为 300kPa 左右，若油压过低，应检查电动燃油泵工作是否正常、汽油滤清器是否堵塞、燃油压力调节器是否调整不当或损坏，并查看油路有无渗漏；若油压过高，应检查燃油压力调节器是否调整不当或损坏。

3．发动机运转时燃油压力的检测

① 起动发动机，使发动机怠速运转。

② 检测油压，其压力表读数即为发动机怠速运转的燃油压力。

③ 缓慢踩下加速踏板，在节气门全开时检测油压，其压力表读数即为节气门全开时的燃油压力。

④ 发动机怠速运转，拔下燃油压力调节器上的真空软管，并用手堵住，再检测其燃油压力。该压力应和节气门全开时的燃油压力基本相等，通常多点喷射系统压力约为 250～350kPa。

提示：发动机运转时检测的燃油压力应符合标准。由于不同车型燃油系统的燃油压力不尽相同，因此检测诊断时应具体参阅各车型的维修手册。若测得的燃油压力过低，则应检查燃油系统有无泄漏，燃油泵滤网、燃油滤清器和燃油管路是否堵塞，若无泄漏和堵塞故障，应检查燃油泵及燃油压力调节器；若测得的燃油压力过高，应检查回油管路是否堵塞，真空软管是否破裂，若回油管路、真空软管正常，则应检查燃油压力调节器是否调整不当或损坏。

4．燃油系统保持压力的检测

发动机怠速运转的燃油压力检测结束后，使发动机熄火，5min 后再观察油压表指示的油压。此时的压力称为燃油系统的保持压力。若保持压力很低或等于零，则发动机难以发动或不能发动。

提示：燃油系统保持压力一般应≥147kPa。若油压过低，则应检查燃油系统油路有无泄漏；若油路无泄漏，则说明燃油泵出油阀、燃油压力调节器回油阀或喷油器密封不良。

5．燃油压力调节器保持压力的检测

当燃油系统保持压力低于标准值且怀疑是燃油压力调节器故障引起时，需检测燃油压力调节器保持压力。

① 用导线在检测插座上短接燃油泵端子和电源端子。

② 打开点火开关而不起动发动机，使燃油泵运转 10s 左右时间。

③ 关闭点火开关，拔去燃油泵检测插座上的短接导线。

④ 夹紧油压调节器回油管上的软管 2（见图 4.5-1），堵住回油通道。

⑤ 5min 后观察油压表的压力，该压力即为燃油压力调节器的保持压力。

提示：若燃油系统保持压力低于标准，而燃油压力调节器保持压力又大于燃油系统保持压力，则说明燃油压力调节器回油阀有泄漏，此时应更换燃油压力调节器；若燃油压力调节器保持压力仍然与燃油系统保持压力相同，则说明燃油系统保持压力过低的原因可能是燃油泵、喷油器、油管有泄漏，此时应予以检查。

6．燃油泵最大压力和保持压力的检测

当燃油系统的保持压力及运转压力低于标准值且怀疑是燃油泵故障引起时，需检测燃油泵的最大压力和保持压力，其检测方法如下。

① 夹紧通往喷油器的软管 13（见图 4.5-1），堵死燃油的输出通道。

② 用导线在检测插座上短接电动燃油泵端子和电源端子。

③ 打开点火开关而不起动发动机，使燃油泵运转 10s 左右时间，此时油压表指示的压力即为燃油泵的最大压力。

④ 关闭点火开关，拔掉燃油泵检测插座上的短接线。

⑤ 5min 后再观察油压表的压力，此时油压表指示的压力即为电动燃油泵的保持压力。

提示：车型不同，燃油泵的最大压力和保持压力标准也不一样。通常燃油泵的最大压力标准约为 490～640kPa，保持压力应大于 340kPa。若实测压力不符合标准，则应更换燃油泵。

7．检测后的燃油系统装复

燃油系统压力检测完毕后，应按要求装复燃油系统，以保证发动机能正常工作。

① 释放燃油系统的油压。

② 拆下蓄电池负极接地线。

③ 拆下油压表。

④ 重新装好油管接头。

⑤ 接好蓄电池负极接地线。

⑥ 进行燃油系统油压的预置。方法是：在检测插座上用导线短接燃油泵端子和电源端子，打开点火开关而不起动发动机，使燃油泵工作约 10s，然后关闭点火开关，拆下短接线。

⑦ 检查油管各处有无泄漏。

4.5.2　喷油控制信号波形的检测诊断

在电控燃油喷射系统中，由于燃油压力调节器能够保持喷油压力恒定，因此从喷油器喷出的燃油量取决于喷油器开启时间的长短，而开启时间的长短是由微机发出的喷油控制信号决定的。为了正确判断喷射系统基本喷油控制是否正常，各种传感器喷油量的修正控制（加浓补偿）是否良好，以及诊断 ECU 和喷油器的故障，有必要对喷油控制信号波形进行检测与诊断。

1．喷油信号波形的检测

喷油器工作时的喷油信号波形，通常用发动机综合检测仪或汽车专用示波器来检测，其

检测方法如下。

① 按照波形检测仪器操作使用说明书的要求，连接好波形检测仪器。通常仪器带有专用接头与喷油器插接器相连。

② 起动发动机，使发动机稳定运转预热至正常温度。

③ 打开检测仪器，按规定工况运转发动机，示波器则显示喷油器工作时的喷油信号波形和喷油脉宽，如图 4.5-2 所示。

2．标准喷油信号波形

标准喷油信号波形是指电控燃油喷射系统工作正常时，喷油控制信号电压随时间变化的波形，它是不解体动态检测电控燃油喷射系统的诊断标准。喷油信号波形与喷油器的驱动方式有关，喷油器的驱动方式有电压驱动和电流驱动两种。

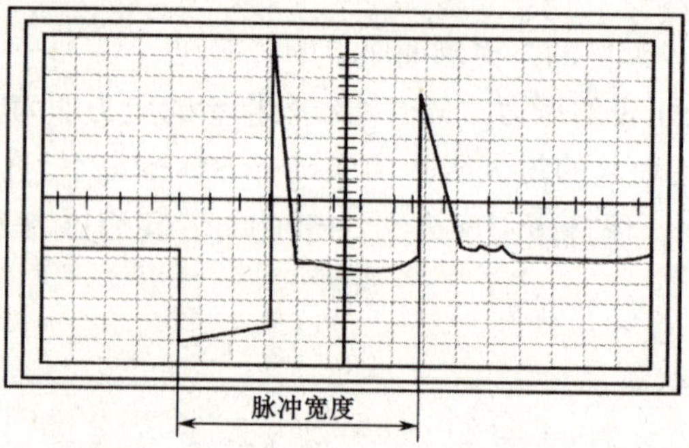

图 4.5-2　电流驱动式喷油器喷油信号波形

电压驱动式喷油器，其电控系统 ECU 对驱动喷油器的喷油电脉冲电压进行恒定控制。在喷油器控制电路中，ECU 控制功率晶体管导通或者截止，导通时蓄电池电压加到喷油器电磁线圈上，喷油器喷油，截止时停止喷油，其喷油器标准喷油信号波形如图 4.5-3（a）所示。

电流驱动式喷油器，其电控系统 ECU 对驱动喷油器的电磁线圈电流进行调节控制。在电流驱动式控制电路中，功率晶体管除基本的开、关功能外，还具有限流功能。在基本喷油时间内，功率晶体管导通，驱动电流不受限制；在加浓补偿喷油时间内，控制其电流迅速下降到能维持喷油器处于全开状态的较小值，以免喷油器电磁线圈过热损坏。其喷油器标准喷油信号波形如图 4.5-3（b）所示。

图 4.5-3 标准喷油信号波形的有关描述如下。

A 线：喷油器关闭时的系统电压信号，通常为 12V。

B 线：喷油信号到达时刻，此时功率晶体管完全导通，电压迅速下降接近 0V，喷油器开始喷油。B 线应光滑、平顶、无毛刺，否则说明功率晶体管性能不良。

C 线：喷油器喷油，此时喷油器驱动电路处于饱和导通阶段，波形电压接近 0V，喷油器电磁线圈电流由零迅速上升至最大，喷油器针阀迅速全开喷油。该段波形对应的时间，对于图 4.5-3（a）为喷油时间，对于图 4.5-3（b）为基本喷油时间。在实际波形中，由于电流增加时喷油器电磁线圈产生感应电压的影响，C 线向右逐渐向上弯曲也属正常。若 C 波形异常，则多由喷油器驱动电路接地不良引起。

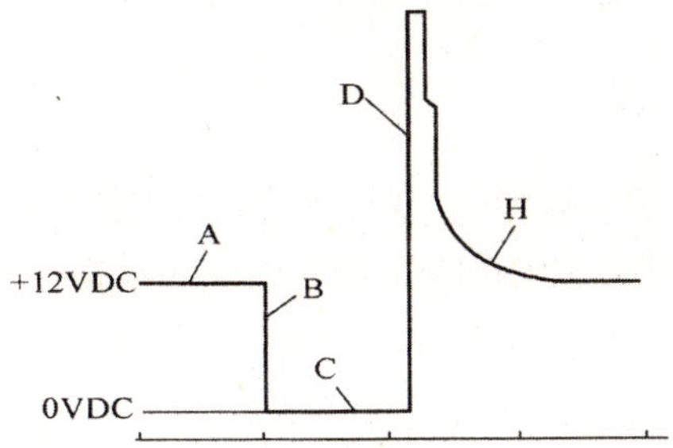

（a）电压驱动式喷油器喷油信号波形

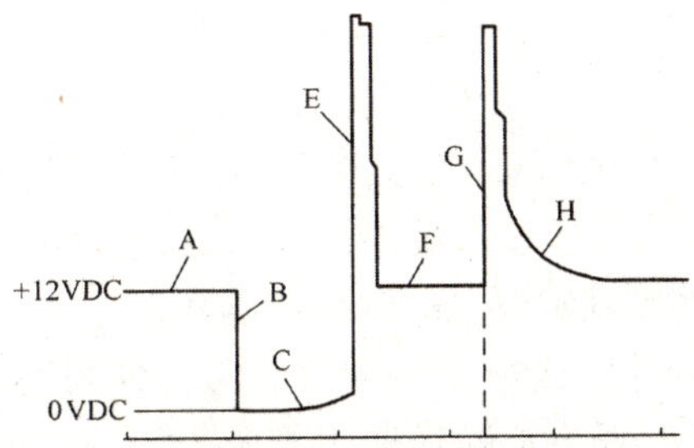

（b）电流驱动式喷油器喷油信号波形

图 4.5-3　喷油器标准喷油信号波形

D 线：喷油信号截止时刻，此时喷油器驱动电路断开，喷油结束，喷油器线圈因电流突变而产生感应脉冲电压。其电压尖峰高度与喷油器线圈匝数、喷油器电流有关，线圈匝数越多，电流变化越大，则尖峰电压越高，反之则尖峰电压越小。通常 D 处的峰值电压不应低于 35V。装有齐纳二极管保护线路的喷油器，尖峰的顶部应以方形截止，否则说明其峰值电压未达到齐纳二极管的击穿电压，可能是喷油器的电磁线圈性能不良所致。图 4.5-3（a）中，从喷油开始信号 B 至喷油截止信号 D 所对应的时间就是电压驱动式喷油器的总喷油时间。

E 线：基本喷油时间结束线，同时也是电流限制起始线。由于在 E 时刻，喷油器针阀已达到最大开度，故只需小电流维持喷油器针阀开启，以便转入加浓补偿喷油期。此时，ECU 起动电流限制，减小驱动电路电流。由于电流的骤减，导致喷油器电磁线圈感应出较高的电压脉冲，其电压脉冲峰值通常与喷油器的阻抗成正比，约为 35V。

F 线：加浓补偿喷油期，此时喷油器处于电流限制模式状态，其功率晶体管在不停地截止与导通，使通过喷油器电磁线圈的电流约为 1A 左右，其喷油器针阀处于开启状态，喷油器进行加浓补偿喷油，所对应的时间为加浓补偿喷油时间。曲线中的电压与电源电压接近，若波形发生畸变，则表明喷油器功率晶体管不良。

G 线：喷油信号截止时刻，此时喷油器驱动电路断开，喷油器线圈因电流突变而产生感应脉冲电压，幅值约为 30V。图 4.5-3（b）中，从喷油开始信号 B 至喷油截止信号 G 所对应的时间就是电流驱动式喽油器的总喷油时间。

H 线：喷油器针阀关闭，电压从峰值逐渐衰减到电源电压。

3．喷油信号波形诊断

汽车示波器在显示喷油信号波形的同时可以将喷油脉宽用数字显示，其喷油脉宽是指喷油信号开始至喷油信号截止所经历的时间，该时间由 ECU 根据各种传感器输送的有关发动机的空气流量、进气歧管压力、转速、节气门开度、进气温度、冷却液温度等信号计算确定。喷油脉宽越宽，喷油量就越大。当检测的喷油脉宽与标准不同时，表明喷射系统存在故障。人们往往通过改变发动机的工作状况、工作条件来观测喷油信号波形的变化，从而诊断电控燃油喷射系统的故障，下面举例说明。

检测时，先将示波器的检测线通过专用插头与喷油器的插接器相连(见图 4. 5-4)，将变速杆置于空挡，再起动发动机，使发动机运转至正常工作温度，然后根据下列条件检查喷油信号波形。

查阅维修资料和电路图的相关信息，确定喷油器控制信号线的针脚，然后连接示波器的红色电压探针。

红色电压探针的另一端连接到示波器的输入通道 A。

（1）发动机控制模块利用脉宽调制（PWM）信号控制喷油器，在怠速、高速及加速时观察喷油信号波形，正常时喷油脉宽应随转速的提高、节气门的加大而相应增加，否则可能是喷油器、燃油喷射控制系统及氧传感器存在故障，如图 4.5-5 所示。

图 4.5-4　输入端口连接

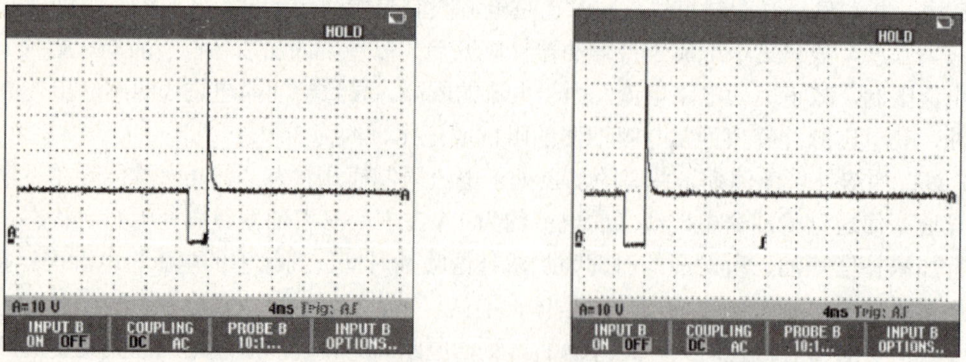

（a）怠速工况

（b）怠速工况负荷增大

图 4.5-5　不同负荷喷油器打开脉宽

（2）在高速稳定运转时，通过改变混合气浓度来观察喷油信号波形。当从进气管中加入丙烷使混合气变浓时，若喷油脉宽变小，以试图对浓混合气进行修正，则系统正常；当拔下发动机某一真空软管使混合气变稀时，若喷油脉宽延长，以试图对稀混合气进行补偿，则系统正常。若混合气浓度变化时，喷油脉宽没变化，则可能是喷油器、燃油喷射控制系统及氧传感器存在故障。

（3）让发动机在 2500rpm 下稳定运转，仔细观察喷油信号波形。若喷油脉宽在稍宽与稍窄之间来回变换，则说明喷油器工作正常，同时也说明燃油控制系统能使混合气在正常的浓、稀之间转换。若喷油脉宽毫无变化，则可能是喷油器、燃油喷射控制系统及氧传感器存在故障。

（4）也可以通过观察喷油器打开时信号波形的峰值电压、触发方式、频率、占空比等判断喷油器控制器和性能的好坏，如图 4.5-6 所示。

如图 4.5-6（a）所示，根据电压网格单位进行计算，该信号的波峰电压约为 70V。波谷电压与基准值电压平齐，因此波谷电压为 0V。

如图 4.5-6（b）所示，该信号为负触发信号，因此选择负斜率触发方式。

如图 4.5-6（c）所示，测量该信号的频率为 6.00Hz。也可以根据时间网格单位来估算周期和频率：

- 周期约为：168ms；
- 频率为：1/0.168=5.95Hz。

如图 4.5-6（d）所示，该信号为负触发信号，选择负触发脉宽测量方式，脉宽为 2.90ms。

如图 4.5-6（e）所示，选择负触发占空比测量方式。若屏幕无法直接显示占空比，则根据以上测量值进行计算：

- 脉宽为 2.90ms；
- 周期约为 168ms；

负触发占空比为：2.90/168=1.73%。

提示：发动机在怠速工况检测喷油信号时，其总喷油脉宽变化甚微，这对准确判断 ECU 的加浓补偿功能具有难度。因此较好的检测方法是按需要确定发动机的运行工况，或在底盘测功机上模拟运行工况来检测喷油信号，这样可以有效地对 ECU 的喷油补偿功能进行全面检测，有利于对电子控制供油系统的控制作用作出正确的判断。

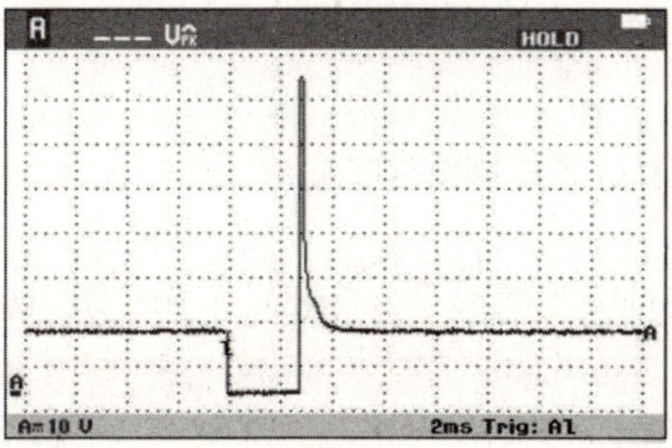

（a）峰位电压测试

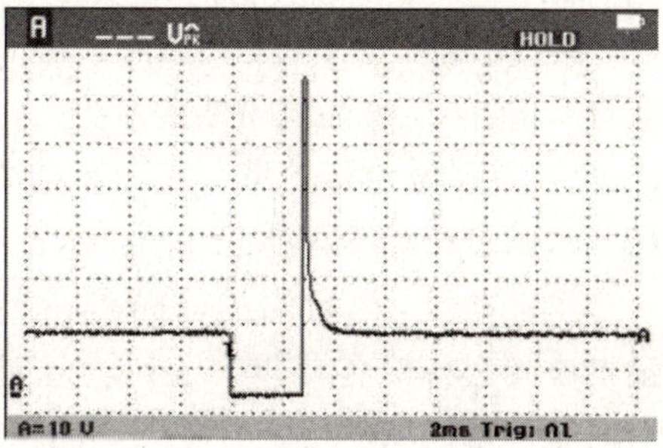

（b）触发方式

图 4.5-6　信号波形测量

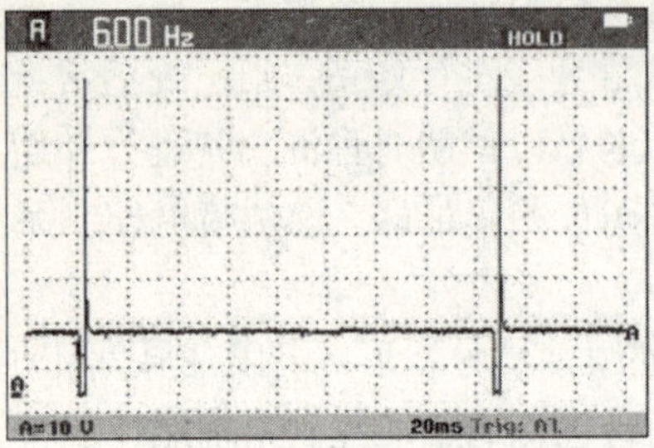

（c）频率

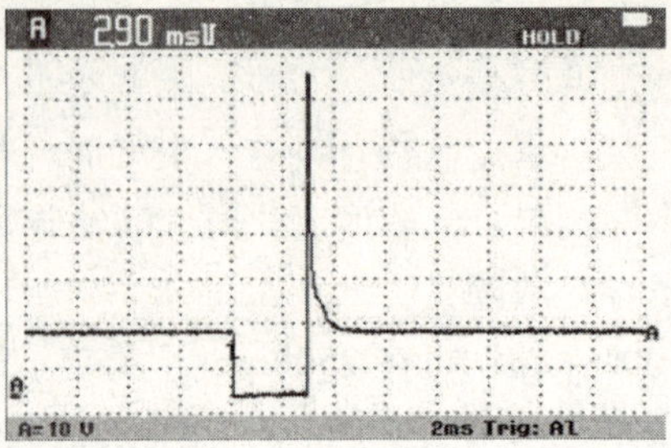

（d）脉宽

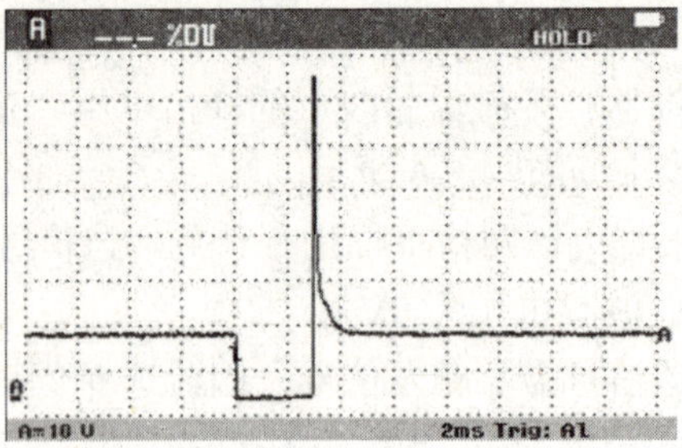

（e）占空比

图 4.5-6　信号波形测量（续）

4.5.3　燃油供给系统常见故障分析

1. 供油压力正常而汽车不能起动或起动困难

（1）故障现象

汽车在起动的时候，现象与供油压力过低时相同。

（2）故障原因

在已经知道燃油压力正常的情况下，汽车仍然出现不能起动或起动困难的现象，此时故障原因多在以下几个方面。

①燃油滤清器堵塞；

② 喷油嘴堵塞；

③ 电子控制单元（ECU）故障；

④ 喷油器不能喷油或喷油量减少；

⑤ 有冷起动喷油器的汽车，冷起动喷油器本身或其控制出现了问题。

（3）故障分析诊断与排除

在起动多次没有起动着的前提下，经测量，供油系统的压力正常时，对于燃油的必经之路滤清器不要忽视检查。

有时燃油滤清器的堵塞会导致燃油供油压力正常但起动却不正常的现象。车不起动时，燃油能透过滤清器形成油压，但一经起动油压迅速下降而熄火。

目前，汽车的滤清器多为小且透明的装置，安装在发动机附近，非常容易检查与更换。

喷油器的堵塞也会导致此故障的出现。当汽车经过一段时间的使用后，油品中存在的不清洁等因素，造成喷油器的堵塞，使发动机起动时受阻。 此时，可通过判断喷油器是否工作来诊断。一般来说，当喷油器有振动，或者测出了喷油脉宽时，表明喷油器已经工作。

排除了滤清器与喷油器的堵塞原因后，就要观察 ECU 的工作情况。 ECU 出现故障可造成喷油器不喷油或喷出的燃油量不能满足发动机的起动要求。 可通过替换 ECU 的方法进行诊断，诊断时要特别注意 ECU 替换注意事项。

对于早期有冷起动喷油器的汽车，如果只是在冷起动时存在上述故障现象，而热车后故障现象消失，应该是冷起动喷油器本身或其控制出现了问题。

2. 由于喷油器故障引起的起动困难

（1）故障现象

一辆 2002 年款上海大众帕萨特 B5 1.8T 轿车，该车装备有涡轮增压的四缸电喷发动机，已行驶了近 4 万千米。在行驶中换挡加速时，有轻微的锉车现象。

（2）故障分析诊断与排除

① 在检修过程中，首先用金德 K81 汽车解码器调取故障码，为 65535，其含义是电控系统无故障存在。接着又检查了各缸火花塞，其火花塞的型号为 PFR60，是日本产的铂金电极火花塞。目测火花塞的电极呈铁锈色，说明各汽缸工作良好。

② 把燃油压力表专用接口连接到该车的进油管上，起动发动机，燃油压力表指示为 340 kPa，属正常值范围。

③ 从电控系统、油路等检测中都没有发现异常现象，决定进行清洗喷油器和节气门体的常规维护。

④ 用化油器清洗剂把节气门体清洗干净。把所有拆下来的零件都复位装好，然后接通点火开关，用金德 K81 汽车解码器选择基本设定功能，对节气门控制组件进行了基本设定操作。

⑤ 起动发动机进行路试，路试中该车换挡加速时有力，无锉车现象。但是，两天后该车车主反映检修后出现了早上发动机不易起动的故障。

⑥ 用金德汽车解码器调取故障码，故障码仍为 65535，系统正常无故障。

⑦ 再次把燃油压力表连接到进油管上，起动发动机后，燃油压力表显示为 340 kPa。然后发动机熄火，观察燃油压力的变化，10min 内压力下降到 200kPa，此值低于标准。

⑧ 此时用钳子夹住进油胶管，则燃油压力表指示值反弹到 220 kPa，同时压力值下降的速率减慢。怀疑是燃油泵出油端单向阀泄漏，于是更换一个相同的油泵总成进行再次试验，30min 以后压力表指示压力为零。说明燃油系统其它部位还有泄漏。

因此，先检查全部的燃油管路，均正常；再利用备件替代法检查燃油压力调节器，也正常；最后只能怀疑到是喷油器泄漏。

⑨ 把四只喷油器从发动机上拆下来，但还要装在输油管上，燃油压力表依然接在进油管上。在压力上升到 350kPa 后，观察各喷油器喷孔。随后看到有三个喷油器喷孔处有少量燃油，说明这三个喷油器有泄漏。

⑩ 把这三只喷油器再次清洗后试验，还是泄漏，只好换装三只新的同型号的喷油器，再一次做喷油器泄漏测试。起动发动机，燃油压力表指示值上升到 350kPa，10min 后压力值下降到 300kPa。观察各喷油器的喷孔无泄漏油迹。把拆下来的零件都装复好，试车发动机顺利起动，至此故障完全排除。

第 5 章

汽车底盘系统的故障诊断

【学习目标】

- 针对所操作的汽车，进行传动系统的实物与图纸对应关系的正确查找；
- 根据故障现象，能判断出传动系统故障的原因或方向；
- 具有对传动系统故障进行诊断和排除的能力；
- 掌握汽车行驶、转向系统的故障诊断能力；
- 了解汽车制动系统的故障现象及原因；
- 掌握汽车制动系统常见故障的诊断方法；
- 能够正确分析和诊断制动系统常见故障。

5.1 汽车传动系的故障诊断

汽车发动机与驱动轮之间的动力传递装置称为汽车的传动系。它应保证汽车具有在各种行驶条件下所必需的牵引力、车速，以及保证牵引力与车速之间协调变化等功能，使汽车具有良好的动力性和燃油经济性；还应保证汽车能倒车，以及左、右驱动轮能适应差速要求，并使动力传递能根据需要而平稳地结合或彻底、迅速地分离。传动系包括离合器、变速器、传动轴、主减速器、差速器及半轴等部分。

5.1.1 离合器故障检测与诊断

离合器是汽车传动系统主要的组成部分，其性能的好坏直接影响汽车的动力性和行驶中换挡的平顺性。在汽车传动系中，离合器用来消除换挡时的冲击力，保证换挡操作过程的顺利进行，也能使汽车平稳起步，同时防止传动系过载而造成机件损坏，起保护作用的部件。离合器种类繁多，按照工作状态分为常结合与长分离两种，其中常结合的有与手动变速器匹配的干摩擦式离合器；常分离的有与自动变速器和双离合器变速器匹配的液力耦合器、液力变矩器、电磁离合器等。在实际应用中，由于驾驶员操作或维护的不当，经常会出现一系列故障，使得离合器寿命大大降低。

1．离合器功用与结构

（1）功用

离合器的功用就是：由驾驶员控制，根据需要随时切断和接通发动机传给传动系统的动力，从而保证了汽车起步平稳、换挡平顺，同时还可以防止传动系统过载（过载时离合器自动打滑）。

（2）结构

目前，膜片弹簧离合器在各种类型的汽车上广泛应用，其构造如图 5.1-1 所示。

2．离合器主要零部件的检修

（1）从动盘的检修

从动盘的主要损伤有：摩擦片的磨损变薄、烧蚀、表面龟裂、油污、铆钉外露或松动、从动盘钢片翘曲、减振弹簧损坏、花键轴套内的花键磨损等。

①检查时用小锤敲击摩擦片，若声音沙哑时，说明铆钉松动，需要铆紧或更换铆钉即可。

②检查从动盘表面存在烧焦、油污、开裂和减振器弹簧折断时，应更换新片。对有严重油污的，还应检查曲轴后油封与变速器一轴的密封情况。

③检查摩擦片的磨损程度：用卡尺测量铆钉头的深度，如图 5.1-2 所示，铆钉头的最小深度为 0.3～0.5mm，超过极限值应更换摩擦片。

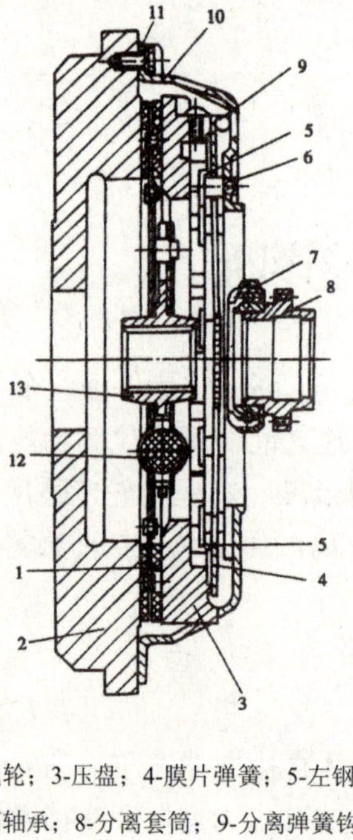

1-从动盘；2-飞轮；3-压盘；4-膜片弹簧；5-左钢丝支承座；
6-铆钉；7-分离轴承；8-分离套筒；9-分离弹簧钩；4-离合器盖；
11-传动片；12-减振器；13-花键毂；14-左钢丝支承圈

图 5.1-1　离合器结构

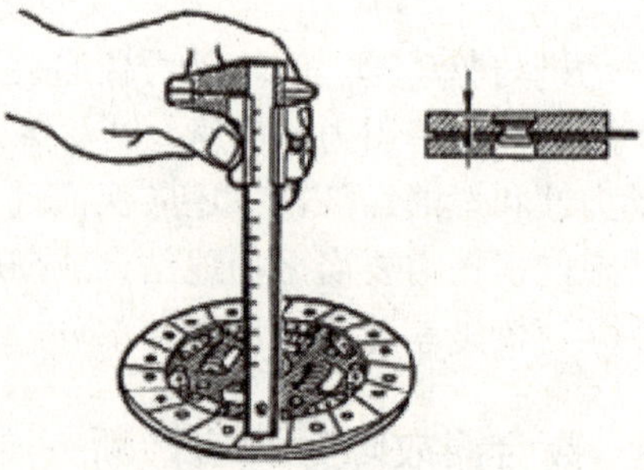

图 5.1-2　从动盘检测

④检查从动盘的端面跳动，如图 5.1-3 所示，其端面跳动的最大值为 0.5～0.8mm，超过

此极限值，则应对从动盘进行校正（见图 5.1-4）或更换。

⑤将从动盘装到输入轴上，检查滑动状态及旋转方向的松动。如滑动不良应予以处理花键。如松动明显，应更换从动盘或输入轴，或同时更换两者。

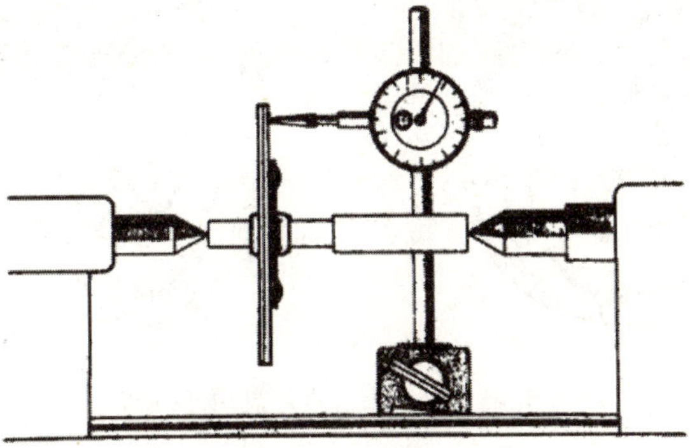

图 5.1-3　从动盘端面跳动的检查

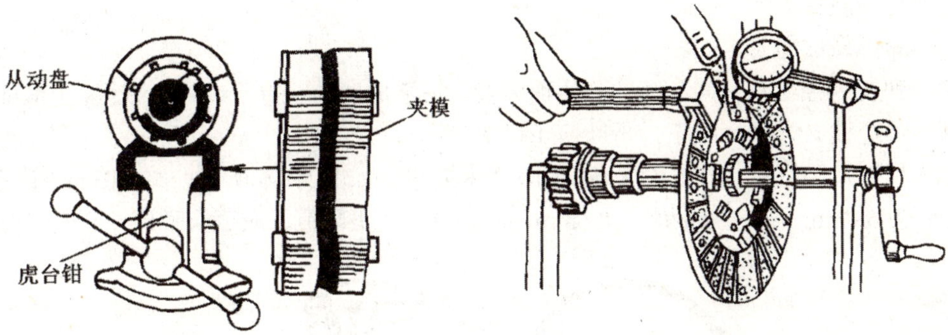

图 5.1-4　从动盘的校正

（2）飞轮的检修

飞轮的主要损伤有：飞轮后端面磨损或擦伤、飞轮翘曲变形、齿圈轮齿磨损等。当齿圈磨损超限应更换；当飞轮端面磨损沟槽或平面度误差超过极限值时应修平平面或更换；当飞轮的端面跳动超过极限值（极限值一般为 0.2mm），则应修理或更换飞轮。

（3）离合器压盘组件的检修

①压盘端面跳动的检查

离合器压盘的主要损伤有：工作表面的磨损，严重时会出现磨损沟槽。使用不当时，甚至引起翘曲或破裂现象。

对于压盘的轻度磨损、不平或烧蚀可先进行光磨。光磨后，其厚度不应小于极限尺寸（或极限减薄量不得大于规定值，一般为 1～1.5mm）和平面度误差不得大于规定值（0.1～0.2mm）；修整后压盘应进行静平衡试验。对于有严重磨损刮痕，甚至出现裂纹，引起离合器工作振抖时，则必须予以更换。用百分表检查压盘端面跳动，如图 5.1-5 所示，将压盘固定在芯轴上，使用极限为 0.2mm。如压盘铆接点损坏或开铆，应更换压盘。

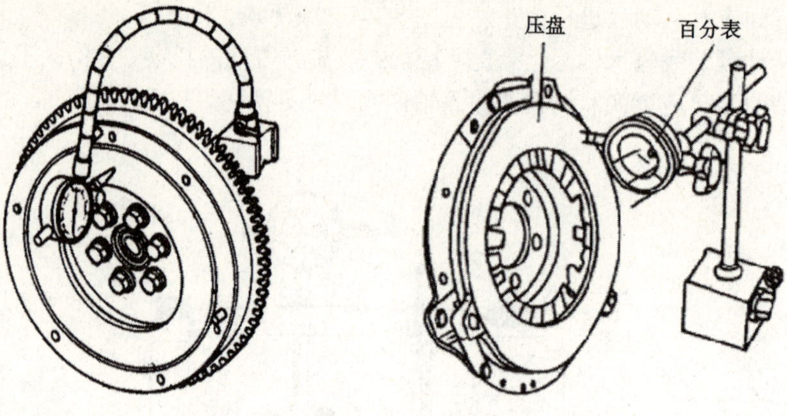

图 5.1-5　百分表检查压盘端面跳动

②离合器盖的检修

离合器盖与飞轮的接合平面的平面度公差应符合规定值（0.5mm），如有翘曲、裂纹或变形，应更换新件。

③压紧弹簧的检修

膜片弹簧因经受长时间负荷的作用而疲劳，易造成弯曲、折断或弹力减弱，影响其动力的传递。如弯曲必须进行校正，折断应予以更换。

用游标卡尺测量膜片弹簧内端磨损的深度和宽度，如图 5.1-6 所示，如丰田海狮汽车的宽度极限值为 5.0mm，深度极限值为 0.6mm，若超过上述极限值，应更换膜片弹簧或压盘组件。

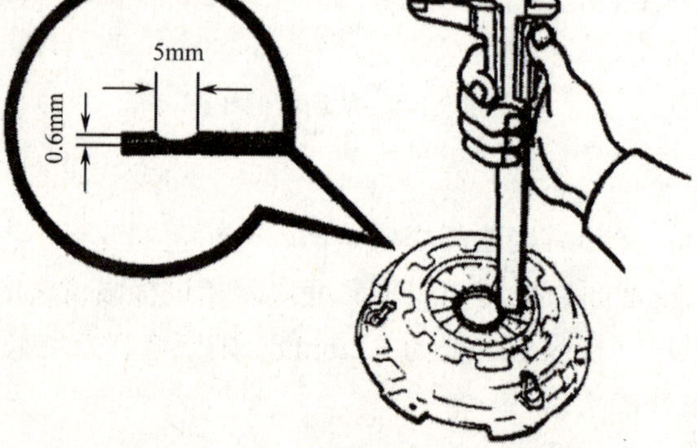

图 5.1-6　膜片弹簧内端磨损的深度和宽度

膜片弹簧高度若发生变化，表示膜片弹簧弹力不足，必须更换。可用卡尺检查膜片弹簧的高度，如图 5.1-7 所示，其与标准高度相差不应大于 0.5mm。

膜片弹簧在使用中易出现弯曲，因此，需要进行检查与调整。具体方法是：膜片弹簧装复后，使弹簧片的内端均在同一平面，然后用厚薄规测量弹簧内端和平面之间的间隙，此间隙不得超过 0.5mm，若过大，则应进行调整。调整时用专用工具，把弹簧弯曲到正确的对准位置。检查与调整方法如图 5.1-8 所示。

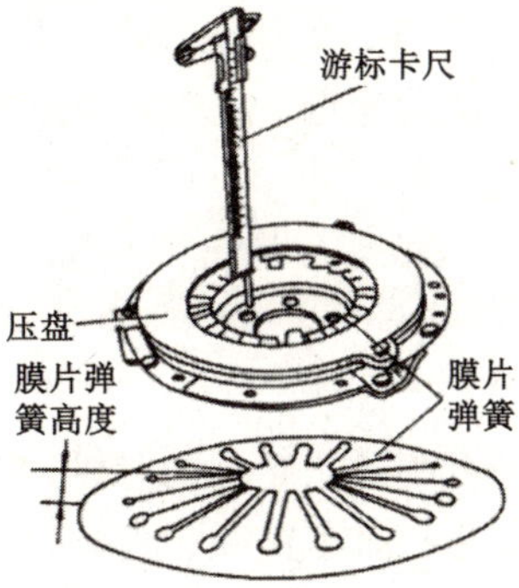

图 5.1-7　膜片弹簧的高度

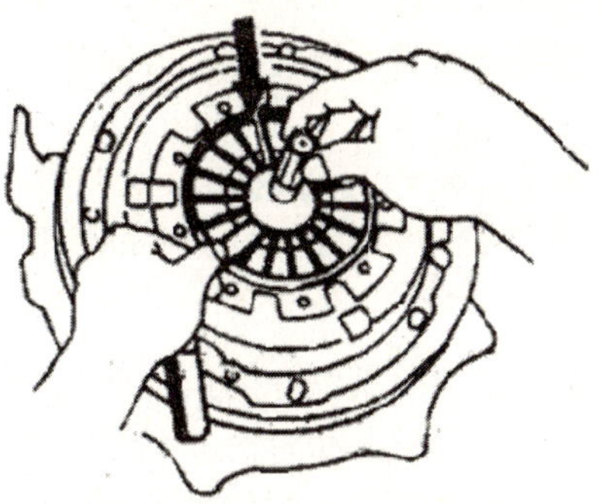
图 5.1-8　检查与调整方法

对螺旋压紧弹簧当自由长度减小值大于 2mm，在全长上的偏斜超过 1mm，或断裂，应予以更换。

（4）分离杠杆、分离叉和分离轴承的检修

分离杠杆的端面磨损严重或变形，应更换；如与分离轴承接触面有异常磨损，应予更换。安装前应对注油部位填充少量润滑脂。取出及注油参考图 5.1-9。检查离合器分离叉支承衬套的磨损情况，如松旷会使离合器操纵沉重，应更换新衬套。

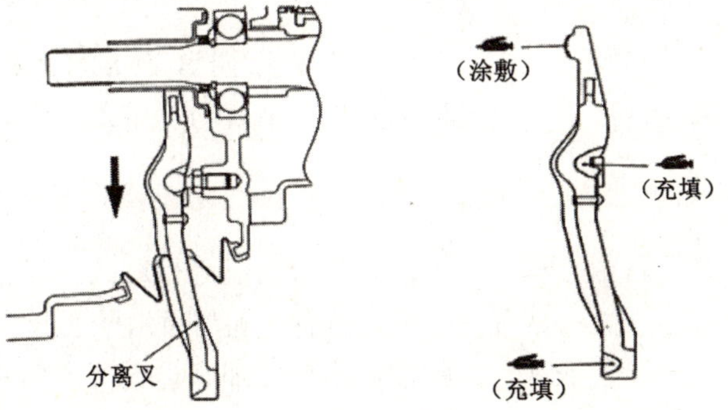

图 5.1-9　分离叉的取出分离叉注油部位

（5）总泵、分泵零件的检修

总泵、分泵是离合器操纵机构中的主要部件，一般情况下不易损坏。但有时也会出现漏油、卡滞或不能产生足够液压等故障。漏油一般是由于密封橡胶磨损、腐蚀所致，因此，对于因磨损或腐蚀了的密封橡胶进行更换即可。如果是因为泵体损伤而出现的卡滞或缸与活塞磨损配合间隙超过极限值而不能产生足够液压等故障，则应更换泵体。

3．离合器常见故障现象及原因分析

离合器在使用中，常见的故障有：打滑、分离不彻底、发抖、异响等。离合器如发生这些故障，不但影响动力的传递，造成燃料消耗增加，还会烧坏离合器摩擦衬片，损坏机件。所以，在行车中应注意检查，发现故障及时排除。离合器出现故障时，检查的重点部位有：

①检查离合器的液压操纵系统是否正常，有无气阻；主缸、工作缸是否工作正常。

②拆检离合器，检查离合器的从动盘是否磨损严重、翘曲变形；压盘是否变形；膜片弹簧是否弹力不足等。

（1）离合器打滑

1）故障现象

汽车离合器对于汽车的正常行驶起着关键的作用。当汽车开始起步的时候，如果离合器出现故障，发动机的动力输出不够，就会导致汽车起步困难；汽车重载、爬坡时，由于摩擦片、飞轮、摩擦片之间的相对运动产生大量的热而烧毁摩擦片，可嗅到焦臭味。

2）故障的原因

离合器打滑是汽车常见故障之一。那么，引起汽车离合器打滑的原因是什么呢？这主要是由于离合器压紧力下降以及摩擦片表面恶化引起，使摩擦系数降低，从而导致摩擦力矩下降。具体原因如下：离合器踏板自由行程过小，摩擦片稍有磨损，引起离合器打滑；离合器分离机构卡死；摩擦系数下降或者离合器片沾油、老化等。

3）故障诊断与排除方法

①诊断方法

将手刹拉杆拉紧，起动发动机，将变速器挂入低速挡，然后轻踩油门，同时慢慢抬起离合器，如果汽车发动机运转正常，而汽车又无法正常启动，那么，基本就可以断定为离合器打滑。

②排除方法

首先检查离合器踏板自由行程，并与维修手册上值进行对比，若过小或没有，故障由此引起；否则检查离合器操纵机构是否有卡滞，若有，则故障由此引起；否则检查飞轮与离合器盖的固定螺栓是否松动；若松动，故障由此引起；那么检查离合器片表面是否粘有油污、硬化等现象，若有，故障由此引起；若摩擦片完好，则应检查压紧弹簧的弹力，若弹力过弱，则故障由此引起。

（2）离合器分离不彻底

1）故障现象

发动机熄火时挂挡轻便，发动机运转时挂挡困难，并有齿轮强烈的咔咔撞击声。

2）故障原因

液压操纵系统中有空气、油量不足、活塞皮碗破裂、管路泄漏或堵塞等；新换摩擦片过厚或从动盘正反装错；从动盘毂键槽与从动轴的花键配合过紧、拉毛、锈蚀而发卡；从动盘铆钉松脱、摩擦片破裂、钢片变形严重；离合器踏板自由行程过大；压紧弹簧弹力不均或个别弹簧折断。

3）故障诊断与排除方法

①诊断方法

汽车发动机起动之后，断开离合器，如若齿轮难以啮合并且发出异响时，就可判断为离合器分离不彻底。另外，也可将变速器不挂挡，将车用举升机举起或找一个地沟，一个人踏下离合器的踏板，另一个人则用起子拨动从动盘，如若能够轻轻拨动，则表明该离合器能够分离，如若拨不动或拔动困难，则表明离合器分离不够彻底，离合器故障。

②排除方法

首先检查离合器自由行程，若过大则故障由此引起；若不是，检查是否新换的摩擦片过厚，若过厚，则故障由此引起。若不是，检查液压系统是否有泄漏、油量是否在刻度线范围内、管路是否堵塞或有空气；对机械操纵机构则应检查相互连接件之间是否卡滞、损坏，如有，则故障由此引起。如果上述调整、检查均无效，应将离合器进行拆卸，检查各部件的技术状况，如有损伤部件则故障由此引起。

（3）离合器异响

1）故障现象

离合器在接合或分离时发出异响。

2）故障原因

离合器一旦发生故障，容易产生异响。造成离合器异响的原因主要是由于离合器的分离杠杆或膜片弹簧与分离轴承接触过多，操纵机构中回位弹簧扭曲、断裂；分离轴承或导向轴承润滑不良、磨损松旷或烧毁卡滞；离合器片裂损、铆钉松动或露头以及从动盘毂与变速器输入轴花键磨损严重。

3）故障诊断与排除方法

①诊断方法

如果发生离合器异响状况，此时要求汽车发动机进行怠速运转，踩下离合器踏板消除离合器自由行程后，或离合器在半联动时，离合器发出不正常响声，则为离合器异响。

②排除方法

首先，应检查踏板自由行程是否正确，若不正确则故障由此引起。若正确，起动发动机之后则要慢慢踩下离合器的踏板，使分离杠杆与分离轴承慢慢接触，如果发出“沙、沙”的声音，就要先对分离轴承加油进行润滑或更换，如果加油之后异响消失，则可诊断为轴承干涩缺油，加油润滑即可。若加油后响声仍不消失，则可能是分离轴承损坏，若不是，则改变发动机转速，并反复踩踏离合器踏板，如果听到“抗”或者“卡”的异响时，可能是离合器扭转减震器弹簧扭曲或断裂、从动盘与花键套铆接松动或是从动盘花键孔与轴配合松旷。如果离合器发出“咔哒”的响声，可能是摩擦片松动故障，如果发出连续噪音或者是间歇性的撞击声，则可能是分离轴承与分离杠杆内部间隙不合适或不均匀。将离合器踏板完全抬起时，听到有摩擦碰撞声，一般为分离轴承和膜片弹簧分离指之间间隙太小所致。如分离套筒回位弹簧失效，踏板虽已抬起，但分离轴承没有回位，或踏板回位弹簧失效，当用手将离合器踏板拉起时，声音消失，则证明是踏板回位弹簧失效。

（4）离合器发抖

1）故障现象

汽车起动发动机后，离合器结合不稳定，就会产生抖动现象，严重的还会导致车身整体发生抖动。

2）故障原因

汽车离合器发抖的原因有很多，常见的原因有：膜片弹簧分离指内端面、分离轴承以及分离杠杆三者的高度不一致；压紧部分的压紧力不够均衡、压盘厚度不等或弯曲、部分压紧弹簧断裂或扭曲；摩擦片焦化、铆钉松动、露头或折断；飞轮工作面变形；变速器或发动机支架的橡胶老化，变速器或离合器固定螺丝松动；离合器从动轴变形；发动机曲轴、离合器输出轴、变速器输出轴同轴度误差大；离合器操纵机构松动。

3）故障诊断与排除方法

①诊断方法

离合器发抖的诊断方法如下：发动机怠速运转，挂倒挡起步，此时若汽车车身抖动，则可判定为离合器发抖。还可以选用陡坡道进行实验。

②排除方法

首先，用扳手检查变速器、发动机及飞轮的固定螺栓是否松动，若松动，则故障由此引起。若无松动，则检查离合器总成和踏板之间的液压操纵或机械操纵部件有无松动，若有则故障由此引起。若无则拆下离合器总成，检查各部件是否有损伤，如有，则故障由此引起。

离合器由于工作环境差，受力较大，所以是汽车维修中经常出现故障的易损件，上文通过介绍离合器结构、工作原理，分析常见故障以及故障的诊断和排除方法，为离合器维修人员提供一些参考，以及帮助广大驾驶员及汽车从业人员提高其对离合器的自检能力。

5.1.2 手动变速器故障检测与诊断

现代汽车上广泛采用活塞式发动机作为动力源，若供油量不变，当发动机曲轴转速变化时，曲轴输出的转矩变化范围较小，而复杂的使用条件和多样的运输任务则要求汽车的驱动力和车速能在相当大的范围内变化以满足各种路况和完成各种运输任务。此外，所有活塞式发动机的旋转方向是一定的，而汽车实际行驶过程中常常需要倒车。为了解决上述这些矛盾，在汽车传动系中设置了变速器。手动变速器的基本组成结构如图 5.1-10 所示。

1．手动变速器主要零件的检测

国产汽车变速器壳体、第一、二轴及中间轴、各传动齿轮修理的具体要求，应按国标 GB5372－85《汽车变速器修理技术条件》执行。其他车型的变速器应按厂家所提供的维修手册进行。这里仅介绍检修要点。

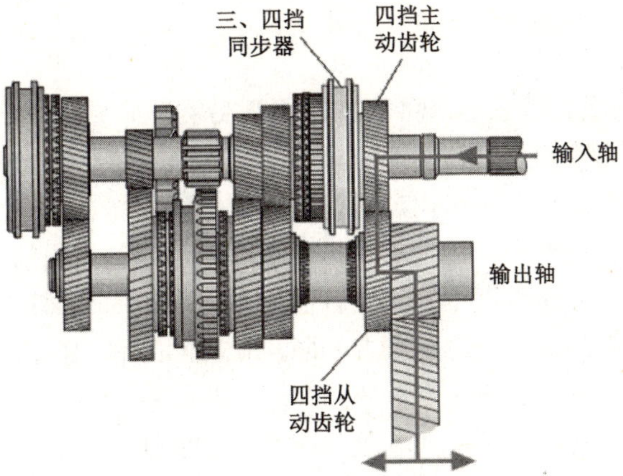

图 5.1-10　手动变速器结构

（1）变速器壳体

变速器壳体的主要损伤形式有壳体的变形、裂纹及轴承孔、螺纹孔的磨损等。

① 变速器壳体不得有裂纹。对受力不大部位的裂纹，可用环氧树脂粘结修复；重要和受力较大部位的裂纹，可进行焊修。对与轴承孔贯通的部位或安装固定孔处的裂纹不能修理，应更换变速器壳体。

② 变速器壳体的变形，将造成各轴轴线间的平行度误差，轴心距改变，导致齿轮副啮合精度的破坏，造成轮齿表面的阶梯形磨损，这不但使传动噪声加大，也会形成轴向力，当齿面上有冲击载荷时，就会形成变速器的早期自动脱挡的故障。检查时，对三轴式变速器用专用量具检查：

- 各轴承孔公共轴线间的平行度、轴心距；
- 上孔轴线与上平面间的距离；
- 前后两端面的平面度。

两轴式变速器的壳体一般由前、后两部分组成，其变形主要是用检查输入轴与输出轴的平行度及前后壳体接合面的平面度来衡量。当上述各项检查超过规定时应进行修复。

当变速器壳体的轴承孔磨损超限、变形时，可在单柱立式镗床上，用长度规作定位导向镗削各轴承孔，以修正各轴线间的平行度。镗削扩孔时，常以倒挡轴的轴承孔为基准，因为此处的强度最大，其变形逾限率较低。即采用扩孔后再镶套的方法进行修复，对磨损不大的轴承孔也可采用刷镀的方法进行修复。超过修理极限时应更换。当壳体平面度超差时，可采用铲、刨、锉、铣等方法修复或更换。

③ 壳体上所有连接螺孔的螺纹损伤不得多于 2 牙，螺纹孔的损伤可用换加粗螺栓或焊补后重新钻孔加工的方法修复。

（2）变速器盖

变速器盖的主要损伤形式有盖的裂纹、变形及轴承的磨损等。

变速器盖应无裂纹，其与变速器壳体接合平面的平面度公差（0.4～0.15mm）超差时，可采用铲、刨、锉、铣等方法修复或更换；拨叉轴与承孔的间隙（0.04～0.20mm）超限时，应更换。

（3）齿轮与花键

齿轮的主要损伤形式有齿面、齿端磨损；齿面疲劳剥落、腐蚀斑点；轮齿破碎或断裂等。

①齿轮的啮合面上出现明显的疲劳麻点、麻面、斑疤或阶梯形磨损时，必须更换。齿面仅有轻微斑点或边缘略有破损时，可用油石修磨后继续使用。

②固定齿轮或相配合的滑动齿轮的端面损伤长度不得超过齿长的15%。

③齿轮的啮合面中线应在齿高中部，接触面积不得小于工作面的60%。

④齿轮与齿轮、齿轮与轴及花键的啮合间隙，径向间隙和轴向间隙应符合原厂规定。

（4）轴

轴的主要损伤形式有变形、裂纹、轴颈和花键齿的磨损等。

①用百分表检查轴的变形，超过标准时应校正或更换。

②检查轴齿、花键齿（见图5.1-11）损伤达到前述齿轮损伤的程度时应更换。

③ 用千分尺检查各轴颈的磨损，超过规定值时，可堆焊、镀铬后修复或更换。

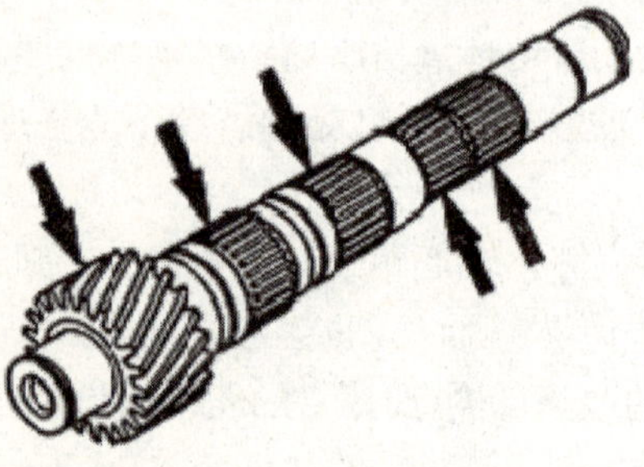

图5.1-11　手动变速器结构

④ 检查轴上定位凹槽的最大磨损量，超过规定值时应换新。

⑤ 轴体上不得有任何性质的裂纹，否则更换。

（5）轴承

主要的损伤形式有磨损、疲劳点蚀及破裂等。

① 检查轴承应转动灵活，滚动体与内外圈滚道不得有麻点、麻面、斑疤和烧灼磨损或破碎等缺陷，保持架完好，否则更换。

② 检查轴承的径向间隙不得超过规定值，滚动轴承与承孔、轴颈或齿轮的配合，应符合技术条件要求。否则更换。

（6）同步器

① 锁环式同步器的检修

锁环式同步器的主要损伤是：锁环内锥面螺纹槽及锁止角磨损、滑块磨损、接合套和花键毂的花键齿损伤。锁环与滑块的磨损会破坏换挡过程的同步作用；锁环与接合套锁止角的磨损，会使同步器失去锁止作用，这些都会造成换挡困难，发出机械撞击噪声。

检查锁环内锥面及锁止角，检查齿圈与锁环之间的间隙如图5.1-12所示。检查锁环内锥面螺纹槽及锁止角磨损，将锁环压到接合齿圈锥面上，按压转动锁环时要有阻力，用塞尺测量锁环与接合齿圈端面之间的间隙A，如图5.1-13所示。间隙的标准值：解放CA491型变速器为1.2～1.8mm，磨损极限是0.3mm；奥迪、桑塔纳的变速器为1.1～1.9mm，磨损极限为0.5mm。超过极限值时，应更换。

同步器滑块顶部凸起磨损出现沟槽，会使同步作用减弱，必须更换。锁环、接合套的接合齿端磨秃，接合套和花键毂的花键齿磨损，都会导致换挡困难，都须更换。

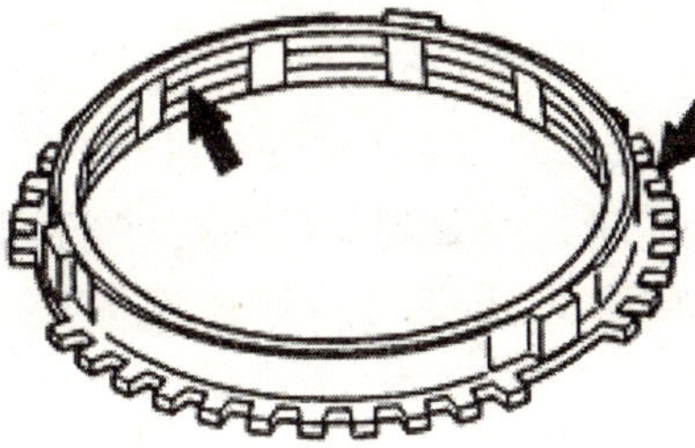

图 5.1.12　检查锁环内锥面及锁止角

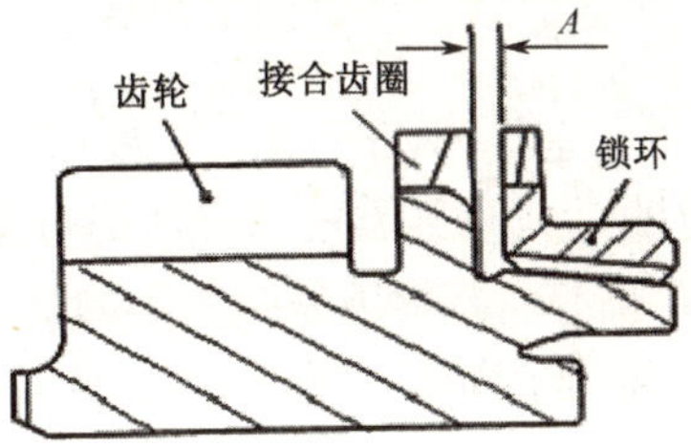

图 5.1-13　检查齿圈与锁环之间的间隙

将同步器接合套与花键毂组合在一起使它们滑动时，应能平滑地滑动而无阻滞现象（见图 5.1-14）。接合套内表面的前后端应无损伤。注意：更换时，同步器接合套与花键毂应作为一组同时更换。检查齿轮及齿圈齿端、齿圈外锥面及齿轮轴孔的磨损（见图 5.1-15）逾限应更换。

② 锁销式同步器的检修

锁销式同步器的主要损伤是由于换挡操作不当，冲击过猛使锥盘外张，摩擦角变大造成同步效能降低；锥环锥面上的螺纹槽的磨损严重，使摩擦系数过低，甚至两者端面接触，使同步作用失效。

当锥环锥面螺纹磨损，使锥环端面与锥盘锥面接触，可用车削锥环端面修复，但车削总量不得大于 1mm。如有锥环外锥面螺纹槽的深度小于 0.1mm，而锥环端面未与锥盘接触，应更换同步器总成。更换新总成时，可保留原有的锥盘，但两者的端面间隙不得小于 3mm。

同步器的锁销和支承销松动或有散架，会引起同步器突然失效，应更换新同步器。

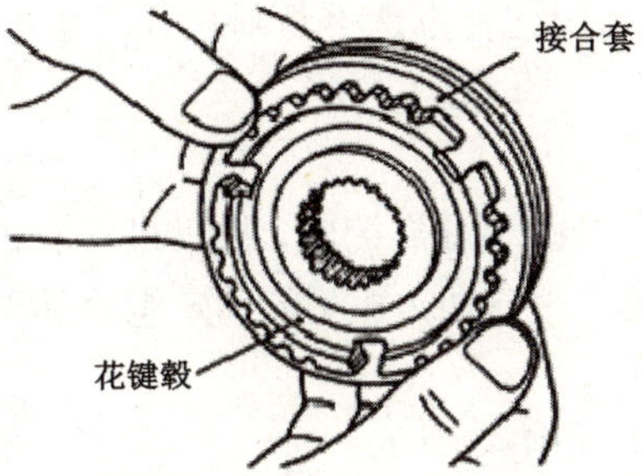

图 5.1-14　同步器滑套与花键毂组合检查

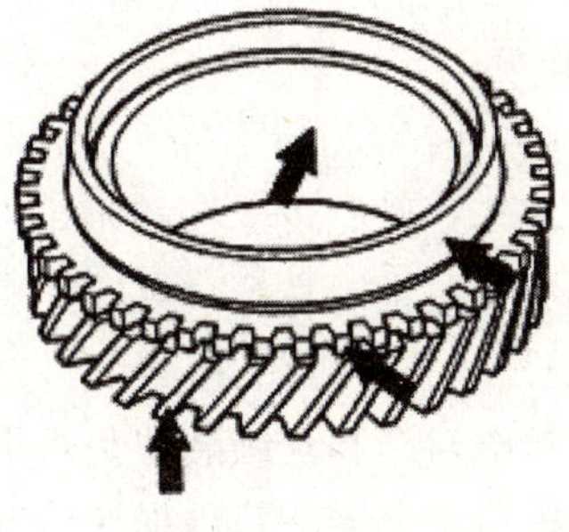

图 5.1-15　滑套检查

（7）操纵机构的检修

变速器操纵机构的主要损伤形式有磨损、变形、连接松动和弹簧失效等。

①检查操纵机构各零件的连接应无松动现象，否则应及时紧固。

②检查变速杆、拨叉、拨叉轴等应无变形，否则应校正或更换。

③检查拨叉与接合套、拨叉与拨叉轴、选挡轴等处的磨损，磨损逾限时应更换。

④检查定位钢球、定位锁销、锁止弹簧、复位弹簧，当出现磨损逾限或弹簧失效时，应更换。

2. 手动变速器常见故障现象及原因分析

手动变速器（MT）使用中要根据路况、载荷及驾驶者的需求等的变化进行不断地变化挡位，因此手动变速器的常见故障有变速器漏油、变速异响、变速器换挡困难、变速器脱挡、变速器乱挡等，具体现象及原因如下。

（1）换挡困难

1）故障现象

一辆2008款大众宝来1.6L，行驶里程12万千米，车主反映该车在停车时挂1、2挡很好挂，可是在汽车行驶过程中由1挡换2挡或者由2挡换1挡就会出现换挡困难，在进行正常变速操作时，变速杆不能挂入挡位，或者勉强挂上挡后又很难摘下来。

2）故障原因

①变速杆下端磨损或控制杆弯曲；
②拨叉或拨叉轴磨损、松旷、弯曲；
③自锁或互锁弹簧过硬、钢球损伤或卡滞；
④操纵机构中控制连杆机构动作不良；
⑤同步器故障（磨损或损坏）；
⑥变速器轴弯曲变形或花键损伤。

3）故障诊断与排除

诊断方法：首先应确认离合器分离状态正常，然后使发动机怠速运转，踩下离合器踏板，试进行各挡位变换。检查变速杆是否卡滞、沉重等。当用这种方法不易判断时，可进行实车行驶试验。

排除方法：

① 汽车行驶时发生换挡困难现象，首先检查离合器能否分离彻底，操纵机构能否工作。

② 如上述情况良好，应拆开变速器盖，检查拨叉是否弯曲，拨叉的固定螺栓是否松动，拨叉轴与导向孔是否锈蚀，如有，故障由此引起。

③ 检查自锁和互锁装置是否卡滞，如有，故障由此引起。

④ 检查变速器轴花键损伤情况或轴弯曲，如有，故障由此引起。

⑤ 检查同步器磨损或损坏情况，如有损伤，则故障由此引起。一般同步器可检查以下几个方面：

a．同步环与锥体接触状态和制动作用：在锥体上涂齿轮油，再把同步环推上锥体并回转，如环与锥体可紧密接合即为良好。

b．同步环油槽与锥体的磨损状态：测量同步环推到锥体上后的间隙，如该值与规定值相等即为良好。

c．同步环与接合套安装面的位置关系是否正确。

（2）变速器跳挡

1）故障现象

汽车在加速、减速或爬坡时，变速杆自动跳回空挡位置。

2）故障原因

①变速杆没有调整好或变速杆弯曲，远程控制杆机构磨损或调整不良；
②拨叉轴向自由行程过大或凹槽位置不正确，拨叉轴凹槽磨损及拨叉磨损、变形；
③自锁钢球磨损或破裂，自锁弹簧弹力不够或折断；
④变速器轴、轴承磨损松旷或轴向间隙过大以及变速器壳松动或与离合器壳没对准，造成轴转动时齿轮啮合不足而发生跳动和轴向窜动；
⑤齿轮或接合套严重磨损，沿齿长方向磨成锥形；
⑥同步器磨损或损坏。

（3）故障诊断与排除

诊断方法：使车辆行驶，反复加速、减速、检查在各挡位上变速杆是否容易脱出，如这种方法效果不明显时，可在爬陡坡等条件下进行检查。

排除方法：

① 发现某挡位跳挡时，仍将操纵杆挂入该挡，将发动机熄火。先检查操纵机构调整是否正确，然后再拆开变速器盖检查齿轮啮合情况和同步器啮合情况。如果啮合情况不好，应检查轴承是否磨损松旷，拨叉是否变形，拨叉与接合套上的叉槽间隙是否过大；如果啮合情况良好，应检查操纵机构锁止情况。如锁止不良，须拆下拨叉轴，检查自锁钢球、弹簧或拨叉轴凹槽磨损情况。

② 若齿轮啮合和操纵机构均良好，应检查齿轮是否磨成锥形，以及轴是否前后移动。如有，则故障由此引起。否则故障为变速器壳松动或与离合器壳没对准而引起的跳挡。

（3）变速器乱挡

1）故障现象

在离合器技术状况正常的情况下，变速器同时挂上两个挡或虽能挂上挡，但却不能挂入所需要的挡位，或者挂入后不能退出。

2）故障原因

主要为变速操纵机构失效：
①变速杆球头定位销磨损、折断或球孔、球头磨损、松旷；
②拨叉槽、互锁销或互锁球磨损严重或漏装；
③变速杆下端工作面或拨叉轴上导块的导槽磨损过度。

3）故障诊断与排除

诊断方法：使车辆行驶，操纵变速杆进行换挡试验。检查是否有同时挂上两个挡或挂上的挡位不是所需要的挡位。

排除方法：

①挂需要的挡位时，结果挂入别的挡位：检查变速杆摆转角度，若其能任意摆，且能打圈，则为定位销损坏或失效。

②当变速杆摆转角正常，仍挂不上或摘不下挡，则多为变速杆下端工作面磨损或导槽磨损，使变速杆下端从导槽中脱去。

③若同时挂上两个挡，则为互锁装置磨损失效或漏装零件。

（4）变速器异响

1）故障现象

变速器工作时，发出不正常声响，如金属的干摩擦声，不均匀的碰撞声等。

2）故障原因

①轴承发响：轴承缺油、磨损松旷、疲劳剥落或轴承滚动体破裂。

②齿轮发响：齿轮磨损严重，齿侧间隙太大，齿面疲劳有金属剥落或个别齿损坏折断等；齿轮制造精度差或齿轮副不匹配，维修中未成对更换相啮合的两齿轮；齿轮与轴或轴上花键配合松旷；安装齿轮的轴弯曲等。

③操纵机构发响：变速器操纵机构各连接处松动，拨叉变形或磨损松旷。

④其他原因发响：变速器缺油、润滑油过稀，过稠或质量变坏；变速器与发动机安装时曲轴与变速器第一轴轴线不同心，或变速器壳体变形；壳体轴承孔修复后，轴心发生变动或使两轴线不同心，变速器壳体前端面与第一、二轴轴心线垂直度或一、二轴与曲轴同轴度超差；变速器内掉入异物或某些紧固螺栓松动。

3）故障诊断与排除

诊断方法：当发动机怠速运转时，使变速杆处于空挡位，检查接合和分离离合器过程中有无异响，如离合器接合时发生异响，离合器分离时异响消失，说明异响发生在变速器。也可进行实车行驶试验，检查变速器处于各挡位时有无异响。

排除方法：在排除变速器异响时，要根据响声的特点、出现响声的时机和发响的部位判断响声的原因，然后予以排除。

①发动机怠速运转，变速器空挡时发响，多为常啮合齿轮响。

②变速器换入某一挡位时，响声明显，应检查该挡齿轮和同步器的磨损及齿轮啮合情况。

③变速器各挡均有异响，多为基础件、轴、齿轮、花键磨损使形位误差超限。

④变速器运转时有金属干摩擦声，多为变速器内润滑油有问题，应检查油面高度和油的质量。

⑤变速器工作时有周期性撞击声，则为齿轮个别齿损坏。变速器工作时有间断性的异响，可能为变速器内掉入异物所引起。

（5）变速器漏油

1）故障现象

变速器壳体外围有油泄漏，变速器箱的齿轮油减少。

2）故障原因

①变速器的盖与壳体之间安装松动或者密封垫损坏；
②油封磨损、变形或损伤，通气口堵塞、放油螺塞松动；
③齿轮油过多或齿轮油选用不当，产生过多泡沫；
④变速器壳龟裂或损伤或延伸壳破裂；
⑤车速表接头锁紧装置松动或破损。

3）故障诊断与排除

诊断方法：按油迹部位检查油液泄漏原因。
排除方法：
① 检查调整变速器油量。检查齿轮油质量，如质量不佳，应更换合适的齿轮油。
② 疏通堵塞的通气口，更换损坏的密封垫和油封。
③ 更换损坏的变速器壳和延伸壳。
④ 紧固松动的变速器盖、壳螺栓及放油螺塞。
⑤ 拧紧车速表接头锁紧装置，如果锁紧装置破损，应予以更换。

5.1.3　自动变速器故障检测与诊断

1. 自动变速器检测

自动变速器（见图 5.1-16）能够实现自动升降挡，降低驾驶员的工作强度，保证行车的安全性。目前自动变速器的类型较多，主要有自动、手自一体、无级自动变、双离合器变速器等。

（1）液力变矩器的检测

轿车自动变速器的液力变矩器外壳都是采用焊接式的整体结构，很少进行分解维修。液力变矩器内部除导轮的单向离合器和锁止离合器压盘之外，没有互相接触的零件，因此在使用中基本上不会出现故障。液力变矩器的检测工作主要是清洗和检查。

图 5.1-16　自动变速器结构

1）变矩器检测

①检测液力变矩器外部有无损坏和裂纹、轴套外径有无磨损、驱动油封的轴套缺口有无损伤，如有异常，应更换液力变矩器。

②检查单向离合器。如图 5.1-17 所示，将专用工具插入液力变矩器鼓缺口和单向离合器的内圈中，转动定子齿面，检查单向离合器工作是否正常，在逆时针方向转动应锁住，而在顺时针方向应能自由转动。如有异常，说明单向离合器损坏，应更换液力变矩器。

③测量液力变矩器轴套的径向跳动量。把液力变矩器安装在驱动盘上，安装百分表如

图 5.1-18 所示。径向跳动最大值超过 0.30mm，应通过调整液力变矩器的安装方位进行校正，并在校正后的位置做一个记号，以保证正确安装，若无法校正，应更换液力变矩器。

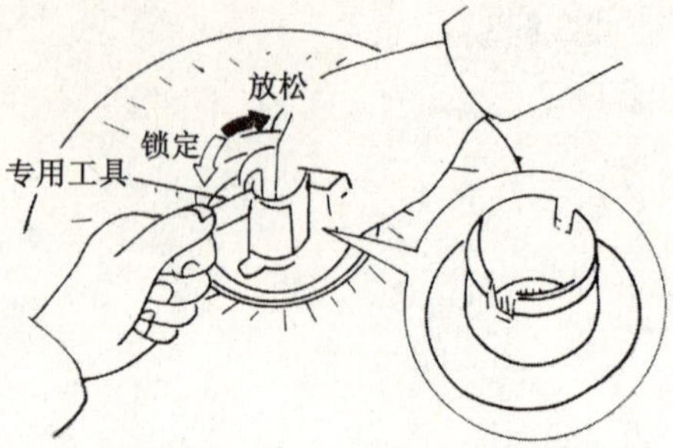

图 5.1-17　单向离合器检测

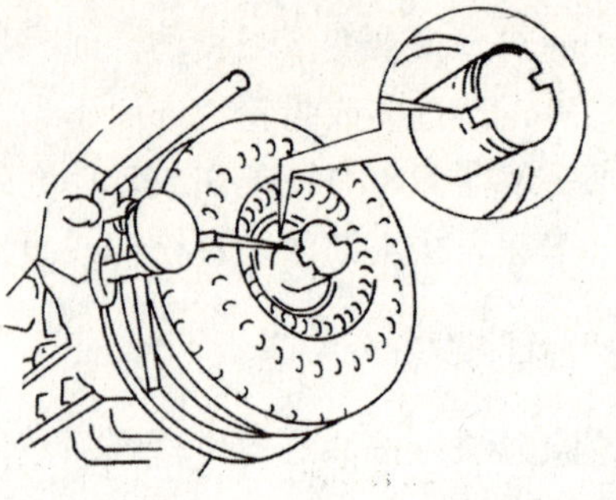

图 5.1-18　液力变矩器轴套径向跳动量检测

④液力变矩器的安装检测。用游标卡尺和直尺测量液力变矩器安装面与变速器壳体正面的距离，应为 17.7mm，如果距离小于标准值，则应检查是否由于安装不当导致。

⑤变矩器清洗。倒出残余的液压油，加入 2L 干净的液压油（ATF 油），晃动清洗内部，倒出脏油，再次加入 2L 干净的液压油，进行清洗，直到干净。

（2）油泵的检测

油泵是自动变速器中最重要的总成之一，自动变速器靠油泵推动自动变速器油循环，并且提供施力装置所需的油压力。油泵的分解如如图 5.1-19 所示。用塞尺分别测量油泵内齿轮外圆与油泵壳体之间的间隙、小齿轮及内齿轮的轮齿与月牙板之间的间隙、小齿轮及内齿轮端面与端盖平面的端隙，如图 5.1-20 所示。将测量结果与表 5.1-1 的数值对照，如不符合标准，应更换齿轮、泵壳或油泵总成。检测油泵的小齿轮、内齿轮、油泵端面有无肉眼可见的磨损痕迹，如果有应更换新件。

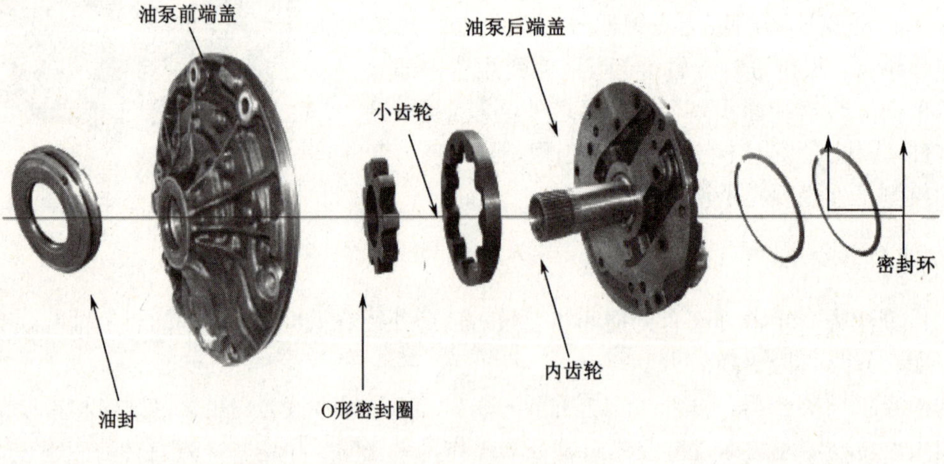

图 5.1-19　油泵的分解

图 5.1-20　油泵零件检测

表 5.1-1　油泵各间隙标准

检测项目	标准间隙（mm）	最大间隙（mm）
内齿轮与泵体间隙	0.07～0.15	0.3
齿顶与月牙板间隙	0.11～0.14	0.3
齿轮端隙	0.02～0.05	0.1

油泵的组装。清洗所有零件，并用压缩空气吹干，再涂上少许 ATF，按下面步骤组装：在油泵前端盖上装入新的油封；更换所有的 O 形密封圈，并在新的 O 形密封圈上涂 ATF；按分解时相反的顺序组装油泵及各零件；按照对称交叉的顺序，依次拧紧油泵盖紧固螺栓，拧紧力矩 10N・m；在油泵后端轴颈上的密封环槽内涂上润滑脂，安装新的密封环；检查油泵运转性能，应转动平顺、无异响，如图 5.1-21 所示。

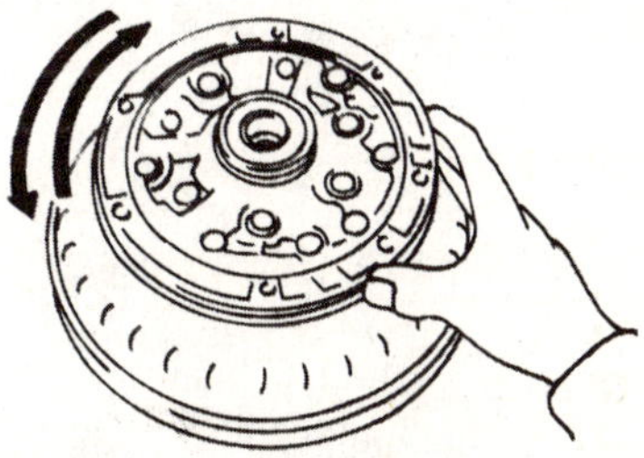

图 5.1-21　油泵检测

（3）离合器、制动器的检测

离合器、制动器的检测应包括摩擦片、钢片、制动片的检查，离合器鼓、制动器鼓的检查，离合器和制动器活塞的检查，回位弹簧的检查等内容。

①检测离合器、制动器摩擦片和钢片

离合器、制动器表面如有烧焦、表面粉末冶金层脱落或翘曲变形，应予以更换。许多自动变速器摩擦片表面上印有符号，若这些符号已被磨去，说明磨砂片已磨损至极限，应更换。也可以测量磨砂片的厚度，若小于极限厚度，应更换，如图 5.1-22 所示；带式制动器的制动带表面如有烧焦、表面粉末冶金层脱落或表面符号被磨去也应更换；检查钢片如有磨损，表面起槽或翘曲变形应更换；检查挡圈的摩擦面，如有磨损应更换。

②离合器、制动器鼓的检测

检查离合器、制动器鼓的液压缸内表面应无损伤或拉毛，与钢片配合的花键槽应无磨损。如有异常应更换新件，如图 5.1-23 所示。带式制动器鼓的外表面应无损伤、拉毛或起槽，如有异常应更换新件。

③检查离合器、制动器活塞

检查离合器、制动器的活塞，其表面应无损伤、拉毛或起槽，否则应更换新件；检查离合器活塞上的单向阀，其阀球应能在阀座内活动自如；用压缩空气或煤油检查单向阀的密封性，从液压缸一侧往单向阀内吹气，密封应良好，如图 5.1-24 所示，如有异常应更换活塞，更换所有离合器、制动器及制动带液压缸活塞上的 O 形密封圈及轴颈上的密封环。新密封圈或密封环上应涂上少许自动变速器油或凡士林后装入。

④检查回位弹簧和密封圈

测量活塞回位弹簧的自由长度，并与维修手册比较。若弹簧自由长度过小或有变形，应更换新弹簧。

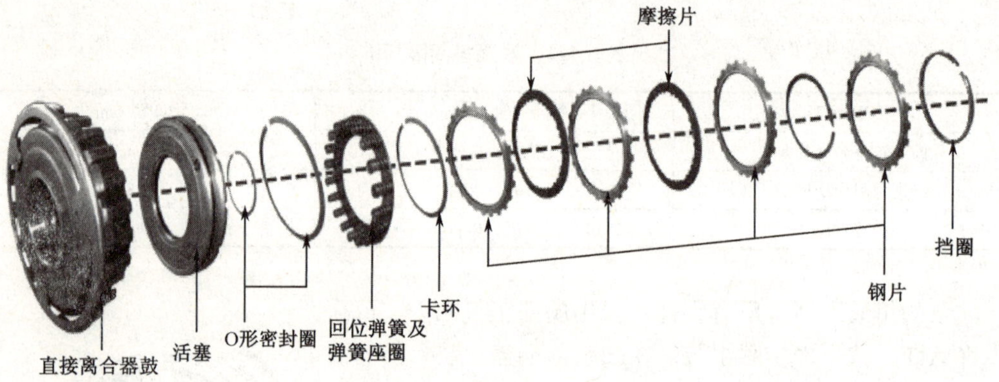

图 5.1-22　离合器的分解检测

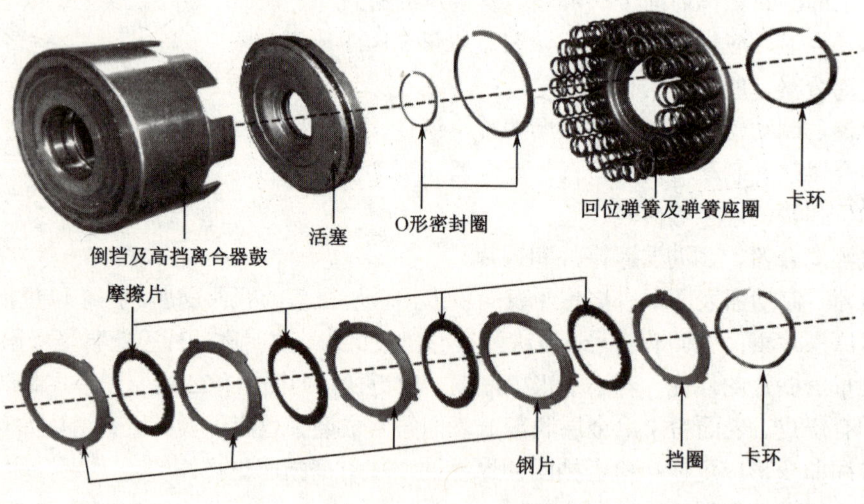

图 5.1-23　离合器的分解检测

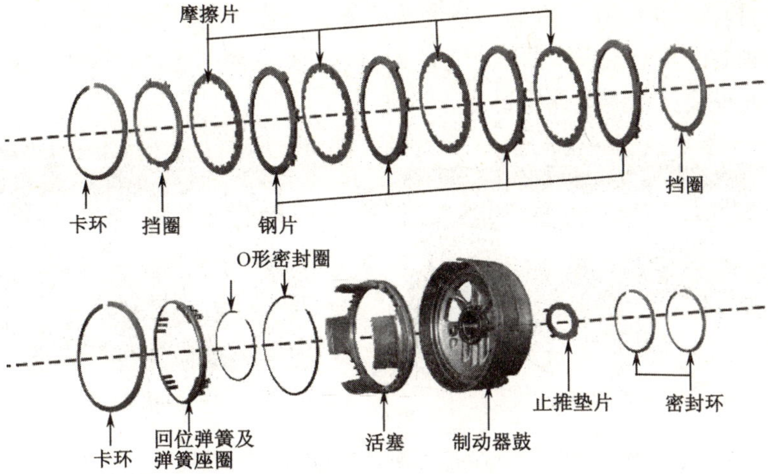

图 5.1-24　制动器的分解检测

（4）行星排的检测

检查太阳轮、行星轮、齿圈的齿面有无磨损或疲劳剥落，检查行星轮与行星架之间的间隙，标准为 0.2～0.6mm，最大不超过 1.0mm，如图 5.1-25 所示，检查太阳轮、行星轮、齿圈等零件的轴颈或滑动轴承处有无磨损。

检查单向离合器，如滚柱破裂、保持架断裂或内外圈滚道磨损、起槽应更换新件，如图 5.1-26 所示。

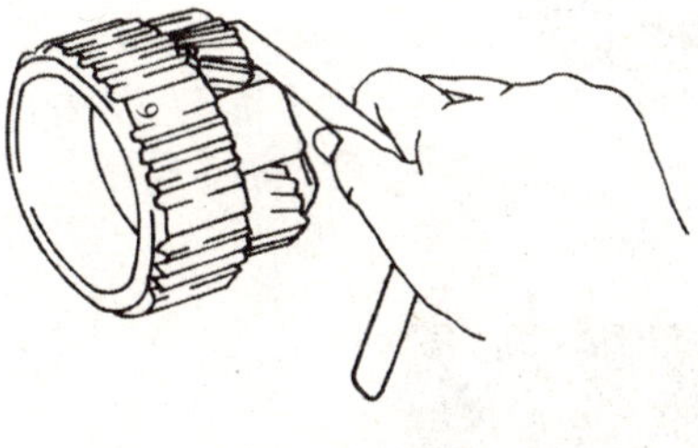

图 5.1-25　行星排的检测

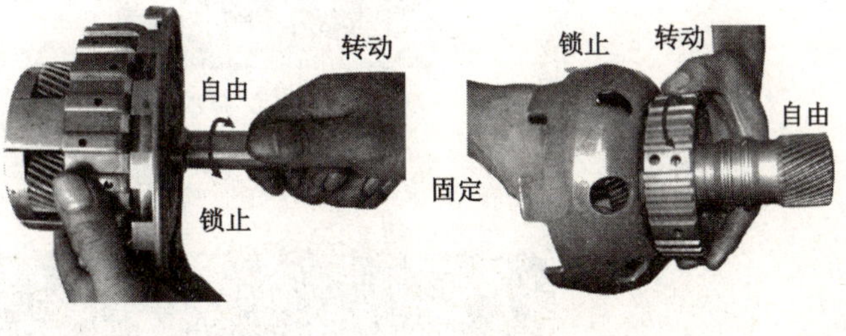

图 5.1-26　单向离合器检测

（5）阀体零件检测（见图 5.1-27）

变速器阀体检测需要将上下阀体和所有控制阀体的零件用煤油清洗干净；检查控制阀阀芯表面，如有轻微划伤痕迹可用金相砂纸抛光；检查各阀弹簧有无损坏，测量弹簧长度，应符合自动变速器维修手册的要求，如不符合，应更换；检查滤油器，如有损坏或堵塞，应更换；如控制阀卡死在阀孔中应更换阀体总成；更换隔板上的纸质衬垫；更换所有塑胶阀体。

（6）传感器的检测

①输入和输出速度传感器检测

输入和输出速度传感器集成为一个模块，类型为霍尔效应式传感器，2 个端子（**9V** 电源，信号），如图 5.1-28 所示，电流差类型（低 7mA，高 14mA）失效保护：4 挡固定（D），

2 挡～4 挡手动换挡（S）。输入和输出速度传感器发送数字波形信号如图 5.1-29 所示。输入速度传感器检测 OD 离合器齿圈的转动速度；由于没有车速传感器，这些传感器的一个重要功能是输出其他模块使用的车速信息。

（a）阀体零部件检测

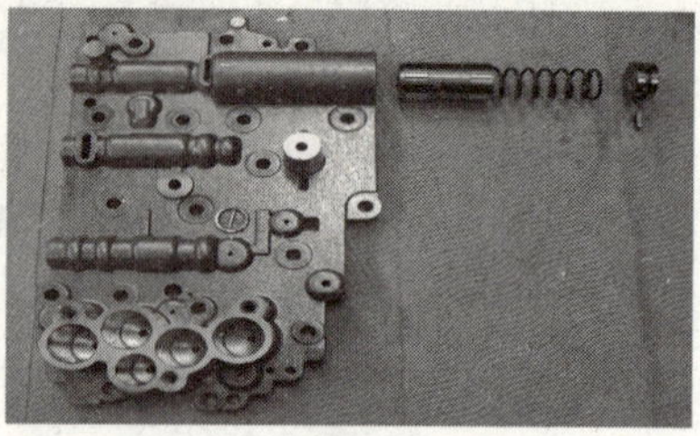

（b）阀板零部件检测

图 5.1-27　阀体零部件检测和阀板零部件检测

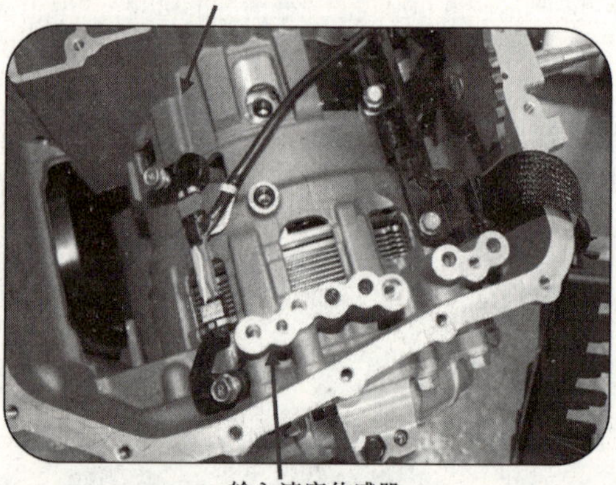

图 5.1-28　变速器输入和输出速度传感器（A6MF1）

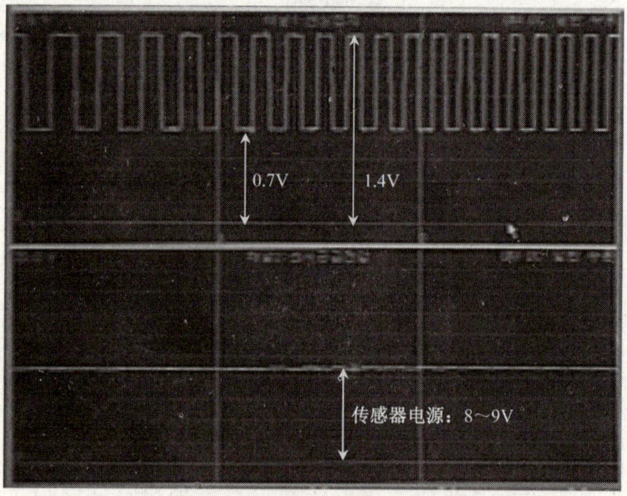

图 5.1-29　速度传感器检测波形及电压（A6MF1）

速度传感器的失效保护模式：a 输入速度传感器：2 个驱动周期后记录 DTCP0717，故障警告灯亮；在 D 位置时 4 挡固定，在运动模式时 3 挡～4 挡换挡；禁止适应控制；b 输出速度传感器：2 个驱动周期后记录 DTCP0722，故障警告灯亮；在 D 位置时 4 挡固定，在运动模式时 2 挡～4 挡换挡；禁止适应控制。

注意，满足以下条件时才能检测到以上 DTC：发动机转速>400rpm，车速＞20kph，进前进挡（D、S 位置）。

②油温传感器（OTS）检测

该传感器为负温度系数热敏电阻，如图 5.1-30 所示，温度在−40℃～165℃范围内（4.68kΩ～43Ω）。超出时起动失效保护，油温固定在默认值（80℃）。

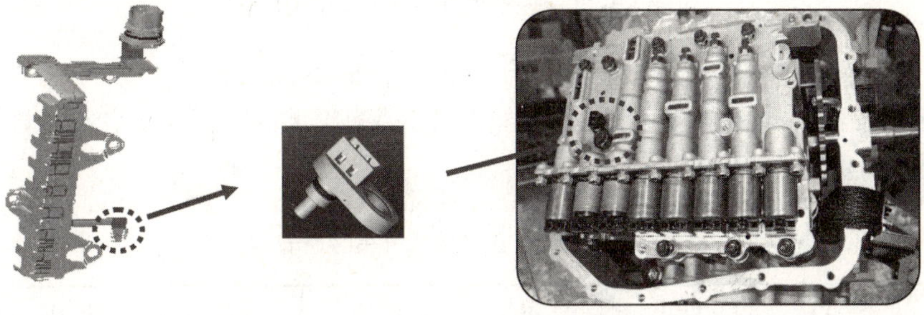

图 5.1-30　油温传感器（A6MF1）

油温传感器的检测特征：NTC（负温度系数）型热敏电阻；比常规传感器小，金属传感部件；电阻值随温度变化：−40℃～165℃（48kΩ～39Ω）；OTS 故障时，当前数据流温度固定在 80℃；低温状态下会产生换挡冲击。

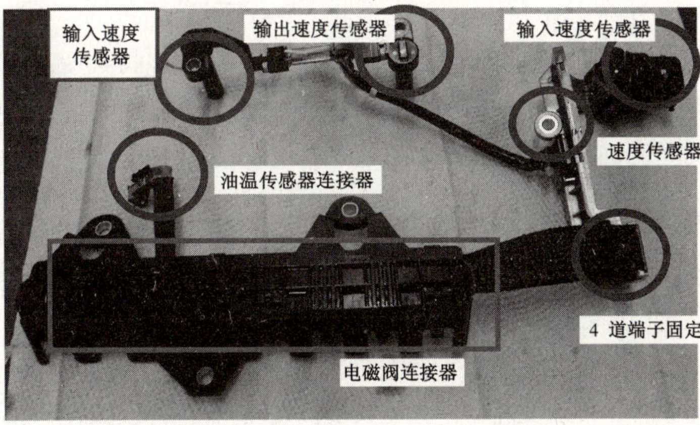

图 5.1-31　变速器传感器布局（A6MF1）

（6）挡位开关检测

挡位开关有 4 个端子组合输出信号，供电电压 12V，位置检测 4 个，分别是 P, R, N, D；失效保护：禁止 1 挡、2 挡，3、4、5、6 挡工作，如图 5.1-32 所示，锁止离合器工作，变速杆互锁不起作用。

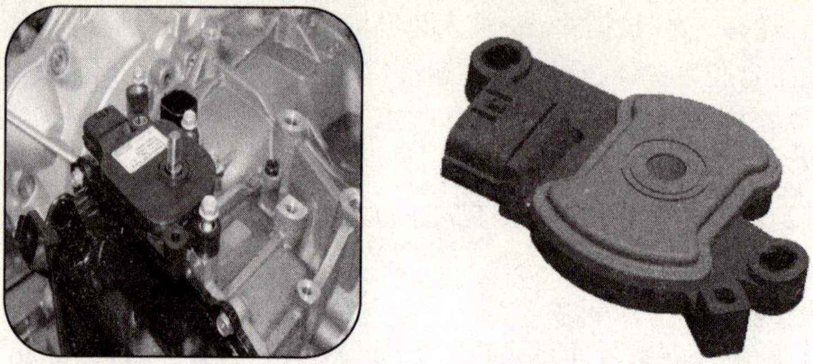

图 5.1-32　变速器挡位开关（A6MF1）

N 挡位调整，调整空挡位置的程序是：将变速杆放在 N 位置，轻轻拧下挡位开关固定螺栓，对齐手动控制杆孔和挡位开关孔，拧紧挡位开关固定螺栓，最后，使用诊断仪检验 N 位置如表 5.1-2 所示。

表 5.1-2　正常挡位开关导通表

	P	P↔R	R	R↔N	N	N↔D	D
SW1	★				★	★	★
SW2				★	★		
SW3	★	★					
SW4	★	★	★	★	★	★	
IG1	★	★	★	★	★	★	★

（7）自动变速器壳体的检测

检查自动变速器壳体，如壳体变形或裂纹，应更换；油底壳结合平面上的平面度超差应用锉刀修整；清除所有密封平面上残留的密封衬垫或密封胶；用煤油将自动变速器壳体清洗干净，用压缩空气将所有油道吹净；更换壳体上的所有 O 形密封圈。

2. 自动变速器常见故障现象及原因分析

自动变速器（AT）常见故障有汽车不能行驶、自动变速器打滑、自动变速器换挡冲击大、自动变速器升挡过迟、自动变速器不能升挡、自动变速器不能强制降挡、自动变速器频繁换挡、挂挡后发动机易熄火、自动变速器无超速挡、自动变速器无前进挡、自动变速器无倒挡、自动变速器无锁止、自动变速器汽车无发动机制动、自动变速器出现异响、自动变速器油易变质。

（1）汽车不能行驶

1）故障现象

换挡操纵手柄置于任何前进挡或倒车挡汽车都不能行驶。

2）故障原因

①挡位操纵手柄及手动阀摇臂之间的连杆或拉索松脱，手动阀保持空挡或停车挡位；
②自动变速箱油全部漏光；
③油泵进油滤网堵塞；
④主油路严重泄漏；
⑤油泵损坏。

（2）挂到 D 挡或 R 挡汽车都不能行驶，其他挡位正常

1）故障现象

将变速器的挡位挂到 D 挡或 R 挡汽车都不能行驶但其他都正常。

2）故障原因

①换挡操纵杆调整不当；
②前进离合和倒车离合严重打滑；
③前进离合或倒挡离合油路严重泄漏。

（3）自动变速器打滑

1）故障现象

汽车起步踩下加速踏板时，发动机转速很快升高，但车速升高缓慢；汽车行驶中踩下加速踏板时，发动机转速升高但车速没有很快提高；汽车平路行驶基本正常，但上坡无力，且发动机转速异常升高。

2）故障原因

①自动变速器油不够；
②离合器或制动器摩擦片、制动带严重磨损；
③油泵磨损或主油路泄漏，造成油路油压过低；
④单向超越离合器打滑；
⑤离合器、制动器或减震器活塞密封圈损坏导致漏油。

（4）自动变速器换挡冲击大

1）故障现象

在汽车起步时，由停车挡（P 位）或空挡（N 位）挂入倒挡（R 位）或前进挡（D 位）时，汽车振动严重；在汽车行驶过程中，在自动变速器升挡的瞬间汽车有较明显的窜动。

2）故障原因

①节气门拉索或节气门位置传感器调整不当；
②节气门位置传感器或电路故障；
③车速传感器或电路故障；

④换挡电磁阀或电路故障；
⑤蓄能减震器故障；
⑥离合器或制动器故障；
⑦齿轮机构故障；
⑧主油路油压或节气门阀调节油压太高；
⑨液力变矩器故障；
⑩发动机或自动变速器的 ECU 有故障。
（5）自动变速器升挡过迟

1）故障现象

在汽车行驶中，升挡车速明显高于标准值，必须采用松动加速踏板提前升挡的操作方法才能使自动变速器升入高挡或超速挡。

2）故障原因

①节气门拉索或节气门位置传感器调整不当；
②节气门位置传感器或电路故障；
③换挡电磁阀或电路故障；
④车速传感器或电路故障；
⑤模式选择开关或电路故障；
⑥发动机或自动变速器的 ECU 有故障。
（6）自动变速器不能升挡

1）故障现象

汽车行驶中自动变速器始终保持在某一个挡位，不能升入更高挡位。

2）故障原因

①节气门拉索或节气门位置传感器调整不当；
②节气门位置传感器或电路故障；
③换挡电磁阀或电路故障；
④车速传感器或电路故障；
⑤换挡阀卡滞；
⑥离合器或制动器故障；
⑦发动机或自动变速器的 ECU 有故障。
（7）频繁换挡

1）故障现象

汽车以前进挡行驶中，即使加速踏板保持不动，自动变速器仍然会经常出现突然降挡现象，降挡后发动机转速异常提高，并产生换挡冲击。

2）故障原因

①节气门位置传感器或电路故障；
②车速传感器或电路故障；
③控制系统电路接地不良；
④换挡电磁阀电路接触不良；
⑤发动机或自动变速器的 ECU 有故障。
（8）挂挡后发动机怠速易熄火

1）故障现象

发动机怠速运转时将换挡操纵手柄由 P 挡位或 N 挡位换入其他挡位时，发动机易熄火；在前进挡或倒挡行驶中，踩下制动踏板停车时发动机易熄火。

2）故障原因

①自动变速器油面高度过低或过高；
②液力变矩器因锁止离合器、导轮单向离合器等损坏；
③行星齿轮机构磨损异响；
④换挡执行单元异响；
⑤油泵磨损。
（9）自动变速器油易变质

1）故障现象

更换后的新自动变速器油使用不久就容易变质。

2）故障原因

①经常超负荷行驶，如经常急加速、超速行驶等；
②自动变速器油散热不良；
③离合器或制动器自由间隙过小；
④离合器或制动器打滑。

5.1.4　万向传动装置故障检测与诊断

1. 万向传动装置的检修

（1）传动轴
传动轴的主要损伤形式有弯曲、凹陷或裂纹等。主要检修以下几个方面：
① 传动轴轴管不得有裂纹及严重的凹瘪，否则应更换传动轴。
② 检查传动轴弯曲程度，如图 5.1-33 所示用 V 形铁水平架起传动轴并旋转，用百分表在轴的中间部位测量。径向全跳动公差应符合规定，否则应校正传动轴或更换。

③ 检查中间传动轴支承轴颈的径向圆跳动公差不应超过 0.4mm，否则应镀络修复或更换。

④ 检查传动轴花键与滑动叉花键、突缘叉与所配合花键的间隙：轿车应不大于 0.15mm，其他类型的汽车应不大于 0.30mm，装配后应能滑动自如。若超差，则应更换传动轴或滑动叉。

（2）万向节叉、十字轴及轴承

① 检查万向节叉和十字轴不得有裂纹，否则应更换。

② 检查滚针轴承的油封失效，滚针断裂、轴承内圈有疲劳剥落时，应换新。

③ 检查十字轴颈表面，若有疲劳剥落，磨损沟槽或滚针压痕深度在 0.4mm 以上时，应换新。

④ 检查十字轴与轴承的最小配合间隙应符合原厂规定。

⑤ 按照图 5.1-34 所示方法检查十字轴轴承装入万向节叉后的松旷程度和轴向间隙。此间隙：剖分式轴承孔为 0.4～0.50mm；整体式轴承孔 0.02～0.25mm，轿车为 0～0.05mm。

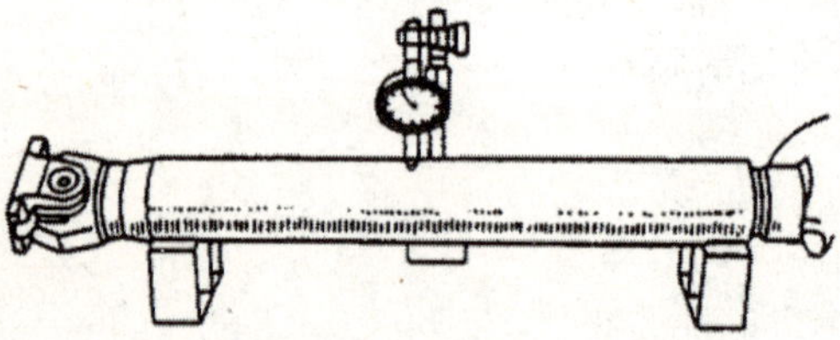

图 5.1-33　传动轴弯曲程度检测

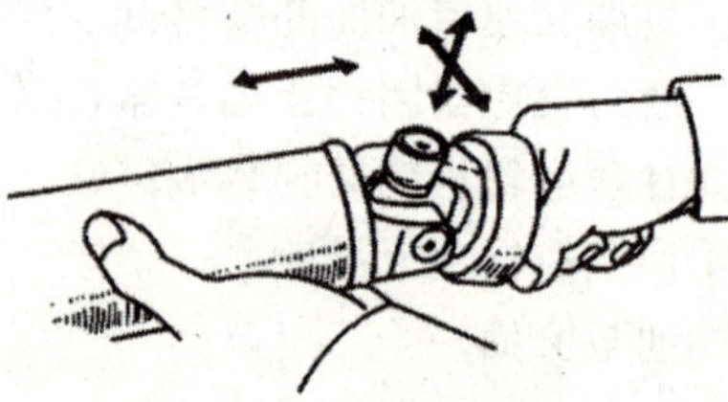

图 5.1-34　万向节检测

（3）中间支承

中间支承的常见故障是橡胶老化和轴承磨损所引起的振动和异响等。

① 拆下中间支承前，可以在中间支承周围摇动传动轴，检查中间支承轴承的松旷程度，分解后，可进一步检查轴承的轴向和径向间隙是否符合原厂规定。中间支承经使用磨损后，需及时检查和调整，以恢复其良好的技术状况。

② 检查中间支承轴承的旋转是否灵活，油封和橡胶衬垫是否损坏，否则应更换。

（4）传动轴管焊接组合件

传动轴管焊接组合件经修理后，原有的动平衡已不复存在。因此，传动轴管焊接组合件（包括滑动套）应重新进行动平衡试验，传动轴两端任一端的动不平衡量：轿车应不大于 4g·cm。

2. 万向传动装置常见故障现象及原因分析

（1）异响

1）故障现象

① 万向节、传动轴伸缩叉响。在汽车起步和突然改变车速时，传动轴发出“抗”的响声；在汽车缓行时，发出“呱当、呱当”的响声。

② 中间支承松旷。汽车运行中出现一种连续的“呜呜”响声，车速愈高响声愈大。

2）故障原因

① 万向节、传动轴伸缩叉响：
- 万向节凸缘盘连接螺栓松动；
- 万向节主、从动部分游动角度太大；
- 万向节轴承、十字轴磨损严重；
- 万向节、传动轴伸缩叉磨损松旷。

② 中间支承松旷：
- 滚动轴承缺油烧蚀或磨损严重；
- 中间支承安装方法不当，造成附加载荷而产生异常磨损或支架连接松动；
- 橡胶圆环损坏；
- 车架变形，造成前后连接部分的轴线在水平面内的投影不同线而产生异常磨损。

3）故障诊断与排除

① 用榔头轻轻敲击各万向节凸缘盘连接处，检查其松紧度。太松旷则故障由连接螺栓松动引起。

② 用双手分别握住万向节、伸缩叉的主、从动部分转动，检查游动角度。万向节游动角度太大，则异响由此引起；伸缩叉游动角度太大，则异响由此引起。

③ 给中间支承轴承加注润滑脂，响声消失，则故障由缺油引起。

④ 松开夹紧橡胶圆环的所有螺钉，待传动轴转动数圈后再拧紧，若响声消失，则故障由中间支承安装方法不当引起。否则故障可能是：橡胶圆环损坏或滚动轴承技术状况不佳；或车架变形等引起。

（2）振动

1）故障现象

在万向节和伸缩叉技术状况良好时，汽车行驶中发出周期性的响声；速度越高响声越大，甚至伴随有车身振动，握转向盘的手感觉麻木。

2）故障原因

① 传动轴弯曲或传动轴管凹陷、传动轴上的平衡块脱落；

② 传动轴管与万向节叉焊接不正或传动轴未进行过动平衡试验和校准；

③ 伸缩叉安装错位，造成传动轴两端的万向节叉不在同一平面内，不满足等角速传动条件；

④ 中间支承吊架固定螺栓松动或万向节凸缘盘连接螺栓松动，使传动轴偏斜。

3）故障诊断

① 检查传动轴管是否弯曲或凹陷，有弯曲或凹陷，则故障由此引起。

② 检查传动轴管上的平衡片是否脱落，如脱落，则故障由此引起。

③ 检查伸缩叉安装是否正确，不正确，则故障由此引起。

④ 拆下传动轴进行动平衡试验，动不平衡，则故障由此引起。

5.1.5 驱动桥故障检测与诊断

1. 驱动桥主要零件的检修（见图 5.1-35）

（1）桥壳和半轴套管

① 桥壳和半轴套管不允许有裂纹存在，各部螺纹损伤不得超过 2 牙，否则更换。

② 钢板弹簧座定位孔的磨损不得大于 1.5mm。逾限时，先进行补焊，然后按原位置重新钻孔。

③ 整体式桥壳以半轴套管的两内端轴颈的公共轴线为基准，两外端轴颈的径向圆跳动误差超过 0.30mm 时应进行校正，校正后的径向圆跳动误差不得大于 0.08mm。

④ 桥壳承孔与半轴套管的配合及伸出长度应符合原厂规定。如半轴套管承孔的磨损严重，可将座孔镗至修理尺寸，更换相应的修理尺寸半轴套管。

⑤ 滚动轴承与桥壳的配合应符合原厂规定。如配合处过于松旷，可用刷镀修复轴承孔。

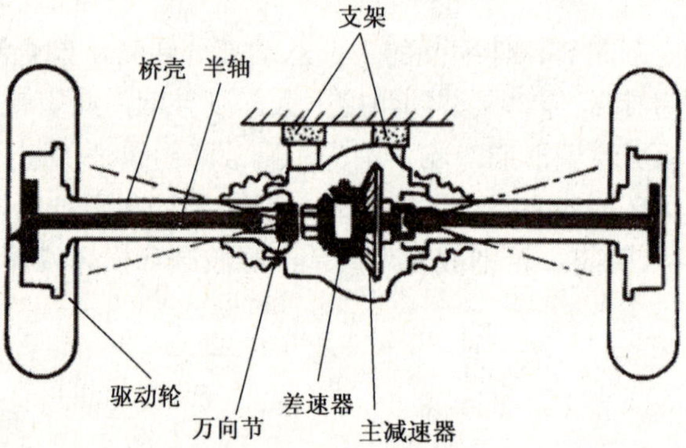

图 5.1-35　驱动桥检测

（2）半轴

① 半轴应进行探伤检查，不得有裂纹存在，半轴花键应无明显的扭曲，否则更换。

② 以半轴轴线为基准，半轴中段未加工圆柱体径向圆跳动误差不得大于 1.30mm；花键外圆柱面的径向圆跳动误差不得大于 0.25mm；半轴突缘内侧端面圆跳动公差为 0.15mm。径向圆跳动超限，应进行冷压校正；端面圆跳动超限，可车削端面进行修正。

③ 半轴花键与半轴齿轮及凸缘键槽的侧隙不得大于原厂设计规定的 0.15mm。

（3）主减速器壳

① 壳体应无裂损，各部位螺纹的损伤不得多于 2 牙。否则应换新。

② 差速器左、右轴承孔同轴度公差为 0.4mm。

③ 圆柱主动齿轮轴承（或侧盖）承孔轴线及差速器轴承孔轴线对减速器壳前端面的平行度公差：当轴线长度在 200mm 以上，其值为 0.12mm；当轴线长度小于或等于 200mm，

其值为 0.4mm。

④ 主减速器壳纵轴线对横轴线的垂直度公差：当纵轴线长度在 300mm 以上，其值为 0.16mm；纵轴线长度小于或等于 300mm，其值为 0.12mm；纵、横轴线应位于同一平面（双曲线齿轮结构除外），其位置度公差为 0.08mm。

⑤ 主减速器壳与侧盖的配合及圆柱主动齿轮轴承与减速器壳（或侧盖）的配合应符合原设计规定。

（4）主减速器齿轮副

① 锥齿轮副

齿轮不应有裂纹，齿轮工作表面不得有明显斑点、剥落、缺损。否则应更换。

以圆锥主动齿轮壳后轴承孔轴线为基准，前轴承承孔的径向圆跳动及各端面的端面圆跳动公差为 0.06mm。圆锥从动齿轮端面对其轴线的圆跳动公差为 0.4mm。圆锥主动齿轮花键与凸缘键槽的侧隙不大于 0.20mm。逾限时，可酌情修理或更换。

圆锥主、从动齿轮啮合齿隙为 0.15～0.50mm。否则应进行调整。

圆锥主动齿轮轴承预紧力应符合原设计规定或圆锥主动齿轮轴承的轴向间隙不大于 0.05mm，否则应进行调整。

主动圆锥齿轮：轮齿锥面的径向圆跳动公差为 0.05mm；前后轴承与轴颈、轴承孔的配合应符合原厂规定；从动锥齿轮的铆钉联接应牢固可靠；用螺栓连接的，连接螺栓的紧固应符合原厂规定，紧固螺栓锁止可靠。

齿轮若需更换时，必须成对更换。

② 圆柱齿轮副

齿轮不应有裂纹，齿轮工作表面不得有明显斑点、剥落、缺损。否则应更换。

圆柱主动齿轮轴承与轴颈的配合间隙不得大于原设计规定 0.012mm。

圆柱主、被动齿轮啮合齿隙为 0.15～0.70mm。逾限时应更换齿轮副。

（5）差速器

① 差速器壳产生裂纹，应更换。

② 差速器壳与行星齿轮、半轴齿轮垫片的接触面应光滑，无沟槽。如有小的沟槽可用砂纸打磨，并更换半轴齿轮垫片。

③ 行星齿轮、半轴齿轮不得有裂纹，工作表面不得有明显斑点、脱落和缺损。否则更换。

④ 差速器壳体与轴承、差速器壳与行星齿轮轴的配合应符合原厂规定。

（6）滚动轴承

① 轴承的钢球（或柱）和滚道上不得有伤痕、剥落、严重黑斑或烧损变色等缺陷，否则应更换。

② 轴承架不得有缺口、裂纹、铆钉松动或钢球（或柱）脱出等现象，否则应更换。

2. 驱动桥常见故障现象及原因分析

（1）异响

1）故障现象

驱动桥在运行时发出不正常的响声，可分为驱动时发出异响、滑行时发出异响及转弯行驶时发出异响等。

2）故障原因

①齿轮油油量不足、油质变差，特别是油内有较大金属颗粒；

②驱动桥内轴承损伤、严重磨损松旷或齿轮齿面磨损、点蚀、轮齿变形或折断；

③主减速器齿轮副严重磨损、啮合面调整不当、啮合间隙不符合标准（太大或太小），啮合间隙不均或未成对更换；

④差速器壳与行星齿轮轴配合松动、行星齿轮轴孔与其轴磨损松旷；

⑤半轴齿轮与行星齿轮啮合间隙不符合标准（过大或过小）或半轴齿轮与半轴花键配合松旷。

3）故障诊断与排除

①将变速器挂入空挡，架起驱动桥，用手转动驱动桥输入轴凸缘检查其游动角度，若其游动角度过大，则故障由齿轮啮合间隙或半轴花键配合间隙过大引起。

②检查驱动桥内油量、油质、油型号，若不符合要求，则故障由此引起（同时有驱动桥发热现象）。

③驱动桥油量、油品检查正常，则可行车路试进一步检查：

a.汽车挂挡行驶、脱挡滑行均有异响：故障多由主减速器齿轮啮合间隙不当、轮齿变形、齿面技术状况（磨损、点蚀、胶合等）变差或轴承松旷引起。

b.汽车挂挡行驶有异响，脱挡滑行声响减弱或消失：故障由主减速器齿轮轮齿的正面磨损严重或损伤，而齿的反面技术状况良好或齿轮间隙调整不当引起。

c.汽车起步或突然变速时发出“抗”的一声，或汽车缓速时发生“克啦、克啦”的撞击声：故障由齿轮啮合间隙过大或半轴齿轮与半轴花键配合间隙过大引起。

d.汽车行驶时发出周期性的金属撞击声：故障由齿轮个别轮齿折断引起。

e.汽车转弯行驶有异响，直线行驶时声响减弱或消失：故障一般由半轴齿轮或行星齿轮的齿面严重磨损、齿面点蚀、轮齿变形或折断、行星齿轮轴磨损等引起。

f.汽车直线行驶和转弯行驶时，均有“哽呲、哽呲”的碰擦声，严重时产生金属撞击声：故障由半轴或套管弯曲变形引起。

g.汽车行驶中异响时有时无，或有时呈周期性变化：则故障一般由齿轮油中有杂物引起。

（2）漏油

1）故障现象

从驱动桥加油口、放油口螺塞处或油封、各接合面处可见到明显漏油痕迹。

2）故障原因

①加油口、放油口螺塞松动或损坏，通气孔堵塞；

②油封磨损、硬化，油封装反，油封与轴颈磨出沟槽；

③接合平面变形、加工粗糙，密封衬垫太薄、硬化或损坏，紧固螺钉松动或损坏；

④桥壳有铸造缺陷或裂纹。

3）故障诊断与排除

①检查加油口、放油口螺塞是否松动；密封垫是否损坏；通气孔是否堵塞：若有则故障由此引起。

②检查油封是否磨损，损坏或装反：若有则故障由此引起。

③检查桥壳是否有缺陷或裂纹：若有则故障由此引起。

（3）过热

1）故障现象

汽车行驶一段里程后，用手探试驱动桥壳中部或主减速器壳，有无法忍受的烫手感觉。

2）故障原因

①齿轮油变质、油量不足或牌号不符合要求；

②轴承预紧度过大或齿轮啮合间隙过小；止推垫片与齿轮背隙过小；

③油封过紧或各运动副、轴承润滑不良而产生干（或半干）摩擦。

3）故障诊断与排除

①检查齿轮油面高度：油面太低，则故障由油量不足引起，应按规定添加齿轮油。

②若油量充足，则应检查齿轮油规格、粘度或润滑性能，如检查结果不符合要求，则故障由齿轮油变质或牌号不符引起，应排尽原来的齿轮油，冲洗桥壳内部，换上规定型号的润滑油。

③用手触摸油封处：若过热，则故障由油封过紧或损伤引起，应重新装配或更换油封。

④用手触摸轴承处：若过热，则故障由轴承损坏或调整不当引起，应更换损坏的轴承或调整轴承。

⑤若不是上述问题，则应检查齿轮啮合间隙。先松开驻车制动器，变速器置于空挡，然后轻轻转动主减速器的凸缘盘；若转动角度太小，则故障由主减速器齿轮啮合间隙太小引起；若转动角度正常，则故障由行星齿轮与半轴齿轮啮合间隙太小或止推垫片与齿轮背隙过小引起。应重新调整上述齿轮啮合间隙。

诊断策略

故障案例一：汽车直线行驶正常，但转弯时前桥出现异响

1. 故障现象

一辆本田奥德赛 MPV 车，直线行驶情况正常，但转弯时前桥出现金属挤压的破碎声。

2. 故障分析诊断与排除

汽车底盘异响一般是底盘构件松动或磨损造成的。由于试车确认异响是从左前轮发出

的，故应对底盘左前部进行检查。

（1）将车辆举升检查左前悬架、转向节、车轮、制动器、传动轴是否有松动或磨损。没有发现上述问题，但发现左前传动轴外侧球笼防尘罩很新，说明该部分维修过。

（2）将车辆举升后着车，挂挡，左右反复转动方向盘并短时轻踩制动，可以听到响声是从左前传动轴外侧球笼处发出的。

根据检测结果可断定该故障是由左前轮传动轴外侧球笼磨损造成的。

更换左前轮传动轴外侧球笼。试车，确认故障已排除。

故障案例二：汽车冷态下行驶时正常，热车后升挡出现延迟

1．故障现象

一辆 03 款高尔夫轿车搭载 01M 自动变速器，行驶里程为 60000 千米，冷车正常，热车升挡延迟：当发动机转速升至 2500r/min 时，才勉强升至二挡；升至 3300r/min 时，才升入三挡。

2．故障分析诊断与排除

（1）进行常规检查，其结果是油压正常、变速箱油无异味、油质透亮纯净无杂质、油位符合标准。

（2）V.A.G1552 检测自动变速器控制系统，无故障代码。

用 V.A.G1552 查看自动变速器动态数据流，发现变速箱油温上升过快，结合该车热车后才出现延迟升挡故障的现象，做如下检测。

①测量油温传感器，在各个特定的温度区间内，实测值与维修手册提供的数值吻合，说明油温传感器正常。

②用红外测温仪监测变速器散热器温度，在行驶一段时间后变速箱油温就陡升至 120℃，故障随之出现，说明故障确系高温所致。

③分析导致变速器高温的可能原因。导致变速器高温的可能原因有离合器、制动器打滑、箱体内润滑不良、变扭器锁止离合器不能锁止、散热器散热不良等。

因该车在升降挡期间均未出现过跑空和发动机转速陡升而车速变化不正常的现象，可以排除离合器打滑。若箱体内润滑不良，就会造成行星齿轮机构和轴承铜套的磨损，严重时会使太阳轮秃齿，但该车未发现这些症状，因此也可以排除润滑不良，若变扭器锁止离合器不能锁止，将会导致油温升高，经检测 TCC 锁止工作表现正常，观察变扭器工作正常。若散热器散热不良，将直接导致变速器高温。

④用红外测温仪测量变速器散热器进出口温度，发现进出口温差很小，变速箱油温上升过快的原因就是散热器散热不良的问题。

将散热器取下，用压力空气疏通，吹出许多黄色的泥状沉积物，用清洗剂反复清理后装车。经试车，变速器油温始终保持在 96℃～97℃左右，升挡恢复正常，故障排除。

3．故障总结

由于车主添加了不同牌号的防冻液，使冷却系统遭受腐蚀而产生了大量的离子颗粒，导致散热器堵塞。

故障案例三：车辆行驶时换挡有冲击感，且故障指示灯点亮

1．故障现象

一辆 2013 年别克君威轿车，搭载 2.5LV6 电喷发动机和 4T65E 型自动变速器。该车在行驶过程中，变速器自动换挡时有较大的冲击感，且仪表板上的发动机故障指示灯点亮。

2．故障分析诊断排除

（1）问诊

向车主了解此车的一些情况，该车是事故车，曾经在其他修理厂维修过变速箱，也做过发动机大修，在发动机大修后出现了上述故障。

（2）常规检查

对该车进行了常规检查，其结果是油位符合标准、变速器油无异味、油质透亮纯净无杂质。

（3）故障码的读取

使用专用诊断仪器 TECH2 读取故障码，读取到动力系统控制模块 PCM 内储存有故障码 P0730，含义为‘不正确的齿轮传动比’。

（4）读取数据流

进行路试，并在行驶中阅读变速器数据流，从各个挡位传动比的数值可以明显看出。变速器确实存在错误的传动比，因为三挡的传动比应该在 1:1 附近较小的范围内波动，而该车在三挡时的实际传动比明显小于 1:1。

（5）查阅维修资料

从维修资料中了解到，故障码 P0730 产生的条件是 PCM 根据来自变速器输入轴转速传感器和车速传感器的信号计算传动比，并将实际传动比与 PCM 内预置的传动比进行比较。当以下情况发生超过 7s 时，就设置故障码 P0730。这些情况是齿轮传动比大于 2.97:1；齿轮传动比为 2.43:1～2.87:1；齿轮传动比 1.05:1～1.52:1；齿轮传动比为 0.75:1～0.95:1。

（6）分析并判断原因

按照上述原理进行分析，造成传动比错误的原因如下：

① 变速器内部离合器等元件打滑；

② 输入轴转速传感器信号错误；

③ 车速传感器的信号错误等。

（7）进行变速器油压测试

在挡位开关前边的油压测试孔上连接油压表，在诊断接口上连接 TECH2。起动发动机，踩住制动踏板，将挡位将换挡杆分别在各挡位停留 5 秒，并且通过 TECH2 控制变速器压力

控制电磁阀的电流值，以获取各挡位油压值（通常情况下，变速器油压值是通过压力控制电磁阀的电流为 0.9A 或 1A 时的测量压力）。将实际测量结果与标准油压值进行对照，实际油压值在标准范围内。

（8）检查变速器的电控部分

影响变速器换挡的 2 个主要传感器有节气门位置传感器和车速传感器。

① 检测节气门位置传感器，结果正常。

② 车速传感器。4T65E 变速器匹配的车速传感器是电磁式传感器，车速传感器产生交流电压信号，电压信号根据 PCM 的不同用途转换成转速或车速，PCM 参考此信号来控制换挡时刻、油压以及变矩器的锁止和释放。用示波器检测车速传感器输出信号，发现信号有时是不连续。

更换车速传感器，再进行试车，车辆一切正常，故障排除。

5.2 汽车行驶、转向系的故障诊断

5.2.1 悬架系统的故障检测与诊断

悬架系统是指由车身与轮胎之间的弹簧和减震器组成的整个支持系统。其功能是传递作用在车轮和车架之间的力和力矩，并且缓冲由不平路面传给车架或车身的冲击力，并衰减由此引起的震动，以保证汽车平顺行驶。

在车辆运行过程中，悬架系统受到来自于垂直方向的载荷、来自轮胎传递的横向力和纵向力的作用，在这些力的综合作用下，悬架系统可能会产生各种故障。悬架系统故障有前悬架刚性碰撞、前悬架摆动及异响、后悬架刚性碰撞、车身歪斜等。悬架的故障会影响乘坐的舒适性、行驶安全性，也会导致某些机件的异常损坏。

1. 前悬架刚性碰撞的故障诊断

（1）故障现象

汽车在不平的道路上行驶时，有时会感觉车桥与车架刚性碰撞，发出“哽”的一声。

（2）故障原因

钢板弹簧或螺旋弹簧产生塑性变形或损坏；减震垫、限位挡块损坏或减震器失效。

（3）故障诊断与排除

① 钢板弹簧销、衬套、吊环等是否磨损过度及间隙增大。

② 钢板弹簧或螺旋弹簧是否发生疲劳变形。检查螺旋弹簧的高度和钢板弹簧的曲率半径是否符合要求，异常则更换。

③ 螺旋弹簧或个别弹簧是否折断，减震器是否失效。

④ 减震器的检查：首先检查减震器连接销、连接杆、橡胶衬套是否损坏、脱焊、脱落、破裂，同时观察减震器外部有无渗漏油迹。若有渗漏油迹，应进一步查明渗漏原因。拆下减震器向外拉动活塞杆。若无阻力或阻滞，说明减震器失效，应更换。

2．前悬架摆动并产生异响的故障诊断

（1）故障现象

汽车在运行过程中，悬架摆动会导致方向不稳，易出现行驶跑偏。

（2）故障原因

钢板弹簧或螺旋弹簧产生塑性变形或损坏；减震垫、限位挡块损坏或减震器失效；导向机构变形或松动。

（3）故障诊断与排除

①对采用钢板弹簧悬架的车，应首先把汽车支起，在钢板弹簧处于自由状态下，检查钢板弹簧销、吊环支架是否间隙过大。

②对采用螺旋弹簧的汽车，则应检查其支座是否损伤，同时检查前悬架杆系是否变形或松动。

③还应检查减震垫的润滑情况，必要时加注润滑脂。

3．后悬架刚性碰撞的故障诊断

后悬架也有刚性碰撞、车身歪斜等故障，故障原因和诊断流程与前悬架基本相同。

诊断策略

故障案例一

1．故障现象

一辆大众宝来轿车，装备 1.4L 发动机，行驶到 90000km 时出现异响。一踩制动踏板就“噔”的一声或者“噔噔噔”连续异响。不踩制动踏板则没有异响，在踩制动踏板的前半段很轻，后半段比较明显，而且路面越颠簸响得越厉害。

2．故障诊断

（1）经过试车，故障确实如车主所述。

（2）首先检查制动，发现制动盘和支架间有点缝隙。最早一批速腾轿车也有这个问题，就是缝隙造成的，于是在缝隙里加了点东西，再试车，异响依然存在。

（3）又仔细试车。过减速带的时候尝试不踩制动踏板，发现过大颠簸的时候不踩制动踏板，车子也响。怀疑是减震系统的声音，拆掉稳定杆排查，确认不是稳定杆的声音，于是换减震器，再试车，响声消失。

3．故障排除

更换新的减震器，故障排除。

4．故障总结

经验虽然很重要，但有时也会让人走弯路，所以一定要认真检查才能快速找到故障。

故障案例二

1．故障现象

一辆丰田卡罗拉轿车，装备 1.6L 发动机，客户反映在行驶中车辆前部底盘处发出“嘎吱嘎吱”异响，平路不明显，特别是在比较颠簸的路面上，响声明显。

2．故障诊断

（1）试车发现故障属实，另外发现急停车，快速起步，压前发动机盖均会出现“嘎吱”声。

（2）由于此故障出现在车辆上下坡颠簸较大时，因此前悬架稳定杆、减震器、三角臂等出故障的可能性最大。

（3）紧固底盘螺栓，试车响声依旧，拆除稳定杆与三角臂连接，响声消除，经检查发现稳定杆衬套磨损。

3．故障排除

更新衬套后一切正常，故障排除。

4．故障总结

此稳定杆衬套经常容易响，更换衬套，打油润滑后，一般就不会响了。

5.2.2　车轮动平衡的检测与调整

1．车轮不平衡的影响

车轮不平衡会导致汽车在行驶过程中，特别是高速行驶时，前轮左右摆动和上下跳动，影响行车的安全性和乘坐的舒适性，同时也会加速轮胎及转向机构的磨损。

2．车轮不平衡的原因

（1）轮毂、制动鼓（盘）加工制造时存在不平衡问题、使用中变形或磨损不均。

（2）轮胎螺栓质量不等、轮辋质量分布不均或径向圆跳动、端面圆跳动太大。

（3）轮胎质量不均匀、尺寸或形状误差太大，使用中变形或磨损不均，使用翻新胎或补胎。

（4）整个车轮分解后重新组装时，破坏了原来的平衡。

3．车轮平衡的检测与调整

（1）清除被测车轮上的泥土、石子和旧平衡块，并清洁轮辋。

（2）检查轮胎气压，将其充至规定值。

（3）根据轮辋中心孔的大小选择椎体，仔细装上车轮，用大螺距螺母将它上紧。

（4）打开车轮平衡机的电源开关，检查指示与控制装置的面板是否指示正确。

（5）用平衡机上的标尺测量轮辋边缘至机箱的距离 a，用卡尺测量轮辋宽度 b，根据轮胎规格查出轮辋直径 d，再将 a、b、d 值输入指示与控制装置中。

（6）放下车轮防护罩，按下启动键，车轮旋转，平衡测试开始，系统将自动采集数据。

（7）在车轮自动停转或听到“嘀”声后按下停止键并操纵制动装置使车轮停转，从指示装置读取车轮内、外不平衡量和不平衡位置。

（8）抬起车轮防护罩，用手慢慢转动车轮。当指示装置发出指示时停止转动。在轮辋的内侧或外测的上部（12 点钟位置）加装指示装置显示该侧平衡块质量。对内、外要分别进行，平衡块装卡要牢固。

（9）在安装平衡块后可能产生新的不平衡，应重新进行平衡试验，直至不平衡量小于 5g，指示装置显示“00”或“OK”。当不平衡量相差 10g 左右时，如能沿轮辋边缘左右移动平衡块一定角度，则可获得满意的效果。

（10）测试结束，关闭电源开关。

5.2.3 轮胎异常磨损的故障诊断

1. 轮胎异常磨损的影响

轮胎是车辆行驶系的重要组成部分，也是车辆与地面的唯一接触体，其性能优劣不仅关系到轮胎自身的耐久性和稳定性，更影响着车辆行驶的安全性、经济性、操控性、乘坐舒适性、噪声等特性。当汽车轮胎发生异常磨损时，会直接影响汽车的技术性能和经济性，甚至由于轮胎的非正常损伤而造成严重的行车事故。

2. 轮胎异常磨损的现象与原因

（1）胎面花纹两边磨损，如图 5.2-1（a）所示。

造成胎面花纹两边过度磨损的原因主要有：汽车轮胎气压不足或汽车超载。这样将使轮胎胎冠接地印迹增宽，并且中部略向上拱起，因此导致胎冠两肩着地，形成轮胎两侧的偏磨，汽车超载或胎压不足还会引起油耗增大，并会造成胎温过高而产生爆胎。

（2）胎面花纹中央磨损，如图 5.2-1（b）所示。

引起胎面花纹中央过度磨损的主要原因是轮胎气压高于标准压力，从而使轮胎刚性增大，与地面接触面积减少。另外在行驶中随着轮胎内部温度升高，轮胎气压还有继续升高的趋势。这样容易造成胎面花纹中央磨损增加，花纹底部开裂。

轮胎胎压过高还会使帘线层过度伸张，甚至产生折断、破损，并且容易在不平路面高速行驶时，由于遇到障碍物冲击而发生爆胎。

（3）胎面花纹内侧或外侧产生偏磨，如图 5.2-1（c、d）所示。

胎面花纹内侧或外侧偏磨的可能原因有：前轮前束不合格，车轮外倾角过大或过小；汽车频繁地急转弯；汽车前轮长期没有换位。

前轮外倾角和前轮前束不符合标准会造成转向轮产生偏磨。此外，有些后桥为独立式悬架的车桥，也存在车轮外倾角。如果调整不当，也会造成轮胎偏磨。

（4）胎面花纹由外向内或由内向外呈锯齿状磨损，如图 5.2-1（e）所示。

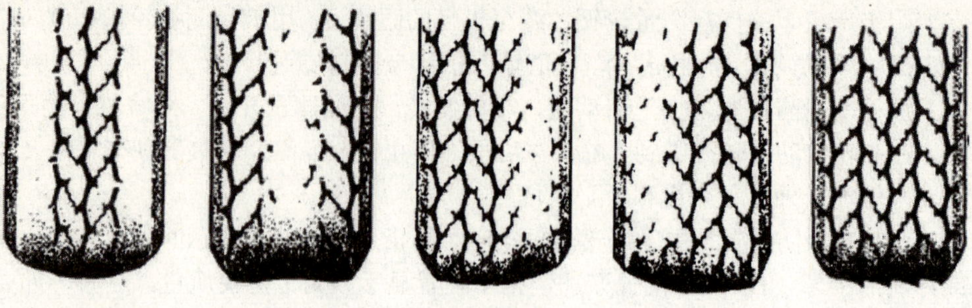

（a）胎肩磨损　（b）中央磨损　（c）内侧磨损　（d）外侧磨损　（e）锯齿状磨损

图 5.2-1　轮胎的不正常磨损

胎面花纹磨损呈锯齿状，均与汽车前束有关。如果胎面花纹由外侧向里侧呈锯齿状，说明汽车前轮前束过大（对于独立悬架的后轮来说，同理）；反之，若胎面花纹由里侧向外侧呈锯齿状磨损，说明汽车前轮前束过小或为负前束。

（5）胎面呈波浪状或碟边状磨损

如果轮胎出现这两种形式的磨损，说明：

①汽车车轮动平衡不良，在转动中出现抖动和跳动；

②汽车车轮轮毂磨损松旷，或是轮毂轴承松旷及调整不当；

③车轮定位不准；

④悬架系统有故障。

3. 轮胎使用中的注意事项

（1）规格不同，甚至品牌不同的轮胎不得同轴使用。

（2）选定的轮胎与轮辋应相配。

（3）使用中避免超载、紧急制动，合理分配各车轮的负荷。

（4）定期检查轮胎气压和外胎表面，清除铁钉、石块等异物。

（5）按规定进行轮胎换位，一般每行驶 10000km 左右进行一次轮胎换位。

4. 轮胎换位方法

（1）循环换位：子午线轮胎使用此方法，如图 5.2-2（a）、（b）所示。

（2）交叉换位：斜交轮胎使用此方法，如图 5.2-3（a）、（b）所示。

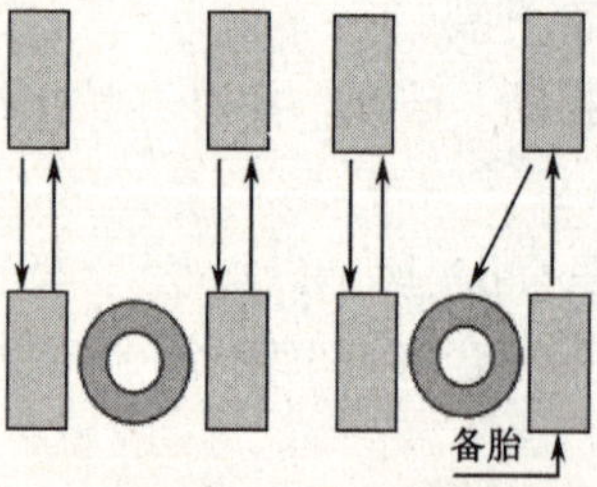

(a)　(b)

图 5.2-2　循环换位

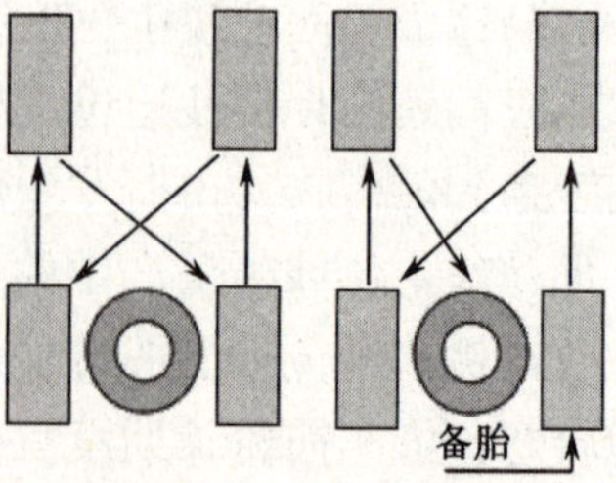

(a)　(b)

图 5.2-3　交叉换位

注意：选择换位方法后，下次仍然要使用该种换位方法；翻新胎、有损伤或磨损严重的轮胎，不得用于转向轮。

5.2.4　四轮定位的检测与调整

1．四轮定位的内容

四轮定位包括前轮定位、后轮定位。前轮定位主要包括主销后倾角、主销内倾角、前轮外倾角和前轮前束四个内容。后轮定位主要包括后轮前束、后轮外倾角。

2．车轮定位对汽车的影响

（1）主销后倾角

主销后倾角太大，转向时转向盘沉重；主销后倾角太小，直行时转向盘摇摆不定，转向盘不能自动归正，高速行驶时转向发飘；主销后倾角相差较大，汽车跑偏，直行时车子往小后倾角边拉。

（2）主销内倾角

主销内倾角太大，轮胎磨损较快和转向沉重；主销内倾角太小，行驶的稳定性和制动的稳定性变差。

（3）车轮外倾角

车轮外倾角太大，轮胎外缘磨损，悬架配件磨损，向外倾角大的一侧跑偏；车轮外倾角太小，轮胎内缘磨损，悬架配件磨损；车轮外倾角不等，直行时车子往大的外倾角这边拉。

（4）前束值

前束值太大，两前轮外缘磨损，且整个轮胎胎面呈锯齿状磨损，转向盘漂浮不定；前束值太小，两前轮内缘磨损，且整个轮胎胎面呈锯齿状磨损，转向盘漂浮不定。

3．四轮定位仪

图 5.2-4 所示是常见四轮定位仪，在四轮定位仪上可以对汽车的车轮定位参数进行精确测量，技术人员根据测量数据，参照原厂设计标准，对车辆的各种角度和零部件进行更换、修复、整形、调整，使车辆的技术指标达到原厂要求，从而保证汽车的安全性、舒适性和经济性。

一般在以下情况下要做四轮定位检测：

① 每行驶 10000km 或 6 个月以后；

② 汽车出现行驶跑偏故障；

③ 直行时车身漂浮或摇摆不定；

④ 前轮轮胎或后轮轮胎异常磨损；

⑤ 安装新的轮胎后；

⑥ 碰撞事故车维修后；

⑦ 换装新的悬架或转向机构有关配件后；

⑧ 新车行驶 3000km 以后。

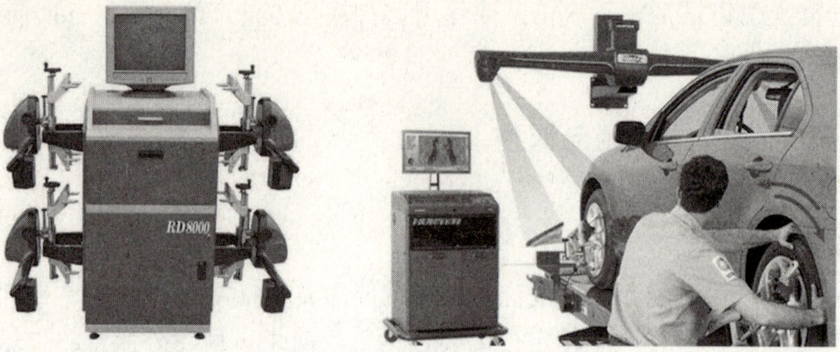

图 5.2-4　四轮定位仪

4．四轮定位的检测与调整操作步骤

（1）调整前的准备

① 先将汽车开上维修举升机，对被测汽车底盘进行全面检查：包括轮胎是否正常，底盘各部位及车身是否有明显的变形，减震器是否正常，转向装置各连接部位的间隙是否正常等。如果检查中发现有明显影响四轮定位的问题，则应先进行必要的维修。

② 按汽车使用说明书的规定调整轮胎气压。

③ 校准测试仪表、举升机上的转角盘和后滑板，并根据轮距和轴距调整举升机宽度。

④ 将汽车驶上测量用的举升机，车轮应位于转角盘和后滑板上，拉紧驻车制动手柄，不让汽车滑动。

⑤ 根据仪器屏幕上显示的菜单提示，在汽车座椅和车尾箱内添加规定质量的沙袋，使汽车轴重符合规定。

⑥ 松开手制动，用力压车身前部和后部各几次，使弹簧、减震器及底盘部件释放内应力。

⑦ 安装制动销，锁定制动踏板。

⑧ 安装测量夹具和传感器，利用水平泡进行调平。

⑨ 抽出测量举升机转角盘和后滑板的安全销，使汽车处于自由状态。

（2）调整前的测量

① 将汽车转向盘置于直线位置，系统可测得后轴的前束和外倾角值。

② 将汽车转向盘向左和向右各转 20°，得到主销后倾角，主销内倾角和前束值的差值。

③ 打正汽车转向盘至直行位置，根据显示器上的提示，测量前轴的前束和外倾角。

④ 通过向左/向右转动转向盘至极限位置，测量左/右的全转向角。

（3）调整

① 先调整后轮，后轮先调外倾角，后调前束角。

② 调整前轮，前轮先调主销后倾角，后调外倾角，最后调前束角。

（4）调整后测量

调整后测量和调整前的测量步骤大体相同，目的是测量调整后的四轮定位数据是否达到标准范围。

（5）结束

拆下传感器，将车开下检测仪器。

5．四轮定位的调整

四轮定位的调整，实际是一个平衡的过程。由于四轮定位失常导致的故障，都是某个平衡被打破造成的，这些所谓的平衡有轮胎磨损的平衡、跑偏的平衡及转向盘位置的平衡等。四轮定位的调整一般是通过两个参数的配合，实现车轮定位的平衡。

四轮定位的调整顺序规则一般是先调后轮，再调前轮。后轮先调外倾角，后调前束；前轮先调主销后倾角，后调外倾角，再调前束。具体调整方法如下。

（1）从上控制臂调整的常用方法

①增减垫片调整主销后倾角和车轮外倾角，如图 5.2-5（a）所示。

②移动上控制臂来调整前轮外倾角和主销后倾角，如图 5.2-5（b）所示。

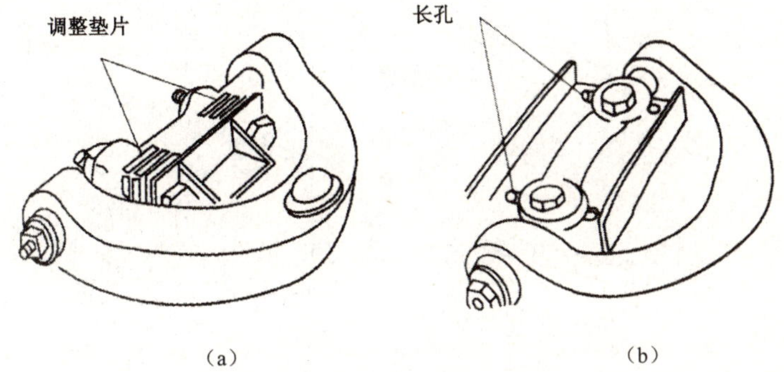

图 5.2-5　增减垫片和移动上控制臂的调整方法

③旋转凸轮来调整车轮外倾角和主销后倾角，如图 5.2-6（a）所示。

④旋转上控制臂的两个偏心凸轮来调整主销后倾角和车轮外倾角，如图 5.2-6（b）所示。

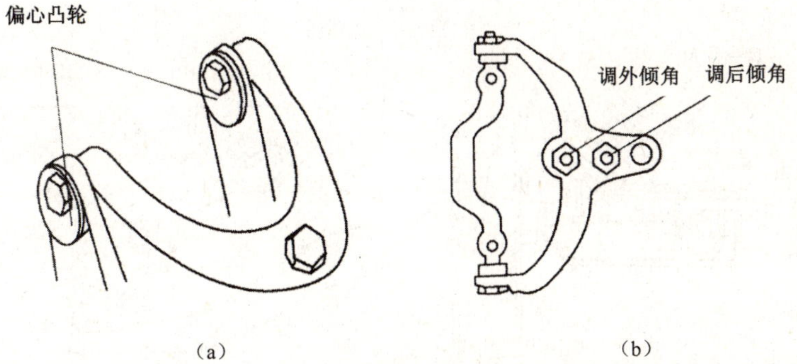

图 5.2-6　旋转偏心凸轮的调整方法（上控制臂）

⑤分别旋转两个偏心螺栓调整车轮外倾角和主销后倾角，如图 5.2-7 所示。

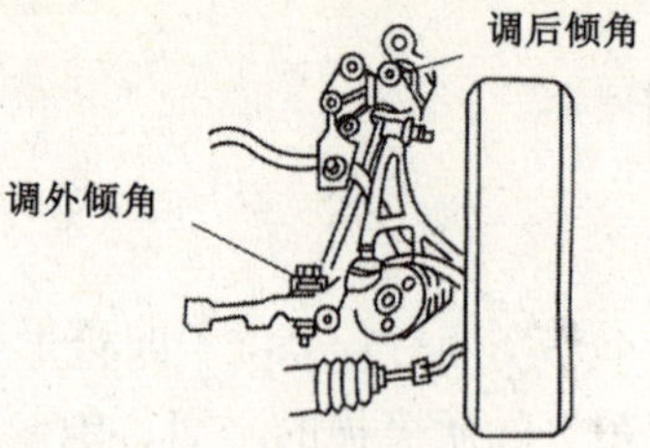

图 5.2-7　偏心螺栓调整方法（上控制臂）

（2）从下控制臂调整的常用方法

① 旋转偏心凸轮，可调整车轮外倾角，如图 5.2-8（a）所示。

② 调整主销后倾角时，松开环销并旋转即可，调整车轮外倾角时，旋转偏心螺栓，如图 5.2-8（b）所示。

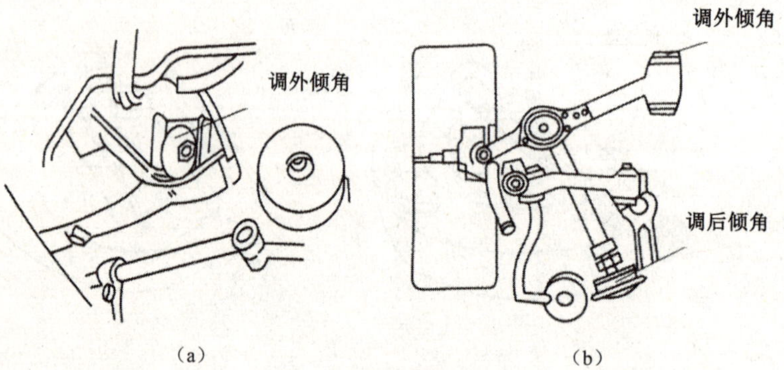

图 5.2-8　偏心凸轮和偏心螺栓调整方法（下控制臂）

③ 松开控制臂安装螺栓，旋转偏心凸轮可调整前轮外倾角，如图 5.2-9（a）所示。

④ 松开下控制臂前端的球头安装螺栓，可以推进或拉出球头，从而调整前轮外倾角，如图 5.2-9（b）所示。

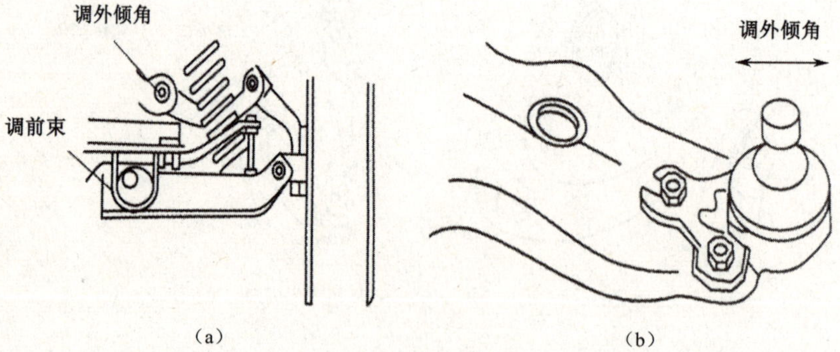

图 5.2-9　旋转偏心凸轮和移动下控制臂球头的调整方法

（3）从减震器顶部进行调整的常用方法（见图 5.2-10）

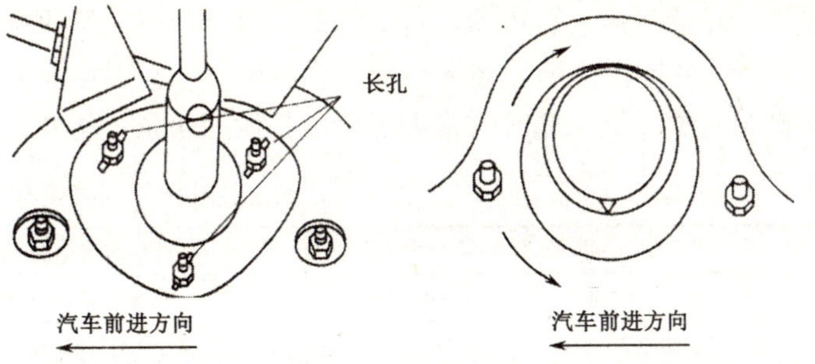

图 5.2-10　从减震器顶部的调整方法

① 松开前减震器顶上几个定准螺栓，可以沿前卡孔左右移动减震器来调整前轮外倾角。

② 松开前减震器顶上定位螺栓，向下推着前减震器并旋转 180°，顺时针转增大外倾角，逆时针转减小外倾角。

（4）从减震器支架部位进行调整的常用方法

① 松开减震器支架上的两个螺栓，旋转上部带偏心凸轮的螺栓即可调整前轮外倾角。如图 5.2-11（a）所示。

② 松开两个螺栓向里推或向外拉轮胎，可以调整车轮外倾角，如图 5.2-11（b）所示。

（5）从转向横拉杆调整前束。前束的调整方法通常通过调整横拉杆的长度来实现，如图 5.2-12 所示。

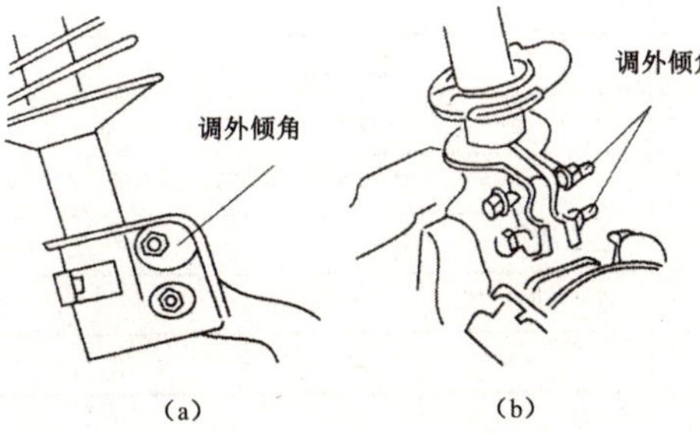

图 5.2-11　减震器支架的调整方法

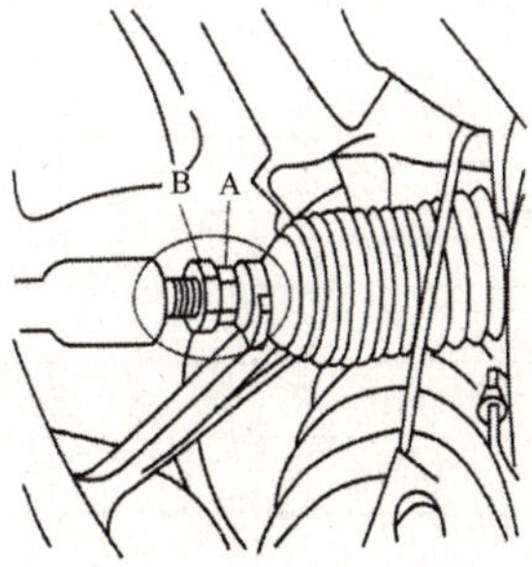

图 5.2-12　转向横拉杆的调整方法

诊断策略

1. 故障现象

一辆本田 Accord 在行驶过程中偏右，且方向自动回正性能差。

2. 故障诊断

接到此车后，首先对该车车主进行询问，得知此车在一次小事故中碰撞到右前轮，当时的情况是右前轮在与路基的接触中严重起包，并且更换了右前轮。

先进行常规检查，轮胎气压，减震器，轮胎的尺寸都无问题，但前轮的轮胎内侧有偏磨的迹象。然后去试车，结果同车主所描述的一样，这辆车在平整的路面上行驶时方向总是偏右，而且操纵方向盘时感觉发飘。这时维修人员提出先做四轮定位检查，车主同意了，检查结果如下：

		左	右	标准值/最大公差值
前轮	前轮外倾角	-0° 12′	+0° 05′	0° 00′ ±0° 00′
	主销后倾角	+2° 45′	+1° 55′	2° 45′ ±1° 00′
	主销内倾角	+3° 00′	+2° 53′	
	前束	+0.7mm	-3.6mm	0～0.9mm
	总前束	-2.9mm		0～1.3mm

通过上表内的检测结果，维修人员判断右前轮的主销后倾角过小是造成车辆跑偏的原因，进而推想该车在上次的碰撞中使右前轮的悬挂变形向后移动，使后倾角变小。维修人员又测量了两侧的轮距，比较后发现右侧轮距比左侧小 5mm。

举起车辆，对车辆的底部，特别是右前轮处进行检查，右前轮处各部件似乎都没有损坏，对照以往的经验，维修人员决定减少左前轮主销后倾角来补尝右侧的损失，从而使两侧一致。

举升车辆，拆下左前轮，下挡泥板，减震器下固定叉臂，进而将左侧的半撑杆拆下，增加调整垫片使左侧的后倾角变小，然后依次装好所拆下的零件，测量轮距，结果两侧一致，再一次对车辆做四轮定位调整检查，结果如下：

		左	右	标准值/最大公差值
前轮	前轮外倾角	-0° 12′	+0° 05′	0° 00′ ±0° 00′
	主销后倾角	+2° 00′	+1° 55′	2° 45′ ±1° 00′
	主销内倾角	+3° 00′	+2° 53′	
	前束	+0.2mm	0.3mm	0～0.9mm
	总前束	0.5mm		0～1.3mm

维修人员再次试车，车辆在这次行驶中没有再跑偏，回到修理厂，对所维修处进行再一次检查后，交车。

几天后，该客户再次返回厂里，这次客户对跑偏并没有异议，但客户反映；维修后方向盘的操纵性能好象不如以前好，在中高速时感觉发飘，且方向回正性能变差。

接到客户的抱怨，难修人员首先想证实客户的描述，考虑到客户是一位有相当驾龄的司机，他请一位经验丰富的师傅与自己一同去试车。首先对回正性能进行检查。将汽车向右打方向直到接近最大转向角，然后松开方向盘，轻踩加速踏板，车辆继续向右行驶过去，用手向左回方向，能感觉到的确有一些阻力。跑到 80km/h 以上，方向有轻飘飘的感觉，轻轻地动一下方向盘，车辆的行驶方向就会改变，用句俗话说，就是路感减小了。

回到厂里，首先检查减震器，减震器并没漏油，用手压车体，减震器的反映也正常。想到减震与方向回正并没有太大关系时，维修人员判断会不会是其他问题。对轮胎与转向系统进行检查，结果也无异常。这时维修人员又注意起上次的事故了，他带着疑问向经验比他丰富的师傅请教，师傅建议将主销后倾角调大些。

3. 故障排除

Accord 车的前悬挂是麦弗逊双撑杆，减掉左边新加的垫片增加左侧的后倾角，但右侧却无法将后倾角加大，维修人员再次对右前轮部位处进行仔细的检查，这次他决定拆下零件检查。右前下悬挂臂虽然看起来没有变形，但与新件做比较时却有明显的弯曲。维修人员决定更换这支下悬挂臂。

换件后，再一次做四轮定位检查。两后倾角均达原标准的值，调整后结果如下：

		左	右	标准值/最大公差值
前轮	前轮外倾角	−0° 12′	+0° 05′	0° 00′ ±0° 00′
	主销后倾角	+2° 40′	+2° 35′	2° 45′ ±1° 00′
	主销内倾角	+3° 00′	+2° 53′	
	前束	+0.3mm	0.3mm	0～0.9mm
	总前束	0.6mm		0～1.3mm

4. 故障总结

（1）正确的主销后倾角有助于转向轮的自动回正，并且能改善车辆的方向稳定性。当主销后倾角过大时，作用在方向盘上的转向力传递到轮胎时会使车身上移，增加了转向盘上的转向力；当主削后倾角过小时，减小了转向用力，但导致方向失稳并减小对方向的控制，并且降低了方向稳定性，使转向后的轮胎回正性变差。

（2）任何的不认真都会造成潜在的故障。

（3）检修时必须按原车的标准值修复，才能保证其性能恢复正常。

5.2.5　转向不稳的故障诊断

1. 故障现象

（1）汽车转向时感觉转向盘松旷量很大，需要转动转向盘较大角度，才能控制汽车的行驶方向。

（2）汽车不能长期保持直线行驶，有时而飘向左侧、时而飘向右侧的趋势，方向不好控制。

（3）有时转向反应过于灵敏，轻微转动转向盘，车辆却向一侧漂移过多。

2. 故障原因

机械转向系统的基本组成如图 5.2-13 所示，动力转向系统基本组成如图 5.2-14 所示。

① 转向器主、从动啮合传动副间隙过大或轴承松旷。

② 转向盘与转向轴、万向节连接部位松旷。

③ 转向摇臂与转向摇臂轴连接松旷。

④ 转向直拉杆与转向横拉杆球头连接部位松旷。

⑤ 转向直拉杆、横拉杆与转向球头连接松旷。

⑥ 转向节主销与衬套磨损后松旷或悬架上、下摆臂球头松旷。

⑦ 车轮轮毂轴承间隙过大。

⑧ 转向助力控制阀不良。如滑阀式转向控制阀回位弹簧损坏或太软，难以克服转向器逆传动阻力，使滑阀不能及时回位，或者因油液脏污使滑阀运动受到阻滞。

⑨ 车架或车身变形，导致转向系统及车轮定位参数改变。

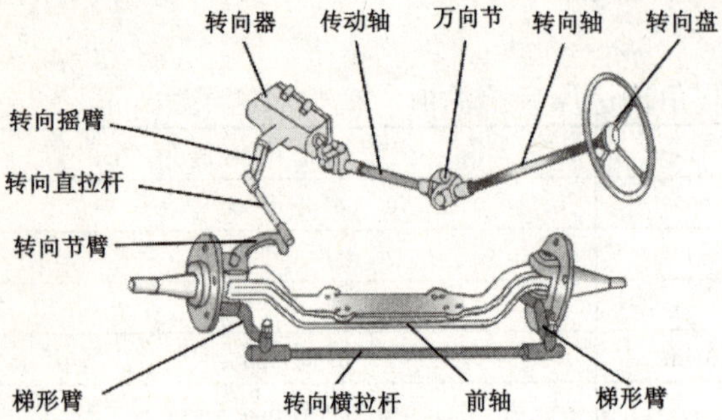

图 5.2-13　机械转向系统

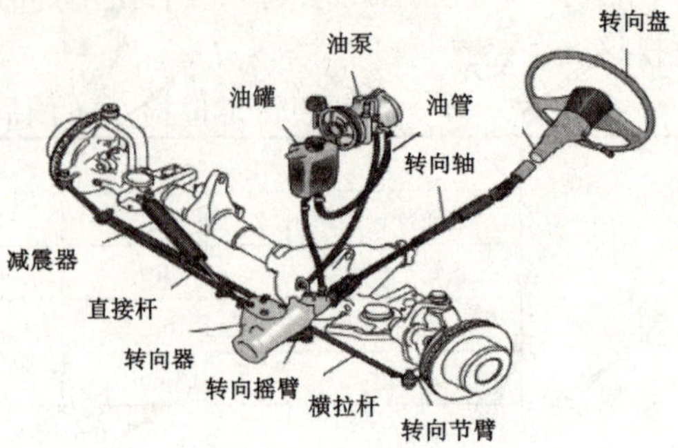

图 5.2-14　动力转向系统

3．故障诊断

（1）检查转向盘自由转动量是否符合要求。转向盘自由转动量的检测要用转向盘检测仪检测。

《机动车运行安全技术条件》规定：最大设计车速大于或等于 100km/h 的机动车，其转向盘的最大自由转动量不得大于 20°；最大设计车速小于 100km/h 的机动车，转向盘最大自由转动量不得大于 30°。

如果转向盘自由转动量超过标准，应进一步检查故障是在转向器还是在传动机构。

①检查故障时，架起汽车转向轮，检查轮毂轴承是否松旷，如果间隙过大应重新调整。

②左右转动转向盘，当用力转动时，转向臂才同步运动，说明转向器间隙过大，应重新调整或检修。

③若转向摇臂动了而转向轮并没偏转，则表明转向传动机构间隙过大，应检查调整或更换传动机构各球头。

（2）检查转向节主销与衬套，悬架上、下摆臂球头是否松动，必要时更换相关配件或进行修理。

（3）检查车架或车身是否变形。

（4）检查调整车轮定位。

（5）检查转向助力系统。

对于采用滑阀式转向控制阀的动力转向器，应检查如下项目：

①液压油路是否脏污、转向助力控制阀复位弹簧有没有折断或变软，使转向助力控制阀不能及时回位。

②转向助力控制阀阀芯（或滑阀）是否偏离中间位置，或虽在中间位置但与阀体槽肩的缝隙大小不一致。

③流量控制阀是否卡滞使油泵流量过大或油压管路布置不合理，造成油压系统管路节流损失过大，使动力缸左右腔压力差过大。

诊断策略

1．故障现象

一辆大众速腾，在中低速行驶时转向正常，但高速行驶时出现转向不稳现象，特别是加速超车时，一打转向盘车体总要来回摆动，直线后摆动现象消失。

2．故障诊断

（1）根据以上现象，初步分析故障不在转向系，可能是悬挂机构某处连接松动或失效，在高速转向时产生较大离心力，使车体向离心力方向摆动。

（2）检查前、后减震器和纵向、横向稳定杆及接头，紧固夹，均正常完好。

（3）来回摆动纵向、横向稳定杆，发觉紧固夹处较松旷，拆卸检查得知，其中有个橡胶衬套磨损严重。

3．故障排除

更换新衬套后，故障排除。

4．故障总结

日常维护中应注意检查，紧固纵、横向稳定杆紧固夹及接头。在修车时，更换油料应避免汽油、润滑油、制动油等流到稳定杆橡胶衬套上，以免其受腐蚀而损坏。

5.2.6　转向沉重的故障诊断

1．故障现象

汽车转弯时，转动转向盘感到吃力，且无回正感。

2．故障原因

转向沉重除了与转向系统有直接关系外，还与轮胎气压不足、车轴、转向轮定位等存在的故障有关。具体原因如下：

① 轮胎气压不足。

② 转向节与主销配合过紧或缺油。

③ 转向直拉杆、横拉杆球头连接调整过紧或缺油。

④ 转向器主动部分轴承预紧力太大或从动部分与衬套配合太紧。

⑤ 转向器主、从动传动装置的啮合调整得太紧。

⑥ 转向器无油或缺油。

⑦ 转向节推力轴承缺油或损坏。

⑧ 转向轴弯曲或其套管变形造成刮碰。

⑨ 主销后倾角过大、主销内倾角过大或前轮负外倾。

⑩ 前梁、车架变形造成前轮定位失准。

⑪ 转向助力系统失效。

3．故障诊断

（1）检查轮胎气压、轮毂轴承松紧程度，前轮定位等。

（2）顶起前桥，使前轮悬空，转动转向盘。若感到明显轻便省力，则故障在前轮、前桥或车架；若转向仍然沉重费力，应将转向摇臂拆下，继续转动转向盘；若明显轻便省力，则故障在转向传动机构；若仍沉重费力，则故障在转向器。

（3）对转向器进行检查。先检查外部转向轴，有无变形凹陷等，再检查啮合间隙是否过小，轴承间隙是否过小，是否缺油，有无异响等。

（4）对转向传动机构进行检查。检查各部连接处是否过紧，检查各拉杆及转向节有无变形，检查转向节主销轴向间隙是否过小。

（5）对于转向助力系统，可以将转向盘向左、右极限位置来回转动，如果左、右转向都沉重，故障在转向泵、液压缸或传动机构；如果左、右转向助力不同，故障在控制阀。

具体检查项目如下：

①检查储油罐是否缺油、油液高度是否符合规定要求。

②观察储油罐中液压油是否有气泡，如果油路中渗入了空气，应进行排气。排气方法：架起转向桥，发动机怠速运转，反复向左、右转动转向盘到极限位置，直至储油罐内无泡沫冒出并消除乳化现象，表明液力转向系统内的空气已排净。

③检查助力油泵驱动皮带是否过松或打滑。

④检查各油管接头处是否密封不良，有泄漏现象。

⑤检查油路堵塞或滤油器污物是否太多。

⑥检查油泵泵油压力。油泵磨损、内部泄漏严重，泵油压力会下降，一般情况下泵油压力应在 5900～6400kPa 之间。

⑦检查泵油安全阀有无泄漏、弹簧弹力减弱或调整不当。

⑧检查动力缸或转向控制阀密封情况。

⑨电控动力转向系统还应检查电子控制装置是否有故障。

（6）必要时，还应对前轮及车架是否变形进行检查。

转向沉重故障诊断流程如图 5.2-15 所示。

诊断策略

1．故障现象

一辆丰田卡罗拉，动力转向系统的转向助力效果逐渐减弱以致转向沉重。

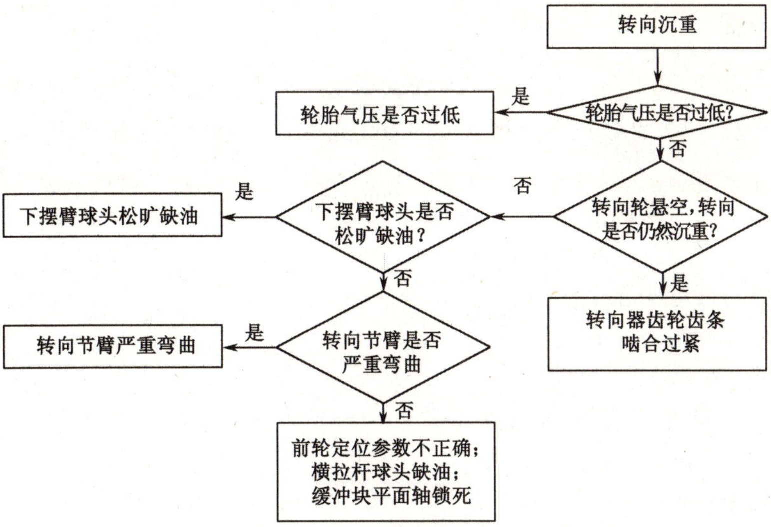

图 5.2-15　转向沉重故障诊断流程

2. 故障诊断

（1）先检查是否有泄漏，液面高度是否正常，经检查均正常。

（2）检查油泵泵油压力。

①首先将油压表的一端接在叶片泵的输出端，另一端接在转向助力器的输入端，使发动机怠速运转，压力表的阀门在全闭情况下，测得油压 3.5MPa，而标准应大于 7.0MPa，说明叶片泵有故障。

②然后将转向盘分别转到左或右极限位置，打开压力表阀门，分别测量油压结果仍为 3.5MPa，这说明转向助力器、安全阀以及溢油阀均正常。

（3）拆检叶片泵，发现泵内的各滑片表面磨损严重，厚度为 1.35mm，而标准值为 1.55mm。

3. 故障排除

更换滑片、弹簧和弹簧座之后，泵油压力恢复正常，故障排除。

4. 故障总结

检测油压是诊断油泵、安全阀、溢油阀等是否有故障的最好方法。

5.2.7　转向轮摆振的故障诊断

1. 故障现象

汽车在低速范围内或高速范围内行驶时，有时出现两前轮各自围绕主销角振动的现象，尤其是在高速时，两前轮左右摆振严重，握转向盘的手有麻木感，甚至在驾驶室内可看到整个车头在晃动。

2. 故障原因

若汽车在不平坦的道路上行驶，低速情况下发生摆振，主要原因是转向系各部位配合间隙过大及转向轮定位失准，汽车高速行驶时发生摆振，一般为车轮不平衡。

① 车轮不平衡。
② 转向器主、从动部分啮合间隙或轴承间隙太大。
③ 转向器垂臂与其轴配合松旷。
④ 纵、横拉杆球头连接松旷。
⑤ 转向系部件刚度太低。
⑥ 前梁或车架弯、扭变形。
⑦ 转向系与前悬挂的运动互相干涉。
⑧ 车轮定位失准。
⑨ 轮毂轴承间隙过大。
⑩ 转向器在车架上的连接松旷。

3. 故障诊断

（1）首先检查转向系各零部件的配合间隙，及时排除故障。
（2）对转向轮定位进行检测和调整。
（3）对转向轮进行动平衡检测和校正。

转向轮摆振故障诊断流程如图 5.2-16 所示。

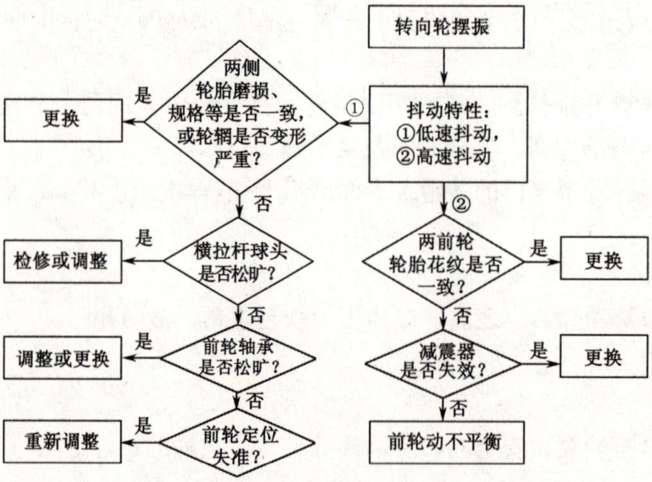

图 5.2-16 转向轮摆振故障诊断流程

诊断策略

1. 故障现象

一辆大众宝来轿车，累计行驶 6 万千米，高速行驶时出现前轮摆动现象。

2．故障诊断

（1）左右转动转向盘，检查转向盘自由行程，正常。

（2）检查转向传动机构各部件配合间隙，未发现异常。

（3）用千斤顶顶起车身前部，在转向轮离开地面的过程中，车轮悬架明显向汽车垂直中心（向内）逐步移动。

（4）用手将车轮反复向内外扳动，发现前悬架下摆臂与横梁处（见图 5.2-17）间隙过大。经查，该处衬套已经严重磨损，该车前桥采用麦弗逊式独立悬架，此处磨损后产生过大的间隙，使车轮外倾角发生了变化。

图 5.2-17　前悬架下摆臂与衡量连接处

3．故障排除

更换衬套，故障排除。

5.2.8　行驶跑偏的故障诊断

1．故障现象

汽车行驶中，行驶方向自动偏向一边，必须用力把住转向盘才能保持直线行驶。

2．故障原因

① 左右轮胎气压不一致。
② 前左、前右减震器弹簧刚度不一致。
③ 车身变形或车架变形使两侧轴距不等。
④ 转向轮定位失准。
⑤ 转向轮单边制动拖滞。
⑥ 转向轮单边轮毂轴承装配过紧或损坏。
⑦ 转向轮毂一侧的前稳定杆、下摆臂变形。
⑧ 左右车架前钢板弹簧挠度不等或弹力不一。
⑨ 动力转向系控制阀损坏或密封环弹性减弱，阀芯运动不畅或偏离中间位置，应予调整或更换。
⑩更换了转向系统 ECU 或转向盘转角传感器后未进行转向盘零点校正，应按维修手册所述进行转向盘零点校正。

3．故障诊断

（1）首先检查左右转向轮轮胎气压是否符合标准或一致，不符合标准或不一致应充气至标准值。

（2）汽车行驶一段时间后检查跑偏一侧轮毂和制动鼓的温度，若温度过高，则为轮毂轴承过紧或制动拖滞。

（3）检查前稳定杆和前摆臂是否变形，减震器弹簧刚度及左右钢板弹簧的变形量是否一致。

（4）检查转向轴的轴距和转向轮定位是否符合标准值。

（5）检查左右轮胎磨损是否均匀。

（6）检查动力转向控制阀是否损坏或密封环弹性减弱，阀芯运动不畅或偏离中间位置。若是应予调整或更换。

（7）若更换了转向系统 ECU 转向盘转角传感器，应进行转向盘零点校正。

汽车行驶跑偏故障诊断流程如图 5.2-18 所示。

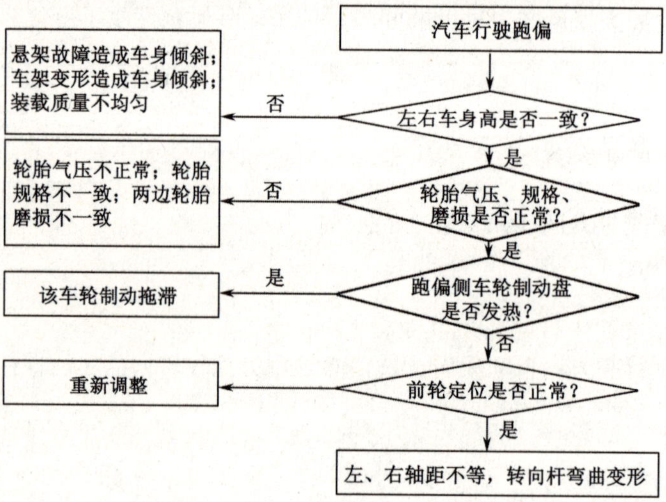

图 5.2-18 行驶跑偏故障诊断流程

诊断策略

故障案例一

1. 故障现象

一辆路虎揽胜越野车，当车速高于 60km/h 时，车辆向左跑偏。

2. 故障诊断

① 从外观检查轮胎气压和磨损情况，没有发现异常。

② 检查车轮平衡块，没有脱落。

③ 检查转向系统各球头，没有松旷现象，转向盘自由转动量符合要求。

④ 检查上、下悬架球头良好，悬架各固定螺栓紧固正常。

⑤ 检查转向随动臂时，发现其稍有松旷，更换随动臂，试车，跑偏现象稍有好转，但故障没有彻底排除。

⑥ 检查车轮动平衡、车轮定位，都正常。

⑦ 当检查到后桥钢板弹簧时，发现钢板弹簧中心螺栓断裂。

3．故障排除

更换钢板弹簧中心螺栓，试车，不再跑偏，故障排除。

4．故障总结

当钢板弹簧中心螺栓断裂后，钢板弹簧发生错位，后轮向后位移，造成前后两轮的轴线不平行，两端的轴距不相等。同时，两轮的中心点和同轴度也发生了改变，车辆行驶时两轮不在同一条直线上，车轮不能按正确的行驶轨迹运动。

综合以上因素，车辆行驶时，由于左、右两侧车轮所受的阻力不一致，造成车辆行驶跑偏。

故障案例二

1．故障现象

一辆高尔夫轿车，行驶 20000km，在平直路面以 40km/h 的速度行驶，用手握住转向盘，汽车能够直线行驶，但转向盘有向右侧转动的力矩，松开转向盘后汽车行驶向右侧跑偏。

2．故障诊断

① 检车轮胎气压、轮胎花纹磨损情况，均在正常范围内。

② 检车底盘悬挂系统各部件装配紧固情况，没有发现问题。

③ 在四轮定位仪上检查车轮定位参数，数据显示在规定范围。

④ 对该车四个车轮换位后试车，故障现象依然存在。

⑤ 用专用仪器读取转向角度传感器数据，转向盘处于正中位置，转向轮处于正前方时，读取到的转向盘转向角度为 11°，而 0°时转向盘在向右侧偏置位置。

⑥ 将转向盘转至 0°，拆下转向盘调整到正中位置，再通过四轮定位仪重新检测调整定位参数，故障排除。

3．故障总结

该车装备的是第三代电控机械式助力转向系统，它具有主动回正、随速转向、提高直线行驶稳定性、优化操控性和舒适性、低能耗等性能。

用专用仪器读取转向角度传感器检测的转向角度，转向盘处于正中位置，转向轮处于正前方，读取到的转向盘转向角度 11°，也就是说，车辆在直线行驶时，带睡眠模式的控制单元就识别到一个转向信号，必然会产生一个适当车速的转向力矩，此力矩就是跑偏的原因。

5.2.9 单边转向不足的故障诊断

1. 故障现象

汽车转弯时，转向盘左右转动量或车轮转角不相等。

2. 故障原因

① 转向摇臂安装位置不对。
② 转向角限位螺钉调整不当。
③ 前钢板弹簧或中心螺栓松动。
④ 直拉杆弯曲变形。
⑤ 钢板弹簧安装位置不正，或中心不对称的前钢板弹簧装反。

3. 故障诊断

（1）若汽车转向原来良好，由于行驶中的碰撞而造成转向角不足或一侧大、另一侧小时，应检查直拉杆、前轴、前钢板弹簧等有无变形和中心螺栓是否折断。

（2）若维修后出现转角不足，可架起前桥，检查转向摇臂安装是否正确。

（3）将转向盘从左极限位置转到右极限位置，记住总圈数，再转回总圈数的一半，察看转向轮是否处于直线位置，若不是则应重新安装转向摇臂。

（4）当前轮转向已靠到转向限位螺栓时，最大转向角还不够，则转向限位螺栓过长，应予以调整或更换。

（5）若前钢板弹簧中心不对称，则应检查是否装反。

5.2.10 转向时异响的故障诊断

1. 故障现象

汽车转向时，转向系统出现不正常的响声，而且对转向性能有影响。

2. 故障原因

① 转向助力泵驱动皮带过松或过紧。
② 固定转向泵的螺栓松动或者转向泵故障。
③ 储油罐的液面过低或有气泡。
④ 转向各机械连接部位过松或过紧。
⑤ 储油罐滤网堵塞，或液压回路中有过多的沉积物。
⑥ 油管接头松动或油管破裂。
⑦ 转向助力控制阀性能不良。

3．故障诊断

① 检查储油罐液面高度，液面高度不够应查明泄漏部位并修复，按规定加足油液。

② 当转向盘处于极限位置或原地慢慢转动转向盘时，转向器发出“嘶、嘶”声，如果这种异响严重则可能为转向助力控制阀性能不良，应更换转向助力控制阀。

③ 若转向泵发出“嘶、嘶”声，且无漏气，则说明油路有堵塞处或油泵严重磨损及损坏，应予以修复或更换。

④ 如果转向时转向助力油泵发出“咯、咯”声，察看油液中有无泡沫，若有泡沫，是由于系统中有空气，应查找漏气部位并予以修复，然后排除空气。

⑤ 如果转向时发出尖锐的响声，一般是转向泵传动带打滑引起，应调整或更换转向泵皮带。

⑥ 如果转向时发出“咔、哒”声，在已排除转向泵叶片噪声的情况下，则可能由于转向助力泵带轮松动引起。

⑦ 根据响声发出的位置，检查转向传动机构及转向器，以及前悬架摆臂球头和支撑轴承等。

转向时异响故障诊断流程如图 5.2-19 所示。

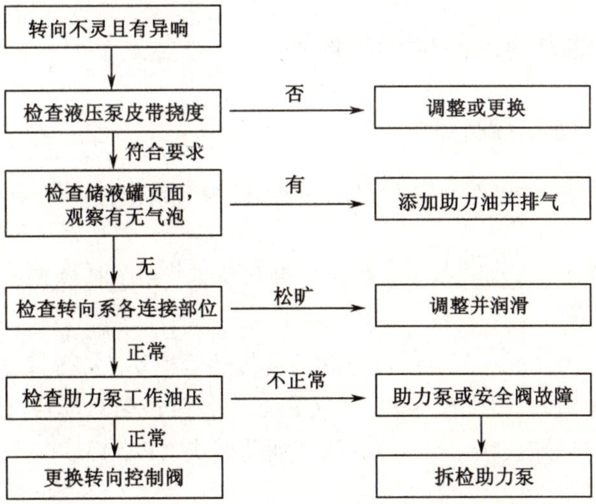

图 5.2-19　转向异响故障诊断流程

诊断策略

1．故障现象

一辆福特蒙迪欧轿车，装备 2.0L 发动机，带电液压助力转向装置，在打方向时有“吱吱”异响。

2. 故障诊断

(1) 转向助力油泵是转向助力系统中的易损件，而且助力油泵出现故障，一般都会在打方向盘过程中出现异响，所以先将转向助力油泵更换，故障依然存在。

(2) 认真观察故障现象，在转向过程中，用手摸助力油泵和高压管，随着“吱吱”声，感觉异常振手，类似于转向打到头的现象，分析原因还是油路不畅。

(3) 更换转向机和高压油管，故障依然存在。

(4) 在准备更换剩下的部件时，把助力油放掉，偶然发现储油罐的进油管直径略小，而且空中有一点塑毛边，挡住 1/3 的油道，故障应该就在此了。

3. 故障排除

更换转向助力储油罐，加油排气，起动发动机打转向，故障现象消失。

4. 故障总结

经询问车主，几天前由于储液罐漏油，在路边店更换了一个，之后就出现该故障。由于劣质储油罐进油孔孔径小，造成转向机回油不畅，所以油压偏高，产生异响。由于维修人员与用户缺乏沟通，没了解故障产生的过程，故障诊断思路不清晰，致使维修绕了很大弯路。

5.2.11 电动助力转向的检测与诊断

1. 电动助力转向系统控制部件

电动助力转向系统，可分为传感元件、控制模块与输出控制三个部分。

(1) 传感元件

传感元件主要包括：点火开关、方向盘转角传感器、车速传感器、转矩与角度传感器等。

(2) 控制模块

控制模块主要包括以下八部分：方向盘角度传感器模块（SAS），刹车控制模块（BCM），发动机控制模块（ECM），中央电子模块（CEM），驾驶员信息模块（DIM），动力转向控制模块（PSCM），前向感知模块（FSM），驻车辅助模块（PAM）。

(3) 输出控制

输出控制主要包括两部分，分别是动力输出与通过网络传送的系统信号。

2. 电动助力转向系统控制原理

电动助力转向系统的控制原理是，该系统根据收集的外部相关输入信号和系统内部信号后，判断转向系统的状态，输出控制信号驱动电动机运转，实现助力转向。

3. 电动助力转向系统故障管理模式

系统的故障管理模式就是当系统出现故障时，采取的对自身的限制方式，其中包括：控制单元储存故障代码并将其提示给驾驶员，系统功能降低或停止等。

当电动控制转向系统检测到自身出现故障时，系统会出现不同的故障管理模式，通常有：

① 仪表警告灯点亮；

② 导致车道偏离或辅助泊车等功能失效；

③ 转向助力输出不均匀；

④ 转向助力失效。

4．电动助力转向系统诊断程序

在对出现故障的电动控制转向系统进行诊断时，应按照标准诊断程序进行，该诊断程序可分为以下六步：

① 确认故障；

② 收集故障信息；

③ 分析故障信息；

④ 找到故障原因；

⑤ 修复故障；

⑥ 确认故障修复。

5．电动助力转向系统诊断与检测方法

当系统出现故障时，应在所掌握的系统原理与构造的基础上，根据故障现象进行逻辑分析，通过检测最终找到故障点。下面从以下四个方面介绍电动助力转向系统的诊断与检测方法（以沃尔沃车型为例）。

（1）输入信号检测

对于输入信号的检查，技师通常会使用 VIDA 进行故障代码的读取，并根据故障代码的指向进行故障追踪，根据步骤进行检查。

（2）控制模块检测

如图 5.2-20 所示，使用 VIDA 对车载网络的控制单元进行检测，如果在网络信息中发现 PSCM 处于“灰色”状态，这表明 PSCM 已经停止工作，此时通过 VIDA 已经无法对其进行检查。在这种状态下，技师首要的工作是检查 PSCM 的供电、接地与网络连接情况，目的是唤醒 PSCM，使其工作。

（3）输出信号检测

如图 5.2-21 所示，电动助力转向系统的 PSCM ①直接与转向机②安装在一起，并在 PSCM 内部直接驱动电动机工作，我们可以通过读取 VIDA 中关于 PSCM 内部监控数据的方法对系统进行检测，检测的结果与 VIDA 中标准数据进行对比，判断其状况。

（4）执行器的检查

如图 5.2-22 所示为电动助力转向系统的机械执行机构，在对机械机构进行检查时，主要检查机械系统的运转状态、稳定性，运转噪声等方面。

注意：由于电动控制转向系统的执行机构采用了电动机驱动机械运转的方式，所以对执行机构进行检查时，系统的密封性能也是检查的重点。另外，电动机与机械机构之间采用皮带传动，对传动皮带的检查也是非常重要的。

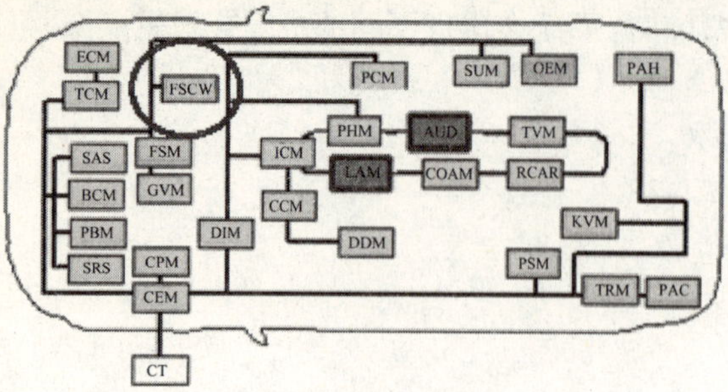

图 5.2-20　VIDA 读取车辆的车载网络

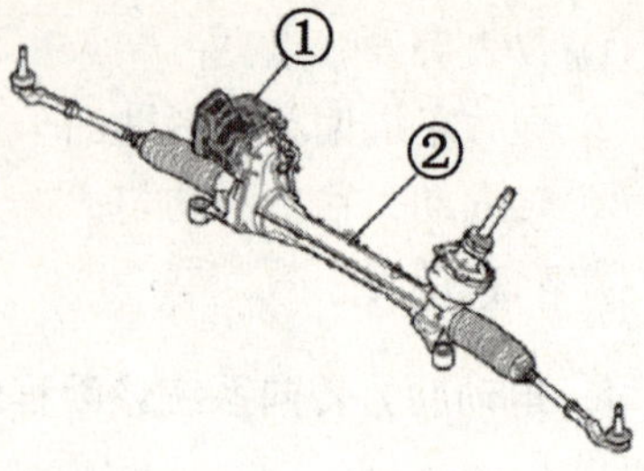

图 5.2-21　PSCM 安装示意图

6．电动控制转向系统维修与设定

电动控制转向系统的维修与系统设定要遵循 VIDA 中的规范进行操作，在本节我们以 2013 款装备有 B5204T9 发动机 TF-80SD 变速器的 V40 为例，介绍其维修方法与系统设定。

（1）PSCM 的拆卸

（2）系统校准

电动助力转向系统的外部信号中包含有转向角度传感器的信号，当该信号的“零点”位置发生改变时，系统就会误判车辆的状况，从而导致故障产生。因此，在系统进行拆装或 SAS 方向盘角度传感器模块进行维修后，都要进行转向角度传感器校准操作，如图 5.2-23 所示。

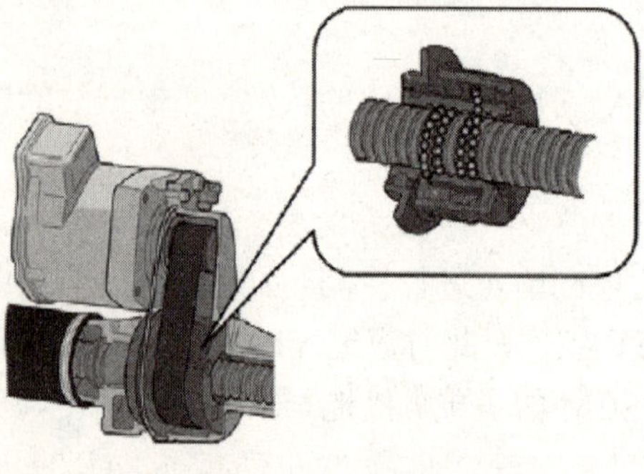

图 5.2-22　执行机构示意图

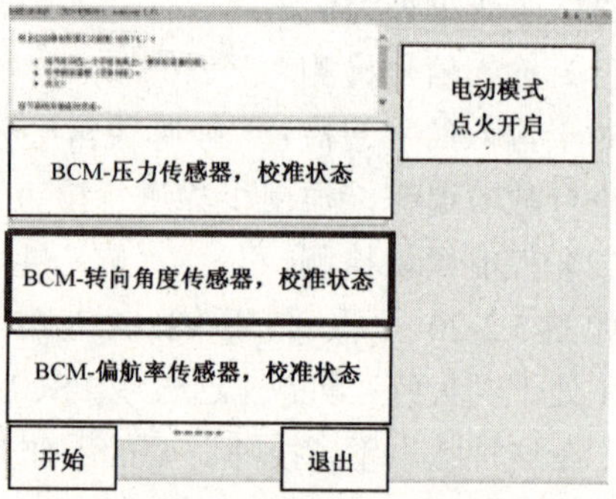

图 5.2-23　BCM 校准转角传感器界面

（3）系统重载

当更换新的 PSCM 或在 TIE 技术通报中有相关要求等情况下，要对 PSCM 进行系统重载。

注意：系统重载要使用 VIDA 进行软件下载。

诊断策略

1．故障现象

一辆 2016 款沃尔沃 S60L，客户描述行驶中方向沉重，故障现象出现有四五天时间，试车发现，现象与客户描述基本一致。

2．故障诊断

该车装配有“电子动力转向系统”，但在故障诊断过程当中应遵循先简后难，循序渐进的原则，首先排除机械故障。将车辆举升，检查前悬挂各处的连接是否正常，转向机构的各连接球头是否有松旷、锈涩等。通过一系列的检查确认，机械部分基本正常。接下来检查电器部分，首先使用沃尔沃原厂检测仪读取系统故障码，发现没有“电子动力转向系统”检测选项，查看电路图发现“动力转向控制模组（PSU）”只是个继电器，它受控于“中央电子模组（CEM），如图 5.2-24 所示。

在 CEM 与 PSU 之间只有一根信号线，为 PSU 提供车速信息，从而控制不同车速下方向的助力大小。所以从 CEM 中也无法读取有关“电子动力转向系统”的信息。

从电路图中可以得知，控制方向助力大小的执行元件是“动力转向伺服阀”。该阀的作用是：根据行驶速度在 PSU 内调节“动力转向伺服阀”的电流，速度越大，伺服阀的电流越小。

通过它的原理可以得知 PSU 给动力转向伺服阀提供了一个 12V 的电压信号。但检查发现该阀没有电压，为了印证自己的判断，人为地给“动力转向伺服阀”施加了一个 12V 电压，立刻发现转动方向盘变得很轻松，断开电压方向盘又变得很重。维修至此，故障原因可以基本确定，就是“动力转向伺服阀”没有接收到 PSU 提供的 12V 电压。PSU 位于主驾驶的刹车踏板上方，如图 5.2-25 所示。

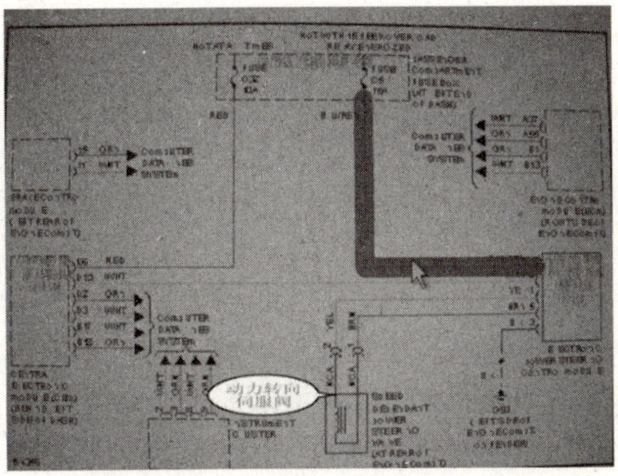

图 5.2-24　电路图

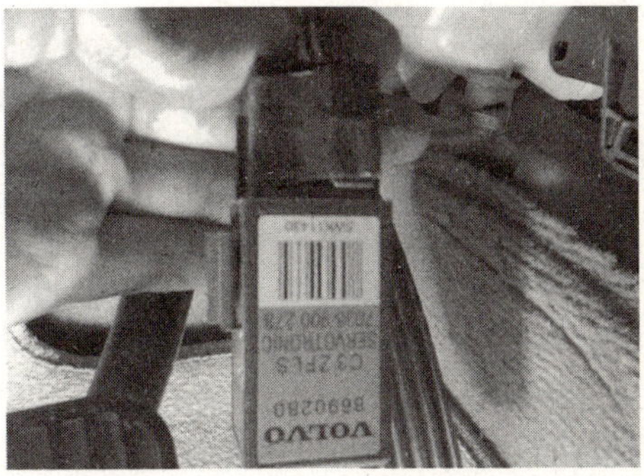

图 5.2-25　PSU

在对 PSU 进行测量时发现也没有 12V 的供电电压，从电路图中可以发现 PSU 的供电是保险丝盒提供的，中间有一个 15A 的保险丝，如图 5.2-26 所示。

检查发现保险丝烧断。重新更换一个 15A 的保险丝，故障现象消失，但转动了几圈方向盘感觉方向又重了，检查保险丝，发现再次烧断。通过整个诊断过程分析发现，造成方向沉重的根本原因是去“动力转向伺服阀”的线路短路所致。最简单的办法就是先检查“动力转向伺服阀”的电阻值，标准电阻值为：8～15Ω，但检测发现该阀的电阻值只有 0.01Ω。伺服阀的位置如图 5.2-27 所示。

图 5.2-26 保险盒

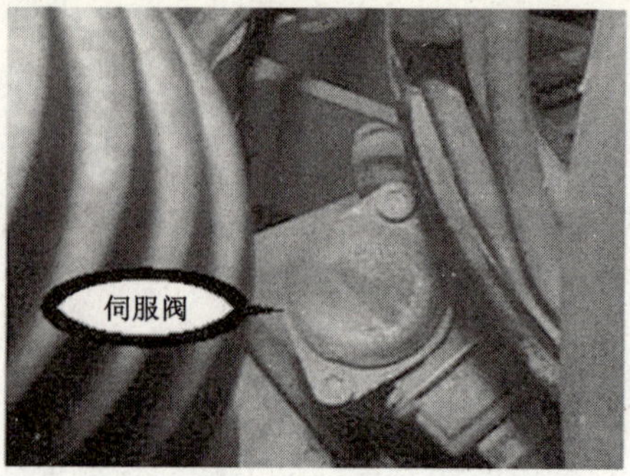

图 5.2-27 伺服阀

3．故障排除

更换“动力转向伺服阀”后故障排除。

5.2.12 电液压助力转向的检测与诊断

1．电液助力转向系统控制部件

电液压助力转向系统的组成，可分为三个部分，分别是传感元件、控制模块与输出控制。

（1）传感元件

电动助力转向系统中的传感元件主要包括：点火开关、方向盘转角传感器、车速传感器等。

（2）控制模块

电动助力转向系统所涉及的控制模块主要包括以下六部分，分别是：方向盘角度传感器模块（SAS）；刹车控制模块（BCM）；发动机控制模块（ECM）；中央电子模块（CEM）；驾驶员信息模块（DIM）；动力转向控制模块（PSCM）。

（3）输出控制

电液控制转向系统的输出控制主要包括两部分，分别是动力输出与通过网络传送的系统信号。电液控制转向系统的动力源自于 PSCM（动力转向控制模块）中的电动液压泵，电动液压泵得到指令运转，从而建立系统的工作油压，驱动转向机动作。

2．电液助力转向系统控制原理

电液控制转向系统的控制原理是该系统检测外部相关输入信号和系统内部信号，确定驾驶员的操作意图，判断转向系统的控制方案并输出准确的控制信号驱动电动液压泵工作，通过控制泵的转速实现对液压转向系统的控制。

3．电液助力转向系统故障管理模式

系统的故障管理模式就是当系统出现故障时，采取的对自身的限制方式，在这其中包括：控制单元储存故障代码并将其提示给驾驶员，系统功能降低或停止等。

当电动控制转向系统检测到自身出现故障时， 系统会出现不同的故障管理模式，通常有：

① 仪表警告灯点亮；
② 动力转向控制不工作；
③ 无转向辅助或转向辅助不良；
④ 高速行驶转向异常轻松；
⑤ 低速行驶转向异常迟钝。

4．电液助力转向系统诊断程序

在对出现故障的电液控制转向系统进行诊断时，我们将按照沃尔沃的标准诊断程序进行，该诊断程序可分为六步，分别是：

① 确认故障；
② 收集故障信息；
③ 分析故障信息；
④ 找到故障原因；
⑤ 修复故障；
⑥ 确认故障修复。

5．电液助力转向系统诊断与检测方法

通过电动助力转向系统的学习，我们掌握了系统的控制及工作原理，当系统出现故障时，应在所掌握的系统原理与构造的基础上，根据故障现象进行逻辑分析，通过检测最终找到故障点。我们将从以下四个方面介绍电液助力转向系统的诊断与检测方法，分别是：输入信号检测；控制模块检测；输出信号检测；执行机构检测。

（1）输入信号检测

对于输入信号的检查，技师通常会使用 VIDA 进行故障代码的读取，并根据故障代码的指向进行故障追踪，根据步骤进行检查。

（2）控制模块检测

如图 5.2-28 所示，使用 VIDA 对车载网络的控制单元进行检测，如果在网络信息中发现 PSCM 处于“灰色”状态，这表明 PSCM 已经停止工作，此时通过 VIDA 已经无法对其进行检查。在这种状态下，技师首要的工作是检查 PSCM 的供电、接地与网络连接情况，目的是唤醒 PSCM，使其工作。

（3）输出信号检测

如图 5.2-29 所示，PSCM 的接线端子 B 中的两个接线是受 PSCM 控制的液压泵电机的工作电源与接地，可以通过实际测量的方法对其进行检测，检测的结果与 VIDA 中标准数据进行对比，判断其状况。

（4）执行机构检测

根据电液控制转向系统的原理我们得知，PSCM 的接线端子 B 中电源与接地是驱动液压泵工作动力源，通过对端子 B 中针脚的检查，可以判断液压泵的状态，例如，使用 VIDA

中的启动功能，可以模拟 PSCM 的输出，直接发出驱动液压泵电机工作的信号，如果检测到 PSCM 接收到启动信号，端子 B 信号正常，但电机不工作，则说明电动液压泵故障。

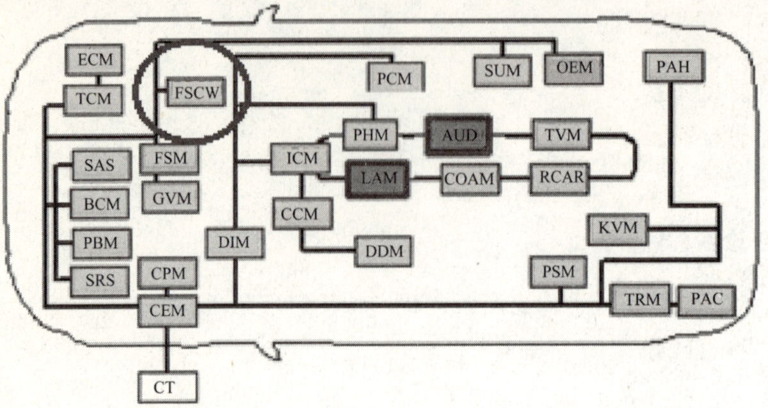

图 5.2-28

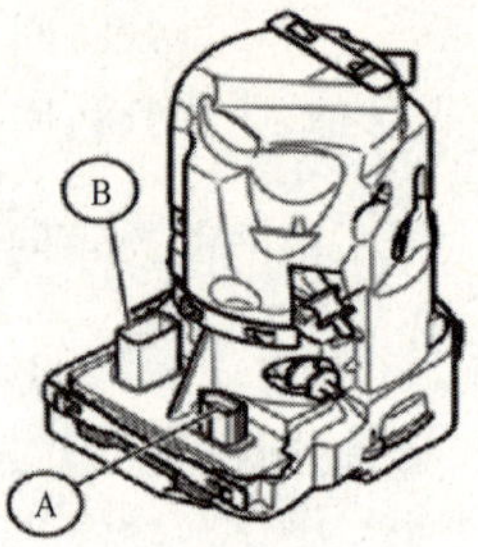

图 5.2-29

6．电液控制转向系统维修与设定

电液控制转向系统的维修与系统设定要遵循 VIDA 中的规范进行操作，在本节我们以 2013 款装备有 B6304T4 发动机 TF-80SC 变速器的 XC60 为例，介绍其维修方法与系统设定。

（1）PSCM 的拆卸

①在对 PSCM 进行拆卸时，首先应关闭点火开关，拆卸蓄电池负极线。PSCM 安装于前保险杠的右前侧，如图 5.2-30 所示，拆卸右前轮，右前翼子板内衬及前保险杠。

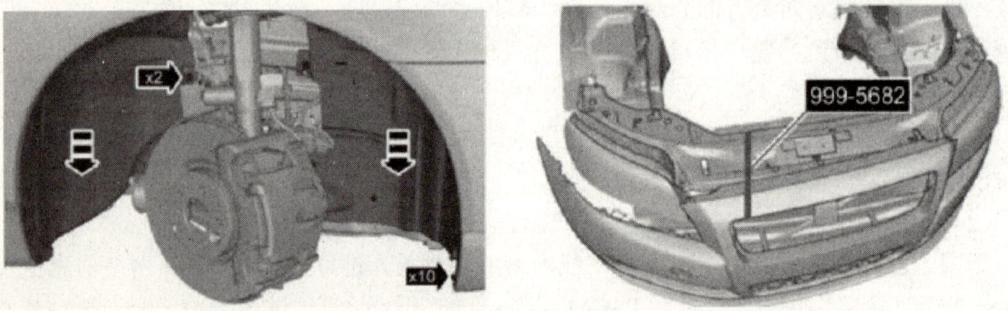

图 5.2-30　PSCM 的安装位置

② 如图 5.2-31 所示，拆卸 PSCM 的液压泵的高压油管。

③ 如图 5.2-32 所示，拆卸 PSCM 的供油管，该油管连接动力转向储液罐。

④ 如图 5.2-33 所示，拆卸 PSCM 的固定螺栓，并按标准方向搬动其移动。

⑤ 如图 5.2-34 所示，拆卸 PSCM 的连接电缆，然后拆下 PSCM。

（2）系统重载

当更换新的 PSCM 或在 TIE 技术通报中有相关要求等情况下，要对 PSCM 进行系统重载。

注意：系统重载要使用 VIDA 进行软件下载。

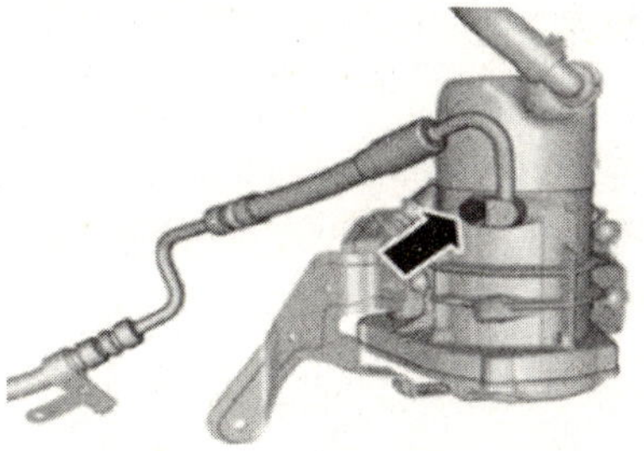

图 5.2-31　液压泵的高压油管

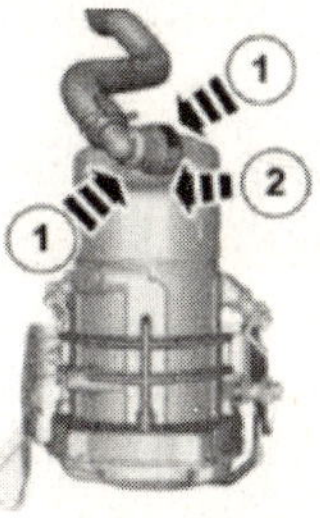

图 5.2-32　供油管

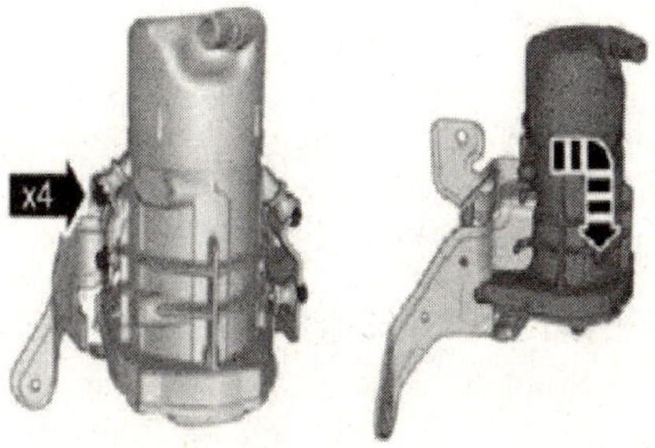

图 5.2-33　PSCM 的固定螺栓

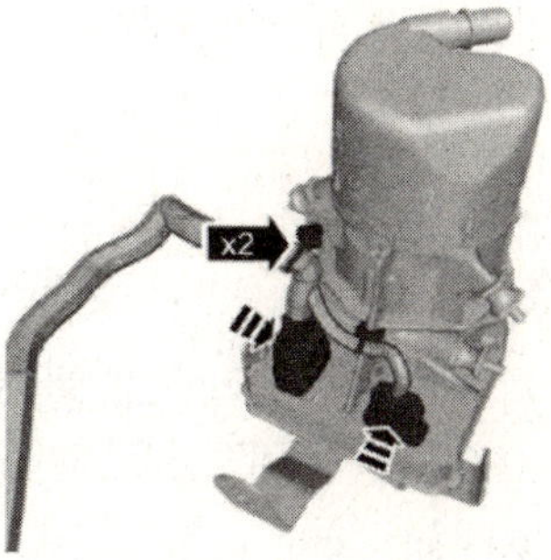

图 5.2-34　PSCM 的连接电缆

5.3　汽车制动系统故障诊断

5.3.1　ABS 系统的故障诊断

1．ABS 系统主要元件检测

（1）车轮转速传感器

① 直观检查。主要检查传感器有无松动，导线及插接器有无松脱、裸露，齿圈有无损伤及赃物，转动车轮检查齿圈的摆动量等。

② 传感器间隙检查。用非磁性塞尺测量传感器磁头与齿圈之间的间隙，应符合规定值，一般为 0.3～1.2mm。

③ 传感器电阻检查。对于常见的电磁感应式传感器，可利用万用表测量线圈电阻，一般为 1kΩ左右。

④ 测量传感器的输出电压。当车轮转动时，传感器应有电压输出，且与车轮的转速成正比。

（2）ABS 电子控制单元

① 检查控制单元的线束插头应无松动，接触是否良好，端子应无腐蚀，否则应清除干净。

② 检查电控单元的输出电压及搭铁情况。

③ 直接用备件替换法试验。

（3）制动压力调节器的检查

① 检查电磁线圈和电机的电阻，应符合要求。电磁阀电阻在 1Ω左右，电机电阻在 2Ω左右。

② 对电磁阀、油泵进行通电试验应能听到动作声。

③ 通过汽车故障诊断仪的“执行元件动态测试”功能进行测试。

2. ABS 系统的故障诊断

（1）故障现象

汽车在行驶过程制动时，有车轮抱死现象，无 ABS 调节功能。

（2）故障原因

当制动液位过低、转速传感器信号不正常、电磁阀故障、泵和控制电脑不良时，ABS 灯点亮，ABS 失去作用，制动时车轮会抱死。

具体原因如下：

① 制动液液位过低；

② 蓄能器充液不足或已无制动液；

③ ABS 液压回路泄漏；

④ 泵/马达总成不合格或蓄能器压力下降；

⑤ 供给 ABS 电子控制装置的电压低或接地不良等；

⑥ ABS 继电器不合格；

⑦ 电磁阀不工作或工作不正确；

⑧ 车轮传感器脉冲轮损坏、线路不良、传感器到转速脉冲轮间隙不正确或传感器损坏；

⑨ 制动灯开关或压力开关不良；

⑩ 新换的 ABS ECU 未正确编码等；

⑪ ABS ECU 工作不良；

⑫ 点火系火花塞、高压线不良或发电机故障等产生电磁干扰导致 ABS ECU 错误工作；

⑬ 个别轮胎型号不对或轮胎磨损过甚。

（3）故障诊断与排除

① 验证故障现象。汽车行驶过程中，观察 ABS 系统故障灯，踩制动踏板，检查车轮是否抱死。

② 目视检查制动液面高度、线束接口、各部件位置、轮胎尺寸等是否符合要求。

③ 读故障码和动态数据流。若有故障码按码查找。

④ 检测轮速传感器工作是否正常。

⑤ 可变容积式 ABS 液压调节器，如果液压泵不停地运转或运转时间很长，说明蓄压器

制动液不足、蓄压器损坏或泵不合格导致压力下降。

⑥ 检查电脑电源电压，检查 ABS 液压调节器的电磁阀。

⑦ 如果更换了电脑，要进行编码。

⑧ 检查是否存在电磁干扰。

【诊断策略】

（1）故障现象

一辆 2013 款新捷达 AT 轿车在良好的路面行驶，轻踩制动，ABS 系统开始工作并且制动踏板有上下振颤的现象。

（2）故障诊断与排除

我们知道只有在潮湿路面上行驶时，轻踩制动时 ABS 才有机会工作。当车在干燥路面行驶，只有将制动踏板踏到底 ABS 系统才工作，轻踩制动，EBD 功能工作，而 ABS 系统不工作，不应该有上下振颤的现象。观察仪表，ABS 灯指示正常。路试急踩制动有上下振颤的现象为工作正常。用专用仪器检测 ABS 控制单元，无故障码输出。根据经验拆检四个车轮轮速传感器，清洗后试车，故障依旧。进入 03-08-01 显示组进行路试，观察实际转速，发现左后轮速与其他轮转速相差很大，不正常。拆解左后轮，发现齿圈与车轮有相对运动现象，使检测到的数据不准确，误认为车轮有抱死趋势，使 ABS 产生误动作。更换齿圈试车，一切正常。

（3）故障总结

本故障应该为 ABS 系统功能性故障，系统本身很正常。

3．ABS 系统检修时注意事项

（1）制动过程中 ABS 工作时，驾驶员会明显感受到制动踏板的回弹，同时也可听到泵和电磁阀的工作声音，这是正常的。

（2）在积雪或砂石路面上制动时，有 ABS 的车辆的制动距离会比没有 ABS 的车辆长。这是因为没有 ABS 的车辆在车轮制动抱死时会将道路表面的物质（积雪或碎石）铲起，堆在车轮前面，造成阻力，使制动距离变短。

（3）当车辆起动时，ABS 警报灯亮，表示 ABS 正进行系统自检，约 1.7s 后警报灯自动熄灭；若警报灯不灭或在行车中突然点亮，说明 ABS 有故障，此时常规制动系统仍能正常工作；若 ABS 报警灯不亮，但制动效果仍不理想，则可能是系统放气不干净或在常规的制动系统中存在故障。

（4）在更换液压电子控制单元或出现系统泄漏的情况下，维修后加液时要特别注意排气，由于常闭阀在断电状态下关闭，在常规排气时，第二回路中的气体无法排出，一旦 ABS 起作用，常闭阀打开，第二回路中的空气将会进入整个制动系统，使制动系统变软。因此，在进行常规排气后，必须通过专用仪器打开常闭阀，对第二回路进行排气。

（5）更换液压电子控制单元后，必须使用仪器按规定操作程序输入相应的编码。如捷达轿车的编码为 03604。否则 ABS 警报灯闪烁，系统不能正常工作。

（6）使用电焊机进行焊接之前，必须关闭点火开关，然后从电子控制单元上拔下插头。

（7）进行喷漆操作时，电子控制单元可短时间承受最高为 90℃的温度，或在较长时间内承受 85℃的温度（约两小时）。

（8）拆卸液压单元前，必须切断蓄电池接地线。

（9）接上检测仪后，汽车不准行驶。

（10）对 ABS 修理前，为了检查故障，先用仪器查询故障码。

（11）防抱死制动系统工作时必须绝对清洁，决不要使用含矿物油的物质及汽油、稀释剂等类似的清洁剂，同时还要注意不要让制动液流到线束插头内；拆下的元件如果不能立刻完成修理，必须小心地盖好或者用塞子封闭；配件要在安装前才从包装内取出。

（12）系统打开后不要使用压缩空气吹，也不要移动车辆。

（13）尽量选用汽车生产厂家推荐的轮胎，如要换用其他型号的轮胎，应注意所换轮胎的外径、附着能力和转动惯量与原车接近，不可将不同规格的轮胎混装，这样会影响防抱死系统的控制效果。

5.3.2 ABS 制动不灵故障的诊断

1. 故障现象

制动时不能迅速减速或停车；踏下第一脚制动踏板时制动不灵；连续踩踏制动踏板，踏板逐渐升高，但感到软弱，并且制动效果不佳。

2. 故障原因

（1）ABS 系统车轮转速传感器安装不正确、传感器损坏、齿圈损坏或传感器沾附异物等故障，但 ABS 故障指示灯不闪亮时，引起制动失灵的故障。

（2）ABS 系统线束出现短路或断路故障、车轮转速传感器损坏、ABS ECU 的液压控制单元损坏。ABS ECU 的电子控制单元损坏时，汽车制动系统已转换为常规制动状态，当常规制动系统出现制动不灵故障时，即出现制动失灵的现象。

（3）制动储液罐内液位过低，制动总泵活塞磨损严重、皮碗渗漏，主缸进油孔、补偿孔或储液室（罐）通气孔堵塞，主缸活塞前端贯通小孔堵塞或主缸皮碗膨胀、发黏、老化变质，制动总泵回油阀关闭不严或损坏、轮缸皮碗膨胀、发黏、老化变质，制动蹄摩擦片与制动鼓（盘）摩擦面接合不佳或制动间隙调整不当，造成制动时制动总泵所产生的制动力不足。此时，只踩一次制动踏板效果较差，连续踩几次踏板后，踏板升高，制动效果有所好转，但制动仍然不灵。

（4）制动油管有渗漏现象，引起制动力不足。此时，连续踩几次制动踏板后踏板位置能升高，但保持制动一段时间后，踏板有下沉感觉。

（5）制动油管中混有空气，制动力达不到要求，引起制动不灵。此时，踏板踩下时，位置很低，制动效果较差。连续踩几脚制动踏板后，踏板位置升高，并有弹性感，制动效果有所好转。

（6）制动器自由间隙过大，引起制动器产生的制动力不足；制动踏板自由行程过大，引起制动总泵产生的制动力不足。

3．故障诊断与排除

（1）检查制动踏板高度、自由行程、踏板余量，必要时进行调整。

（2）检查制动液及油路。油液是否缺少或变质，油管是否变形或老化。

（3）根据踩踏板的感觉判断：

① 踩下踏板不动，如果踏板慢慢下降，说明制动系统有泄漏；如果没有外漏，可能主缸或皮碗老化破裂，直接更换。

② 如果踏板很轻，没有制动力，说明主缸的旁通孔或补偿孔堵塞，缺少制动液，或油缸通气孔堵塞，或皮碗破损、踏翻边所致。应向里边添加油液，疏通通气孔，更换制动皮碗。

③ 若踩下时感觉软绵绵的，具有弹性，则说明制动液中渗入空气，应拧紧所有管接头，按规定要求进行排空处理。

（4）真空助力器检测。发动机停止运转后，踩下制动踏板几次，然后踩下制动踏板不动并起动发动机，如果踏板自动下移一段距离，说明真空助力器工作正常。

（5）检查 ABS 系统是否有故障：

① 观察仪表，ABS/ESP/VSV 制动系统警告灯是否点亮。如果点亮，依照故障码的显示进行相关检测。

② 区分是机械故障还是电控故障。方法是拆下 ABS 系统的保险丝或者继电器，试车检查。如果故障依旧，表面常规制动系统有故障，否则 ABS 电子控制系统有故障。

（6）检查油路油压。

（7）检查各制动轮缸活塞是否发卡。

（8）以上检查均正常，拆检车轮制动器。

【诊断策略】

（1）故障现象

一辆赛欧轿车，行驶 6 万千米，车主反映制动距离长。

（2）故障诊断与排除

（1）试车后发现制动力不足；

（2）进行排气后，故障依旧；

（3）观察制动盘，发现改装过，将原车盘换成通风大盘，换回原车制动盘，制动性能无明显改善；

（4）拆下制动片，发现摩擦痕迹只有几个点状部位，随后打磨使得均匀摩擦；

（5）车辆使用一段时间后，反映制动性能明显改善，故障最终排除。

（3）故障总结

制动盘和制动片是产生制动力的直接部件，最佳的制动效果要求其两者有最大的摩擦面。所以在实际检修工作中，应该重点检查两者本身是否存在问题。

5.3.3 制动失效故障的诊断

1. 故障现象

汽车行驶时，踩下制动踏板车辆不减速，即使连续踩几脚制动也无明显作用。

2. 故障原因

① 制动主缸内无制动液，应添加制动液至规定高度，并排出制动系统空气。

② 制动主缸、制动轮缸皮碗严重破裂，应予更换。

③ 制动软管、金属管断裂或接头处严重泄漏。

④ 制动踏板至制动主缸的连接脱开。

⑤ 制动液压系统内有较多空气。

⑥ 因某种原因使制动片与制动盘之间的间隙过大，导致在第一脚制动时踏板位置过低，制动压力不能立即建立。如刚换过制动片后的第一次制动，或因制动卡钳连接松动、车轮轴承磨损松动活塞被振回卡钳缸孔中等。

3. 故障诊断与排除

① 检查储液罐是否缺少制动液，并及时进行添加补充。

② 检查有无漏油现象，各油管是否松动等。

③ 踩住制动踏板，检查放气螺钉的出油情况：出油时有气泡，应进行放气；出油无力或不出油，表明主缸工作不良；出油急促有力，表明故障在制动轮缸。

④ 检查制动轮缸工作情况。

⑤ 检查制动器摩擦情况。

5.3.4 制动跑偏故障的诊断

1. 故障现象

汽车制动时，车辆行驶方向发生偏斜；紧急制动时甚至出现掉头或甩尾现象。

2. 故障原因

造成制动跑偏的根本原因是汽车左右两侧车轮产生的制动力不一致。具体原因如下：

① 制动压力调节器或比例阀失效，应予更换。

② 一侧鼓式制动器制动底板松动或盘式制动器制动钳固定支架（板）松动，应予复原紧固。

③ 一侧制动摩擦片有油污，应在排除油污原因的前提下予以更换。

④ 左、右轮制动蹄（钳）摩擦片材料不一，新旧程度不一或质量不一，应予更换。

⑤ 左、右轮制动蹄（钳）摩擦片与制动鼓（盘）的接触面积不一或制动间隙不一，应予调整。

⑥ 左、右轮制动蹄回位弹簧拉力不一，应予更换。

⑦ 左、右轮轮胎气压不一，直径不一，花纹不一等。

⑧ 一侧车轮制动蹄与支承销配合过紧或锈蚀，应予调整或润滑。

⑨ 一侧车轮制动器的领蹄和从蹄摩擦片安装错位。

⑩ 一侧车轮制动轮缸活塞与缸壁磨损过甚或皮碗老化、发胀、发黏，应予更换。

⑪ 在相同轴上的制动鼓尺寸相差过大。

⑫ 车架水平面弯曲变形，前轴与车架不垂直，前后轴不平行或两边钢板弹簧刚度不等，应予校正或更换。

⑬ 一侧车轮制动蹄弯曲、变形，应予校正或更换。

⑭ 前轮定位不正确，应予调整或更换部件。

⑮ 悬挂装置紧固件松动，应予紧固等。

3．故障诊断与排除

① 制动时车辆向一侧偏斜，说明另一侧车轮制动迟缓或制动力不足，应检查该侧制动管路有无凹瘪及漏油现象。

② 若上述情况良好，可对该侧车轮轮缸进行排气，并检查轮胎气压及其磨损程度。

③ 检查制动底板或制动钳支架是否松动，并检查、调整轮毂轴承预紧度。

④ 拆检制动器，检查摩擦片是否有油污，同时应检查制动蹄、鼓或制动钳、盘是否变形严重，制动轮缸是否工作不良等。

⑤ 检查压力调节器或制动压力分配阀。

⑥ 检查、调整前轮定位参数。

5.3.5　制动拖滞故障的诊断

1．故障现象

在行车制动中，当抬起制动踏板后，全部或个别车轮的制动作用不能完全立即解除，以致影响车辆重新起步、加速行驶或滑行。

2．故障原因

① 制动踏板无自由行程，应予调整。

② 踏板回位弹簧脱落、拉断、拉力不足，踏板轴锈蚀、卡住而回位困难或真空助力器内部卡滞，应予检修或更换。

③ 制动主缸皮碗发胀、发黏或活塞回位弹簧拉断、预紧力太小，造成回位不畅，应予更换。

④ 制动主缸补偿孔被污物堵塞，应予清洁。

⑤ 制动蹄回位弹簧脱落、拉断、拉力太小而回位不畅。

⑥ 液压制动轮缸皮碗发胀、活塞卡住。

⑦ 制动器制动间隙太小，应予调整。

⑧ 制动软管内衬损坏，导致回油不畅，应更换软管。

⑨ 盘式车轮制动器分泵活塞密封圈老化或活塞锈滞。

⑩ 盘式车轮制动器制动钳滑动销锈滞。

⑪ 驻车制动装置不良，驻车制动不能完全解除。

⑫ 制动管路中液压阀或 ABS 液压调节器不良。

⑬ 轮毂轴承调整不当，使制动鼓歪斜而与制动片接触。

3. 故障诊断与排除

（1）检查、调整制动踏板自由行程。

（2）停车后检查各车轮制动鼓（制动钳）是否过热，或将车辆支起后检查各车轮转动情况。若各车轮均过热或转动不灵活，则为全轮“发咬”，故障一般在制动主缸部分，应检查制动主缸及真空助力器；若仅个别车轮过热或转动不灵活，则为个别轮“发咬”，故障一般在该轮制动器及制动轮缸，应检查车轮制动器及其制动轮缸的工作性能。

注意，若是两个车轮拖滞，需要弄清楚这两个车轮是否属于同一个制动管路控制。

【诊断策略】

（1）故障现象

一辆别克 GL 轿车，行驶 6 万千米。该车原地踩制动踏板时感觉正常，行驶一段时间后感觉车轮行驶阻力大。

（2）故障诊断与排除

① 举升车轮，试验发现四轮均有拖滞现象。

② 检查制动踏板的位置未见异常，不存在卡滞等异常现象。

③ 四个制动轮缸同时出现回位不良的可能性非常小，故障应该在制动主缸或制动助力器。

④ 松开制动主缸与助力器之间的连接螺栓，4 个车轮可以转动，这说明故障在助力器，而不是由于主动主缸内活塞回位不良导致的制动拖滞。

⑤ 更换助力器，故障排除。

（3）故障总结

诊断制动拖滞故障，首先判断是个别拖滞还是全轮拖滞，缩小排查范围。

5.3.6 制动时异响故障的诊断

1. 故障现象

汽车制动时，车轮发出不正常的响声，有时发出一种尖锐、刺耳的啸叫声，而且有车身抖动现象；有时汽车在运行过程中不踩制动踏板，制动器也会发出一种“嘶嘶”的声音。

2. 故障原因

① 制动器摩擦片硬结、太光滑，或制动鼓与摩擦片间夹有金属屑等发出“吱吱”的尖

叫声。

② 制动鼓与摩擦片的曲率相差太大；或者制动鼓失圆，与摩擦片接触不良或磨损不均，都发出“哽”的响声，且车身抖动。

③ 制动器摩擦片与制动鼓间隙过小而相互摩擦，会发出“唰唰”的响声。

④ 制动鼓破裂。

⑤ 防颤动弹簧夹磨损或减弱。

⑥ 摩擦片磨损到金属底板或磨损指示器接触到制动盘。

⑦ 制动钳安装螺栓松动。

⑧ 摩擦片中的防颤弹簧漏装或安装不良，摩擦片和制动钳间隙过大。

⑨ 位于活塞与摩擦片之间的消声片漏装或安装不良。

⑩ 前、后悬架部件磨损松旷或固定螺栓松动。

⑪ 制动盘轴向圆跳动过大、平面度偏差过大或车轮轴承松动。

3. 故障诊断与排除

（1）首先检查前、后悬架部件是否磨损松旷或固定螺栓松动，产生共振。

（2）重点检查车轮制动器：

① 盘式制动器：制动器抛光不良，表面刮擦受损，制动盘过度磨损等。

② 鼓式制动器：摩擦片过度磨损，调整不当或变形，摩擦片油污打滑，回位弹簧轻度失效等，制动器元件松动、脱落或装配不良等。

【诊断策略】

（1）故障现象

一辆奥迪 A6L 型轿车，制动时前轮有类似敲鼓的密集噪声，且缓踩声音小，急踩声音大。

（2）故障诊断与排除

① 询问车主得知，前不久刚换过前轮制动器摩擦片，随后便出现这种故障现象。

② 拆检前轮制动器发现，摩擦片表面很不平整，有许多大小不一的凹坑，很明显不是原厂配件。

③ 由于摩擦片质量不合格，在摩擦片与制动盘的摩擦工作中，摩擦片表面产生脱落现象，形成凹坑。至于噪声，估计是凹坑中的空气，在制动盘与摩擦片摩擦工作时，由于高温，体积膨胀，就像许多的气球不停地爆破，再经过车身与悬架的传递，就形成类似敲鼓的密集噪声。

④ 将摩擦片重新更换成原厂配件后，故障现象消失。

（3）故障总结

汽车配件的质量十分重要，不能仅求价格低而选用质量较差的配件，这将导致配件过早损坏，造成故障。

5.3.7 车身稳定系统（ESP）故障灯常亮的诊断

1. 故障现象

车辆稳定性控制系统故障灯常亮。

注意，不同的研发机构对汽车稳定性控制系统的命名不尽相同，如 ESP（Electronic Stability Program，电子稳定程序）、VDC、VSC、VSA、DSC 等。

2. 故障原因

① 供给汽车稳定性控制系统的电压低或接地不良等。

② 汽车稳定性控制系统执行器中的电磁阀不工作或工作不良。

③ 车轮传感器信号轮损坏、线路不良、传感器到转速信号轮间隙不正确或传感器损坏。

④ 用于汽车稳定性控制系统 ECU、转向角度传感器、横摆率传感器（包括加速传感器）和其他 ECU 之间进行数据交换的 CAN 通信系统线路中有故障。

⑤ 新换的汽车稳定性控制系统 ECU 未正确编码。

⑥ 汽车稳定性控制系统 ECU 不良。

⑦ 点火系火花塞、高压线不良或发电机故障等产生电磁干扰。

⑧ 个别轮胎型号不对或轮胎磨损过度。

⑨ 横摆率和加速传感器及其电路故障。

⑩ 转向角度传感器及其电路故障。

3. 故障诊断与排除

（1）进行路试，注意系统的警告灯是否点亮。通常情况如下：

① 车速大于 6km/h，系统初始自检，电磁阀及电动机应该工作；

② 系统出现故障，ESP 控制功能会逐步失效；

③ 汽车行驶中，侧滑指示灯闪烁，蜂鸣器响，通知驾驶员 ESP 系统在工作。

（2）读取故障码和数据流。若有故障码，按提示检修。

（3）目视检查，线路、连接器等是否松脱，检查轮胎尺寸是否符合要求。

（4）检测轮速传感器，可以用示波器检测传感器波形，如果不正常，进一步查找故障原因。

（5）检查 ECU 电源。

（6）检查执行器中的电磁阀及油泵电机，可以用故障诊断仪做动态测试。

（7）检查横摆率和加速传感器，转向角度传感器等。

（8）ECU 是否未编码。

（9）检查是否存在电磁干扰。

【诊断策略】

（1）故障现象

一辆标志 508 轿车，行驶 8000km，车主描述车辆在前一个月偶尔有 ESP 和 ASR 报警，现在持续 ESP 和 ASR 报警。

（2）故障诊断与排除

① 连接故障诊断仪 DIAGBOX，进到 ESP 单元读取故障码，显示 U1213 故障码："动态稳定控制（ESP）电控单元发出信息"。根据这个故障码分析：

- ESP 系统线路故障；
- 陀螺仪传感器本身故障。

② 检查陀螺仪和线路。陀螺仪在驾驶员座椅底下，拆卸驾驶员座椅，拆卸陀螺仪，检查发现陀螺仪的端子烧蚀，端子断在插头里面。

③ 分析可能是洗车时进水导致端子腐蚀。

④ 更换主线束，更换陀螺仪，故障排除。

（3）故障总结

本故障是由于车内地板进水导致陀螺仪端子脚腐蚀，也可能是其他电器还有腐蚀现象，只是目前还没有出现其他故障。

这个故障说明不能用水直接冲洗车辆内部，或者车内进水要彻底清除并吹干，以防某些电器设备腐蚀。

第 6 章

汽车电源管理与起动系统的故障诊断

【学习目标】
- 熟练掌握蓄电池的检测方法；
- 熟练掌握发电机的检测方法；
- 诊断与排除起动机的故障。

6.1 电源管理的检测

6.1.1 蓄电池的检测

1．蓄电池外观检查

（1）带观察孔的蓄电池
- 绿色（充电程度为 65%或更高）；
- 黑色（充电程度低于 65%）；
- 白色（或者浅黄色）（蓄电池有故障）。

（2）不带观察孔的蓄电池

此种蓄电池有 4～6 个加注孔，在侧面有两道刻度线，在光线好的时候可以看出内部电解液的量，在刻度线之间为正常，高于最上线或低于最下线都是不可取的，多了就抽出来，少了就添加。（特别注意：如果光线暗，千万不可使用打火机照明！）

2．蓄电池的电压检测

（1）蓄电池静态电压检测

关闭点火开关，用万用表测量接线柱两端电压：若等于或者高于 12.5V，正常；若低于 12.5V，不正常。

（2）蓄电池的放电检查

一般采用蓄电池放电测试仪，如图 6.1-1 所示。把测试仪两正负测钳分别夹持蓄电池正负电极，按下测试按钮，观察测试仪表指示情况：

① 如果仪表指示电压 9V 以上说明蓄电池状态良好；

② 如果低于 9V 但是指针处于某个数值不动说明蓄电池处于亏电状态，需要补充充电；

③ 如果指针慢慢下降说明蓄电池内部有短路现象；

④ 指针快速下降为 0V 说明蓄电池内部有断路。

3. 蓄电池的充电

① 关闭用电设备；

② 断开电瓶负极线，然后再断开电瓶正极线；

③ 充电器的正负极分别接到蓄电池的正负极上；

④ 接通充电机电源，如图 6.1-2 所示；

⑤ 按照电瓶的容量调整充电电流；

⑥ 充电电流只能为蓄电瓶容量的 10%，也就是说容量为 60 Ah 的蓄电池充电电流应为 6A；

⑦ 充电时间至少应为 24 小时。

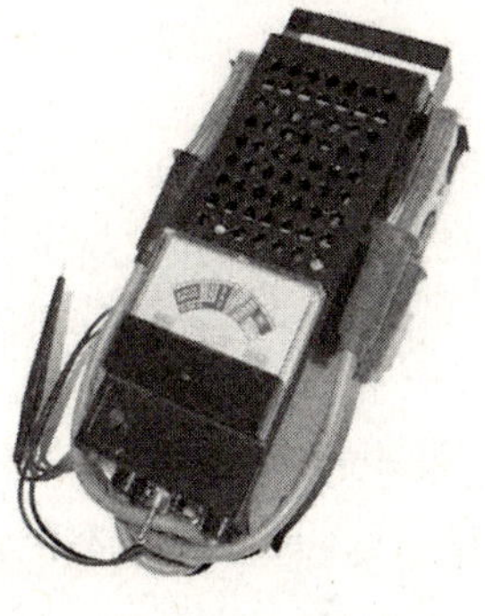

图 6.1-1　蓄电池放电测试仪

图 6.1-2　蓄电池充电机

诊断策略

1. 故障现象

一辆捷达轿车，蓄电池刚充足电，放置 1 天后，出现起动机运转无力、喇叭声音弱、前照灯灯光很暗的现象。

2. 故障诊断

检查蓄电池电解液液面高度基本正常。起动发动机，测量发电机输出电压为 13.8V，基本正常。由此怀疑蓄电池有自放电现象，且较严重，故决定更换蓄电池。

在拆装蓄电池时，发现接线柱有强烈的电火花，而此时点火开关处于断开状态。由此说明，电路中有用电器漏电或短路之处。

用电流钳夹在蓄电池负极，测试暗电流，电流为 800mA，说明有漏电现象。逐一拔掉不经过点火开关的用电器（散热器风扇、点烟器、收音机、制动灯、门灯、小灯等）的熔断丝，观察漏电电流并不减少；拨下所有熔断丝，漏电电流还是不减少。逐一拔掉所有继电器，当拔掉 12 号位置进气歧管预热继电器后，漏电电流消失，手摸该继电器表面发热严重。

拆开发热的继电器，发现其内部烧蚀黏结。更换新的继电器，漏电消失，蓄电池不再亏电，故障排除。

6.1.2 发电机的检测

发电机是车辆充电电路的重要组成部件。蓄电池是一种电化学装置，而发电机是一种机电装置，它通过皮带与发动机相连，将发动机的机械能转化为电能。

发电机具备以下功用：发电（发电机旋转后产生交流电流），整流（整流器将交流电变为直流电），调节电压（保持用电系统电压稳定）。

1. 发电机常规检查

发电机是充电系统的核心部件，其常规检查包括以下内容：

① 发电机电气线路连接情况的检查；

② 驱动皮带检查；

③ 驱动皮带张紧度检查；

④ 发电机轴承噪声的检查。

2. 发电机故障检测

当怀疑发电机有故障时，可以在车上初步检测，拆下发电机不解体进一步检测。检测时所用工具可以是万用表（电压、电阻挡）、一般的直流电压表、直流电流表和示波器等，也可以用汽车灯泡、手电灯泡、自制小试灯等，还可通过改变汽车工作状态来检测。

（1）就车检测法

当怀疑发电机不发电时，可以不拆卸发电机，在车上对其检测，概略判断是否有故障。

① 万用表电压挡检测

将万用表旋钮旋至直流电压 30V 挡（或用一般的直流电压表适当挡），把红表笔接发电机“电枢”接柱，黑表笔接外壳，让发动机运转在中速以上，12V 电气系统的电压标准值应在 14V 左右，24V 电气系统的电压标准值应在 28V 左右。若测得的电压为蓄电池电压，则表明发电机不发电。

② 外接电流表检测

当汽车仪表板上没有电流表时，可用外接直流电流表来检测。先把发电机“电枢”接柱导线拆下，再将量程为 20A 左右的直流电流表正极接发电机“电枢”，负极导线接上述拆下接头。当发动机在中速以上运转（不使用其他电器设备）时，电流表有 3～5A 充电指示，表明发电机工作正常，否则发电机不发电。

③ 试灯（汽车灯泡）法

当没有万用表和直流电表时，可用汽车灯泡做一试灯来检测。将灯泡两端焊接适当长度的导线，并在其两端接上鳄鱼夹。检测前先将发电机“电枢”接柱的导线拆下，再将试灯的一端夹住发电机“电枢”接柱，另一端搭铁，当发动机中速运转时，试灯点亮正常说明发电机工作正常，否则发电机不发电。

④ 改变发动机转速、观察大灯亮度法

起动发动机后，打开大灯，让发动机转速从怠速逐渐提高到中等转速，大灯的亮度若随转速的提高而增加，说明发电机工作正常，否则为不发电。

⑤ 拆下蓄电池搭铁看发动机（汽油机）是否工作法

当车上没有微机控制电子装置时，可以用此种方法检测。把发动机控制在中速以上，拆下蓄电池搭铁线（一般是断开蓄电池搭铁线上的控制总开关），若发动机工作正常，说明发电机发电，否则发电机有故障。

（2）车下不解体检测与判断

从车上拆下发电机后，可以用下述方法检查，进一步确定故障。

① 用小灯泡（手电灯泡）判断

把手电灯泡的两端接上导线做成小试灯，接于发电机“电枢”和外壳之间。用导线将蓄电池（或相同电压的干电池）正、负极分别连接在发电机的两磁场接柱“F1”、“F2”（内搭铁的交流发电机接“F”和“搭铁”接柱）上，让蓄电池给发电机激磁。用手快速转动发动机皮带盘，小试灯点亮说明发电机工作正常，否则发电机不发电。

② 万用表电压挡判断

让蓄电池给发电机激磁，将万用表选择在直流电压 3～5V（或一般直流电压表适当挡）挡，黑、红表笔分别接“搭铁”和发电机“电枢”接柱，用手转动皮带盘，万用表（或直流电压表）指针应有摆动，否则发电机不发电。

③ 万用表电阻挡检测与判断

用万用表 R×1 电阻挡，测量各接线柱之间的电阻（不同型号发电机的电阻值不同）值，与正常值比较，可以判断出发电机是否有故障。

6.2 起动系统的检测

起动系统的工作原理：要使发动机由静止状态过渡到工作状态，必须用外力转动发动机的曲轴，使气缸内吸入（或形成）可燃混合气并燃烧膨胀，工作循环才能自动进行。

曲轴在外力作用下开始转动到发动机开始自动地怠速运转的全过程，称为发动机的起动。发动机起动的方法很多，汽车发动机常用的电动机起动是用电动机作为机械动力，当将电动机轴上的齿轮与发动机飞轮周缘的齿圈啮合时，动力就传到飞轮和曲轴，使之旋转。电动机本身又用蓄电池作为能源。目前绝大多数汽车发动机都采用电动机起动。

起动系统能否正常工作，直接影响到汽车的使用性能和蓄电池的使用寿命。因此，明确起动系统正常工作的特征、了解起动系统常见故障的现象及诊断排除方法，对及时发现起动系统的故障、准确诊断故障发生的部位和原因，并采取有效措施迅速排除具有重要的意义。

1. 起动机不转

（1）故障现象

点火开关旋至起动挡时，起动机不转。

（2）故障原因

① 蓄电池电容量不足，或各导线连接松动，或接线柱脏污接触不良。

② 起动继电器线圈断路或触点烧蚀。

③ 电磁开关上的电磁力线圈断路或接触盘接触不良。

④ 起动机内部有故障。电枢轴弯曲或轴承过紧；换向器脏污或烧蚀；电刷磨损而过短、弹簧过软、电刷在架内卡住与换向器不能接触；电枢线圈或磁场线圈短路、断路或搭铁。

（3）故障诊断

① 检查蓄电池的技术状况。用电压表测量蓄电池带负载前后端电压的变化情况，端电压变化越大，说明蓄电池内阻越大、亏电越严重。正常情况下，开大灯或按喇叭前后蓄电池端电压变化不大于 0.2V；如果开大灯或按喇叭前后蓄电池端电压变化大于 0.2V，说明蓄电池亏电。

② 检查蓄电池极桩和起动机主电路导线连接是否正常。如果蓄电池技术状况良好，但是灯光比平时暗淡或喇叭声音小，说明蓄电池极桩或导线连接不良；或者将起动开关接通数秒后，检查蓄电池极桩、起动机主接线柱等连接处是否明显发热，连接处温度越高，说明此处电阻越大，接触越差。

③ 蓄电池技术状况和主电路连接正常后，起动机仍不转动，可以通过短接与蓄电池连接的起动机主接线柱和电磁开关接线柱判断起动机是否正常。短接后，如果起动机运转正常，说明起动机无故障，故障发生在起动机控制电路；反之，如果起动机不转动，表明起动机有故障。

2. 起动机转动无力

（1）故障现象

接通起动开关，起动机转动缓慢或不能连续运转。

（2）故障原因

① 蓄电池亏电或有故障。

② 蓄电池极桩氧化或桩头、导线连接松动。

③ 电磁开关故障，如接触盘和主接线柱烧蚀等造成接触不良。

④ 直流电动机故障，如换向器脏污或烧蚀，电刷磨损严重、电枢绕组或磁场绕组部分短路等。

（3）故障诊断

① 检查蓄电池的技术状况是否良好。

② 检查蓄电池极桩和起动机主电路导线连接是否正常。

③ 如果蓄电池技术状况和主电路连接正常，起动机转动无力，表明起动机有故障。接通起动开关并用足够粗的导线直接将起动机两主接线柱短接，如果起动机运转正常，说明主接线柱和接触盘接触不良；如果起动机仍然转动无力，说明电动机有故障。

3. 起动机空转

（1）故障现象

钥匙开关旋至起动挡或起动按钮接通，起动机高速运转，但发动机转动缓慢或不转动。

（2）故障原因

① 单向离合器打滑。

② 驱动齿轮或飞轮齿圈损坏。

③ 驱动齿轮、飞轮齿圈、电枢轴衬套磨损严重。

④ 拨叉与电磁开关或单向离合器脱开、拨叉折断等。

（3）故障诊断

将曲轴转动一定角度后重新接通起动开关，若起动正常，说明飞轮齿圈少数轮齿损坏，需更换齿圈。若起动机仍然空转，应拆检起动机。

4. 起动机撞击异响

（1）故障现象

钥匙开关旋至起动挡或起动按钮接通，起动机驱动齿轮与飞轮经常有打齿（或撞击）现象。

（2）故障原因

① 蓄电池亏电或有故障。

② 蓄电池极柱桩氧化或桩头、导线连接松动。

③ 保持线圈有故障。

④ 起动继电器断开电压偏高。

⑤ 驱动齿轮与限位环之间的间隙过大。

⑥ 驱动齿轮、飞轮齿圈、电枢轴衬套磨损严重。

⑦ 单向离合器缓冲弹簧太软或折断、拨叉脱出等。

（3）故障诊断

诊断此类故障时，应首先辨别起动机驱动齿轮与飞轮之间的打齿是由于啮合不牢还是啮合时间不对引起的。

如果是啮合不牢造成的，起动时发动机转速较低或不连续，发动机不能起动，并发出间断或连续的轮齿撞击声；如果是啮合时间不对引起的，由于驱动齿轮进入啮合前已经高速转动，啮合时，便与飞轮齿圈发生撞击，发出连续的轮齿撞击声，驱动齿轮与飞轮啮合后，轮齿撞击声消失，起动机运转正常。

根据轮齿撞击声音是否连续，对啮合不牢造成的打齿故障应采取不同的诊断方法。如果轮齿撞击声是连续的，说明打齿故障有可能是由驱动齿轮、飞轮齿圈、电枢轴衬套磨损严重，或单向离合器缓冲弹簧折断、拨叉脱出等引起的；如果是轮齿声音是间断的，说明打齿故障是由蓄电池、线路连接、起动继电器、起动机等引起的，可按如下方法诊断：

- 检查蓄电池技术状况是否良好；
- 检查蓄电池极桩和起动主电路导线连接是否正常；
- 若蓄电池技术状况和起动主电路连接正常，将起动继电器的“蓄电池”接线柱和“起动机”接线柱短接后，如果起动机运转正常，说明起动继电器断开电压偏高，需调整，调整方法是适当调整起动继电器固定触电的高度，使起动继电器触点由闭合转为断开时起动继电器线圈两端的电压；如果仍有打齿现象，说明起动保持线圈有故障。

由于啮合时间不对引起的打齿故障，主要是由于驱动轮与限位环之间间隙过大或驱动齿轮、飞轮齿圈齿端磨损严重或单向离合器缓冲弹簧太软造成的，可按如下方法诊断：

首先将驱动齿轮与限位环之间的间隙调到最小，如果打齿现象消失，说明打齿故障是驱动齿轮与限位环之间的间隙过大或驱动轮、飞轮齿圈齿端磨损严重引起的，以后再出现同样的打齿故障时，需更换驱动齿轮或飞轮齿圈；反之，说明打齿故障是单向离合器缓冲弹簧太软引起的，应更换单向离合器缓冲弹簧。

诊断策略

故障案例一

（1）故障现象

一辆本田思域，打起动机时，有时能运转将发动机起动、有时不运转不能将发动机起动。在起动机不转动时，其电磁开关有吸动的“嗒、嗒”声。

（2）故障诊断

检修时，首先检查蓄电池，确认其电量充足。然后把起动机从发动机上拆下来，解体检查。检查中发现它的四只电刷过度磨损，整流子表面有明显的烧痕。由于电刷和整流子接触不良，造成了起动机时转时不转的故障。

（3）故障排除

用车床把整流子表面修复，再更换四只新的电刷，将起动机修复后装车试验。此时打起动机，起动机正常驱动发动机，发动机也顺利着车。故障完全排除。

故障案例二

（1）故障现象

一辆本田雅阁，打起动机时，有时能运转将发动机起动、有时不运转不能将发动机起动。但明显症状是在打起动机时其电磁开关吸而复放、频繁动作。

（2）故障诊断

检修中，首先检查蓄电池，确认其电量充足。然后把起动机从发动机上拆下来。从故障现象分析该电磁开关的吸拉线圈工作正常；而保持线圈工作异常。将电磁开关从起动机上拆下来，经测试果然其保持线圈断路。

（3）故障排除

取一只新的电磁开关装在起动机上，然后把起动机装到车上试验。此时打起动机，起动机正常驱动发动机运转，发动机也顺利着车。故障完全排除。

故障案例三

（1）故障现象

一辆福特福克斯，用起动机起动发动机时，点火开关转到起动挡后，能听到吸动触点的“咔嗒”声，但起动机无反应。

（2）故障诊断

开始判断为起动机磁力开关拉保线圈断路，但更换磁力开关后故障依旧。后又怀疑蓄电池存电不足，换上新蓄电池起动机仍无反应。于是用导线连接起动机开关接柱，起动机即运转正常；再用导线连接火线接柱和拉保线圈接柱，发动机便能正常起动。据此，判断为组合继电器电源接柱与起动接柱之间断路。经进一步检查，发现点火开关转到起动挡后，组合继电器常闭触点上的衔铁虽能被吸动，但触点并没有闭合。

（3）故障排除

按技术标准调整两触点间的间隙后，用起动机一次起动成功，故障排除。

第 7 章

汽车远程测试与诊断技术

【学习目标】

- 了解汽车远程测试与诊断技术的方法；
- 掌握汽车远程诊断技术的发展趋势。

7.1 远程测试与诊断技术概述

7.1.1 远程测试与诊断技术的发展

远程故障诊断技术的兴起与发展起源于远程医疗诊断的发展应用。1988 年开放式远程医疗系统的概念在美国被提出。而设备诊断与人类的疾病诊断是相似的，因此从技术上说能实现远程医疗诊断也就能实现远程设备诊断。但是由于重视程度不够和投入的科研资金少、人力不足等原因，与医疗行业已取得的显著成果相比，工业领域的远程诊断工作的进展相对较慢。

1997 年 1 月，首届基于 Internet 技术的工业远程诊断研讨会由斯坦福大学和麻省理工学院联合主办。1996 年 10 月，斯坦福大学和麻省理工学院开始合作开发基于 Internet 的下一代远程诊断示范系统。在国内，西安交通大学、上海交通大学、哈尔滨工业大学等都在向国外先进水平看齐，已经开始或准备开始从事工业领域的远程诊断研究工作。华中科技大学机械学院信息所，建立了设备故障诊断中心，它不仅可以为 Internet 用户提供远程信号采集，信号分析和设备故障诊断服务，还可以从网上为在校学生开设工程测试与信号分析实验，实现了网络课程教学。哈尔滨工业大学航天学院热能工程研究所，实现了基于 Internet 的大型汽轮发电机组远程故障诊断。

7.1.2 汽车远程测试与诊断技术的优越性

随着汽车结构日趋复杂，新技术的运用日趋广泛和深入，汽车维修行业发生了巨大变化，已从传统依靠维修实践经验进行诊断的阶段，发展到目前利用专门设备进行综合检测诊断阶段。但是，由于受到汽车维修工人技术老化问题的限制，汽车故障经常无法快速、经济地利用各方面的技术力量进行解决；特别对于一些疑难杂症，现场技术人员经常力不从心，须求助技术雄厚的大型汽车制造维修部门或科研院所专家才能解决。现代网络技术及多媒体技术的蓬勃发展，为汽车故障远程诊断技术的推广应用提供了技术支持。其具有以下优点：

（1）远程诊断可以加强科研院所与生产企业的合作。能够使技术领域力量较强的维修企业、科研院所充分发挥自身的技术优势，更好地为企业服务，而且使理论更好地联系实际，而企业的需求也可以很好地反馈给科研院所。

（2）远程诊断可以实现资源的共享。互联网的发展，可通过网上诊断中心获得故障的原因及其解决措施，使故障诊断变得灵活方便，无论用户在何处，只要通过网络连接检测中心的服务器，即可请求检测服务。而且又可以实现资源共享，避免重复开发，具有非常好的社会效益和经济效益。

（3）可实现多诊断系统远程协作诊断，以提高系统的整体诊断能力。传统的诊断系统缺乏系统间的协作能力，但远程故障诊断系统的发展可大大提高这种协作能力，从根本上改变了系统的整体诊断能力。

（4）可实现远程教学和技术培训。通过网络传递信息进行在线教学，越来越受到高校的重视，学习通过网络接收远端服务器传来的数据，进行数据保存或在线分析处理，不仅可以节省实验教学成本，同时也可以使实验教学更灵活，提高教学效果。

7.1.3　远程故障诊断系统模式

远程故障诊断系统模式通常有两种：一种是基于 C/S 的故障诊断模式；另一种是基于 B/S 的故障诊断模式。

1．C/S 的故障诊断模式

C/S 模式即客户端/服务器模式，它是软件系统体系结构，通过它可以充分利用两端硬件环境的优势，将任务合理分配到客户端和服务端来实现，降低了系统的通信开销。其主要由客户应用程序（Client）、服务器管理程序（Server）和中间件（middleware）三个部件组成。客户应用程序是系统中用户与数据进行交互的部件。服务器程序负责有效地管理系统资源，如管理一个信息数据库，其主要工作是当多个客户并发地请求服务器上的相同资源时，对这些资源进行最优化管理。中间件负责联结客户应用程序与服务器管理程序，协同完成一个作业，以满足用户查询管理数据的要求。

2．B/S 的故障诊断模式

B/S 模式即浏览器/服务器模式，是一种以 Web 技术为基础的新型 MIS 系统平台模式，是对 C/S 结构的一种改进结构。在这种结构下，用户工作界面是通过 WWW 浏览器来实现，极少部分事务逻辑在前端（Browser）实现，但是主要事务逻辑在服务器端（Server）实现，形成所谓三层结构。

第一层客户机是用户与整个系统的接口。客户的应用程序精简到一个通用的浏览器软件，如 Netscape Navigator，微软公司的 IE 等。浏览器将 HTML 代码转化成图文并茂的网页。网页还具备一定的交互功能，允许用户在网页提供的申请表上输入信息提交给后台，并提出处理请求。这个后台就是第二层的 Web 服务器。

第二层 Web 服务器将启动相应的进程来响应这一请求，并动态生成一串 HTML 代码，其中嵌入处理的结果，返回给客户机的浏览器。如果客户提交的请求包括数据的存取，Web 服务器还需与数据库服务器协同完成这一处理工作。

第三层数据库服务器的任务类似于 C/S 模式，负责协调不同的 Web 服务器发出的 SQ 请求，管理数据库。

3. C/S 模式与 B/S 模式的比较

（1）C/S 模式的优势

① 交互性强。在 C/S 中，客户端有一套完整的应用程序，在出错提示、在线帮助等方面都有强大的功能，并且可以在子程序间自由切换。

② 存取模式更安全。由于 C/S 是配对的点对点的结构模式，采用适用于局域网、安全性比较好的网络协议（例如：NT 的 NetBEUI 协议），安全性可以得到较好的保证。而 B/S 采用点对多点、多点对多点这种开放的结构模式，并采用 TCP/IP 这一类运用于 Internet 的开放性协议，其安全性只能靠数据服务器上管理密码的数据库来保证。

③ 网络通信量低。B/S 采用了逻辑上的三层结构，而 C/S 只有两层结构，网络通信量只包括 Client 与 Server 之间的通信量。所以，较 B/S 模式 C/S 模式处理信息的能力强、处理速度快。

（2）B/S 模式的优势

① 简化了客户端。不必像 C/S 模式那样在不同的客户机上安装不同的客户应用程序，而只需安装通用的浏览器软件。这样不但可以节省客户机的硬盘空间与内存，而且使安装过程更加简便、网络结构更加灵活。

② 操作更简单。对于 C/S 模式，客户应用程序有自己特定的规格，使用者需要接受专门培训。而采用 B/S 模式时，客户端只是一个简单易用的浏览器软件。无论是决策层还是操作层的人员都无须培训，就可以直接使用。B/S 模式的这种特性，还使 MIS 系统维护的限制因素更少。

③ 业务扩展、维护简单方便。通过增加网页、改变网页即可实现服务器功能的业务扩展、系统维护升级。

④ 开发简单，共享性强。

7.1.4 远程故障诊断的实现方法及手段

随着电子技术、计算机技术、网络通信技术和传感器技术的长足进步和发展，在设备运行状态的远程监测方面，通常有两种方法。一是外置式诊断监测，即在设备上安装附加监测仪器系统，依托较为成熟的现有状态监测与故障诊断技术，实现在线的远程智能监测和故障诊断。二是内置式诊断监测，即在设备电子控制单元（ECU）设计阶段就将设备状态监测仪器作为设备的一个重要单元一并考虑，来设计设备状态监测与故障诊断系统，设备一旦制造完毕，设备状态监测系统便内置于设备中。

在汽车远程测试与诊断系统中，两种不同的诊断检测方法，各有各的特点和优势。外置式诊断检测方法可以充分发挥现有诊断检测设备的资源优势，检测信息丰富，适用于汽车检测与维修中心，具有最高的性价比。由于汽车动态移动的特点，使得内置式诊断系统利用现有的移动通信网络、GPS 网络比外置式检测系统在方便、灵活性上更占有明显优势。就国内外目前研究现状来看，外置式远程诊断方法应用更为广泛，特别是随着近年来计算机测试技术、虚拟仪器技术的迅猛发展，以往需要涉及较为复杂的 TCP/IP 低层编程和 ActiveX 等技术才能解决的数据网上发布和共享问题现在变得简单和容易。

7.2 虚拟仪器技术

7.2.1 虚拟仪器的概念

所谓虚拟仪器就是利用现有的计算机，加上特殊设计的仪器硬件和专用软件，形成既有普通仪器的基本功能，又有一般仪器所没有的具有特殊功能的新型仪器，如图 7.2-1 所示。操作人员通过操作与现实仪器面板相似的虚拟按键、旋钮等实现信号的采集、处理和控制等整个测试过程。用户可使用相同的硬件系统，通过不同的软件编程就可以充分发挥自己的才能和想象力，按自己的意愿随心所欲地设计自己的仪器系统，实现功能完全不同的各种测量。

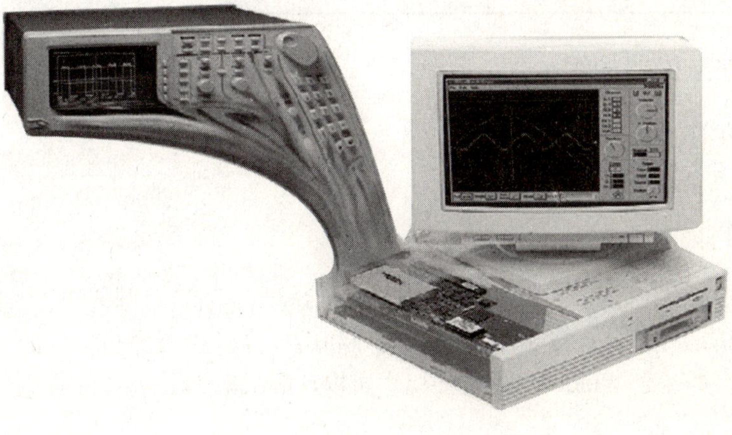

图 7.2-1 计算机虚拟仪器

“虚拟”主要包含两方面的含义：一是虚拟仪器的面板是虚拟的，即虚拟仪器面板上的各种“控件”、“显示件”代替了传统仪器面板上开关、按键、显示器等各种器件，但是完成功能完全相同；二是虚拟仪器测量功能是由软件编程来实现的，即在以 PC 为核心组成的硬件平台支持下，通过软件编程来实现仪器的测试功能，而且可以通过不同测试功能的软件模块的组合来实现多种测试功能，因此有在硬件平台确定后“软件就是仪器”的说法。它体现了测试技术与计算机技术深层次的结合。

可见，在整个虚拟仪器中，计算机，也就是我们常说的 PC，是虚拟仪器的灵魂，软件系统是虚拟仪器的核心。

7.2.2 虚拟仪器技术特点

虚拟仪器利用计算机的显示功能来模拟传统测试仪器的控制面板，通过软件将计算机硬件资源与仪器硬件有机的融合为一体，从而把计算机强大的计算处理功能和仪器硬件的测量、控制功能结合在一起，同时通过软件实现对数据的分析处理、显示、存储等。虚拟仪器的概念打破了传统仪器功能用户无法改变的模式，使得用户可以根据自己的需要，设计适于自己的测试系统。与传统仪器相比较，虚拟仪器具有以下优点，如表 7.2-1 所示。

表 7.2-1 虚拟仪器与传统仪器的比较

虚拟仪器	传统仪器
用户定义仪器功能	厂商定义仪器功能
关键是软件	关键是硬件
技术更新周期短	技术更新周期长
速度和可靠性高	测试速度和可靠性难以保证
开发与维护费用降至最低	开发与维护开销高
可复用、可配置性强	价格昂贵
开放、灵活、与计算机技术同步发展	封闭、固定
可以与网络以及其他周边设备互联	功能单一的独立设备
数据可以进行编辑、存储和打印	需人工记录或通过软盘与其他数据交流

7.2.3 虚拟仪器的组成

虚拟仪器是计算机化仪器，由计算机、信号测量硬件模块和应用软件三大部分组成，基本构成框图如图 7.2-2 所示。

1. 计算机

计算机是虚拟仪器的硬件基础，对于工业自动控制、测试与测量而言，计算机是功能强大、价格低廉的运行平台。由于虚拟仪器充分利用计算机的图形用户界面（GUI），所开发的具体应用程序都基于 Windows 运行环境，所以计算机的配置必须合适。

2. 信号测量硬件模块

根据虚拟仪器所采用的信号测量硬件模块的不同，虚拟仪器可以分为下面几种形式：

① PC-DAQ 测试系统；

② GPIB 系统；

③ VXI 系统；

④ 串口系统；

⑤ 现场总线系统。

3. 应用软件

应用软件是虚拟仪器的核心。软件部分一般由设备驱动软件和虚拟仪器面板组成。其中，设备驱动软件是直接控制各种硬件接口的驱动程序，虚拟仪器通过底层设备驱动软件与真实的仪器系统进行通信，并以虚拟仪器面板的形式在显示器上显示与真实仪器面板操作元素相对应的各种控件。

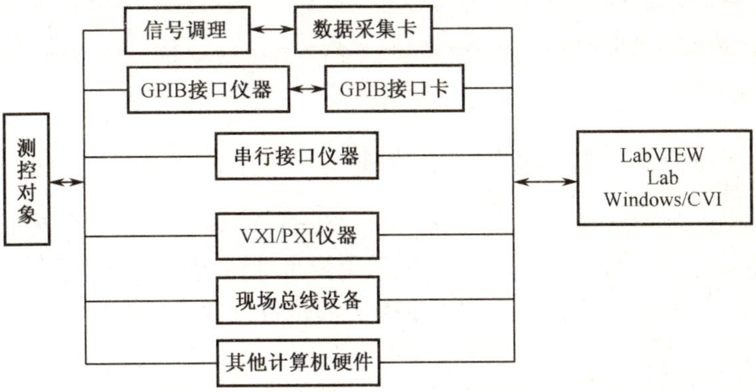

图 7.2-2　虚拟仪器基本构成框图

7.2.4　虚拟仪器技术的发展及其应用

虚拟仪器是电子测量技术与计算机技术深层次结合的、具有很好发展前景的新一类电子仪器。它要比传统的电子仪器更为通用，在组建和改变仪器的功能和技术性能方面更为灵活、更为经济，更能适应迅猛发展的当代科学技术对测量技术和测量仪器不断提出的更新并扩展功能与性能的要求。以 PC 为基础，通过网络来构成实用的测控系统，提高生产效率，共享资源，将成为仪器技术发展的方向，网络化仪器将是今后测试仪器发展的必然。

目前，虚拟仪器在实验教学、科学研究、远程教育中发挥着巨大的作用。利用虚拟仪器构建虚拟实验室被认为是有广阔前景的事业。虚拟仪器与 Internet 结合组成远程虚拟仪器系统，将中心实验室的虚拟仪器和远端学员计算机上的虚拟仪器通过 Internet 联系起来，建成网络实验系统。为远程教育实验教学难的问题提供了一种全新的解决方案。通过虚拟仪器测试系统的网络化实现，可以实现汽车等设备的远程测试、诊断及维修服务，使故障诊断变得灵活方便，实现资源共享，避免重复开发，大大提高了故障诊断的正确性及其工作效率。

7.3　远程虚拟仪器技术及其应用

网络化虚拟仪器是虚拟仪器技术与网络技术相结合的产物。远程虚拟仪器能从通过局域网或 Internet 相连的远端获得动态数据或将控制信号传输到远端，使在本地个人计算机上监控远端成为可能。可见利用网络技术组建远程虚拟仪器系统，可以使信息采集、传输和处理的限制就能远程监控，并且还具有易扩展的特点。

其主要特点是：用户界面的重心由 Windows 转为 Browsers；系统结构由单一的两个层次扩展到由客户、数据库服务器、应用服务器组成的三个层次，并由浏览器、网络服务器的加入进一步扩展为多个层次。

系统运行过程为：用户使用浏览器访问数据采集服务器中的网络服务器，下载含有网络化虚拟仪器客户端程序的 HTML 文件，并在浏览器中启动网络化虚拟仪器客户端程序；然后和服务器端的数据采集服务器程序进行通信，发送控制命令和接收返回的测试数据，并进行分析、显示，数据采集服务器程序定期将采集的数据存入数据库服务器中；用户也可以访问数据库服务器中的网络服务器，下载含有数据库查询功能的页面，对数据库中存储的测试数据进行查询和显示。

7.3.1 基于 B/S 模式的远程数据传输

使用 LabVIEW 的 Web 服务器在 Web 上发布 LabVIEW 程序。可以将 LabVIEW 环境下设计的虚拟仪器前面板发布到 Internet 上，远程用户可通过浏览器使用现场运行的虚拟仪器。下面以一个信号产生与处理的程序为例来说明数据传输过程的实现。

1. 服务器端的设计

服务器端的设计是设计一个虚拟的信号产生和处理的程序，用 LabVIEW 开发的虚拟信号产生和处理程序的服务器端的运行界面。

Web Server 需要文件路径和网络设置、客户机访问权限设置、VIs 访问权限设置三个方面的设置。

（1）文件路径和网络设置。在 LabVIEW 主菜单中选择“Tools—Option…”,出现一个 LabVIEW“Option”对话框，选中“启动 Web Server”单选框，填写 Web Server 存放 HTML 文件的位置和 LabVIEW 保存 Web 链接信息文件的位置，如图 7.3-1 所示。

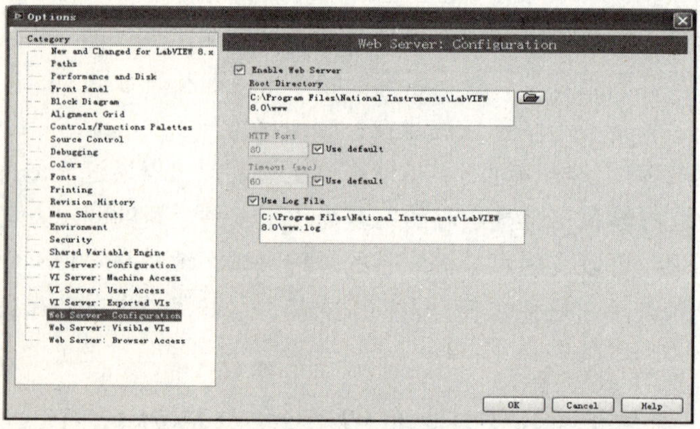

图 7.3-1　Web Server：Configuration 配置页面

（2）客户机访问权限设置。设置允许或不允许访问 Web 服务器的计算机 IP 地址，设定某个计算机的访问权限（允许查看及控制，允许查看，拒绝访问），如图 7.3-2 所示。

（3）VIs 访问权限设置。添加或删除内存中可通过 Web 服务器查看的程序名，如图 7.3-3 所示。

2. 客户端程序的设计方法

利用 LabVIEW8.0“Web Publishing Tools…”就可以把服务器的程序发布到 Web 上，产

生客户端的运行程序，如图 7.3-4 所示。

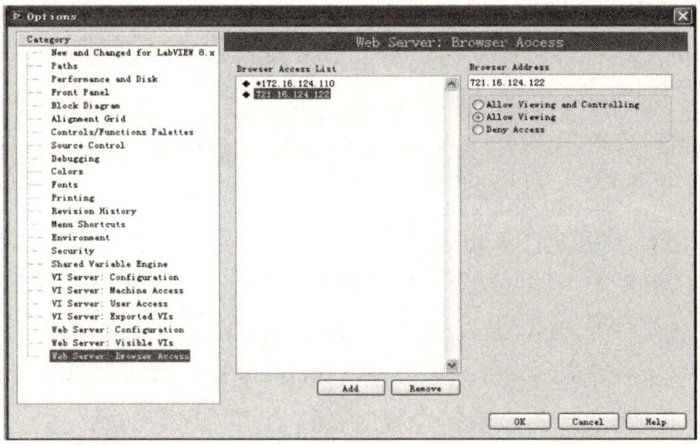

图 7.3-2　Web Server：Browser Access 配置页面

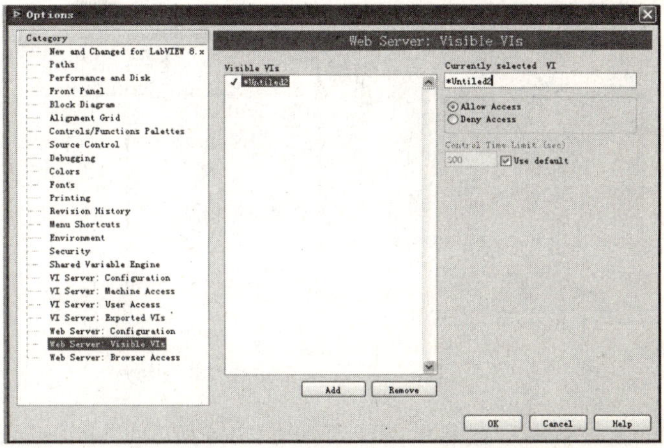

图 7.3-3 Web Server：Visible Vis 配置页面

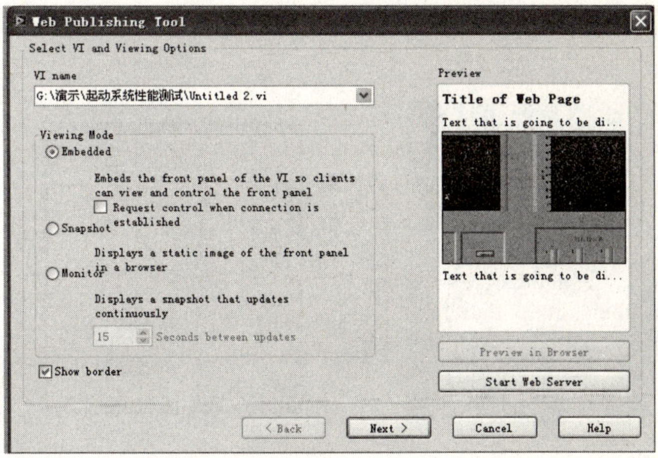

图 7.3-4　“Web Publishing Tools”对话框

在“VI Name”框中输入发布的 VI 的名称，单击“Save to Disk”按钮保存 VI 产生的 HTML 文件到磁盘的某个目录下。当用户在浏览器地址栏键入 VI 产生的 HTML 文件的网络路径后，便可在本机上运行该程序。这种基于 B/S 模式的远程数据传输方式需要在客户端安装 LabVIEW 软件，适合在一个局域网内使用。

7.3.2 基于 C/S 模式的远程数据传输

采用 C/S 模式进行通信是在 LabVIEW 中进行网络通信的最基本的结构模式。下面以一个基于 TCP/IP 的 C/S 系统为例加以说明。本系统可用于实时条件下在两台计算机之间共享少量的数据。其中包含一个 Tcp Server VI 和一个 Tcp Client VI。服务器 Tcp Server Vi 的前面板及框图程序如图 7.3-5 所示。在 Tcp Client VI 的框图程序中，首先指定网络端口（Port），并用 TCP Listen 节点建立 TCP 等待客户机的链接请求，这是初始化的过程。此外用正弦波形发射器生成正弦波形，再利用 Type Case 进行类型转换，然后用一个 TCP Write 节点发送这个正弦波形数据。

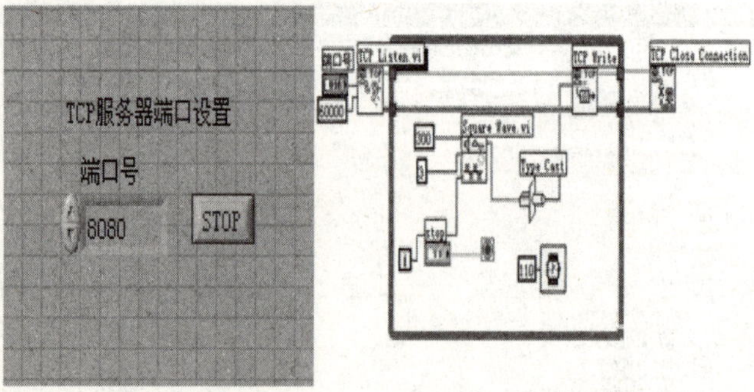

图 7.3-5 Tcp Sever. vi 前面板及框图程序

客户机 Tcp Client VI 的前面板和框图程序如图 7.3-6 所示，与 Tcp Server VI 框图程序相对应，Tcp Client Vi 的框图程序中，我们首先指定网络端口（Port），并用 TCP Open 节点建立用指定的计算机名称和远程端口来打开一个 TCP 链接。此外还采用了 TCP Read 节点读取由服务器送来的正弦波形数据，并用 Type Case 进行类型转换，在图形显示器中进行实时输出正弦波形数据。

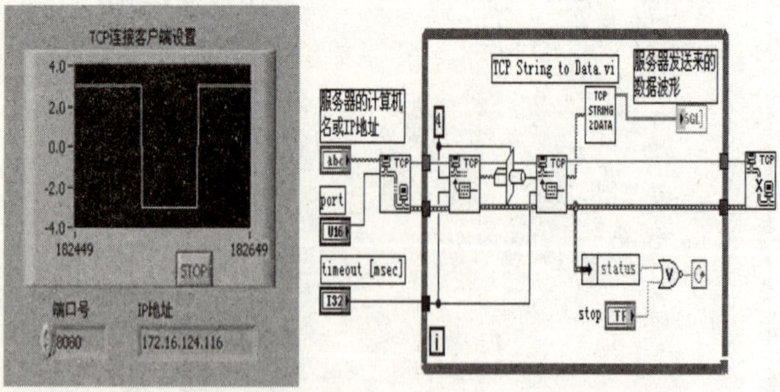

图 7.3-6 Tcp Client.vi 前面板及框图程序

值得注意的是，在 TCP 节点进行通信时，需要在服务器框图程序中指定网络通信端口（Port），客户机也要指定相同的端口，才能与服务器之间进行正确的通信，端口值由用户任意指定，只要服务器和客户机的端口保持一致即可。在一次通信连接建立后，就不能更改端口的值了。如的确需要更改端口值，则必须首先断开连接，才能重新设置端口值。

还有一点要注意的是，在客户机框图程序中首先要指定服务器的名称才能与服务器之间建立链接。服务器的名称是指服务器的计算机名，若服务器和客户机程序在同一台计算机上同时运行，客户机程序中输入的服务器的名称可以是 localhost，也可以是这台计算机的计算机名，甚至可以是一个空字符串。

7.4　远程虚拟仪器技术在汽车检测中的应用实例

汽车发动机被誉为“汽车的心脏”，是车辆行驶的动力来源，汽车的一些基本技术性能都直接或间接地与发动机的相关性能相联系。通过检测发动机综合性能不仅能够反映车辆的整车性能，还可以对发动机的工作状况作出判断。

7.4.1　系统结构与工作原理

基于虚拟仪器技术和网络通信技术的发动机综合性能远程测试诊断系统的硬件由传感器、数据采集卡、服务端计算机及远程客户端组成，具体结构如图 7.4-1 所示。传感器类别由检测项目确定。

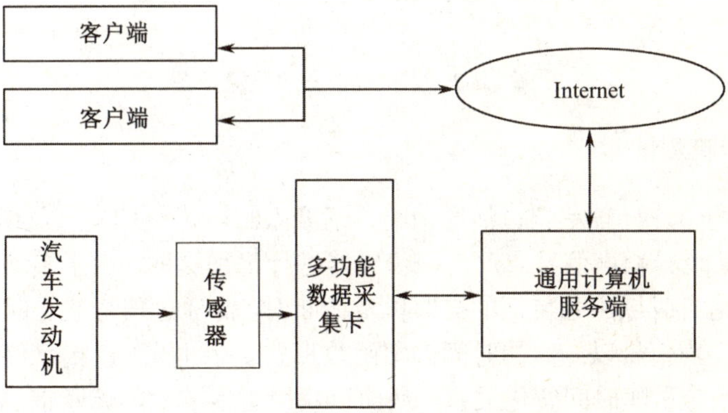

图 7.4-1　系统结构组成示意图

发动机综合性能测试项目包括动力性、经济性、环保性能等。其中发动机气缸的密封性、点火正时、空燃比、起动性能是影响这些性能的主要因素。可通过测试发动机工作状态下的气缸压力、转速、点火提前角、尾气排放等状态信息，准确反映、判断发动机的工作情况，为进一步进行故障诊断、修理提供科学依据。

1. 起动系统性能检测

检测发动机在起动过程中的起动电压/电流、起动转速、气缸压力、各缸相对缸压等状态参数。

测量原理：利用电流/电压传感器，测试起动机电流和蓄电池电压；利用转速传感器即可测出发动机转速；用压力传感器测出发动机 1 缸的压力值，其他各缸的压力值按电流波形幅度推算获得。

2. 点火系统检测

主要检测发动机点火系各缸点火高压、点火提前角、闭合角等状态参数。

测量原理：系统传感器有点火高压传感器、缸压传感器、发动机转速传感器、蓄电池电压等。点火高压传感器用于检测发动机各缸点火高压信号，缸压传感器在此主要用于判断气缸压缩上止点位置时刻，结合发动机转速传感器信号和点火高压信号进而计算获得点火提前角信息，检测原理图如图 7.4-2 所示。闭合角闭即汽油机点火过程中，初级电路导通阶段所对应的凸轮轴转角。闭合角的检测点火波形和蓄电池电压波形分析计算获得。

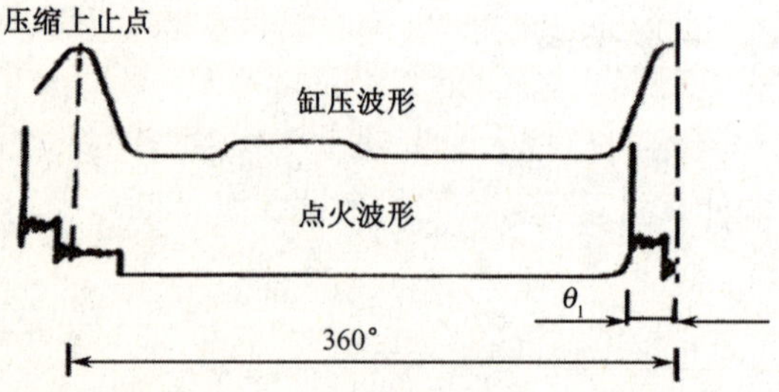

图 7.4-2　点火提前角检测原理图

3. 发动机异响测试

包括主轴承响、连杆轴承响、活塞销响、活塞敲缸响、气门响（异响波形）。

测量原理：系统异响声信号通过声强传感器进行识别提取。由于发动机异响信息的非平稳性决定了对发动机时域声强特征的提取以及诊断时，需通过信号联合时—频域分析的方法将非平稳的一维噪声信号以二维的时间频率函数形式表示出来，以揭示信号中包含的频率成分，以及各个频率分量随时间变化关系，从而以获得更多的故障诊断信息，使发动机故障诊断的准确性得到提高。

4. 尾气排放测试

主要检测发动机工作过程中的 HC、CO、NO_X、O_2 的排放量。

测量原理：以 RS-232 串口通信协议为基础，利用串口通信技术设计上位机 PC 与废气分析仪之间的通信，构建汽车尾气检测系统的硬件部分；在软件方面，采用图形化编程语言 LabVIEW 作为开发平台，完成 RS-232 数据通信并设计友好的尾气排放检测系统操作界面和数据库模块。

7.4.2　测试系统的软件设计

软件设计是虚拟仪器设计的主要任务，设计时应遵循以下的设计原则。

（1）结构合理

程序采用结构化设计，利于程序的进一步扩展和程序的修改与维护。尽量利用子程序，使得程序的层次分明，易于阅读和理解。根据汽车发动机综合性能测试系统测试项目的要求，对测试系统软件按照模块化设计方法进行设计，应用软件组成结构如图 7.4-3 所示。

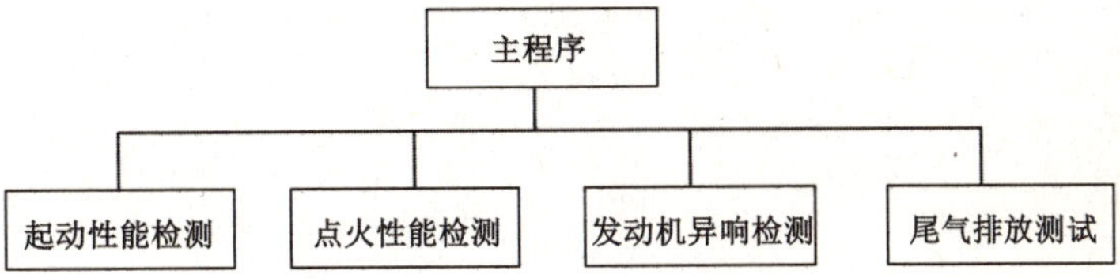

图 7.4-3　测试系统软件结构

（2）操作性好

程序的操作界面使用方便，还要考虑到降低对操作人员专业知识的要求。在程序设计中，尽量多采用各种图标或菜单实现人机对话，以提高工作效率和程序的易操作性。例如：汽车发动机综合性能测试系统前面板如图 7.4-4 所示，面板上的“起动性能检测”“点或性能检测”“发动机异响检测”“尾气排放检测”四个按钮控制键可方便地实现单项测试子程序调入，执行“点火性能检测”后会出现如图 7.4-5 所示的提示信息，确定后进入点火性能检测子程序，如图 7.4-6 所示。

图 7.4-4　系统程序前面板

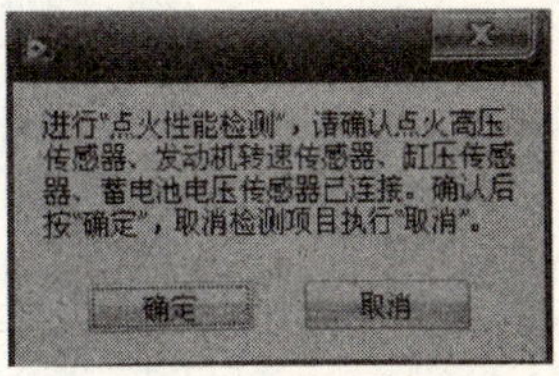

图 7.4-5　信息提示对话框

（3）一定的保护措施

程序中设计一定的检测程序，以便于系统发生故障时查找故障部位。对于重要的参数要定时存储，以防止因掉电而丢失数据。

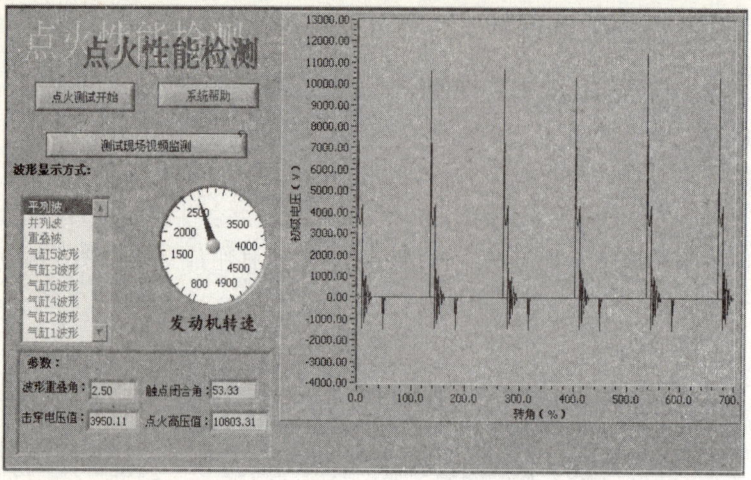

图 7.4-6　点火性能检测程序前面板

（4）程序中包括必要的程序说明和用户帮助文件

帮助用户了解软件设计功能，并在遇到使用问题时尽量通过参考帮助文件解决。系统每一检测模块均带有系统帮助功能。

7.4.3　远程测试功能实现

当汽车发动机故障无法现场诊断排除时，可执行系统主程序前面板“远程求助诊断”按钮以寻求远程帮助。可以利用前面介绍三种方法进行诊断测试信息的远程发布，在此不再详述。另外，在远程诊断过程中，如远程故障诊断中心需要客户端提供设备的故障情况和运行状态或客户端用户需要远程故障中心的专家通过网络对用户的设备进行诊断，指导用户进行维修，双方需要通过音频和视频进行相互交流时，执行面板上“视频检测”控件，测试系统软件调用 Windows 系统 NetMeeting 程序，如图 7.4-7 所示，远程故障诊断中心确认用户回应后建立连接，双方使用语音、图像、文字或者白板的工具，可对故障问题进行讨论。

图 7.4-7　调用程序面板

参考文献

[1] 李玉柱．汽车检测与诊断技术[M]．北京：机械工业出版社，2014.5

[2] 齐峰．汽车检测技术实务[M]．北京：机械工业出版社，2013.9

[3] 李百华．汽车发动机电控技术[M]．北京；人民邮电出版社，2009.5

[4] 王盛良，汽车故障诊断与检测技术[M]．北京：机械工业出版社，2013.8

[5] 沃尔沃企业技术资料

[6] 刘宜．汽车性能检测与故障诊断一体化教程[M]．北京：机械工业出版社，2013.10

[7] 王正旭．汽车自动变速器原理与检修[M]．北京：机械工业出版社，2011.12

[8] 胡光辉．汽车自动变速器原理与检修[M]．第三版．北京；机械工业出版社，2012.7

[9] 任广文．汽车检测与故障诊断一体化教程[M] ．北京；机械工业出版社，2015.7

[10] 付仙兰．虚拟仪器在汽油发动机综合性能检测系统中的应用研究[D]．长沙；中南林学院，2004

[11] 朱同．基于虚拟仪器的发动机点火系统测试与诊断方法研究[D]．长春；吉林大学，2006

[12] 卢小武．基于网络的远程汽车发动机故障诊断系统的研究[D]．福州；福州大学，2004

反侵权盗版声明

举报电话：（010）88254396；（010）88258888

传　　真：（010）88254397

E-mail:　　dbqq@phei.com.cn

通信地址：北京市万寿路 173 信箱

电子工业出版社总编办公室

邮　　编：100036